Der Verbraucherschutz im Telekommunikationsrecht

Europäische Hochschulschriften
Publications Universitaires Européennes
European University Studies

Reihe II
Rechtswissenschaft

Série II Series II
Droit
Law

Bd./Vol. 3565

PETER LANG
Frankfurt am Main · Berlin · Bern · Bruxelles · New York · Oxford · Wien

Christina Heßler

Der Verbraucherschutz im Telekommunikationsrecht

Regulierung und Vertragsgestaltung durch TKV, TKG, TDSV und das Zivilrecht

PETER LANG
Europäischer Verlag der Wissenschaften

Bibliografische Information Der Deutschen Bibliothek
Die Deutsche Bibliothek verzeichnet diese Publikation in der Deutschen Nationalbibliografie; detaillierte bibliografische Daten sind im Internet über <http://dnb.ddb.de> abrufbar.

D 7
ISSN 0531-7312
ISBN 3-631-39696-1

www.peterlang.de

Vorwort

Diese Arbeit wurde im Wintersemester 2001/2002 von der Juristischen Fakultät der Georg-August-Universität in Göttingen als Dissertation angenommen. Sie wurde für die Veröffentlichung grundlegend aktualisiert und befindet sich auf dem Stand von August 2002.

Das Ziel dieser Arbeit ist eine erste kompakte Darstellung und Systematisierung des Verbraucherschutzes bei der Inanspruchnahme von Telekommunikationsdienstleistungen. Die Verfasserin ist sich bewußt, daß hierbei viele Probleme und Einzelheiten, etwa des Vertragsrechts, ausgeklammert werden mußten. Insoweit wird auf die speziell zu diesem Bereich bereits erschienenen Werke verwiesen. Diese Arbeit hat jedoch ihr Ziel erreicht, wenn sie weitergehenden Arbeiten über Detailfragen eine Grundlage bieten und in der Praxis Hilfestellung geben kann.

Mein Dank gilt besonders Herrn Prof. Dr. Gerald Spindler, der das Thema angeregt, die Dissertation betreut und hierbei einen großen wissenschaftlichen Freiraum gewährt hat. Herrn Prof. Dr. Volker Lipp danke ich für die zügige Erstellung des Zweitgutachtens.

Daneben gilt mein Dank aber auch Herrn Dr. Klaus Riehmer, der mich zur Promotion motiviert und sie unterstützt hat, Herrn Daniel Schmachtenberg für die Korrektur des Manuskripts und Frau Daniela Peine für die unermüdliche seelische Unterstützung.

Frankfurt am Main, im August 2002 — Christina Heßler

Inhaltsverzeichnis

Literaturverzeichnis

Adler, Madeleine, Universaldienstleistungen nach dem TKG: Verfassungsrechtliche Grundlagen und Fragen des Rechtsschutzes, Aachen 2000, zugl. Chemnitz, Techn. Univ., Diss., 1999 (zit. Adler, Universaldienstleistungen)

Allgaier, Erwin, Nachtrag zu: „Zum Anscheinsbeweis bei überhöhten Telefonrechnungen und zur Rechtsnatur des Telefondienstvertrages" (RDV 2/2000, 53 ff.), RDV 2000, 158 - 159

Allgaier, Erwin, Zum Anscheinsbeweis bei überhöhten Telefonrechnungen und zur Rechtsnatur des Telefondienstvertrages, RDV 2000, 53 - 58

Barth, Dietrich, Die Liberalisierung der Telekommunikationsdienstleistungen in der Welthandelsorganisation, ArchPT 1997, 112 - 117

Beese, Dietrich / Merkt, Jutta, Europäische Union zwischen Konvergenz und Re-Regulierung: Die neuen Richtlinienentwürfe der Kommission, MMR 2000, 532 - 537

Bergmann, Fridhelm / Gerhardt, Hans-Joachim (Hrsg.), Handbuch der Telekommunikation, München/Wien 2000, (zit. Autor, in: Bergmann/Gerhardt (Hrsg.), Telekommunikation)

Biletzki, Gregor C., Zivilrechtliche Ansprüche gegen Telekommunikationsunternehmen in Fällen gestörter Telefonanschlüsse, VuR 1999, 35 - 39

Bizer, Johann, Auskunftspflichten über Bestandsdaten, DuD 2002, 429

Bizer, Johann, Verpflichtung zur Herausgabe von TK-Verbindungsdaten an den Staatsanwalt, DuD 2002, 237

Bizer, Johann, Praxis der TK-Überwachung, DuD 2002, 216 - 220

Bizer, Johann, Die dienstliche Telekommunikation unter dem Schutz des Fernmeldegeheimnisses, DuD 2001, 618 - 619

Blum, Felix, Entwurf eines neuen Signaturgesetzes, DuD 2001, 71 - 78

Böhm, Steffen, Die Regelungen der TKV 1995 - eine ausgewogene Berücksichtigung der Interessen der Telekom und ihrer Kunden?, ArchPT 1997, 118 - 125

Bornhofen, Roland, Gestaltung und Durchführung von Telefonkundenverträgen, K&R 1999, 500 - 505

Bröhl, Georg M., EGG - Gesetz über rechtliche Rahmenbedingungen des elektronischen Geschäftsverkehrs: Erläuterungen zum Referentenentwurf, MMR 2001, 67 - 71

Brühann, Ulf, Telekom-Datenschutzrichtlinie, AfP 1998, 284 - 287

Bruhn, Dirk, Die Sicherstellung öffentlicher Aufgaben im Bereich der deutschen Telekommunikation unter dem Einfluß der europäischen Marktöffnung: Vom Monopol zum Universaldienst, Hamburg 1999, zugl. Hamburg, Univ., Diss., 1997 (zit. Bruhn, Sicherstellung)

Büchner, Wolfgang u.a. (Hrsg.), Beck'scher TKG-Kommentar, 2. Auflage München 2000 (zit. BeckTKG-Komm/Bearbeiter)

Büllesbach, Alfred (Hrsg.), Datenschutz im Telekommunikationsrecht, Köln 1997 (zit. Büllesbach (Hrsg.), Datenschutz im Telekommunikationsrecht)

Büllesbach, Alfred / Höss-Löw, Petra, Vertragslösung, Safe Harbor oder Privacy Code of Conduct: Handlungsoptionen globaler Unternehmen, DuD 2001, 135 - 138

Büllesbach, Alfred / Miedbrodt, Anja, Überblick über die internationale Signaturregulierung, CR 2000, 751 - 757

Burckhardt, Katrin, Das AGB-Gesetz unter dem Einfluß der EG-Richtlinie über mißbräuchliche Klauseln in Verbraucherverträgen, 1. Aufl. Baden-Baden 2000 (zit. Burckhardt, AGB-Gesetz)

Dauner-Lieb, Barbara u.a. (Hrsg.), Schuldrecht: Erläuterungen der Neuregelungen zum Verjährungsrecht, Schuldrecht, Schadensersatzrecht und Mietrecht, Bonn 2002 (zit. AnwKom-BGB/Bearbeiter)

Dietz, Ingo Marco / Richter, Michael, Netzzugänge unter Internet Service Providern, CR 1998, 528 - 535

Duhr, Elisabeth u.a., Neues Datenschutzrecht für die Wirtschaft: Erläuterungen und praktische Hinweise zu § 1 bis § 11 BDSG, DuD 2002, 5 - 36

Eckhardt, Jens, Neue Regelungen der TK-Überwachung, DuD 2002, 197 - 201

Eckhardt, Jens, Telekommunikations - Überwachungsverordnung - Ein Überblick, CR 2001, 670 - 678

Eisenblätter, Tanja, Regulierung in der Telekommunikation: zum Begriff der Regulierung im TKG unter besonderer Berücksichtigung der Regulierung durch Independent Agencies in den USA, Frankfurt am Main u.a. 2000, zugl. Hamburg, Univ., Diss., 2000 (zit. Eisenblätter, Regulierung)

Engel, Christoph, Der Weg der deutschen Telekommunikation in den Wettbewerb, Beilage MMR 03/1999, 7 - 14

Fischer, Martin / Galster, Rüdiger, Auswirkungen der Schuldrechtsmodernisierung auf Telekommunikationsverträge, MMR 2002, 71 - 75

Fringuelli, Pietro Graf / Wallhäuser, Matthias, Formerfordernisse beim Vertragsschluß im Internet, CR 1999, 93 - 101

Geis, Ivo, Die elektronische Signatur: Eine internationale Architektur der Identifizierung im E-Commerce, MMR 2000, 667 - 674

Geppert, Martin / Ruhle, Ernst-Olav / Schuster, Fabian, Handbuch Recht und Praxis der Telekommunikation, 2. Auflage Baden-Baden 2002 (zit. Geppert/ Ruhle/Schuster, Handbuch)

Gersdorf, Hubertus / Witte, Markus, Inkasso- und Einzelverbindungsnachweispflicht bei Call by Call ?, RTkom 2000, 22 - 27

Gnielinski, Oliver, Vergütungsansprüche im Telekommunikations- und Multimediabereich: Ausgewählte Probleme, MMR 2000, 602 - 607

Göckel, Andreas, Telefonieren im Internet: Das regulatorische Umfeld, K&R 1998, 250 - 254

Gola, Peter, Die Einwilligung als Legitimation für die Verarbeitung von Arbeitnehmerdaten, RDV 2002, 109 - 116

Gounalakis, Georgios, Konvergenz der Medien - Sollte das Recht der Medien harmonisiert werden?, Beilage NJW 23/2002, 20 - 26

Gramlich, Ludwig, Die Regulierungsbehörde für Telekommunikation und Post im Jahr 2001, CR 2002, 488 - 499

Gramlich, Ludwig, Die Regulierungsbehörde für Telekommunikation und Post im Jahr 2000, CR 2001, 373 - 385

Gramlich, Ludwig, Die Regulierungsbehörde für Telekommunikation und Post im Jahr 1999, CR 2000, 509 - 522

Grosskopf, Volker / Taubert, Helmut, Kundenschutz beim Mobilfunk, CR 1998, 603 - 610

Grote, Elisabeth, Telekommunikations-Kundenschutzverordnung; Kommentar, Heidelberg 2000 (zit. Grote, TKV)

Grote, Elisabeth, Die Telekommunikations-Kundenschutzverordnung, BB 1998, 1117 - 1120

Günther, Andreas, EU: Internet-Telefonie, ITRB 2001, 27

Günther, Andreas, Das neue Fernabsatzgesetz, CI 2000, 97 - 102

Günther, Andreas, Erwünschte Regelung unerwünschter Werbung? Zur Auslegung von Artikel 10 der Fernabsatzrichtlinie 97/7/EG, CR 1999, 172 - 184

Hahn, Bernhard, Die Telefonkarte - Intransparenz der Transparenz, MMR 2001, 785 - 786

Hahn, Bernhard, Im Dickicht der Begriffe oder Was sind >Telekommunikationsdienstleistungen< ?, RTkom 2000, 139 - 146

Hahn, Bernhard, AGB in TK-Dienstleistungsverträgen: Fälligkeits-, Lastschrift-, DV-, Haftungs-, Kündigungs-, Sperr- und Einwendungsausschlußklauseln, MMR 1999, 586 - 592

Hahn, Bernhard, AGB in TK-Dienstleistungsverträgen: Vertragsabschluß-, Leistungsbeschreibungs-, Bonitäts-, Rücktritts- und Laufzeitklauseln, MMR 1999, 251 - 256

Härting, Niko, Verbraucherwerbung nach dem Fernabsatzgesetz, CR 2000, 691 - 696

Härting, Niko, Fernabsatzgesetz: Kurzkommentar, Köln 2000 (zit. Härting, Fernabsatzgesetz)

Härting, Niko / Schirmbacher, Martin, Fernabsatzgesetz - Ein Überblick über den Anwendungsbereich, die Systematik und die wichtigsten Regelungen, MDR 2000, 917 - 922

Hartung, Stephanie, Abwälzung der Rücksendekosten auf den Käufer im Bestellhandel, MMR 11/2000, VII - VIII

Hefekäuser, Hans-Willi, Wettbewerb im Ortsnetz, MMR 12/2000, X

Hefekäuser, Hans-Willi, Vorschläge für einen neuen EU-Rechtsrahmen, MMR 10/2000, XII - XIII

Hefekäuser, Hans-Willi, Einstellung der Inkassoleistungen durch die Deutsche Telekom, MMR 11/1999, V - VI

Hefekäuser, Hans-Willi, Telekommunikationsmärkte zwischen Regulierung und Wettbewerb, MMR 1999, 144 - 153

Hefekäuser, Hans-Willi / Schulz, Alexander, Inkasso bei Preselection und Call-by-Call, CR 1998, 403 - 407

Heil, Helmut, Safe Harbor: Ein Zwischenstandsbericht, DuD 2000, 444 - 445

Heimlich, Jörn, Die Abgabepflichten des Telekommunikationsgesetzes, NVwZ 1998, 122 - 125

Heisz, Janina, Bereinigungsgesetz schafft Neuregelung für TK-AGB, MMR 07/2002, VI - VII

Herchenbach, Judith, Das Signaturgesetz im Umbruch, Beilage 2 zu K&R 10/2000, 6 - 11

Hermeler, Angelika, Landesdatenschutzbeauftragte: Stellungnahme zur TK-Politik, MMR 10/1999, V - VI

Hoeren, Thomas, Vorschlag für eine EU-Richtlinie über E-Commerce: Eine erste kritische Analyse, MMR 1999, 192 - 199

Hoeren, Thomas / Queck, Robert (Hrsg.), Rechtsfragen der Informationsgesellschaft, Berlin 1999 (zit. Autor, in: Hoeren/Queck (Hrsg.), Rechtsfragen)

Hoffmann, Helmut, § 18 TKV in Kraft getreten, MMR 04/2001, XI - XII

Holthoff-Frank, Klaus, Wettbewerb auf Telekommunikationsmärkten - Das zweite Sondergutachten der Monopolkommission, MMR 2002, 294 - 298

Holthoff-Frank, Klaus / Paulus, Melanie, Wettbewerb auf TK- und Postmärkten? Zum Sondergutachten der Monopolkommission, MMR 2000, 187 - 190

Holznagel, Bernd, Konvergenz der Medien - Herausforderungen an das Recht, NJW 2002, 2351 - 2356

Huber, Andrea / Mayerhofen, Martina von, „Review 1999" der EU-Kommission: Beibehaltung des status quo oder echte Reform des europäischen Regelwerks für den TK-Sektor?, MMR 1999, 593 - 596

Hülsmann, Franz Werner / Mörs, Sven / Schaar, Peter, Mobilkommunikation und Datenschutz, DuD 2001, 196 - 204

Hufnagel, Frank-Erich / Rädler, Peter, Entbündelter Zugang im Ortsnetz vom OVG Münster bestätigt, AfP 2000, 155 - 156

Huppertz, Christiane, Der institutionelle Rahmen des Telekommunikationsrechts in der EU, K&R 2001, 402 - 412

Immenga, Ulrich, Relevante Märkte und Marktbeherrschung in der Regulierungspraxis, MMR 2000, 196 - 201

Immenga, Ulrich, Auslegung des Marktbeherrschungsbegriffs im TKG, MMR 2000, 141 - 145

Imping, Andreas, Vertragsgestaltung von Telefonanschlußverträgen im Festnetzbereich, CR 1999, 425 - 431

Imping, Andreas / Pohle, Jan, Der Mobilfunkvertrag - Rechtsnatur und Gestaltung, K&R 2001, 251 - 256

Kammerlohr, Jürgen E., Kundenschutz im Telekommunikationsrecht: Ein Überblick: Die neue TKV 1997, K&R 1998, 90 - 95

Kardasiadou, Zoi, Mitteilung der EU-Kommission: Die Reform des Rechtsrahmens für den TK-Sektor, RTkom 1999, 168 - 172

Karenfort, Jörg / Weißgerber, Arnd, Lauterkeit des Wirtschaftsverkehrs in Gefahr? Die Konsequenzen der E-Commerce-Richtlinie für RabattG und ZugabeVO, Beilage MMR 07/2000, 38 - 42

Klug, Christoph, Persönlichkeitsschutz beim Datentransfer in die USA - Die Safe-Harbor-Lösung, RDV 2000, 212 - 216

Koch, Frank A., Internet-Recht, München 1998 (zit. Koch, Internet-Recht)

Koehler, Philipp, Allgemeine Geschäftsbedingungen im Internet, MMR 1998, 289 - 294

Koenig, Christian, Regulierungsoptionen für die Neuen Medien in Deutschland, Beilage MMR 12/1998, 1 - 15

Koenig, Christian / Koch, Alexander / Braun, Jens-Daniel, Die Telekommunikationsüberwachungsverordnung: Neue Belastungen für Internet Service Provider und Mobilfunknetzbetreiber, Zugleich ein Beitrag zur Verfassungsmäßigkeit des § 88 TKG, K&R 2002, 289 - 297

Koenig, Christian / Loetz, Sascha, Fakturierung und Einziehung von TK-Entgelten nach der Inkasso-Entscheidung der RegTP - eine Kritik, K&R 2000, 153 - 161

Koenig, Christian / Neumann, Andreas, Die neue Telekommunikations-Datenschutzverordnung, K&R 2000, 417 - 425

Koenig, Christian / Röder, Ernst, Die EG-Datenschutzrichtlinie für Telekommunikation - Verpflichtungen auch für Internetdienstleister, CR 2000, 668 - 676

Köhler, Helmut / Piper, Henning, Gesetz gegen den unlauteren Wettbewerb: mit Zugabeverordnung, Rabattgesetz und Preisangabenverordnung, 2. Aufl. München 2001 (zit. Köhler/Piper UWG)

Königshofen, Thomas, Die Telekommunikations-Datenschutzverordnung - TDSV, DuD 2001, 85 - 90

Königshofen, Thomas, Neue rechtliche Anforderungen an die Sicherheit, den Datenschutz und die Telekommunikationsüberwachung für Betriebe und Behörden, RTkom 1999, 138 - 161

Königshofen, Thomas (Hrsg.), Das neue Telekommunikationsrecht in der Praxis: Aktuelle Entwicklungen des Regulierungs-, Vertrags- und Wettbewerbsrechts in der Telekommunikation, Heidelberg 1999 (zit. Autor, in: Königshofen (Hrsg.), Telekommunikationsrecht)

Königshofen, Thomas, Die Umsetzung von TKG und TDSV durch Netzbetreiber, Service-Provider und Telekommunikationsanbieter, RDV 1997, 97 - 108

Küppers, Stefan, Die Telekommunikations-Kundenschutzverordnung (TKV 1995), ArchPT 1996, 133 - 141

Ladeur, Karl-Heinz, Europäisches Telekommunikationsrecht im Jahre 2001, K&R 2001, 110 - 120

Ladeur, Karl-Heinz, Die Regulierung von Telekommunikation und Medien im Zeitalter ihrer Konvergenz: Das Beispiel des Universal Mobile Telecommunications System (UMTS), RTkom 1999, 68 - 75

Lakkis, Panajotta, Der kollektive Rechtsschutz der Verbraucher in der Europäischen Union: dargestellt an der Verbandsklage der Verbraucherschutzverbände nach dem AGBG, dem UWG und dem griechischen Verbraucherschutzgesetz, Bielefeld 1997, zugl. Bonn, Univ., Diss., 1996 (zit. Lakkis, kollektiver Rechtsschutz)

Lapp, Thomas, Die Neuerungen in TDG und TDDSG im Überblick, ITRB 2002, 62 - 66

Lehmann, Michael, Rechtsgeschäfte und Verantwortlichkeit im Netz - Der Richtlinienvorschlag der EU-Kommission, ZUM 1999, 180 - 184

Leingang, Mario, EU-Kommission zu „safe harbor“, CR 2000, 637 - 638

Leo, Hubertus, Rechnungen nach der neuen TKV: Telekommunikations-Kundenschutzverordnung und Praxisfragen des „Billing“, K&R 1998, 381 - 388

Loewenheim, Ulrich / Koch, Frank A. (Hrsg.), Praxis des Online-Rechts, Weinheim u.a. 1998 (zit. Verfasser, in: Loewenheim/Koch (Hrsg.), Online-Recht)

Maennel, Friethjof A., Elektronischer Geschäftsverkehr ohne Grenzen - der Richtlinienvorschlag der Europäischen Kommission, MMR 1999, 187 - 192

Manssen, Gerrit, Das Telekommunikationsgesetz (TKG) als Herausforderung für die Verfassungs- und Verwaltungsrechtsdogmatik, ArchPT 1998, 236 - 242

Meents, Jan Geert, Ausgewählte Probleme des Fernabsatzgesetzes bei Rechtsgeschäften im Internet, CR 2000, 610 - 614

Mestmäcker, Ernst-Joachim (Hrsg.), Kommunikation ohne Monopole II: Ein Symposium über Ordnungsprinzipien im Wirtschaftsrecht der Telekommunikation und der elektronischen Medien, 1. Aufl. Baden-Baden 1995 (zit. Autor, in: Mestmäcker (Hrsg.), Kommunikation)

Mestmäcker, Ernst-Joachim / Schweitzer, Heike, Netzwettbewerb, Netzzugang und „Roaming" im Mobilfunk: Eine Untersuchung nach TKG, GWB und dem Recht der EG, 1. Aufl. Baden-Baden 1999 (zit. Mestmäcker/Schweitzer, Mobilfunk)

Michalski, Lutz / Bauriedl, Hubert, Bindungswirkung behördlich genehmigter Telefontarife für die Zivilgerichte, CR 1998, 657 - 664

Moritz, Hans-Werner, Entgeltregulierung in Theorie und Praxis - Eine Zwischenbilanz, RTkom 2000, 102 - 122

Moritz, Hans-Werner / Niebler, Angelika, Internet-Telefonie im Spannungsfeld zwischen Sprachtelefondienst und Lizenzpflicht, CR 1997, 697 - 703

Möschel, Wernhard, Regulierungswirrwarr in der Telekommunikation, Beilage MMR 03/1999, 3 - 6

Müller, Ulf / Schuster, Fabian, 18 Monate Regulierungsbehörde - eine kritische Bestandsaufnahme, MMR 1999, 507 - 516

Neitzel, Jens, Regulierung in der Sackgasse? Das Sondergutachten der Monopolkommission zur Wettbewerbsentwicklung bei Telekommunikation und Post 2001, CR 2002, 256 - 263

Palandt, Otto, Bürgerliches Gesetzbuch, 61. Aufl. München 2002 (zit. Palandt/Bearbeiter)

Palandt, Otto, Gesetz zur Modernisierung des Schuldrechts: Ergänzungsband zu Palandt, Bürgerliches Gesetzbuch, 61. Auflage, München 2002 (zit. Palandt-ErgBd/Bearbeiter)

Paulweber, Michael, Regulierungszuständigkeiten in der Telekommunikation: Sektorspezifische Wettbewerbsaufsicht nach dem TKG durch die Regulierungsbehörde im Verhältnis zu den allgemeinen kartellrechtlichen Kompetenzen des Bundeskartellamtes und der Europäischen Kommission, 1. Aufl. Baden-Baden 1999, zugl.: Tübingen, Univ., Diss., 1999 (zit. Paulweber, Regulierungszuständigkeiten)

Penning, Holger, Forderungseinzug und Inkasso durch die DTAG für andere Netzbetreiber („Inkasso-Streit"), CR 2002, 22 - 28

Pernice, Ina Maria, Die Telekommunikations - Überwachungsverordnung (TKÜV), DuD 2002, 207 - 211

Piepenbrock, Hermann-Josef / Müller, Ulf, Fakturierung, Forderungseinzug und Inkasso bei TK-Dienstleistungen, Beilage MMR 04/2000, 1 - 27

Piepenbrock, Hermann-Josef / Schmitz, Peter, Fernabsatzgesetz: Neuer Rechtsrahmen für E-Commerce, K&R 2000, 378 - 386

Piepenbrock, Hermann-Josef / Schuster, Fabian, GWB und TKG: Gegeneinander, Nebeneinander oder Miteinander? Zum Verhältnis zwischen sektorspezifischem und allgemeinem Kartellrecht, CR 2002, 98 - 107

Pohl, Marcus A., Universaldienst in der Telekommunikation: zur Verfassungsmäßigkeit der Universaldienstleistungsabgabe, Frankfurt am Main u.a. 1998 (zit. Pohl, Universaldienst)

Räther, Philipp C. / Seitz, Nicolai, Übermittlung personenbezogener Daten in Drittstaaten: Angemessenheitsklausel, Safe Harbor und die Einwilligung, MMR 2002, 425 - 433

Recke, Martin, Medienpolitik im digitalen Zeitalter: zur Regulierung der Medien und der Telekommunikation in Deutschland, Berlin 1998 (zit. Recke, Medienpolitik)

Regulierungsbehörde für Telekommunikation und Post, Jahresbericht 2001, Bonn 2001 (zit. RegTP, Jahresbericht 2001)

Regulierungsbehörde für Telekommunikation und Post, Halbjahresbericht 2000: Marktbeobachtungsdaten der Regulierungsbehörde für Telekommunikation und Post, Bonn 2000 (zit. RegTP, Halbjahresbericht 2000)

Reich, Norbert, Das Phantom „Verbraucher" (endlich!?) im Gral des BGB!, VuR 2000, 261 - 262

Reimann, Thomas, Herausgabe von Verbindungs- und Vertragsdaten an die Sicherheitsbehörden, DuD 2001, 601 - 606

Reimann, Thomas, Beweisprobleme bei Rechnungen über Telekommunikationsdienstleistungen: Beweislast bei Streitigkeiten über Telekommunikationsrechnungen, DuD 2001, 27 - 30

Reimer, Helmut, EU-Kommission hält an Datenschutzabkommen mit USA fest, DuD 2000, 493

Riehmer, Klaus W., Compliance-Pflichten für TK-Unternehmen: Die Telekommunikations-Kundenschutzverordnung 1998, CR 1998, 273 - 280

Rieß, Joachim, TK-Dienste in Unternehmen (Teil 2), DuD 2001, 740 - 745

Rieß, Joachim, TK-Datenschutz in Unternehmen (Teil 1), DuD 2001, 672 - 677

Roßnagel, Alexander, Auf dem Weg zu neuen Signaturregelungen: Die Novellierungsentwürfe für SigG, BGB und ZPO, MMR 2000, 451 - 461

Rott, Peter / Butters, Beate, Öffentliche Dienstleistungen und Vertragsgerechtigkeit im Lichte des Gemeinschaftsrechts, VuR 1999, 75 - 86

Ruhle, Erst-Olav / Geppert, Martin, Auskunfts- und Verzeichnisdienste in einem liberalisierten Telekommunikationsmarkt, K&R 1998, 374 - 381

Säcker, Franz Jürgen / Calliess, Gralf-Peter, Billing und Inkasso fremder Telekommunikationsdienstleistungen (II): Zur Auslegung von § 33 TKG und § 15 TKV, K&R 1999, 337 - 345

Säcker, Franz Jürgen / Calliess, Gralf-Peter, Billing und Inkasso fremder Telekommunikationsdienstleistungen (I): Zur Auslegung von § 33 TKG und § 15 TKV, K&R 1999, 289 - 298

Schaar, Peter, Neuer Datenschutz für TeleMediendienste, DuD 2002, 4

Schaar, Peter, Datenschutz in der liberalisierten Telekommunikation, DuD 1997, 17 - 23

Schatz, Klaus-Werner, Liberalisierung in der Telekommunikation: offene Märkte - Innovationen, Wachstum und Beschäftigung, Köln 2000 (zit. Schatz, Liberalisierung)

Schenke, Ralf P., Exekutive Rechtssetzung bei der strafprozessualen Überwachung der Telekommunikation: Ein Verstoß gegen den Vorbehalt des Gesetzes?, MMR 2002, 8 - 10

Scherer, Joachim, Die Umgestaltung des europäischen und deutschen Telekommunikationsrechts durch das EU-Richtlinienpaket - Teil II, K&R 2002, 329 - 346

Scherer, Joachim, Die Umgestaltung des europäischen und deutschen Telekommunikationsrechts durch das EU-Richtlinienpaket - Teil I, K&R 2002, 273 - 289

Scherer, Joachim / Ellinghaus, Ulrich, Die neue Telekommunikations-Kundenschutzverordnung, NJW 1998, 883 - 884

Schick, Rainer, Rechtliche Aspekte der Internet-Telefonie, NJW-CoR 1998, 486 - 492

Schmidt, Eike, Verbraucherschützende Verbandsklagen, NJW 2002, 25 - 30

Schmidt-Räntsch, Jürgen, Zum Gesetz über Fernabsatzverträge und andere Fragen des Verbraucherrechts sowie zur Umstellung von Vorschriften auf Euro, VuR 2000, 427 - 435

Schmitz, Peter, Datenschutzgerechte Gestaltung von AGB für Telemedia-Dienste, DuD 2001, 395 - 399

Schmitz, Peter, Inhalt und Gestaltung von Telekommunikationsverträgen, MMR 2001, 150 - 158

Schulz, Klaus-Peter, Kundenschutz im Bereich der Telekommunikation: Dargestellt am Beispiel der Haftung nach der Telekommunikations-Kundenschutzverordnung, NJW 1999, 765 - 767

Schulz, Klaus-Peter, AGB der Anbieter von Telekommunikationsdienstleistungen für die Öffentlichkeit, CR 1998, 213 - 219

Schuster, Fabian / Müller, Ulf, Entwicklung des Internet- und Multimediarechts von Januar 1999 bis Juni 2000, Beilage MMR 10/2000, 1 - 8

Schütz, Raimund, DTAG-Missbrauch I: Wettbewerbsbehinderung im Ortsnetz, MMR 12/2000, XI - XII

Schütz, Raimund, Gilt FernAG für Call-by-Call-Verträge?, MMR 09/2000, VII - VIII

Schütz, Raimund, EU-Kommission: VoIP weiterhin kein Sprachtelefondienst, MMR 08/2000, XV

Schütz, Raimund, Recht auf eine eigene Telefonnummer?, MMR 1998, 287 - 289

Schütz, Raimund / Cornils, Matthias, Universaldienst und Telekommunikation, DVBl. 1997, 1146 - 1155

Schwintowski, Hans-Peter, Ordnung und Wettbewerb auf Telekommunikationsmärkten, CR 1997, 630 - 638

Sieber, Stefanie / Nöding, Toralf, Die Reform der elektronischen Unterschrift, ZUM 2001, 199 - 210

Simitis, Spiros, Datenschutz - Rückschritt oder Neubeginn?, NJW 1998, 2473 - 2479

Singer, Mark T., Bundesrat zur geplanten „Textform“, MMR 12/2000, XV - XVI

Singer, Mark T., USA: Safe Harbor Privacy Principles, MMR 10/1999, VI - VII

Spindler, Gerald (Hrsg.), Vertragsrecht der Internet-Provider, Köln 2000 (zit. Autor, in: Spindler (Hrsg.), Internet-Provider)

Spindler, Gerald (Hrsg.), Vertragsrecht der Telekommunikations-Anbieter, Köln 2000 (zit. Autor, in: Spindler (Hrsg.), Telekommunikations-Anbieter)

Spindler, Gerald, E-Commerce in Europa, Die E-Commerce-Richtlinie in ihrer endgültigen Fassung, Beilage MMR 07/2000, 4 - 21

Spindler, Gerald, Haftungsklauseln in Provider-Verträgen: Probleme der Inhaltskontrolle, CR 1999, 626 - 637

Spindler, Gerald, Verantwortlichkeit von Diensteanbietern nach dem Vorschlag einer E-Commerce-Richtlinie, MMR 1999, 199 - 207

Stögmüller, Thomas, Das Eckpunktepapier der Regulierungsbehörde für Telekommunikation und Post zur Marktabgrenzung und Feststellung einer marktbeherrschenden Stellung: Zusammenfassung und Stellungnahme, CR 2001, 507 - 513

Stögmüller, Thomas, Konvergenz in der Telekommunikation, CR 1998, 733 - 738

Strack, Hermann, Vertrauenswürdigkeit digitaler Signaturen für Verwaltung und E-Commerce vor dem Hintergrund gesetzlicher Regulierungen, Beilage 2 zu K&R 10/2000, 23 - 31

Struck, Volker, Hinweis auf die Rechtsfolgen der Löschung von Verbindungsdaten: Vorvertragliche Pflichten von TK-Diensteanbietern infolge überlegener Sach-/Rechtskunde, MMR 2001, 507 - 511

Tettenborn, Alexander, E-Commerce-Richtlinie - Erste Überlegungen zur Umsetzung in Deutschland, K&R 2000, 386 - 389

Thielo, Hans-Joachim, Die Finanzierung des Universaldienstes in der Telekommunikation, Berlin 2000, zugl. Chemnitz, Zwickau, Techn. Univ., Diss., 1999 (zit. Thielo, Finanzierung)

Ulmer, Detlef, Unterlassungsklagen und elektronischer Geschäftsverkehr: Kollektiver Verbraucherschutz durch UKlaG und UWG bei E-Commerce in Deutschland, ITRB 2002, 135 - 139

Ulmer, Peter / Brandner, Hans Erich / Hensen, Horst-Diether, AGB-Gesetz: Kommentar zum Gesetz zur Regelung des Rechts der allgemeinen Geschäftsbedingungen, 9. Aufl. Köln 2000 (zit. Bearbeiter, in: Ulmer/ Brandner/Hensen, AGB-Gesetz)

U.S. Department of Commerce, Draft Safe Harbor Privacy Principles, DuD 2000, 480 - 481

Vorspel-Rüter, Ulrich, Telefonsex kostenlos ? Im Blickpunkt: Die jüngste Rechtsprechung der Instanzgerichte, K&R 1999, 505 - 510

Waldenberger, Arthur, „Alles schwebend unwirksam" - Distanzgeschäfte nach dem Referentenentwurf eines Fernabsatzgesetzes, K&R 1999, 345 - 354

Wegner, Heike, Internationaler Verbraucherschutz für Time-Sharing-Erwerber nach dem neuen Art. 29a EGBGB, VuR 2000, 227 - 230

Westermann, Harm Peter, Umtausch und Sperre von Telefonkarten, K&R 2001, 489 - 496

Westphalen, Friedrich Graf von, Die Nutzlosigkeit von Haftungsfreizeichnungs- und Haftungsbegrenzungsklauseln im kaufmännischen Verkehr, DB 1997, 1805 - 1810

Westphalen, Friedrich Graf von / Grote, Elisabeth / Pohle, Jan, Der Telefondienstvertrag, Heidelberg 2001 (zit. Westphalen/Grote/Pohle, Telefondienstvertrag)

Windthorst, Kay, Der Universaldienst im Bereich der Telekommunikation: eine öffentlichrechtliche Betrachtung unter Einbezug des amerikanischen Rechts, 1. Aufl. Berlin 2000, zugl. München, Univ., Diss., 1997 (zit. Windthorst, Universaldienst)

Windthorst, Kay, Regulierungsansätze im deutschen und US-amerikanischen Telekommunikationsrecht (II), CR 1998, 340 - 345

Windthorst, Kay / Franke, Nicole, Internet-Telefonie - Sprengsatz im System der Telekommunikationsregulierung?, CR 1999, 14 - 22

Wolf, Manfred / Horn, Norbert / Lindacher, Walter F., AGB-Gesetz: Gesetz zur Regelung des Rechts der Allgemeinen Geschäftsbedingungen; Kommentar, 4. Aufl. München 1999 (zit. BeckAGBG-Komm/Bearbeiter)

Wollweber, Harald, Verbindungsdaten der Telekommunikation im Visier der Strafverfolgungsbehörden, NJW 2002, 1554 - 1556

Wuermeling, Ulrich / Felixberger, Stefan, Fernmeldegeheimnis und Datenschutz im Telekommunikationsgesetz, CR 1997, 230 - 238

Wuermeling, Ulrich / Fuchs, Tobias, Preisvergleich in der Telekommunikation, CR 2000, 587 - 595

Abkürzungsverzeichnis

a.E.	am Ende
a.F.	alte Fassung
abl.	ablehnend
ABl.	Amtsblatt
Abs.	Absatz
AfP	Archiv für Presserecht (Zeitschrift)
AG	Amtsgericht, Aktiengesellschaft
AGB	Allgemeine Geschäftsbedingung
AGBG	Gesetz über Allgemeine Geschäftsbedingungen
Alt.	Alternative
amtl.	amtlich
Anh.	Anhang
Anm.	Anmerkung
ArchPT	Archiv für Post und Telekommunikation (Zeitschrift)
Art.	Artikel
Aufl.	Auflage
AWG	Außenwirtschaftsgesetz
Az.	Aktenzeichen
BB	Betriebs-Berater (Zeitschrift)
BDSG	Bundesdatenschutzgesetz
Begr.	Begründung
Beschl.	Beschluß
BGB	Bürgerliches Gesetzbuch
BGB-InfoV	BGB-Informationspflichten-Verordnung
BGBl. I	Bundesgesetzblatt Teil I
BGH	Bundesgerichtshof
BR-Drucks.	Bundesrats-Drucksache
BT-Drucks.	Bundestags-Drucksache
BVerwG	Bundesverwaltungsgericht
CI	Computerrecht Intern (Zeitschrift)
CR	Computer und Recht (Zeitschrift)
DB	Der Betrieb (Zeitschrift)
Diss.	Dissertation
DTAG	Deutsche Telekom AG
DuD	Datenschutz und Datensicherheit (Zeitschrift)
DVBl.	Deutsches Verwaltungsblatt

EG	Europäische Gemeinschaft
EGBGB	Einführungsgesetz zum BGB
EGG	Elektronischer Geschäftsverkehr-Gesetz
EWR	Europäischer Wirtschaftsraum
f./ff.	folgende/mehrere folgende (Seiten, Paragraphen etc.)
FernAG	Fernabsatzgesetz
G 10	Gesetz zur Beschränkung des Brief-, Post- und Fernmeldegeheimnisses (Artikel 10-Gesetz)
GG	Grundgesetz
GmbH	Gesellschaft mit beschränkter Haftung
Hrsg.	Herausgeber
HS	Halbsatz
HWiG	Gesetz über den Widerruf von Haustürgeschäften
i.d.F.	in der Fassung
i.d.R.	in der Regel
i.H.v.	in Höhe von
i.S.v. / i.S.d.	im Sinne von / im Sinne des
i.V.m.	in Verbindung mit
IPR	Internationales Privatrecht
ISDN	Integrated Services Digital Network
ITRB	Der IT-Rechts-Berater (Zeitschrift)
IuKDG	Informations- und Kommunikationsdienste-Gesetz
K&R	Kommunikation und Recht (Zeitschrift)
LG	Landgericht
m.w.N.	mit weiteren Nachweisen
MDR	Monatsschrift für deutsches Recht
MDStV	Mediendienste-Staatsvertrag
MMR	Multimedia und Recht (Zeitschrift)
n.F.	neue Fassung
NJW	Neue Juristische Wochenschrift (Zeitschrift)
NJW-CoR	Computerreport der Neuen Juristischen Wochenschrift
Nr.	Nummer
NVwZ	Neue Zeitschrift für Verwaltungsrecht (Zeitschrift)
NZV	Netzzugangsverordnung
OLG	Oberlandesgericht
ONP	Open Network Provision (offener Netzzugang)
OWiG	Gesetz über Ordnungswidrigkeiten
PIN	Personal Identification Number

PR	Persönliche Rufnummer
RDV	Recht der Datenverarbeitung (Zeitschrift)
RefE	Referentenentwurf
RegE	Regierungsentwurf
RegTP	Regulierungsbehörde für Telekommunikation und Post
RTkom	Zeitschrift für das gesamte Recht der Telekommunikation
Rz.	Randziffer (Randnummer)
S.	Seite
SigG	Signaturgesetz
SMS	Short Message Service
StGB	Strafgesetzbuch
TAE	Telekommunikations-Anschluß-Einheit
TDDSG	Gesetz über den Datenschutz bei Telediensten
TDSV	Telekommunikations-Datenschutzverordnung
TEntgV	Telekommunikations-Entgeltregulierungsverordnung
TK	Telekommunikation
TKG	Telekommunikationsgesetz
TKNGebV	Telekommunikations-Nummerngebührenverordnung
TKÜV	Telekommunikations-Überwachungsverordnung
TKV	Telekommunikations-Kundenschutzverordnung
TUDLV	Telekommunikations-Universaldienstleistungsverordnung
u.a.	unter anderem / und andere
u.U.	unter Umständen
UKlaG	Unterlassungsklagengesetz
UMTS	Universal Mobile Telecommunications System
Univ.	Universität
Urt.	Urteil
UWG	Gesetz gegen den unlauteren Wettbewerb
Vfg.	Verfügung
VG	Verwaltungsgericht
vgl.	vergleiche
VuR	Verbraucher und Recht (Zeitschrift)
VwGO	Verwaltungsgerichtsordnung
WTO	World Trade Organisation (Welthandelsorganisation)
WuW	Wirtschaft und Wettbewerb (Zeitschrift)
zit.	zitiert
ZPO	Zivilprozeßordnung
zugl.	zugleich
ZUM	Zeitschrift für Urheberrecht und Medienrecht

Einleitung

Die umfassenden Änderungen im Telekommunikationsrecht haben zu einem Wettbewerb geführt, der noch vor wenigen Jahren undenkbar schien. Absehbare Fortschritte in der Kommunikations- und Informationstechnologie lassen hinsichtlich der weiteren Entwicklung einiges erwarten.

Bereits heute werden Verbraucher mit einer Vielfalt an Angeboten konfrontiert, die einen Vergleich und eine genaue Überprüfung nahezu unmöglich machen. Dabei wird der Wettbewerb hauptsächlich über die Preise der Dienstleistungen geführt. Andere Faktoren wie z.B. Qualität und Service spielen dagegen eine geringere Rolle. Dies liegt auch daran, daß aufgrund der weitreichenden gesetzlichen Vorgaben ein bestimmter Mindeststandard von allen Anbietern erfüllt werden muß. Solche Minimalanforderungen des Verbraucherschutzes im Bereich der Telekommunikation betreffen vor allem Qualität und Umfang der einzelnen Leistungen sowie deren Abrechnung, aber auch den Datenschutz und das Fernmeldegeheimnis.

Im Rechtsalltag und in der wissenschaftlichen Diskussion dominieren bislang solche Themen, die dem Bereich der Herstellung und Förderung des Wettbewerbs zuzuordnen sind. Zum Verbraucherschutz in der Telekommunikation gibt es dagegen relativ wenige Beiträge. Dies ist insofern erstaunlich, als der Schutz der Interessen von Nutzern - insbesondere Verbrauchern - sowohl zentrales Motiv der Liberalisierung der Telekommunikationsmärkte war als auch wesentlicher Hauptzweck der heutigen Regulierung im Telekommunikationsrecht ist. Die bisher dominante Rolle von Wettbewerbsthemen ist mit den Schwierigkeiten bei der Liberalisierung und Herstellung des Wettbewerbs zu erklären. In einem funktionierenden Wettbewerbsumfeld wird jedoch die Umsetzung verbraucherschützender Normen zunehmend Bedeutung erlangen.

Vor diesem Hintergrund stellt diese Abhandlung umfassend und systematisch die verschiedenen Aspekte des Verbraucher- und Kundenschutzes bei der Inanspruchnahme von Telekommunikationsdienstleistungen dar. Dabei geht es in erster Linie um die Rechtsstellung von Verbrauchern, also derjenigen Kunden, die Telekommunikationsdienstleistungen zu privaten Zwecken in Anspruch nehmen. In diesem Zusammenhang werden auch die Rechte und Pflichten der Anbieter dieser Dienstleistungen dargestellt, soweit sie die Interessen von Verbrauchern berühren. Kein Schwerpunkt dieser Arbeit ist dagegen die Vertragsgestaltung, zu der es bereits einige Veröffentlichungen gibt.

Der systematischen Darstellung der Regelungen zum Verbraucherschutz vorangestellt ist eine Übersicht über die Entwicklung des Telekommunikationsrechts und die relevanten Rechtsgrundlagen.

1. Teil: Die rechtlichen Rahmenbedingungen

Vor der systematischen Darstellung der Umsetzung des Verbraucherschutzes[1] in der Telekommunikation sind zunächst die rechtlichen Rahmenbedingungen zu klären[2]. Hierbei ist insbesondere auf den Stellenwert des Verbraucherschutzes im Telekommunikationsrecht einzugehen. Vorangestellt werden Ausführungen zur Entwicklung des Telekommunikationsrechts in Deutschland und Europa.

A. Die Entwicklung des Telekommunikationsrechts

Anfang der achtziger Jahre stellte sich die Situation auf dem deutschen Telekommunikationsmarkt wie folgt dar: Das Staatsunternehmen Deutsche Bundespost, geführt in bundeseigener Verwaltung, beherrschte aufgrund gesetzlicher Monopole den Telekommunikationssektor. Grund hierfür war die weitverbreitete Ansicht, daß im Telekommunikationsbereich ein sog. natürliches Monopol bestünde[3]. Eine flächendeckende Versorgung und einheitliche Tarife könnten deshalb nur mit Hilfe eines staatlichen Monopols erreicht werden. Entsprechend der Rechtswirklichkeit wurden die Rechtsbeziehungen zwischen der Deutschen Bundespost und ihren „Kunden" als öffentlich-rechtlich qualifiziert[4].

Es bedurfte eines massiven Drucks durch europarechtliche Vorgaben, bis man sich in Deutschland tatsächlich zu grundlegenden Reformen und einer Systemänderung entschloß. Der deutsche Gesetzgeber setzte mit dem Aufbau eines liberalisierten Telekommunikationsmarktes zumeist Vorgaben des europäischen Gesetzgebers um[5]. Fortschritte zur weltweiten Liberalisierung der Telekommunikation wurden daneben aber auch innerhalb der Welthandelsorganisation (WTO) gemacht[6].

1 Zur Entwicklung des Verbraucherschutzrechts in Deutschland vgl. mit weiteren Einzelheiten Reich, VuR 2000, 261 f.

2 Zu den technischen Aspekten der Telekommunikation vgl. Bergmann/Gerhardt (Hrsg.), Handbuch der Telekommunikation, München/Wien 2000.

3 Vgl. dazu mit weiteren Einzelheiten Moritz, RTkom 2000, 102 f.; Pohl, Universaldienst, S. 13; Bullinger, in: Mestmäcker (Hrsg.), Kommunikation, S. 350 m.w.N.

4 Vgl. m.w.N. BGHZ 20, 102 [105]; Statz, in: Königshofen (Hrsg.), Telekommunikationsrecht, S. 65 mit weiteren Einzelheiten.

5 Vgl. BeckTKG-Komm/Schuster § 1 Rz. 2 f.; Paulweber, Regulierungszuständigkeiten, S. 27; Geppert/Ruhle/Schuster, Handbuch, Rz. 4 ff.

6 Vgl. dazu Schatz, Liberalisierung, S. 5; Paulweber, Regulierungszuständigkeiten, S. 21;

Im übrigen geht die Entwicklung des Telekommunikationsrechts weiter. Auch in den nächsten Jahren sind weitreichende Änderungen im europäischen und deutschen Telekommunikationsrecht zu erwarten (vgl. dazu S. 7).

I. Die Vorgaben des Europarechts

Erste Initiativen zur Harmonisierung und Liberalisierung des europäischen TK-Rechts begannen etwa Mitte der achtziger Jahre[1]. Ab 1987 erfolgten erste Schritte hin zu einer Auflösung der staatlichen Monopole im Telekommunikationssektor[2].

Unter Konzentration auf die drei Bereiche Endgeräte, Dienste und Netze verfolgte das europäische Telekommunikationsrecht drei Regelungsansätze: die Harmonisierung durch Angleichung der rechtlichen Rahmenbedingungen, die Liberalisierung durch schrittweises Auflösen von Monopolen und die Gewährleistung fairen und chancengleichen Wettbewerbs durch Anwendung der Wettbewerbsregeln des EGV[3].

Vor allem die folgenden rechtlichen Grundlagen des europäischen Gemeinschaftsrechts haben den deutschen Regulierungsrahmen maßgeblich beeinflußt[4]:

Mit der Wettbewerbs-Richtlinie Endgeräte 88/301/EWG[5] sollte die Aufhebung der Monopole im Bereich des Verkaufs und Betriebs von Telekommunikations-Endgeräten erreicht und damit der Endgerätemarkt liberalisiert werden.

Barth, ArchPT 1997, 112.

1 Vgl. dazu m.w.N. Geppert/Ruhle/Schuster, Handbuch, Rz. 1 ff. Zur Entwicklung des Gemeinschaftsrechts vgl. mit weiteren Einzelheiten BeckTKG-Komm/Schuster § 1 Rz. 3 ff.

2 Vgl. dazu das Grünbuch „Auf dem Weg zu einer dynamischen Europäischen Volkswirtschaft - Grünbuch über die Entwicklung des Gemeinsamen Marktes für Telekommunikationsdienstleistungen und Telekommunikationsendgeräte", Mitteilung der Kommission v. 30.6.1987 - KOM [1987] 290 endg.; Ratsdok. Nr. 7961/87. Zur weiteren Entwicklung s. etwa auch die Entschließung des Rates v. 22.07.1993 zur Prüfung der Lage im Bereich Telekommunikation und zu den notwendigen künftigen Entwicklungen in diesem Bereich, ABl. EG C 213, S. 1 sowie die Entschließung des Rates v. 22.12.1994 zur Liberalisierung der Telekommunikationsinfrastrukturen, ABl. EG C 379, S. 4.

3 Vgl. Paulweber, Regulierungszuständigkeiten, S. 28 f.; Geppert/Ruhle/Schuster, Handbuch, Rz. 1 ff.

4 Für eine Systematisierung der verschiedenen europäischen Telekommunikationsrichtlinien vgl. mit weiteren Einzelheiten Paulweber, Regulierungszuständigkeiten, S. 29 ff.

5 Richtlinie 88/301/EWG v. 16.5.1988 über den Wettbewerb auf dem Markt für Telekommunikations-Endgeräte, ABl. EG L 131, S. 73; s. dazu auch die Richtlinie 90/388/EWG ("Wettbewerbsrichtlinie") in der Fassung der Änderungsrichtlinie 96/19/EG v. 13.03.1996 ("Richtlinie Vollständiger Wettbewerb"), ABl. EG L 74, S. 13.

Die in der ONP-Rahmenrichtlinie 90/387/EWG[1] enthaltenen Normen zum offenen Netzzugang (ONP) bezweckten gemeinschaftsweit einen offenen und effizienten Zugang zu öffentlichen Telekommunikationsnetzen und -diensten. Die Richtlinie sollte die wesentlichen Bedingungen für einen solchen Zugang definieren und harmonisieren[2]. In diesem Zusammenhang ist auch die Zusammenschaltungsrichtlinie 97/33/EG[3] zu nennen. Sie enthält wichtige Regelungen zur Zusammenschaltung, zur Interoperabilität und zum offenen Netzzugang[4].

Die Dienste-Richtlinie 90/388/EWG[5] begrenzte 1990 den Monopolbereich auf den Sprachtelefondienst. Ihr Ziel war die Schaffung eines wettbewerbsorientierten gemeinsamen Marktes für Telekommunikationsdienstleistungen. Sie ergänzte insoweit die ONP-Rahmenrichtlinie[6]. In Erweiterung der Dienste-Richtlinie 90/388/EWG definierte die Wettbewerbsrichtlinie 96/19/EG[7] den in den Mitgliedstaaten bis Ende 1997 zulässigen Monopolbereich. Der Sprachtelefondienst war nach diesen EU-Vorgaben bis spätestens zum 01.01.1998 für den Wettbewerb zu öffnen.

Aus der letzten Zeit sind schließlich im Hinblick auf Randbereiche des Verbraucherschutzes bei der Inanspruchnahme von Telekommunikationsdienst-

1 Richtlinie 90/387/EWG v. 28.6.1990 zur Verwirklichung des Binnenmarktes für Telekommunikationsdienste durch Einführung eines offenen Netzzugangs (Open Network Provision - ONP), ABl. EG L 192, S. 1. Vgl. dazu auch die später ergangenen Einzelrichtlinien: Richtlinie 95/62/EG v. 13.12.1995 zur Einführung des offenen Netzzugangs (ONP) beim Sprachtelefondienst, ABl. EG L 321 sowie deren Neufassung, die Richtlinie 98/10/EG v. 26.02.1998 über die Anwendung des offenen Netzzugangs (ONP) beim Sprachtelefondienst und dem Universaldienst im Telekommunikationsbereich in einem wettbewerbsorientierten Umfeld, ABl. EG L 101, S. 24. Zum Universaldienst vgl. auch die Entschließung des Rates v. 7.02.1994 über die Grundsätze für den Universaldienst im Bereich der Telekommunikation, ABl. EG C 48, S. 1.

2 Vgl. Bruhn, Sicherstellung, S. 69.

3 Richtlinie 97/33/EG v. 30.06.1997 über die Zusammenschaltung in der Telekommunikation im Hinblick auf die Sicherstellung eines Universaldienstes und der Interoperabilität durch Anwendung der Grundsätze für einen offenen Netzzugang (ONP), ABl. EG L 199, S. 32.

4 Vgl. zum Inhalt der Zusammenschaltungsrichtlinie Diemert, in: Hoeren/Queck (Hrsg.), Rechtsfragen, S. 86 ff.

5 Richtlinie 90/388/EWG v. 28.6.1990 über den Wettbewerb auf dem Markt für Telekommunikationsdienste, ABl. EG L 192, S. 10.

6 Vgl. dazu im einzelnen Bruhn, Sicherstellung, S. 72 ff.

7 Vgl. die Richtlinie 90/388/EWG ("Diensterichtlinie") i.d.F. der Änderungsrichtlinie 96/19/EG v. 13.03.1996 ("Wettbewerbsrichtlinie"), ABl. EG L 74, S. 13.

leistungen die Fernabsatzrichtlinie[1], die Telekommunikations-Datenschutzrichtlinie[2] sowie die E-Commerce-Richtlinie[3] zu nennen[4].

Mit der Fernabsatzrichtlinie sollte im Bereich des Fernabsatzes ein Mindeststandard beim Verbraucherschutz und eine Harmonisierung erreicht werden[5]. Sie enthält z.B. Informations- und Widerspruchsrechte von Verbrauchern bei Vertragsschlüssen im Fernabsatz. Die Regelungen der Richtlinie stellen dabei nur Mindestvorgaben dar.

Die Telekommunikations-Datenschutzrichtlinie enthält bereichsspezifische Richtlinienbestimmungen zur Datenschutzrichtlinie[6]. Sie soll im wesentlichen die bisherigen Bestimmungen an neue und vorhersehbare Entwicklungen anpassen.

Die E-Commerce-Richtlinie[7] schließlich dient der umfassenden Regelung des elektronischen Geschäftsverkehrs im Internet. Mit ihr soll in bezug auf Online-Aktivitäten eine gleichzeitige Vereinheitlichung verschiedener Bereiche wie des Wettbewerbsrechts, der Verantwortlichkeit im Zivil- und Strafrecht, des Rechts der freien Berufe sowie einzelner Aspekte des Vertragsrechts erreicht werden[8].

---

1 Richtlinie 97/7/EG v. 20.05.1997 über den Verbraucherschutz bei Vertragsabschlüssen im Fernabsatz (Fernabsatzrichtlinie - FernAbsRL), ABl. EG L 144, S. 19. Vgl. dazu etwa Gößmann, MMR 1998, 88 ff.

2 Richtlinie 97/66/EG v. 15.12.1997 über die Verarbeitung personenbezogener Daten und den Schutz der Privatsphäre im Bereich der Telekommunikation (Telekommunikations-Datenschutzrichtlinie), ABl. EG L 24 v. 30.01.1998, S. 1. Vgl. dazu mit weiteren Einzelheiten Koenig/Röder, CR 2000, 668 ff.

3 Richtlinie 2000/31/EG v. 08.06.2000 über bestimmte rechtliche Aspekte der Dienste der Informationsgesellschaft - insbesondere des elektronischen Geschäftsverkehrs - im Binnenmarkt (E-Commerce-Richtlinie), ABL. EG L 178, S. 1.

4 Vgl. auch die Richtlinie 98/27/EG v. 19.05.1998 über Unterlassungsklagen zum Schutz der Verbraucherinteressen, ABl. EG L 166, S. 51.

5 Vgl. hierzu im einzelnen Günther, CI 2000, S. 97 (102); Günther, CR 1999, 172 (174); Merkel, in: Hoeren/Queck (Hrsg.), S. 170 ff.

6 Richtlinie 95/46/EG v. 24.10.1995 zum Schutz natürlicher Personen bei der Verarbeitung personenbezogener Daten und zum freien Datenverkehr (Datenschutzrichtlinie), ABl. EG L 281, S. 31. Vgl. hierzu mit weiteren Einzelheiten Simitis, NJW 1998, 2473 ff.; Brühann, AfP 1998, 284 ff.; Mediengesetze-Komm § 12 MDStV Rz. 9.

7 Richtlinie 2000/31/EG v. 08.06.2000 über bestimmte rechtliche Aspekte der Dienste der Informationsgesellschaft - insbesondere des elektronischen Geschäftsverkehrs - im Binnenmarkt (E-Commerce-Richtlinie), ABL. EG L 178, S. 1. Vgl. hierzu das Gesetz über rechtliche Rahmenbedingungen für den elektronischen Geschäftsverkehr (Elektronischer Geschäftsverkehr - Gesetz - EGG), BGBl. I 2001, S. 3721 ff.

8 Vgl. mit weiteren Einzelheiten zur E-Commerce-Richtlinie und ihrer Umsetzung in nationales Recht: Bröhl, MMR 2001, 67 ff.; Spindler, Beilage MMR 07/2000, 4 ff.;

Die europäische Gesetzgebungstätigkeit schreitet aber auch auf dem Gebiet der Telekommunikation weiter voran. Im Jahr 1999 wertete die EU-Kommission im sog. „Review 1999“[1] die zwischenzeitlich durch die Liberalisierung des Kommunikationsmarktes erzielten Ergebnisse aus. Der Rechtsrahmen wurde einer kritischen Würdigung unterzogen und die Entwicklung neuer Rahmenbedingungen für elektronische Kommunikationsinfrastrukturen und zugehörige Dienste dargelegt. Nach der öffentlichen Anhörung zu diesem Bericht und der Positionierung der beteiligten Kreise der Wirtschaft verabschiedete die Europäische Kommission am 12.07.2000 ein Paket von Legislativvorschlägen[2]. Mit diesen Änderungen sollten die Rechtsvorschriften den technologiebedingten Veränderungen des Marktes angepaßt und ein neuer, einfacher und übersichtlicher Rechtsrahmen für den Kommunikationssektor entwickelt werden.

Nach verschiedenen Überarbeitungen des Telekommunikations-Reformpakets durch den europäischen Gesetzgeber wurde nunmehr einer neuer rechtlicher Rahmen für die Telekommunikation verabschiedet[3]. Die Regulierungsziele des neuen Rechtsgrundlagen sind vor allem eine Vereinfachung des europäischen Rechtsrahmens, die Konvergenz von Telekommunikation, Medien und Informationstechnologien und die stärker harmonisierte Anwendung des europäischen Rechtsrahmens[4]. Der Bereich des Kunden- und Verbraucherschutzes im Telekommunikationsrecht wird jedoch voraussichtlich kaum verändert werden.

Karenfort/Weißgerber, Beilage MMR 07/2000, 38 ff.; Tettenborn, K&R 2000, 386 ff.; Hoeren, MMR 1999, 192 ff.; Maennel, MMR 1999, 187 ff.; Spindler, MMR 1999, 199 ff.; Lehmann, ZUM 1999, 180 f.

1 Vgl. zum „Review 1999“ und der anschließenden Entwicklung etwa Scherer, CR 2000, 35 (40 ff.); Huber/v. Mayerhofen, MMR 1999, 593 ff.; Kardasiadou, RTkom 1999, 168 ff.

2 Das Paket umfaßte insbesondere fünf Harmonisierungsrichtlinien, darunter eine Rahmenrichtlinie und vier spezifische Richtlinien. Die vier Richtlinien behandeln die Bereiche Genehmigung, Zugang und Zusammenschaltung, Universaldienst sowie Verbraucher- und Benutzerrechte sowie den Datenschutz im Kommunikationsbereich. Vgl. hierzu mit weiteren Einzelheiten Hefekäuser, MMR 10/2000, XII f.; Scherer, CR 2000, 35 (40 ff.); Beese/Merkt, MMR 2000, 532 ff.

3 Zu den einzelnen Richtlinien und Änderungen im europäischen Recht vgl. mit weiteren Einzelheiten Scherer, K&R 2002, 329 ff.; Scherer, K&R 2002, 273 ff.; Ladeur, K&R 2002, 110 ff. Zum institutionellen Rahmen des Telekommunikationsrecht in der EU siehe Huppertz, K&R 2001, 402 ff.

4 Vgl. Scherer, K&R 2002, 273 f.

II. Die Änderungen im deutschen Recht

Die Liberalisierung der Telekommunikationsmärkte in Deutschland erfolgte entsprechend den europarechtlichen Vorgaben in mehreren Stufen:

Zunächst wurde im Jahre 1989 durch die sog. "Postreform I"[1] im wesentlichen die Deutschen Bundespost neu organisiert[2]. Ihr Sondervermögen wurde horizontal in die Teilsondervermögen der drei öffentlichen Unternehmen Deutsche Bundespost Postdienst, Deutsche Bundespost Postbank sowie Deutsche Bundespost Telekom aufgeteilt[3]. Innerhalb jeder dieser Teilbereiche erfolgte anschließend eine vertikale Teilung in Leitungsaufgaben einerseits (Vorstände der Unternehmen) und hoheitliche Aufgaben (gegenüber den Unternehmen) andererseits (Bundesminister für Post und Telekommunikation)[4]. Die Gemeinwohlbindung dieser Unternehmen der Deutschen Bundespost blieb erhalten[5]. Eine Privatisierung der Aufgaben erfolgte in der ersten Reformstufe grundsätzlich nicht[6]. Vollständig liberalisiert wurde in dieser Phase jedoch der Endgerätemarkt[7]; ferner wurde der Mobilfunkmarkt für den Wettbewerb geöffnet[8]. Ab dem 01.07.1991 waren die Rechtsbeziehungen zwischen der Deutschen Bundespost Telekom und ihren Kunden privatrechtlich ausgestaltet.

Mit dem zweiten Reformschritt (sog. "Postreform II") von 1994 wurde die genannte Organisationsreform im wesentlichen fortgeführt[9]. Das Teilsondervermögen der Deutschen Bundespost Telekom wurde privatisiert und zum 01.01.1995 in eine Aktiengesellschaft überführt[10].

1 Gesetz zur Neustrukturierung des Post- und Fernmeldewesens und der Deutschen Bundespost (PostStruktG) v. 08.06.1989, BGBl. I 1989, S. 1026.

2 Vgl. dazu im einzelnen Bruhn, Sicherstellung, S. 101 f.; Riehmer, in: Mestmäcker (Hrsg.), Kommunikation, S. 370 ff.; Paulweber, Regulierungszuständigkeiten, S. 33.

3 Die horizontale Aufteilung erfolgte durch das Gesetz über die Unternehmensverfassung der Deutschen Bundespost (PostVerfG) v. 08.06.1989, BGBl. I 1989, S. 1026.

4 Vgl. dazu im einzelnen Windthorst, Universaldienst, S. 389 f.; Bruhn, Sicherstellung, S. 101; Riehmer, in: Mestmäcker (Hrsg.), Kommunikation, S. 369 (370).

5 Vgl. Windthorst, Universaldienst, S. 390 ff.

6 Vgl. Windthorst, Universaldienst, S. 390.

7 Geräte, die an das Netz der Telekom angeschlossen werden sollen, bedürfen jedoch weiterhin einer Zulassung, vgl. dazu § 59 TKG.

8 Vgl. Recke, Medienpolitik, S. 16; Schatz, Liberalisierung, S. 8.

9 Vgl. Paulweber, Regulierungszuständigkeiten, S. 34 f.; Bruhn, Sicherstellung, S. 130; Riehmer, in: Mestmäcker (Hrsg.), Kommunikation, S. 373.

10 Vgl. auch Art. 143b GG und das Gesetz zur Umwandlung der Unternehmen der Deutschen Bundespost in die Rechtsform der Aktiengesellschaft (Postumwandlungsgesetz-PostUmwG), BGBl. I 1994, S. 2339, 2245. Vgl. auch das Postneuordnungsgesetz (PTNeuOG) v. 29.6.1994, BGBl. I 1994, S. 2325.

Die dazu erforderlichen Grundgesetzänderungen erfolgten durch Einfügung der Art. 87 f und Art. 143b in das GG[1]. Mit diesen Vorschriften wurde die grundgesetzlichen Trennung zwischen privatwirtschaftlichen Tätigkeiten auf der einen und hoheitlichen Aufgaben auf der anderen Seite eingeführt. Zu den hoheitlichen Aufgaben zählt die Gewährleistung von flächendeckend angemessenen und ausreichenden Dienstleistungen, d.h. diese werden weiter vom Staat gewährleistet.

Mit der ausdrücklichen Regelung in Art. 87 f GG, daß Telekommunikationsdienstleistungen auch durch (andere) private Anbieter erbracht werden können, wurde die Öffnung der Märkte für den Wettbewerb vorbereitet. Dementsprechend konnte die aus der Deutschen Bundespost Telekom hervorgegangene Deutsche Telekom AG das Netz- und Telefondienstmonopol ihrer Rechtsvorgängerin nur noch kurze Zeit fortführen[2].

Der Hintergrund für diesen zweiten Reformschritt war, daß sich angesichts der fortschreitenden technischen Entwicklung die Rechtfertigung des staatlichen Monopols als nicht mehr haltbar erwies. Generell sahen sich Staatsunternehmen in Deutschland und anderen Ländern dem Vorwurf mangelnder Effizienz und Innovationskraft ausgesetzt[3]. Die hohen Investitionskosten sowie der wachsende Konkurrenzdruck (im internationalen Bereich und Mobilfunk) legten die Privatisierung der Deutschen Bundespost Telekom sowie ihren nachfolgenden Börsengang nahe[4]. Wachsender Veränderungsbedarf ergab sich auch durch die Internationalisierung und Globalisierung von Gesellschaft und Wirtschaft.

Der bislang letzte große Reformschritt in der Telekommunikation (teilw. auch als „Postreform III“ bezeichnet[5]) umfaßte im wesentlichen den Erlaß des Telekommunikationsgesetzes (TKG)[6]. Es trat - mit Ausnahme einiger Bestimmungen zum Sprachtelefondienst - zum 01.08.1996 in Kraft[7]. Außerdem wurden

1 Art. 87 f GG wurde wie Art. 143b GG durch Gesetz v. 30.08.1994 in das Grundgesetz eingefügt, s. BGBl. I 1994, S. 2245.

2 Vgl. § 1 Abs. 2 u. 4 FAG n.F. Die entscheidenden Liberalisierungsvorgaben der EG traten erst später in Kraft, vgl. insbesondere die Richtlinie 90/388/EWG (Wettbewerbsrichtlinie) in der Fassung der Änderungsrichtlinie 96/19/EG v. 13.03.1996 ("Richtlinie Vollständiger Wettbewerb"), ABl. EG L 74, S. 13.

3 Vgl. Paulweber, Regulierungszuständigkeiten, S. 33.

4 Vgl. Bruhn, Sicherstellung, S. 127 f.; Windthorst, Universaldienst, S. 394 f.

5 Vgl. zur Kritik an diesem Begriff etwa Windthorst, Universaldienst, S. 401 f.

6 Telekommunikationsgesetz (TKG) v. 25.07.1996, BGBl. I 1996, S. 1120. Zum Gesetzgebungsverfahren vgl. auch Windthorst, Universaldienst, S. 402 f.

7 Zum Gesetzgebungsverfahren des TKG vgl. m.w.N. BeckTKG-Komm/Schuster § 1

zur Umsetzung des TKG zahlreiche Verordnungen erlassen[1]. Die mit dem TKG verbundene Neuordnung führte jedoch nicht nur zu einer vollständigen Liberalisierung der Telekommunikationsmärkte, sondern auch zu einer teilweise erheblichen (sektorspezifischen) Regulierung.

Die grundlegende Liberalisierung erfolgte durch den Fall des Netzmonopols (mit Inkrafttreten des TKG zum 01.08.1996) und das Ende des Telefondienstmonopols (zum 01.01.1998).

Die spezielle Regulierung marktbeherrschender Unternehmen wird mit der Ausgangssituation des Marktes nach dem Ende des Monopols der Deutschen Telekom AG und ihrer auch in Zukunft dominanten Marktposition auf vielen Telekommunikationsmärkten begründet[2]. Zuständige Behörde für die Aufgaben der Regulierung im Bereich der Telekommunikation ist seit 1998 die Regulierungsbehörde für Telekommunikation und Post (RegTP) mit Sitz in Bonn[3]. Die Notwendigkeit der weiteren Regulierung (und ihr Umfang) wird in regelmäßigen Abständen überprüft[4]. Nach § 81 Abs. 1 TKG legt die Regulierungsbehörde alle zwei Jahre einen Tätigkeitsbericht über die Lage und die Entwicklung auf dem Gebiet der Telekommunikation vor. Außerdem gibt es jeweils einen Bericht der Monopolkommission zu der Frage, ob auf den Märkten der Telekommunikation ein funktionsfähiger Wettbewerb besteht[5].

Änderungen des deutschen Telekommunikationsrechts sind nicht zuletzt aufgrund der Fortentwicklung des europäischen Regulierungsrahmens absehbar (vgl. dazu S. 7).

Rz. 19 ff.; Paulweber, Regulierungszuständigkeiten, S. 37.

1 Bsp: Telekommunikations-Universaldienstleistungsverordnung, Telekommunikations-Entgeltregulierungsverordnung, Telekommunikations-Kundenschutzverordnung und Telekommunikations-Datenschutzverordnung.

2 Vgl. dazu etwa Moritz, RTkom 2000, 102 f.; Schatz, Liberalisierung, S. 9; Windthorst, Universaldienst, S. 396.

3 Zuvor wurden ihre Aufgaben vom Bundesministerium für Post und Telekommunikation (BMPT) wahrgenommen. Zur Regulierungsbehörde und ihrer Tätigkeit in den letzten Jahren vgl. mit weiteren Einzelheiten Gramlich, CR 2002, 488 ff.; Gramlich, CR 2001, 373 ff.; Gramlich, CR 2000, 509 ff.; Müller/Schuster, MMR 1999, 507 ff.

4 Vgl. dazu Schatz, Liberalisierung, S. 9 f.

5 Vgl. mit weiteren Einzelheiten zum Sondergutachten der Monopolkommission zur Wettbewerbsentwicklung bei Telekommunikation und Post 2001 Holthoff-Frank, MMR 2002, 294 ff.; Neitzel, CR 2002, 256 ff.

B. Die Rechtsgrundlagen

Nach den heutigen rechtlichen Rahmenbedingungen werden zwischen Verbrauchern und Anbietern von Telekommunikationsdienstleistungen zwar privatrechtliche Verträge geschlossen, aber deren Inhalt ist stark durch die öffentlichrechtliche Regulierung beeinflußt.

Aus dem Bereich des öffentlichen Rechts wird die Vertragsbeziehung zum einen durch Rechtsvorschriften, zum anderen durch Anordnungen der Regulierungsbehörde beeinflußt. Von den Bestimmungen des öffentlichen Rechts sind vor allem die sektorspezifischen Regulierungsvorschriften des Telekommunikationsrechts zu beachten. Von diesen ist für den Verbraucherschutz die Telekommunikations-Kundenschutzverordnung (TKV) besonders wichtig. Des weiteren sind aus dem Bereich der öffentlichrechtlichen Vorschriften das Grundgesetz und das Wettbewerbsrecht zu nennen.

Aus dem Privatrecht sind für Telekommunikationsverträge mit Verbrauchern vor allem das BGB und die darin enthaltenen Vorschriften zu Allgemeinen Geschäftsbedingungen zu beachten.

Im Hinblick auf zu erwartende Änderungen im Regulierungsrahmen sowie eine europarechtskonforme Auslegung des deutschen Telekommunikationsrechts ist schließlich auch das EU-Recht zu berücksichtigen[1]. Im Einzelfall kann auch das internationale Privatrecht (IPR) Anwendung finden.

I. Das Grundgesetz (GG)

Das Grundgesetz enthält die für das Telekommunikationsrecht grundlegenden Regelungen. Für den Verbraucherschutz in der Telekommunikation besonders wichtig ist Artikel Art. 87 f GG. Ergänzend ist auch auf das Fernmeldegeheimnis in Art. 10 GG hinzuweisen, dessen Umsetzung in §§ 85 ff. TKG erfolgt.

Art. 87 f GG enthält inhaltliche Vorgaben für das Telekommunikationsrecht[2]. Nach Art. 87 f Abs. 1 GG gewährleistet der Bund im Bereich der Telekommunikation flächendeckend angemessene und ausreichende Dienstleistungen[3]. Die Verwirklichung erfolgt nach Maßgabe eines Bundesgesetzes, das der Zustim-

1 Zu den Zuständigkeiten der EU-Kommission in Brüssel vgl. Möschel, Beilage MMR 03/1999, 3 (4).

2 Vgl. dazu mit weiteren Einzelheiten Windthorst, Universaldienst, S. 190 ff.

3 Zur Auslegung der Merkmale „flächendeckend", „ausreichend" und „angemessen" vgl. mit weiteren Einzelheiten Windthorst, CR 1998, 340 (343).

mung des Bundesrates bedarf. Tatsächlich erbracht werden diese Dienstleistungen aber gemäß Art. 87 f Abs. 2 GG in privatrechtlicher Form und durch private Anbieter[1]. Hiervon ausgenommen sind nur die Hoheitsaufgaben im Bereich der Telekommunikation; diese werden nach Art. 87 f Abs. 2 S. 2 GG in bundeseigener Verwaltung ausgeführt. Mit diesen Regelungen stellt Art. 87 f GG eine Grundsatzentscheidung für eine Öffnung des Telekommunikationsbereichs für den Wettbewerb dar[2]. Ferner dient die Mindestversorgung mit Telekommunikationsdienstleistungen auch dem Schutz von Verbraucherinteressen[3].

Insgesamt besteht nach diesen grundgesetzlichen Vorgaben für den Staat keine Möglichkeit mehr, unmittelbar selbst zur Grundversorgung und Daseins-Vorsorge auf dem Gebiet der Telekommunikation tätig zu werden[4]. Ihm obliegt stattdessen nach Art. 87 f Abs. 1 GG die Pflicht, die Grundversorgung durch Gesetze und ihre Durchsetzung - mittels Aufsicht - sicherzustellen[5]. Teil dieser Sicherstellung durch Gesetze sind etwa die Vorschriften über den Universaldienst im TKG (§§ 17 ff. TKG) und in der TUDLV.

II. Das Telekommunikationsgesetz (TKG)

Ausgangspunkt aller Regelungsbereiche im Telekommunikationsrecht ist das Telekommunikationsgesetz (TKG)[6].

Im folgenden werden der Regelungsinhalt des TKG, seine wesentlichen Regulierungsziele und sein Anwendungsbereich dargestellt. Außerdem ist näher auf das Kriterium der Marktbeherrschung einzugehen, das vielfach ein Anknüpfungspunkt für eine besondere Regulierung darstellt.

---

1 Vgl. hierzu mit weiteren Einzelheiten Windthorst, Universaldienst, S. 194 ff.

2 Vgl. dazu mit weiteren Einzelheiten Windthorst, Universaldienst, S. 219 ff.

3 Vgl. dazu etwa BeckTKG-Komm/Schuster § 2 Rz. 24 i.V.m. BeckTKG-Komm/Büchner § 3 Rz. 14.

4 Insoweit besteht bzgl. der unmittelbaren Erbringung ein Handlungsverbot für den Staat, vgl. Windthorst, CR 1998, 281 (285).

5 So Pohl, Universaldienst, S. 41, der in diesem Zusammenhang den Begriff „Privatisierung der Mittel" verwendet. Vgl. dazu auch Windthorst, Universaldienst, S. 211 ff., 217 ff.; Geppert/Ruhle/Schuster, Handbuch, Rz. 605.

6 Telekommunikationsgesetz (TKG) v. 25.07.1996, BGBl. I 1996, S. 1120. Das TKG setzt die Vorgaben der Richtlinie 90/388/EWG ("Wettbewerbsrichtlinie") in der Fassung der Änderungsrichtlinie 96/19/EG v. 13.03.1996 ("Richtlinie Vollständiger Wettbewerb"; ABl. EG L 74, S. 13) um.

1. Der Regelungsinhalt des TKG

Der Regelungsinhalt des TKG wird durch §§ 1, 2 TKG bestimmt. Nach § 1 TKG ist es Zweck des Telekommunikationsgesetzes, durch Regulierung im Bereich der Telekommunikation bestimmte Ziele zu erreichen. Diese Ziele sind die Förderung des Wettbewerbs, die Gewährleistung flächendeckend angemessener und ausreichender Dienstleistungen sowie die Festlegung einer Frequenzordnung. Sie werden in § 2 Abs. 2 TKG genauer dargestellt und erweitert (insbesondere um die Wahrung der Interessen der Nutzer) und sind vor dem Hintergrund des verfassungsrechtlichen Auftrags nach Art. 87 f GG zu sehen[1].

Die Regulierungsziele in § 2 Abs. 2 TKG sind dabei keine theoretischen Programmsätze, sondern bei der Auslegung einzelner Vorschriften des TKG (und aufgrund des TKG erlassener Verordnungen) zu berücksichtigen (teleologische Auslegung)[2]. Eine solche Auslegung des TKG kann bei der Lösung von Ungenauigkeiten des Gesetzes helfen[3].

Das Mittel zur Umsetzung der in § 2 Abs. 2 TKG aufgeführten Ziele ist die Regulierung. Hierbei handelt es sich nach § 3 Nr. 13 TKG um Maßnahmen, die zur Erreichung der in § 2 Abs. 2 TKG genannten Ziele ergriffen werden und durch die das Verhalten von Telekommunikationsunternehmen beim Angebot von Telekommunikationsdienstleistungen, Endeinrichtungen oder von Funkanlagen geregelt werden[4]. Instrumente der Regulierung sind u.a. die Lizenzierungspflicht von Telekommunikationsanbietern, die Auferlegung von Universaldienstleistungen und die Entgeltregulierung.

Die Regulierung nach dem TKG ist sektorspezifisch und asymmetrisch[5]. Sie ist sektorspezifisch, da sie spezielle Regelungen nur für den Bereich der Telekommunikation enthält. Außerdem ist sie asymmetrisch, weil sie nicht alle Marktteilnehmer gleich, sondern entsprechend ihrer Marktstellung trifft[6].

Eigentlich soll die Regulierung der Telekommunikationsmärkte zur Herstellung eines funktionsfähigen Wettbewerbs - sowohl auf EU-Ebene als auch in den Mitgliedsstaaten - nur eine (vorübergehende) Phase zur Gestaltung des Über-

---

1 Vgl. BeckTKG-Komm/Schuster § 2 Rz. 1.
2 Vgl. Moritz, RTkom 2000, 102 (104).
3 Vgl. BeckTKG-Komm/Schuster § 2 Rz. 29 f.
4 Zum Begriff der Regulierung s. im einzelnen Eisenblätter, Regulierung, S. 19 ff.
5 Vgl. Windthorst, Universaldienst, S. 409 f.
6 Vgl. hierzu z.B. Hefekäuser, MMR 1999, 144 (151); Engel, Beilage MMR 03/1999, 7 (8 f.).

gangs vom Monopol zum Wettbewerb sein[1]. Was den Schutz der Verbraucher betrifft, so ist die diesbzgl. Regulierung zumindest in ihren Grundsätzen dauerhaft durch das öffentliche Interesse gerechtfertigt.

2. Die wichtigsten Regulierungsziele nach §§ 1, 2 Abs. 2 TKG

Die Regulierungsziele des TKG stehen nicht isoliert nebeneinander, sondern sind miteinander verbunden[2]. So hat etwa das Regulierungsziel „Universaldienstgewährleistung" Einfluß auf die Regulierung des Wettbewerbs und den Kundenschutz. Durch die Entgeltregulierung werden sowohl Wettbewerber als auch Verbraucher geschützt[3]. Hervorzuheben ist, daß der Schutz von Nutzerinteressen - eines der wesentlichen Regulierungsziele im Telekommunikationsrecht[4] - Hauptmotiv der Liberalisierung und damit des Wettbewerbs ist[5].

Im folgenden werden die für den Kundenschutz wichtigsten Regulierungsziele dargestellt.

a) Die Wahrung der Interessen der Nutzer

Ein besonders wichtiges Ziel des Gesetzes ist die Wahrung der Interessen der Nutzer. Einzelne Regelungsbereiche, die dem Schutz der Interessen der Nutzer dienen sollen, sind z.B. der Kundenschutz, die Entgeltregulierung und der Universaldienst. Diesem zentralen Zweck sind alle anderen Regulierungsziele als Mittel untergeordnet[6]. Auch die Sicherstellung des Wettbewerbs soll letztlich den Interessen der Nutzer dienen[7].

Der Begriff des Nutzers umfaßt nach § 3 Nr. 11 TKG alle Nachfrager von Telekommunikationsdienstleistungen, also zum einen die Endkunden, welche die Dienstleistungen für sich selbst benötigen, und zum anderen solche Kunden, welche die Dienstleistungen zur Erbringung eigener Telekommunikationsdienstleistungen benötigen (z.B. Wettbewerber).

---

1 Vgl. Huber/v. Mayerhofen, MMR 1999, 593 (595).
2 Vgl. Windthorst, Universaldienst, S. 409.
3 So Windthorst, Universaldienst, S. 427; Beschluß des OVG Nordrhein-Westfalen v. 12.05.1999 - 13 B 632/99, RTkom 1999, 101 (102).
4 Vgl. § 2 Abs. 2 Telekommunikationsgesetz (TKG) v. 25.07.1996, BGBl. I 1996, S. 1120.
5 Vgl. dazu Begr. zum TKG-E, BT-Drucks. 13/3609, S. 36.
6 Vgl. BeckTKG-Komm/Schuster § 2 Rz. 5.
7 Vgl. BeckTKG-Komm/Schuster § 2 Rz. 5.

Zur erstgenannten Gruppe der Endkunden gehören die Verbraucher[1] als Nutzer, die Telekommunikationsdienstleistungen zu privaten und nicht zu beruflichen Zwecken beziehen. Endkunden und Nutzer i.S.d. TKG sind ferner solche Nutzer, die die Telekommunikationsdienstleistungen zu geschäftlichen Zwecken selbst benötigen, z.B. Selbständige.

Zur zweiten Gruppe gehören vor allem die Wettbewerber eines marktbeherrschenden Anbieters, die - insbesondere in der Aufbauphase - dessen Vorleistungen nachfragen und zur Erbringung eigener Telekommunikationsdienstleistungen verwenden[2].

Der Kundenschutz - und damit auch Verbraucherschutz - ist im TKG zunächst in den Regulierungszielen (§§ 1, 2 Abs. 2 Nr. 1, 3 TKG) niedergelegt. Weitere Bestimmungen dazu enthält § 41 Abs. 1 TKG, der die Ermächtigung zum Erlaß einer Kundenschutzverordnung sowie Festlegungen zu deren Inhalt enthält.

b) Die Wahrung des Fernmeldegeheimnisses

Das gleichfalls in § 2 Abs. 2 Nr. 1 TKG niedergelegte Ziel der Wahrung des Fernmeldegeheimnisses bezweckt ebenfalls den Schutz der Interessen der Nutzer[3]. Dieses Regulierungsziel wird in §§ 85 - 88 TKG umgesetzt.

Aufgrund der Überschneidungen zum Datenschutz (§ 89 TKG) kann auch dieser unter das Regulierungsziel der Wahrung des Fernmeldegeheimnisses subsumiert werden[4]. Fernmeldegeheimnis und Datenschutz haben im Telekommunikationsrecht deshalb eine besondere Rolle, weil ihre Verletzung gerade durch die Telekommunikationstechnik wesentlich erleichtert wird[5]. Sowohl das Fernmeldegeheimnis als auch die Bestimmungen zum Datenschutz schützen die Persönlichkeitssphäre des Nutzers. Darüber hinaus trägt der Datenschutz dem Schutz des Rechts auf informationelle Selbstbestimmung gemäß Art. 2 Abs. 1, Art. 1 GG Rechnung.

c) Die Sicherstellung des Wettbewerbs

Neben der Wahrung der Interessen der Nutzer ist ein weiteres Regulierungsziel des TKG nach § 2 Abs. 2 Nr. 2 TKG die chancengleiche und funktionsfähige

1 Vgl. Geppert/Ruhle/Schuster, Handbuch, Rz. 222.
2 Vgl. dazu auch BeckTKG-Komm/Schuster § 2 Rz. 6.
3 Vgl. BeckTKG-Komm/Schuster § 2 Rz. 8.
4 Vgl. dazu mit weiteren Einzelheiten BeckTKG-Komm/Schuster § 2 Rz. 8.
5 Vgl. BeckTKG-Komm/Schuster § 2 Rz. 8.

Sicherstellung des Wettbewerbs. Die besondere Rolle der Wettbewerbssicherung (und –herstellung) ist vor dem Hintergrund der Ausgangslage nach dem Ende des staatlichen Monopols in der Telekommunikation zu sehen[1]. Nicht zuletzt angesichts der Erfahrungen der letzten Jahre besteht die Befürchtung, daß ein marktbeherrschender ehemaliger Monopolist alle Möglichkeiten nutzt, seine Marktposition zu verteidigen[2]. Diese Problematik hat schließlich auch zum Erlaß verschiedener Vorschriften zur Regulierung marktbeherrschender Unternehmen geführt. Solche Anbieter werden im Telekommunikationsrecht proportional umfangreicher reguliert (asymmetrische Regulierung)[3]. Eine Verringerung der Regulierung der Telekommunikationsmärkte ist vor diesem Hintergrund nur bei ausreichender Wettbewerbsintensität zu erwarten.

Beispiele für die umfassende Regulierung zur Herstellung und Sicherung des Wettbewerbs sind die Entgeltregulierung (§§ 24 - 31 TKG), die besondere Mißbrauchsaufsicht (§ 33 TKG) und der offene Netzzugang (§§ 33 ff. TKG). Wichtig für den Wettbewerb ist aber auch die Verpflichtung, den Weiterverkauf von Telekommunikationsdienstleistungen zu ermöglichen (§ 4 TKV - sog. Resale).

Hervorzuheben ist, daß die Sicherstellung des Wettbewerbs kein reiner Selbstzweck ist. Er soll - neben der effizienten Allokation der Mittel - vor allem auch den Interessen und dem Schutz der Verbraucher dienen[4].

d) Die Sicherstellung der flächendeckenden Grundversorgung

Das in § 2 Abs. 2 Nr. 3 TKG aufgeführte Regulierungsziel der Sicherstellung einer flächendeckenden Grundversorgung mit Telekommunikationsdienstleistungen zu erschwinglichen[5] Preisen setzt die verfassungsrechtliche Verpflichtung des Bundes aus Art. 87 f GG um. Danach ist in der Telekommunikation für angemessene und ausreichende Dienstleistungen zu sorgen. Dieses Gesetzesziel der Grundversorgung wird in §§ 17 ff. TKG sowie in der Telekommunikations-Universaldienstleistungsverordnung (TUDLV) umgesetzt[6].

---

1 Siehe dazu mit weiteren Einzelheiten Moritz, RTkom 2000, 102 (103).

2 Vgl. dazu etwa Moritz, RTkom 2000, 102 (103, 115); BeckTKG-Komm/Piepenbrock § 33 Rz. 2, 6 f.

3 Vgl. hierzu z.B. Hefekäuser, MMR 1999, 144 (151); Engel, Beilage MMR 03/1999, 7 (8 f.).

4 Siehe dazu BeckTKG-Komm/Schuster § 2 Rz. 5.

5 Vgl. dazu Windthorst, Universaldienst, S. 413 f.; BeckTKG-Komm/Schuster § 2 Rz. 25; BeckTKG-Komm/Schütz § 17 Rz. 8.

6 Daneben werden mit den Regelungen des TKG und der TUDLV auch europarechtliche

Maßgeblich für die Regelungen zum Universaldienst sind die Interessen der Nutzer und Verbraucher[1]. Für sie soll auch nach Wegfall des staatlichen Monopols unabhängig von der Wirtschaftlichkeit einzelner Dienstleistungen im Bereich der Sprachtelefondienste ein bestimmtes Versorgungsniveau gesichert werden[2].

3. Der Geltungsbereich des TKG

Im folgenden sind der sachliche und der persönliche Geltungsbereich des TKG darzustellen. Außerdem soll kurz auf die Abgrenzung der Telekommunikationsdienste zu den Multimediadiensten eingegangen werden.

a) Der sachliche Geltungsbereich des TKG

Eine grundlegende Eingrenzung des sachlichen Anwendungsbereichs[3] des TKG erfolgt bereits durch den in § 1 TKG hervorgehobenen Gesetzeszweck (Regulierung im Bereich der Telekommunikation). Damit kommt es für die Grenzen des Anwendungsbereichs des TKG auf den Begriff der Telekommunikation an.

Nach der Legaldefinition in § 3 Nr. 16 TKG ist Telekommunikation[4] "der technische Vorgang des Aussendens, Übermittelns und Empfangens von Nachrichten jeglicher Art in der Form von Zeichen, Sprache, Bildern oder Tönen mittels Telekommunikationsanlagen". Telekommunikationsanlagen sind nach § 3 Nr. 17 TKG „technische Einrichtungen oder Systeme, die als Nachrichten identifizierbare elektromagnetische oder optische Signale senden, übertragen, vermitteln, empfangen, steuern oder kontrollieren können". Der Begriff der Telekommunikation wird technisch verstanden und knüpft an die vom BVerfG zum Kompetenzbegriff „Fernmeldewesen" entwickelten Merkmale an[5]. Er umfaßt sowohl drahtlose (Mobilfunk, Satellitenfunk) als auch drahtgebundene Systeme[6].

Vorgaben umgesetzt, vgl. dazu Simon, in: Königshofen (Hrsg.), Telekommunikationsrecht, S. 77 f.

1 Vgl. BeckTKG-Komm/Schuster § 2 Rz. 24.

2 Vgl. BeckTKG-Komm/Schuster § 2 Rz. 24.

3 Zum zeitlichen Geltungsbereich vgl. etwa Windthorst, Universaldienst, S. 406 ff.

4 Vgl. zu Inhalt und Begriff der Telekommunikation Windthorst, Universaldienst, S. 83 ff. sowie zur Auslegung des Begriffs im Kontext anderer Regelungen Windthorst, Universaldienst, S. 404 f.

5 Vgl. Windthorst, Universaldienst, S. 79 f.

6 Vgl. Paulweber, Regulierungszuständigkeiten, S. 38.

Nach dieser relativ weiten Definition sind Anbieter von Dienstleistungen auf dem Gebiet der Telekommunikation tätig, wenn sie für ihre Kunden die technische Seite der Übertragung von Nachrichten aller Art übernehmen. Solche Nachrichten können etwa aus Tönen (Gespräch, Musik), Zeichen (E-mail) oder Bildern (z.B. WWW-Seiten) bestehen[1]. Danach sind z.B. auch Internet-Provider auf dem Gebiet der Telekommunikation tätig[2]. Nicht ausreichend ist es dagegen z.B., wenn nur Telekommunikationsendgeräte oder –anlagen verkauft werden[3].

b) Der persönliche Geltungsbereich des TKG

Im Bereich der Telekommunikation stehen Anbieter von Dienstleistungen aus dem Bereich der Telekommunikation auf der einen und Nachfrager solcher Leistungen (Nutzer) auf der anderen Seite. Daneben gibt es zahlreiche weitere Aktionspartner, etwa Konkurrenten oder Helfer des Anbieters.

Ein Anbieter von Telekommunikationsdienstleistungen ist jemand, der die Möglichkeit eröffnet und in Aussicht stellt, selbst oder durch einen Dritten Telekommunikationsdienstleistungen zu erbringen. Entscheidend ist dabei das Angebot, nicht hingegen, wer (z.B. bei Resellern) die Leistungen dann tatsächlich erbringt[4]. Auch für den persönlichen Geltungsbereich des TKG kommt es hierbei auf den Begriff der Telekommunikation an.

Ein Nutzer ist nach § 3 Nr. 11 TKG ein Nachfrager von Telekommunikationsdienstleistungen. Hierzu gehören sowohl private Kunden (Endkunden, Verbraucher) als auch geschäftliche Kunden. Zur letztgenannten Gruppe gehören etwa auch Wettbewerber eines marktbeherrschenden Anbieters, die dessen Telekommunikationsdienstleistungen als Vorleistungen für das eigene Angebot benötigen[5].

---

1 Vgl. Riehmer/Hessler, in: Spindler (Hrsg.), Internet-Provider, Teil II Rz. 95; Moritz, in: Loewenheim/Koch (Hrsg.), Online-Recht, S. 161.

2 Vgl. Riehmer/Hessler, in: Spindler (Hrsg.), Internet-Provider, Teil II Rz. 95; Krader, in: Königshofen (Hrsg.), Telekommunikationsrecht, S. 117 f.; Begr. zu § 2 TDG-E, BT-Drucks. 13/7385, S. 19; Dietz/Richter, CR 1998, 528 (530).

3 So Schulz, CR 1998, 213 (214).

4 Vgl. Grote, TKV, S. 4.

5 Vgl. BeckTKG-Komm/Schuster § 2 Rz. 6; BeckTKG-Komm/Büchner § 3 Rz. 14.

c) Die Abgrenzung zu Multimediadiensten

Im Hinblick auf den Anwendungsbereich des Telekommunikationsrechts stellt sich auch die Frage nach einer möglichen Überschneidung mit dem Anwendungsbereich des Multimediarechts. Als Multimediarecht wird grundsätzlich das Recht der Teledienste und das Recht der Mediendienste verstanden. Teledienste dienen der individuellen Kommunikation und Information. Sie sind im Informations- und Kommunikationsdienste-Gesetz (IuKDG) - und darin vor allem im Teledienstegesetz (TDG) - geregelt. Dagegen sind Mediendienste solche Informations- und Kommunikationsdienste, die an die Allgemeinheit gerichtet sind. Sie sind im Mediendienste-Staatsvertrag (MDStV) der Länder geregelt.

Einen Hinweis zur Überschneidung der Anwendungsbereiche des Multimediarechts und des Telekommunikationsrechts enthalten § 2 Abs. 4 Nr. 1 TDG und § 2 Abs. 1 S. 3 MDSTV. Danach gilt das TDG nicht für Telekommunikationsdienstleistungen und das geschäftsmäßige Erbringen von Telekommunikationsdiensten, und der MDStV läßt die Bestimmungen des Telekommunikationsgesetzes unberührt.

Der Anwendungsbereich der beiden Rechtsgebiete richtet sich danach grundsätzlich nach der Definition der Begriffe Telekommunikationsdienste und Multimediadienste. Telekommunikation ist der technische Vorgang der Übertragung von Inhalten, während Multimediadienste die übertragenen Inhalte betreffen[1]. Die Abgrenzung zwischen Telekommunikationsdienst und Multimediadienst ist also funktionsbezogen vorzunehmen[2]. Zu beachten ist jedoch, daß Multimediadienste fast immer mittels Telekommunikation übermittelt werden[3]. Die Telekommunikation ist damit praktisch das „Transportmedium“ für Multimediadienste[4].

Demnach stellt sich die Frage der Anwendbarkeit des Telekommunikationsrechts auf Multimediadienste. Nach § 2 Abs. 4 Nr. 1 TDG und § 2 Abs. 1 S. 3 MDStV gelten diese Gesetze nicht für Telekommunikationsdienstleistungen

---

1 Vgl. BeckTKG-Komm/Schuster § 3 Rz. 21 b; Moritz, in: Loewenheim/Koch (Hrsg.), Online-Recht, S. 163.

2 Vgl. BeckTKG-Komm/Schuster § 3 Rz. 21 b; Schmitz, MMR 2001, 150 (151); Krader, in: Königshofen (Hrsg.), Telekommunikationsrecht, S. 119 m.w.N.; Koenig, Beilage MMR 12/1998, 1 (4); Begr. zu § 2 TDG-E, BT-Drucks. 13/7385, S. 19.

3 Vgl. Windthorst, Universaldienst, S. 102 f.

4 Vgl. Paulweber, Regulierungszuständigkeiten, S. 39; BeckTKG-Komm/Schuster § 3 Rz. 21 b.

bzw. lassen das TKG unberührt. Die Geltung des TKG wiederum richtet sich allein nach der Definition von Telekommunikationsdiensten und nicht danach, ob auf Telekommunikationsdiensten aufbauend weitere Dienste angeboten werden.

Das bedeutet, daß der einem Multimediadienst zugrundeliegende „Telekommunikationsanteil" unabhängig von der auf ihm aufbauenden Leistung den Regelungen des Telekommunikationsrechts unterliegt[1]. Wie die andere Leistung (der Multimediadienst) dagegen zu qualifizieren ist und welche Anforderungen sie zu erfüllen hat, ist eine Frage der Anwendbarkeit anderer Gesetze, nicht hingegen die des Telekommunikationsrechts[2].

Angesichts der zunehmenden Konvergenz der Medien[3] erscheint die (rechtliche) Aufspaltung einer Dienstleistung in den Telekommunikationsanteil und den Multimediaanteil allerdings zunehmend künstlich und praxisfern[4]. Insofern ist eine umfassende Gesetzesänderung hin zu einem Gesamt-Regelungswerk wünschenswert. Bis dahin ist bei Multimediadiensten jedoch stets zu überprüfen, ob und in welchem Umfang diese in den Regelungsbereich des Telekommunikationsrechts fallen.

4. Das Kriterium der Marktbeherrschung als Regulierungsansatz

Im Telekommunikationsrecht (insbesondere im TKG, in der NZV[5] und der TKV) bestehen spezielle Regelungen zur Kontrolle marktbeherrschender Unternehmen. Dazu gehören etwa die Pflicht zur Netzzugangsgewährung, die Diskriminierungsverbote und die allgemeine Mißbrauchsaufsicht. Durch Konzernklauseln (z.B. §§ 33 Abs. 3, 35 Abs. 4 TKG) wird dabei der Adressatenkreis für Pflichten bzw. Maßnahmen der Regulierungsbehörde auf alle Unternehmen eines Konzerns erweitert[6].

Der Grund für diese besonders intensive Regulierung ist das in § 2 Abs. 2 Nr. 2 TKG niedergelegte Regulierungsziel eines chancengleichen und funktionsfähi-

---

1 Vgl. BeckTKG-Komm/Schuster § 3 Rz. 21 b; Paulweber, Regulierungszuständigkeiten, S. 39.

2 Vgl. Paulweber, Regulierungszuständigkeiten, S. 39.

3 Vgl. dazu mit weiteren Einzelheiten Holznagel, NJW 2002, 2351 ff.; Gounalakis, Beilage NJW 23/2002, 20 ff.; Schuster/Müller, Beilage MMR 10/2000, 1 (2 f.) m.w.N.; Ladeur, RTkom 1999, 68 ff., Stögmüller, CR 1998, 733 ff.

4 Vgl. Krader, in: Königshofen (Hrsg.), Telekommunikationsrecht, S. 125.

5 Verordnung über besondere Netzzugänge (Netzzugangsverordnung - NZV) v. 23.10.1996, BGBl. I 1996, S. 1568.

6 Vgl. BeckTKG-Komm/Piepenbrock § 33 Rz. 106.

gen Wettbewerbs. Durch sie sollen mittelbar aber auch Endkunden (insbesondere Verbraucher) vor einer mißbräuchlichen Ausnutzung von Marktmacht geschützt werden[1]. Der Begriff der Marktbeherrschung ist deshalb auch für Kundenschutzregelungen relevant.

Zur Beurteilung der Marktposition von Anbietern wird grundsätzlich auf den Marktbeherrschungsbegriff des GWB zurückgegriffen[2]. Dies ergibt sich für zahlreiche Vorschriften des TKG bereits daraus, daß diese ausdrücklich auf das Kriterium der Marktbeherrschung nach § 19 GWB verweisen, so etwa in §§ 19 Abs. 2, 25 Abs. 1, 2 TKG. Für andere Vorschriften (etwa der TKV) ergibt sich dies zumeist aus dem Regelungszusammenhang[3].

Festgestellt wird die Marktbeherrschung eines Telekommunikationsanbieters entweder von der Regulierungsbehörde im Rahmen von Regulierungsaufgaben oder von Gerichten. Ein schwieriger Punkt ist hierbei vor allem die Festlegung des jeweils relevanten Telekommunikationsmarktes[4]. Bei genauer Betrachtung gibt es nämlich viele verschiedene Märkte in der Telekommunikation, die voneinander abzugrenzen sind[5]. Dies muß nach sachlichen und räumlichen Kriterien erfolgen[6].

---

1 So die Begr. zum TKV-E, BR-Drucks. 551/97, S. 21; Eisenblätter, Regulierung, S. 110.

2 So Immenga, MMR 2000, 141. Vgl. dazu mit weiteren Einzelheiten BeckTKG-Komm/Wendland Vor § 33 Rz. 2 ff. Zu Abweichungen vgl. mit weiteren Einzelheiten Immenga, MMR 2000, 141 (143). Zur richtlinienkonformen Auslegung des § 19 GWB vgl. vor allem RegTP, Mitteilung Nr. 574/2001, ABl. RegTP 2001, S. 3086. Zum Verhältnis zwischen GWB und TKG vgl. mit weiteren Einzelheiten Piepenbrock/Schuster, CR 2002, 98 ff.

3 So BeckTKG-Komm/Kerkhoff Anh § 41 § 11 TKV Rz. 2.

4 Vgl. dazu mit weiteren Einzelheiten BeckTKG-Komm/Wendland Vor § 33 Rz. 5 ff., 23 ff., 43 ff.; Immenga, MMR 2000, 196 ff.; BeckTKG-Komm/Piepenbrock § 33 Rz. 13; BeckTKG-Komm/Salger/Traugott § 32 Rz. 15 ff. Siehe hierzu auch das Eckpunktepapier der RegTP zur sachlichen und räumlichen Abgrenzung: RegTP, Mitteilung Nr. 90/2001, ABl. RegTP 2001, S. 555 ff.; RegTP, Mitteilung Nr. 547/2001, ABl. RegTP 2001, S. 2931 ff. Für weitere Einzelheiten zum Eckpunktepapier der RegTP vgl. Stögmüller, CR 2001, 507 ff.

5 Zu den Schwierigkeiten bei einer solchen Abgrenzung vgl. z.B. die Prüfung der RegTP, ob im Bereich der Zusammenschaltung in Mobilfunknetze marktbeherrschende Stellungen vorliegen, Vfg. 21/2000, ABl. RegTP 2000, S. 879. Vgl. dazu auch mit weiteren Einzelheiten Immenga, MMR 2000, 196 ff.

6 Vgl. dazu mit weiteren Einzelheiten RegTP, Beschl. v. 13.12.1999 - BK 4e-99-019/30.4.1999, MMR 2000, 316 f. mit Anm. Frhr. v. d. Bussche. Zum Eckpunktepapier der RegTP zur sachlichen und räumlichen Abgrenzung von Märkten und der Feststellung einer marktbeherrschenden Stellung vgl. RegTP, Mitteilung Nr. 90/2001, ABl. RegTP 2001, S. 555 ff.; RegTP, Mitteilung Nr. 547/2001, ABl. RegTP 2001, S. 2931 ff. Für weitere Einzelheiten zum Eckpunktepapier der RegTP vgl. Stögmüller, CR 2001, 507 ff.

Was die Marktanteile auf den Telekommunikationsmärkten betrifft, so hatte die Deutsche Telekom AG bis zur Liberalisierung zumeist einen Marktanteil von 100 %. In vielen Bereichen (z.B. Mobilfunk, nationale Ferngespräche sowie Auslandsgespräche) hat sich dies deutlich geändert. Vor allem im Bereich der Ortsgespräche hat sie jedoch weiterhin einen überragenden Marktanteil von über 95 %[1]. Diese Wettbewerbssituation im Ortsnetzbereich dürfte sich erst mit der flächendeckenden Einführung neuer Übertragungstechniken allmählich ändern[2].

Eine weitere Schwierigkeit für die Feststellung der Marktposition eines Anbieters liegt darin, daß es vor- und nachgelagerte Telekommunikationsmärkte gibt. So müssen z.B. die Wettbewerber eines marktbeherrschenden Unternehmens im Bereich der Übertragungswege von diesem Vorleistungen beziehen, um dann beim Angebot des Sprachtelefondienstes wiederum im Wettbewerb mit diesem marktbeherrschenden Unternehmen zu stehen. Damit sind die Marktanteile der Wettbewerber in dem nachgelagerten Markt eigentlich - relativierend - vor dem Hintergrund zu sehen, daß der größte Anteil der von den Wettbewerbern erzielten Umsätze wegen der Nutzung der Infrastruktur des marktbeherrschenden Anbieters als Nutzungsentgelt an diesen weiterfließt[3].

III. Die Telekommunikations-Kundenschutzverordnung (TKV)

Besonders wichtig für die rechtliche Stellung des Verbrauchers im Bereich der Telekommunikation ist die Telekommunikations-Kundenschutzverordnung (TKV)[4].

---

1 Vgl. dazu Holthoff-Frank/Paulus, MMR 2000, 187; Moritz, RTkom 2000, 102; RegTP, Jahresbericht 2001, S. 13; Schatz, Liberalisierung, S. 33. Zur Ansicht eines bereits bestehenden Wettbewerbs im Ortsnetz vgl. dagegen Hefekäuser, MMR 12/2000, X.

2 Zu den Gründen des bisher nur schwach entwickelten Wettbewerbs im Ortsnetz vgl. mit weiteren Einzelheiten Holthoff-Frank/Paulus, MMR 2000, 187 f.

3 Vgl. Moritz, RTkom 2000, 102.

4 Telekommunikations-Kundenschutzverordnung (TKV; häufig auch als TKV 1997 bezeichnet) v. 11.12.1997, BGBl. I 1997, S. 2910, zuletzt geändert durch die Zweite Verordnung zur Änderung der Telekommunikations-Kundenschutzverordnung v. 20.08.2002, BGBl. I 2002, S. 3365. Zur Ermächtigungsgrundlage (§ 41 TKV) vgl. mit weiteren Einzelheiten BeckTKG-Komm/Büchner § 41 Rz. 5 ff. Zur Kritik an der TKV vgl. BeckAGBG-Komm/Horn § 23 Rz. 129; Scherer/Ellinghaus, NJW 1998, 883 (884). Die TKV löste zum 01.01.1998 die zuvor übergangsweise und nur für die Deutsche Telekom AG geltende Telekommunikations-Kundenschutzverordnung 1995 (BGBl. I 1995, S. 2020) ab, vgl. BeckTKG-Komm/Büchner § 41 Rz. 1 f.; Böhm, ArchPT 1997, 118 ff.; Küppers, ArchPT 1996, 133 ff.

Im folgenden ist zunächst der Regelungsinhalt der TKV darzustellen. Anschließend ist auf ihren Anwendungsbereich einzugehen.

1. Der Regelungsinhalt der TKV

Die TKV dient der Umsetzung des Kunden- und Verbraucherschutzes entsprechend dem in § 2 Abs. 2 Nr. 1 TKG niedergelegten Regulierungsziel[12]. Sie soll im liberalisierten Telekommunikationsmarkt dafür sorgen, daß alle Anbieter von Telekommunikationsdienstleistungen ein Mindestmaß an Kundenschutzregelungen einhalten[3]. Darüber hinaus dienen weitere Regelungen dazu, Verbraucher vor einer mißbräuchlichen Ausnutzung der Marktmacht durch einen marktbeherrschenden Anbieter von Telekommunikationsdienstleistungen zu schützen[4]. Schließlich setzt die TKV auch den in Art. 87f GG festgelegten Infrastrukturauftrag im Bereich der Telekommunikation um[5].

Kundenrechte nach der TKV sind etwa Ansprüche auf den Zugang zu entbündelten Dienstleistungen, die Erteilung eines kostenlosen Standard-Einzelverbindungsnachweises und eine diskriminierungsfreie Zuteilung von Teilnehmerrufnummern.

Da als Kunde im Sinne der TKV auch Anbieter von Telekommunikationsdienstleistungen in Betracht kommen, hat die TKV neben der verbraucherschützenden auch eine wettbewerbsschützende Funktion[6].

Die TKV gilt in Form eines zwingenden Mindestschutzes unmittelbar für jede Beziehung (auch Individualverträge) zwischen Telekommunikationsanbietern und Kunden bzw. Nutzern, ohne daß ihre Geltung vereinbart werden müßte oder ausgeschlossen werden könnte[7]. Sie ist damit eine Verordnung mit privatrechtsgestaltender Wirkung[8]. Folge des zwingenden Mindestschutzes ist, daß

---

1 Vgl. BeckTKG-Komm/Büchner § 41 Rz. 3 f.; Pressemitteilung des BMPT Nr. 68/97 v. 23.07.1997.

2 Vgl. Grote, TKV, S. 40; Bruhn, Sicherstellung, S. 389. Daneben diente sie dem Gesetzgeber dazu, verschiedene Regelungslücken im TKG zu schließen, vgl. dazu mit weiteren Einzelheiten BeckTKG-Komm/Büchner § 41 Rz. 12.

3 Vgl. Bruhn, Sicherstellung, S. 389.

4 Vgl. Geppert/Ruhle/Schuster, Handbuch, Rz. 384; BeckTKG-Komm/Büchner § 41 Rz. 4.

5 Vgl. Begr. zum TKV-E, BR-Drucks. 551/97, S. 29; Pressemitteilung des BMPT Nr. 68/97 v. 23.07.1997.

6 Vgl. Westphalen/Grote/Pohle, Telefondienstvertrag, S. 44 f.

7 Vgl. Begr. zum TKV-E, BR-Drucks. 551/97, S. 23.

8 Vgl. dazu BeckTKG-Komm/Piepenbrock Anh. § 41 § 1 TKV Rz. 5; Grote, BB 1998, 1117; Begr. zur TKV, BR-Drucks. 551/97, S. 22.

die Regelungen der TKV den jeweiligen Allgemeinen Geschäftsbedingungen der Anbieter stets vorgehen[1]. Somit wird zugunsten des Verbraucherschutzes die Vertragsfreiheit teilweise erheblich eingeschränkt[2].

2. Der Anwendungsbereich der TKV

Die TKV regelt gemäß § 1 Abs. 1 TKV „die besonderen Rechte und Pflichten der Anbieter von Telekommunikationsdienstleistungen für die Öffentlichkeit und derjenigen, die diese Leistungen vertraglich in Anspruch nehmen oder begehren (Kunden)“. Der persönliche Geltungsbereich der TKV erfaßt danach grundsätzlich Anbieter von Telekommunikationsdienstleistungen für die Öffentlichkeit und deren Vertragspartner.

Im folgenden ist zunächst der Begriff der Telekommunikationsdienstleistungen für die Öffentlichkeit darzustellen. Anschließend geht es um den Begriff des Kunden i.S.d. TKV.

a) Telekommunikationsdienstleistungen für die Öffentlichkeit

Telekommunikationsdienstleistungen sind nach § 3 Nr. 18 TKG das gewerbliche Angebot von Telekommunikation einschließlich des Angebots von Übertragungswegen für Dritte[3]. Der Begriff der Telekommunikation wurde bereits näher dargestellt. Erforderlich ist ferner die Gewerblichkeit des Telekommunikationsangebots. Sie setzt das Vorliegen einer Gewinnerzielungsabsicht voraus[4]. Nicht ausreichend ist dagegen eine bloße Nachhaltigkeit des Angebots im Sinne einer gewissen Dauerhaftigkeit. Liegt diese Gewerblichkeit vor, fallen z.B. auch Internet- und Online-Dienste unter den Begriff der Telekommunikationsdienstleistung[5].

Nicht entscheidend für das Vorliegen einer Telekommunikationsdienstleistung ist dagegen, ob die angebotene Dienstleistung lizenzpflichtig ist. Die TKV gilt damit nicht nur für Sprachtelefondienstnetzbetreiber, Mobilfunknetzbetreiber

---

1 Vgl. Grote, BB 1998, 1117.

2 Vgl. BeckTKG-Komm/Büchner § 41 Rz. 2; BeckTKG-Komm/Piepenbrock Anh. § 41 § 1 TKV Rz. 5; Scherer/Ellinghaus, NJW 1998, 883; Grote, BB 1998, 1117; Begr. zum TKV-E, BR-Drucks. 551/97, S. 22 f.; Bruhn, Sicherstellung, S. 389.

3 Vgl. dazu mit weiteren Einzelheiten Hahn, RTkom 2000, 139 ff.

4 Vgl. auch BeckTKG-Komm/Schuster § 4 Rz. 5; Moritz, in: Loewenheim/Koch (Hrsg.), Online-Recht, S. 161.

5 Vgl. Riehmer/Hessler, in: Spindler (Hrsg.), Internet-Provider, Teil II Rz. 95; Krader, in: Königshofen (Hrsg.), Telekommunikationsrecht, S. 117 f.; Dietz/Richter, CR 1998, 528 (530 f.); Begr. zu § 2 TDG-E, BT-Drucks. 13/7385, S. 19.

und Betreiber von Übertragungswegen, sondern auch für die Wiederverkäufer entsprechender Telekommunikationsdienstleistungen (Reseller)[1].

Das Merkmal „für die Öffentlichkeit" setzt voraus, daß sich das Angebot an beliebige natürliche oder juristische Personen richtet. Es ist nicht gegeben, wenn sich das Angebot lediglich an die Teilnehmer geschlossener Benutzergruppen richtet, vgl. § 3 Nr. 19 TKG[2]. Wegen des Wortlauts der Vorschrift ist dabei unklar, ob das Angebot von Telekommunikation, das sich an beliebige geschlossene Benutzergruppen richtet und nicht speziell für die Teilnehmer einer einzigen geschlossenen Benutzergruppe entwickelt wurde, eine Telekommunikationsdienstleistung für die Öffentlichkeit i.S.d. § 3 Nr. 19 TKG darstellt und damit in den Geltungsbereich der TKV fällt[3]. Hieraus dürfte sich aber selten ein Problem für den Bereich des Verbraucherschutzes ergeben.

Da sich inzwischen auch die meisten Online-Dienste an die Öffentlichkeit richten, gilt die TKV auch für Verträge über solche Dienstleistungen (sofern sie als Telekommunikationsdienstleistung zu klassifizieren sind). Sind die Definitionsmerkmale dieses Begriffs bei Internet-Diensten erfüllt, ist der Anwendungsbereich der TKV für Verträge über diese Leistungen eröffnet.

b) Der Begriff des Kunden

Als „Kunde" wird gemäß § 1 Abs. 1 TKV der Vertragspartner eines Anbieters von Telekommunikationsdienstleistungen für die Öffentlichkeit bezeichnet. Allein die Vertragsbeziehung zu einem solchen Anbieter macht den Vertragspartner zum Kunden im Sinne der TKV[4]. Neben dem Vertragspartner fallen aber auch andere Nutzer von Telekommunikationsdienstleistungen in den Anwendungsbereich der TKV.

aa) Der Vertragspartner

Als Vertragspartner eines Anbieters von Telekommunikationsdienstleistungen für die Öffentlichkeit (und damit als Kunde) kommen gemäß § 41 Abs. 1 TKG zunächst Verbraucher in Betracht. Für den Begriff des Verbrauchers dürfte - mangels einer eigenen Begriffsbestimmung im Telekommunikationsrecht - auf

---

1 Vgl. Westphalen/Grote/Pohle, Telefondienstvertrag, S. 46; BeckTKG-Komm/Piepenbrock Anh. § 41 § 1 TKV Rz. 7.

2 Vgl. dazu mit weiteren Einzelheiten BeckTKG-Komm/Schütz § 3 Rz. 22 ff.

3 Vgl. dazu mit weiteren Einzelheiten Westphalen/Grote/Pohle, Telefondienstvertrag, S. 45 f.; Grote, TKV, S. 4; BeckTKG-Komm/Piepenbrock Anh. § 41 § 1 TKV Rz. 6.

4 Vgl. Begr. zur TKV, BR-Drucks. 551/97, S. 23.

die Definition in § 13 BGB zurückzugreifen sein. Danach ist ein Verbraucher eine natürliche Person, die ein Rechtsgeschäft zu einem Zweck abschließt, der weder ihrer gewerblichen noch ihrer selbständigen beruflichen Tätigkeit zugerechnet werden kann. Für den Begriff des Verbrauchers ist also kennzeichnend, daß er die angebotenen Leistungen selbst und für private Zwecke in Anspruch nimmt.

Des weiteren erfaßt der Begriff des Kunden auch Geschäftsleute, die diese Leistungen für sich selbst, aber für einen geschäftlichen Zweck (Gewerbe, freier Beruf) benötigen. Auch sie sind als Vertragspartner eines Anbieters von Telekommunikationsdienstleistungen für die Öffentlichkeit Kunden i.S.d. TKV.

Die Gruppe der Verbraucher und die genannte Gruppe der Geschäftsleute, die diese Telekommunikationsdienstleistungen für sich selbst benötigen, werden auch als Endkunden bezeichnet. Dieser Begriff wird beispielsweise in § 27 TKV verwendet. Wesentliches Merkmal eines Endkunden ist, daß er die Telekommunikationsdienstleistungen für den Eigenverbrauch bezieht[1].

Von den Endkunden abzugrenzen sind (andere) Anbieter von Telekommunikationsdienstleistungen, die in Vertragsbeziehungen zu solchen Anbietern treten und deren Leistungen als Vorleistungen für eigene Angebote beziehen. Auch sie zählen zu den Kunden im Sinne der TKV[2]. Hintergrund dieser Regelung ist, daß sie im Wettbewerb zu anderen (insbesondere marktbeherrschenden) Anbietern stehen und im Interesse des Wettbewerbs in bestimmten Punkten geschützt werden sollen[3].

bb) Der Nutzer

Nach dem Wortlaut des § 1 Abs. 1 TKV fällt ein anderer Nutzer der Telekommunikationsdienstleistungen (Nutzer ohne Vertragsbeziehung zum Anbieter) zunächst nicht in den persönlichen Anwendungsbereich dieser Verordnung. Sowohl aus der Ermächtigungsgrundlage als auch aus einzelnen Regelungen der TKV ergibt sich jedoch, daß auch solche Nutzer ohne Vertragsbeziehung in den Anwendungsbereich der TKV fallen. Die Ermächtigungsgrundlage für die TKV (§ 41 Abs. 1 TKG) kennzeichnet den persönlichen Anwendungsbereich der TKV mit „Nutzer, insbesondere der Verbraucher“.

1 So BeckTKG-Komm/Kerkhoff Anh § 41 § 27 TKV Rz. 3.
2 Vgl. Bruhn, Sicherstellung, S. 389; Begr. zur TKV, BR-Drucks. 551/97, S. 23.
3 Vgl. BeckTKG-Komm/Büchner § 41 Rz. 8.

Nutzer sind gemäß § 3 Nr. 11 TKG „Nachfrager nach Telekommunikationsdienstleistungen". Darunter sind (neben dem Vertragspartner) auch andere am Telekommunikationsverkehr Beteiligte (Mitnutzer) zu verstehen. Dazu gehören beispielsweise Familienangehörige des Vertragspartners[1]. Der von der Ermächtigungsgrundlage gezogene persönliche Anwendungsbereich (Nutzer) ist nach dem Wortlaut also weiter gefaßt als der in § 1 Abs. 1 TKV verwendete Begriff des (vertragsgebundenen) Kunden.

Zu beachten ist auch, daß der Gesetzeswortlaut verschiedener Vorschriften der TKV, die naturgemäß und häufig auch Mitbenutzer des Anschlusses betreffen können, ausdrücklich den Begriff des Nutzers oder Mitbenutzers verwendet. Beispiele hierfür sind die Haftungsbegrenzung nach § 7 Abs. 2 TKV („Nutzer") und der Nachweis der Entgeltforderungen gemäß § 16 Abs. 1 TKV („Mitbenutzer")[2].

Die unterschiedliche Begriffsverwendung „Nutzer"/„Kunde" sollte deshalb in ihrer Bedeutung nicht überschätzt werden. Die meisten in der TKV statuierten Rechte des Kunden stehen wie in anderen Vertragsverhältnissen des Zivilrechts sinnvollerweise nur dem Vertragspartner zu. Als Beispiele können etwa das Recht auf Erstellung einer umfassenden Rechnung und die Zuteilung von Teilnehmerrufnummern genannt werden.

Nur bei einigen wenigen Regelungen dürfte sich die Frage stellen, ob die darin festgelegten Rechte des Kunden auch anderen Nutzern zustehen bzw. Pflichten des Anbieters auch ihnen gegenüber einzuhalten sind. Dies könnte vor allem bei der Leistungseinstellung nach § 6 TKV, dem Entstörungsdienst gemäß § 12 TKV, der Sperre nach § 19 TKV sowie dem Abschalten von Endeinrichtungen nach § 31 TKV in Betracht kommen.

Wenn ein Mitnutzer im Einzelfall (gegenüber einem Anbieter) Rechte aus diesen Vorschriften geltend macht, dürfte man außerdem im Zweifel jedenfalls von einer Vollmacht des Mitnutzers zur Geltendmachung dieser Rechte im Namen des Kunden ausgehen können. In diesem Fall würde es auf eine eigene Berechtigung des Mitnutzers also nicht ankommen. Die Fälle, in denen ein Kunde und sein Mitnutzer sich über die Geltendmachung von Rechten aus der TKV uneinig sind, dürften demgegenüber gering sein.

---

1 Vgl. BeckTKG-Komm/Büchner § 41 Rz. 9.

2 Weitere, den Schutz von Mitbenutzern bezweckende Regelungen finden sich insbesondere auch in der TDSV.

IV. Weitere Rechtsverordnungen zum TKG

Neben der TKV sind zum TKG zahlreiche weitere Rechtsverordnungen erlassen worden. Zu nennen ist beispielsweise die Telekommunikations-Nummerngebührenverordnung (TNGebV)[1], nach der Gebühren für die Zuteilung insbesondere der sog. „Persönlichen Rufnummer" erhoben werden. Die Telekommunikations-Überwachungsverordnung (TKÜV)[2] hingegen regelt die technische und organisatorische Umsetzung von Maßnahmen zur Überwachung der Telekommunikation.

Die Telekommunikations-Entgeltregulierungsverordnung (TEntgV)[3] enthält demgegenüber Einzelheiten zur Entgeltregulierung durch die Regulierungsbehörde. Sie ergänzt die Vorschriften über die Entgeltregulierung nach den §§ 24 - 31 TKG. Ihre Regelungen sollen der Umsetzung verschiedener Regulierungsziele, etwa der Wahrung der Interessen der Nutzer und der Herstellung eines chancengleichen und effizienten Wettbewerbs, dienen[4].

Im folgenden sollen die - neben der TKV - für den Verbraucherschutz in der Telekommunikation besonders relevanten Rechtsverordnungen kurz dargestellt werden. Dazu gehören die Telekommunikations-Universaldienstleistungsverordnung (TUDLV) und die Telekommunikations-Datenschutzverordnung (TDSV).

1. Die Telekommunikations-Universaldienstleistungsverordnung

Die Telekommunikations-Universaldienstleistungsverordnung (TUDLV)[5] dient - neben §§ 17 ff. TKG - der Umsetzung des Regulierungsziels der flächendeckenden Grundversorgung mit Telekommunikationsdienstleistungen zu erschwinglichen Preisen (§§ 1, 2 Abs. 2 Nr. 3 TKG). Dieses Regulierungsziel ist vor dem Hintergrund der verfassungsrechtlichen Verpflichtung des Bundes aus Art. 87 f GG zu sehen, nach der dieser in der Telekommunikation für ange-

1 Telekommunikations-Nummerngebührenverordnung (TNGebV) v. 16.08.1999, BGBl. I 1999, S. 1887.

2 Verordnung über die technische und organisatorische Umsetzung von Maßnahmen zur Überwachung der Telekommunikation (TKÜV) v. 22.01.2002, BGBl. I 2002, S. 458 ff., zuletzt geändert durch die Erste Verordnung zur Änderung der Telekommunikations-Überwachungsverordnung v. 16.08.2002, BGBl. I 2002, S. 3317 ff.

3 Telekommunikations-Entgeltregulierungsverordnung (TEntgV) v. 01.10.1996, BGBl. I 1996, S. 1492.

4 Vgl. dazu BeckTKG-Komm/Schuster § 2 Rz. 12, 25; Windthorst, Universaldienst, S. 427.

5 Telekommunikations-Universaldienstleistungsverordnung (TUDLV) v. 30.01.1997, BGBl. I 1997, S. 141.

messene und ausreichende Dienstleistungen zu sorgen hat. Die TUDLV hat damit für den Schutz von Verbraucherinteressen eine nicht unerhebliche Bedeutung[1].

Inhaltlich legt sie im einzelnen fest, welche Telekommunikationsdienstleistungen als Universaldienstleistung im Sinne des § 17 Abs. 1 TKG anzusehen sind. Außerdem enthält sie grundsätzliche Regelungen dazu, nach welchen Kriterien Preise für Universaldienstleistungen als erschwinglich gelten.

2. Die Telekommunikations-Datenschutzverordnung

Für den Bereich des Datenschutzes in der Telekommunikation enthält die Telekommunikations-Datenschutzverordnung (TDSV)[2] wichtige Vorschriften. Ergänzend ist gemäß § 1 Abs. 2 TDSV ausdrücklich das Bundesdatenschutzgesetz (BDSG) zu berücksichtigen.

Den Anwendungsbereich der Verordnung legt § 1 Abs. 1 TDSV fest. Danach regelt sie den Schutz personenbezogener Daten der an der Telekommunikation Beteiligten bei der Verarbeitung durch geschäftsmäßig tätige Unternehmen und Personen. Personenbezogene Daten sind nach § 3 Abs. 1 BDSG Einzelangaben über persönliche oder sachliche Verhältnisse einer bestimmten oder bestimmbaren natürlichen Person (Betroffener).

Beteiligte der Telekommunikation sind nach § 2 Nr. 1 TDSV zunächst die Vertragspartner von Verträgen über Telekommunikationsdienste mit einem Diensteanbieter (Kunden). Außerdem fallen in den Schutzbereich der TDSV auch diejenigen Personen, die die von einem Diensteanbieter angebotenen Telekommunikationsdienste nutzen. Damit erfaßt der Schutz nicht nur den Vertragspartner selbst, sondern jeden tatsächlichen Leistungsempfänger.

Verpflichtete des Datenschutzes sind demgegenüber solche Unternehmen und Personen, die geschäftsmäßig Telekommunikationsdienste erbringen oder an deren Erbringung mitwirken. Das Vorliegen einer geschäftsmäßigen Tätigkeit setzt nur die sog. Nachhaltigkeit voraus[3], also ein auf Dauer angelegtes Ange-

---

1 Vgl. dazu BeckTKG-Komm/Schuster § 2 Rz. 24.

2 Telekommunikations-Datenschutzverordnung (TDSV) v. 18.12.2000, BGBl. I 2000, S. 1740. Sie löste die Telekommunikationsdienstunternehmen-Datenschutzverordnung (TDSV) v. 12.07.1996, BGBl. I 1996, S. 982 ab. Zu den Novellierungsgründen vgl. Koenig/Neumann, K&R 2000, 417 f. mit weiteren Einzelheiten. Zur Kritik an der neuen TDSV vgl. Koenig/Neumann, K&R 2000, 424 f.

3 Vgl. Begr. zum TDSV-E, BR-Drucks. 300/00, S. 13; Koenig/Neumann, K&R 2000, 417 (418). Dies stellt eine wesentliche Änderung gegenüber der TDSV von 1996 dar.

bot[1]. Unerheblich für die Anwendbarkeit der TDSV ist dagegen das Bestehen einer Gewinnerzielungsabsicht oder die Frage der Öffentlichkeit des Angebots[2].

Der Anwendungsbereich der TDSV ist damit grundsätzlich sehr weit gezogen. Wenn z.B. Internet-Provider oder andere „Auch-Telekommunikationsdiensteanbieter" nachhaltig Telekommunikationsdienste erbringen, unterliegen auch sie den Bestimmungen der TDSV. Der Anwendungsbereich wird jedoch wegen des Verhältnismäßigkeitsgrundsatzes für einzelne Regelungen eingeschränkt, etwa für geschlossene Benutzergruppen[3].

V. Weitere rechtliche Rahmenbedingungen

Neben den Vorschriften des Telekommunikationsrechts sind für die Rechtsbeziehung zwischen einem Verbraucher und einem Anbieter von Telekommunikationsdienstleistungen unter Umständen weitere Vorschriften zu beachten.

Bei einem Anbieter von Telekommunikations- und Internetdienstleistungen können beispielsweise auch das Informations- und Kommunikationsdienste-Gesetz (IuKDG) und der Mediendienste-Staatsvertrag (MDStV) Anwendung finden (vgl. dazu S. 19 f.). Im übrigen kann im Einzelfall etwa auch das Signaturgesetz (SigG)[4] zu beachten sein.

Für den Bereich des Datenschutzes kann vor allem das Bundesdatenschutzgesetz (BDSG) ergänzend zur TDSV herangezogen werden, insbesondere für allgemeine Begriffsdefinitionen (z.B. „personenbezogene Daten"). Ferner können sich aus dem BDSG Auskunfts-, Berichtigungs- und Löschungsansprüche eines betroffenen Verbrauchers ergeben. Schließlich trifft es auch Vorgaben für die Übermittlung personenbezogener Daten ins Ausland.

1 Vgl. dazu BeckTKG-Komm/Büchner § 85 Rz. 4; Geppert/Ruhle/Schuster, Handbuch, Rz. 739; Wuermeling/Felixberger, CR 1997, 230 (231); Begr. zum TKG-E, BT-Drucks. 13/3609, S. 53.

2 Vgl. Begr. zum TDSV-E, BR-Drucks. 300/00, S. 13; Koenig/Neumann, K&R 2000, 417 (418).

3 Vgl. Begr. zum TDSV-E, BR-Drucks. 300/00, S. 13.

4 Gesetz über Rahmenbedingungen für elektronische Signaturen (Signaturgesetz - SigG) v. 16.05.2001, BGBl. I 2001, 876 ff. Vgl. dazu mit weiteren Einzelheiten Sieber/Nöding, ZUM 2001, 199 (201 ff.); Blum, DuD 2001, 71 ff.; Geis, MMR 2000, 667 (670 ff.); Herchenbach, Beilage 2 zu K&R 10/2000, 6 ff.; Strack, Beilage 2 zu K&R 10/2000, 23 ff.; Roßnagel, MMR 2000, 451 (452 ff.); Büllesbach/Miederbrodt, CR 2000, 751 ff.

Besonders wichtig für die Rechtsbeziehung zwischen einem Verbraucher und einem Anbieter von Telekommunikationsdienstleistungen sind jedoch die im folgenden näher dargestellten Vorschriften des Zivilrechts.

1. Allgemeine Vorschriften des Bürgerlichen Gesetzbuchs (BGB)

Aus dem BGB können zunächst die Definitionen des Verbrauchers (vgl. dazu S. 25 f.) sowie des Unternehmers (§§ 13, 14 BGB) herangezogen werden. Ein Unternehmer ist nach § 14 Abs. 1 BGB „eine natürliche oder juristische Person oder eine rechtsfähige Personengesellschaft, die bei Abschluss eines Rechtsgeschäfts in Ausübung ihrer gewerblichen oder selbständigen beruflichen Tätigkeit handelt". Außerdem sind die Bestimmungen des BGB zu Rechtsgeschäften und Willenserklärungen (§§ 104 ff., 116 ff. BGB) sowie die grundlegenden Bestimmungen zur Nichtigkeit (§§ 125, 134, 138, 139 BGB) zu beachten.

Des weiteren gelten grundsätzlich die allgemeinen Regelungen für Schuldverhältnisse, etwa § 241a BGB für die Lieferung unbestellter Sachen sowie §§ 355, 356 BGB (Widerrufsrecht bzw. Rückgaberecht bei Verbraucherverträgen). Schließlich kann sich zugunsten eines Verbrauchers für ein Unternehmen im Einzelfall sogar ein Kontrahierungszwang aus § 826 BGB ergeben[1].

Wichtig für Verträge zwischen Verbrauchern und Telekommunikationsdiensteanbietern kann unter bestimmten Umständen auch das Widerrufsrecht bei Haustürgeschäften (§ 312 BGB) sein. Die verschiedenen relevanten Situationen sind in § 312 Abs. 1 Nr. 1 - 3 BGB im einzelnen aufgeführt. Dazu gehören insbesondere mündliche Verhandlungen im Bereich einer Privatwohnung oder ein überraschendes Ansprechen im Bereich öffentlich zugänglicher Verkehrsflächen. Die Erfahrung der letzten Jahre hat dabei gezeigt, daß Vertragsabschlüsse über Telekommunikationsdienstleistungen immer häufiger in solchen Situationen vorkommen[2]. In diesen Fällen ist deshalb die Anwendbarkeit dieser Vorschriften in Betracht zu ziehen.

1 Vgl. dazu Palandt/Heinrichs Einf v § 145 Rz. 8 ff.

2 Vgl. dazu etwa OLG Frankfurt am Main, Urt. v. 08.02.2001 - 6 U 182/00 (rechtskräftig), CR 2001, 311 ff.; OLG Köln, Urt. v. 02.02.2001 - 6 U 112/00 (rechtskräftig), CR 2001, 313 ff.

2. Die Vorschriften zu Allgemeinen Geschäftsbedingungen

Aus dem BGB sind für Verträge auf dem Gebiet der Telekommunikation vor allem die Vorschriften über Allgemeine Geschäftsbedingungen (§§ 305 ff. BGB) zu beachten[1], da solche Verträge fast immer vorformuliert und standardisiert sind.

Hervorzuheben ist für bestimmte Formen von Verträgen über Telekommunikationsdienstleistungen die Sonderregelung über die Einbeziehung Allgemeiner Geschäftsbedingungen (§ 305a Nr. 2 b) BGB). Außerdem können die Inhaltskontrolle nach § 307 BGB und die Klauselverbote nach den §§ 308, 309 BGB relevant sein. Bei der Anwendung der Bestimmungen über Allgemeine Geschäftsbedingungen ist jedoch stets auf vorrangige, abweichende Regelungen des Telekommunikationsrechtes, insbesondere der TKV, zu achten[2]. Für die Effizienz des Verbraucherschutzes ist aber auch die Durchsetzung entscheidend, weshalb in Kapitel F. auf die Möglichkeit von Verbandsklagen nach dem Unterlassungsklagengesetz (UKlaG)[3] eingegangen wird.

Was das Verhältnis der TKV zu den Regelungen über Allgemeine Geschäftsbedingungen betrifft, so gehen die Regelungen der TKV den jeweiligen Allgemeinen Geschäftsbedingungen der Anbieter grundsätzlich (zwingend) vor[4]. Im übrigen unterliegt die TKV - trotz ihrer unmittelbaren inhaltlichen Gestaltung des Vertragsverhältnisses - als Verordnung nicht der Kontrolle nach den Vorschriften über Allgemeine Geschäftsbedingungen[5].

3. Die Vorschriften zu Fernabsatzverträgen

Vorschriften zu Fernabsatzverträgen sind zum einen im BGB (§§ 312b ff. BGB), zum anderen in der Verordnung über Informations- und Nachweispflichten nach bürgerlichem Recht (BGB-InfoV)[6] geregelt. Die mögliche

---

1 Vgl. dazu mit weiteren Einzelheiten z.B. Hahn, MMR 1999, 586 ff.; Hahn, MMR 1999, 251 ff.; Schulz, CR 1998, 213 ff.

2 Vgl. etwa § 7 Abs. 2 TKV für die Haftungsbeschränkung.

3 Gesetz über Unterlassungsklagen bei Verbraucherrechts- und anderen Verstößen (Unterlassungsklagengesetz - UKlaG) v. 27.08.2002, BGBl. I 2002, S. 3423.

4 Vgl. Grote, BB 1998, 1117.

5 Vgl. BeckAGBG-Komm/Horn § 23 Rz. 128; Grote, BB 1998, 1117; BGHZ 100, 1 (8 f.) (zur Fernwärmeverordnung).

6 Verordnung über Informations- und Nachweispflichten nach bürgerlichem Recht (BGB-Informationspflichten-Verordnung - BGB-InfoV) in der Neufassung v. 05.08.2002, BGBl. I 2002, S. 3002 ff.

Anwendbarkeit dieser Vorschriften[1] auf Verträge über Telekommunikationsdienstleistungen wurde in der Praxis bislang kaum zur Kenntnis genommen. Sie legen Unternehmen bei Distanzgeschäften umfangreiche Informationspflichten auf und begründen Widerrufs- und Rückgaberechte des Verbrauchers[2].

Fernabsatzverträge sind nach § 312b Abs. 1 BGB Verträge über die Lieferung von Waren oder die Erbringung von Dienstleistungen, die zwischen einem Unternehmer und einem Verbraucher unter ausschließlicher Verwendung von Fernkommunikationsmitteln abgeschlossen werden. Ein Fernkommunikationsmittel ist ein Kommunikationsmittel, das bei rein räumlicher Betrachtungsweise den Vertragsschluß unter Abwesenden erlaubt[3]. Nach § 312b Abs. 2 BGB gehören hierzu insbesondere Briefe, Kataloge, Telefonanrufe, Telekopien und E-Mails. Weitere Voraussetzung für das Vorliegen eines Fernabsatzvertrages ist, daß der Vertragsschluß im Rahmen eines für den Fernabsatz organisierten Vertriebs- oder Dienstleistungssystems erfolgt[4].

Auch Verträge über Telekommunikationsdienstleistungen werden häufig über das Telefon oder per Telefax und damit über ein Fernkommunikationsmittel geschlossen. Ein Beispiel hierfür ist das offene, d.h. ohne Anmeldung erfolgende, Call-by-Call. In einem solchen Fall gibt der Verbraucher mit dem Wählen der Netzbetreiberkennzahl ein Vertragsangebot ab, das mit dem Zustandekommen der Verbindung angenommen wird[5]. Vertragsgegenstand ist der Telefonanruf selbst[6]. Dieses Beispiel zeigt, daß Verträge über Telekommunikationsdienstleistungen - nach dem Gesetzeswortlaut - in den Anwendungsbereich der Vorschriften über den Fernabsatz fallen können.

Vom Anwendungsbereich der Vorschriften über den Fernabsatz sind nach § 312b Abs. 3 BGB verschiedene, im einzelnen aufgeführte Vertragstypen ausgenommen. Für den Bereich des Telekommunikationsrechts ist danach nur eine

1 Die Vorschriften zu Fernabsatzverträgen dienen insbesondere der Umsetzung der europäischen Fernabsatzrichtlinie 97/7/EG v. 20.05.1997 (ABl. EG 1997 L 144, S. 19) und der Unterlassungsklagenrichtlinie 98/27/EG v. 19.05.1998 (ABl. EG 1998 L 166, S. 51) in deutsches Recht.

2 Vgl. zu den Vorschriften über den Fernabsatz mit weiteren Einzelheiten Härting, CR 2000, 691 ff.; Meents, CR 2000, 610 ff.; Härting/Schirmbacher, MDR 2000, 917 ff.; Piepenbrock/Schmitz, K&R 2000, 378 ff.; Günther, CI 2000, 97 ff. Zur Problematik des Abstellens allein auf den Zeitpunkt des Vertragsschlusses vgl. Meents, CR 2000, 610 f.

3 Vgl. Schmidt-Räntsch, VuR 2000, 427.

4 Vgl. hierzu Palandt-ErgBd/Heinrichs § 312b Rz. 11; Meents, CR 2000, 610 (611).

5 Vgl. Schütz, MMR 09/2000, VII (VIII).

6 Vgl. Schütz, MMR 09/2000, VII (VIII).

einzige Ausnahme zu beachten: Gemäß § 312b Abs. 3 Nr. 7 b) BGB sind Verträge vom Anwendungsbereich ausgenommen, die mit Betreibern von Telekommunikationsmitteln[1] auf Grund der Benutzung von öffentlichen Fernsprechern geschlossen werden und deren Benutzung zum Gegenstand haben[2]. Dabei ist der Begriff des öffentlichen Fernsprechers eng auszulegen; er umfaßt nur die öffentlich zugänglichen „Telefonzellen“[3].

Aufgrund der weitreichenden Auswirkungen einer Anwendung der Vorschriften über den Fernabsatz auf Verträge über Telekommunikationsdienstleistungen stellt sich die Frage, ob der Anwendungsbereich dieser Bestimmungen nicht aufgrund einer einschränkenden Auslegung oder durch die Annahme von insoweit vorrangigen Spezialregelungen des Telekommunikationsrechts einzugrenzen ist. Diese Frage stellt sich auch vor dem Hintergrund, daß die Fernabsatzrichtlinie mit dem Begriff des Fernabsatzes grundsätzlich solche Vertriebsarten im Blick hatte, bei denen der Verbraucher etwa die Ware oder Dienstleistung vor Vertragsschluß nicht in Augenschein nehmen kann und bestimmte Umstände (Eindringen in Privatsphäre, mangelnde Information) seine Wahlfreiheit beeinträchtigen[4].

Wegen der ausdrücklichen Regelung des § 312b Abs. 3 Nr. 7 b) BGB , die nur ganz bestimmte Telekommunikationsdienstleistungen betrifft, erscheint eine solche Auslegung jedoch bereits als problematisch. Außerdem sollten nach dem Willen des Gesetzgebers vom Anwendungsbereich nur solche Vertragstypen ausgenommen werden, die in Deutschland in Spezialgesetzen nicht nur bereits abschließend und richtlinienkonform geregelt sind, sondern auch schon den Vorschriften über Fernabsatzverträge vergleichbare Schutzbestimmungen beinhalten[5]. Letzteres kann für die Verbraucherrechte im Telekommunikationsrecht - etwa im Hinblick auf das Widerrufsrecht bei Fernabsatzverträgen - jedoch nicht angenommen werden.

Mögliche Überschneidungen mit schon bestehenden Gesetzen wurden vom Gesetzgeber außerdem bewußt in § 312c Abs. 4 BGB geregelt. Danach bleiben u.a. weitergehende Informationspflichten auf Grund anderer Vorschriften unberührt. Dagegen tritt eine speziellere, aber für den Verbraucher ungünstigere

1 Zum Begriff der Telekommunikationsmittel vgl. mit weiteren Einzelheiten Härting, Fernabsatzgesetz, § 1 Rz. 167.
2 Zum Vertragsgegenstand der Benutzung von öffentlichen Fernsprechern vgl. mit weiteren Einzelheiten Härting, Fernabsatzgesetz, § 1 Rz. 169 f.
3 Vgl. Piepenbrock/Schmitz, K&R 2000, 378 (382).
4 Vgl. Begr. zum FernAG-E, BT-Drucks. 14/2658, S. 15.
5 So Begr. zum FernAG-E, BT-Drucks. 14/2658, S. 31.

Regelung des nationalen Rechts hinter die allgemeinen Bestimmungen zum Fernabsatz zurück[1]. Dies betrifft nach der Gesetzesbegründung auch ausdrücklich Sonderregelungen des Telekommunikationsrechts, welche nicht als abschließende und vorrangige Regelung aufzufassen sind[2].

Etwaige Überschneidungen der Anwendungsbereiche der Vorschriften über den Fernabsatz und des Telekommunikationsrechts wurden vom Gesetzgeber also nicht etwa übersehen, sondern sogar bewußt in Kauf genommen[3]. Dies schließt nicht aus, daß er sich der einzelnen Folgen in der Praxis (etwa der Umsetzung der Informationspflichten beim offenen Call-by-Call) nicht bewußt war. Insoweit ist zu bedenken, daß die Fernabsatzrichtlinie einen ähnlich weiten Anwendungsbereich hat, der Gesetzgeber also zur Umsetzung dieser weitreichenden Regelungen verpflichtet war.

Wenn Regelungen sich nicht gegenseitig ausschließen, sondern ergänzen, sollen sie nach dem Willen des Gesetzgebers im Interesse eines umfassenden Verbraucherschutzes auch nebeneinander Anwendung finden[4]. Dies gilt insbesondere für die umfassenden Informationspflichten nach § 312c BGB und § 1 BGB-InfoV[5]. Beispielsweise hat ein Unternehmer, der über ein Telefon Verträge mit Verbrauchern abschließen und dabei seine AGB in den Vertrag einbeziehen will, unabhängig voneinander sowohl die Informationspflichten für Fernabsatzverträge als auch die Vorschriften über die Einbeziehung von Allgemeinen Geschäftsbedingungen (§§ 305 ff. BGB) zu beachten[6].

Vor diesem Hintergrund kann der Anwendungsbereich der Vorschriften über Fernabsatzverträge nicht durch die Annahme insoweit vorrangiger Spezialregelungen des Telekommunikationsrechts begrenzt werden. Auch eine einschränkende Auslegung der Vorschriften über Fernabsatzverträge, etwa auf solche Verträge, deren Vertragszweck jenseits der bloßen Telekommunikation liegt, kann weder dem Gesetzeswortlaut noch dem Gesetzeszusammenhang entnommen werden[7]. Letzteres läßt sich auch daraus schließen, daß § 312c Abs. 3 BGB den Wegfall einiger Pflichten vorsieht, wenn die Dienstleistungen unmit-

1 Vgl. Begr. zum FernAG-E, BT-Drucks. 14/2658, S. 34. Anders dagegen Piepenbrock/Schmitz, K&R 2000, 378 (382 f.).

2 So Begr. zum FernAG-E, BT-Drucks. 14/2658, S. 34 u. 37. Anders dagegen Piepenbrock/Schmitz, K&R 2000, 378 (383).

3 Vgl. Begr. zum FernAG-E, BT-Drucks. 14/2658, S. 34 u. 37.

4 Vgl. Begr. zum FernAG-E, BT-Drucks. 14/2658, S. 34. Anders Piepenbrock/Schmitz, K&R 2000, 378 (383).

5 So Begr. zum FernAG-E, BT-Drucks. 14/2658, S. 38.

6 Vgl. dazu mit weiteren Einzelheiten Schmidt-Räntsch, VuR 2000, 427 (429 f.).

7 Vgl. dazu im einzelnen Schütz, MMR 09/2000, VII (VIII).

telbar durch Einsatz von Fernkommunikationsmittel erbracht werden, sofern diese Leistungen in einem Mal erfolgen und über den Betreiber der Fernkommunikationsmittel abgerechnet werden. Gerade diese Regelung scheint auf das offene Call-by-Call zugeschnitten zu sein.

Insgesamt ist festzuhalten, daß Anbieter von Telekommunikationsdienstleistungen davon ausgehen müssen, daß z.B. über das Telefon oder online geschlossene Verträge über solche Leistungen in den Anwendungsbereich der Vorschriften über Fernabsatzverträge fallen[1]. Deren Geltung ist gemäß § 312f BGB zwingend; abweichende Vereinbarungen sind also unwirksam.

4. Das Gesetz gegen unlauteren Wettbewerb (UWG)

Im Hinblick auf die Probleme mit der Herstellung und Sicherung des Wettbewerbs auf den Telekommunikationsmärkten kommt schließlich auch die Anwendbarkeit des Gesetzes gegen den unlauteren Wettbewerb (UWG)[2] in Betracht. Gemäß § 1 UWG kann jemand, der zu Wettbewerbszwecken sittenwidrige Handlungen im geschäftlichen Verkehr vornimmt, auf Unterlassung und Schadensersatz in Anspruch genommen werden. Diese Generalklausel wird in den einzelnen Vorschriften des UWG für bestimmte Teilbereiche gewerblichen Handelns konkretisiert.

Das UWG soll in erster Linie Konkurrenten vor sittenwidrigen Wettbewerbshandlungen schützen. Darüber hinaus dient es aber auch den Interessen der Allgemeinheit und vor allem der Verbraucher an der Lauterbarkeit des Wettbewerbs[3]. Besonders wichtig für die Rechtsdurchsetzung in der Praxis ist, daß viele der Verstöße gegen das UWG nach § 13 Abs. 2 UWG auch von Wettbewerbern oder etwa Verbraucherschutzverbänden gerichtlich geltend gemacht werden können. Im übrigen können Verbraucher nach § 13a UWG u.U. ein Rücktrittsrecht haben, wenn sie durch eine unwahre und zur Irreführung geeig-

---

1 So Fuchs, in: Spindler (Hrsg.), Telekommunikations-Anbieter, Teil II Rz. 194, 201; Piepenbrock/Schmitz, K&R 2000, 378 (382). Vgl. dazu kritisch Schütz, MMR 09/2000, VII (VIII).

2 Gesetz gegen den unlauteren Wettbewerb v. 07.06.1909, seitdem mehrfach geändert. Zu Verstößen gegen das UWG im Bereich von Telekommunikationsmärkten vgl. etwa OLG Frankfurt am Main, Urt. v. 08.02.2001 - 6 U 182/00 (rechtskräftig), CR 2001, 311 ff.; OLG Köln, Urt. v. 02.02.2001 - 6 U 112/00 (rechtskräftig), CR 2001, 313 ff.; Wuermeling/Fuchs, CR 2000, 587 ff.; OLG Hamburg, Urt. v. 20.07.2000 - 3 U 87/00 (rechtskräftig; LG Hamburg), ITRB 2001, 11. Nicht unlauter im Sinne des § 1 UWG sind werbefinanzierte Telefongespräche, vgl. BGH, Urt. v. 20.12.2002 - I ZR 227/99, NJW 2002, 2038 f.

3 So Fuchs, in: Spindler (Hrsg.), Telekommunikation-Anbieter, Teil II Rz. 248 f.

nete Werbeangabe i.S.d. § 4 UWG zur Abnahme von Waren oder Leistungen bestimmt wurden[1].

VI. Europarecht

Sowohl hinsichtlich bevorstehender Änderungen im Regulierungsrahmen als auch bezüglich einer europarechtskonformen Auslegung des bereits bestehenden deutschen Telekommunikationsrechts ist schließlich das Europarecht zu beachten[2].

Viele Vorgaben des Europäischen Gesetzgebers zum Telekommunikationsrecht sind inzwischen in nationales Recht umgesetzt worden. Insoweit wird das europäische Gemeinschaftsrecht praktisch nur noch für die Auslegung nationaler Vorschriften herangezogen (Grundsatz der gemeinschaftskonformen Auslegung). Dieser Grundsatz besagt, daß die Regulierungsbehörde und die Gerichte das nationale Recht in Übereinstimmung mit den Anforderungen des Gemeinschaftsrechts auszulegen und anzuwenden haben[3]. Dies gilt auch dann, wenn EU-Richtlinien noch nicht in nationales Recht umgesetzt worden sind[4]. Gegebenenfalls haben unmittelbar anwendbare Normen des EU-Rechts Vorrang vor widersprechendem nationalem Recht[5].

Soweit die Umsetzung neuer europäischer Vorschriften in deutsches Recht noch nicht erfolgt ist, sind diese sowie absehbare Änderungen im europäischen Regulierungsrahmen bei der Planung zu berücksichtigen (vgl. dazu S. 7).

VII. Internationales Privatrecht

Bei grenzüberschreitenden Sachverhalten ist das internationale Privatrecht zu beachten. Solche Konstellationen liegen etwa dann vor, wenn der Verbraucher, nicht jedoch der Anbieter in Deutschland seinen gewöhnlichen Aufenthalt hat. In solchen Situationen stellt sich die Frage nach der Anwendbarkeit des deutschen Rechts, insbesondere der Verbraucherschutzgesetze. Regelungen hierzu enthalten Art. 29 und Art. 29a EGBGB.

---

1 Vgl. dazu mit weiteren Einzelheiten Fuchs, in: Spindler (Hrsg.), Telekommunikation-Anbieter, Teil II Rz. 259 ff.

2 Vgl. dazu mit weiteren Einzelheiten BeckTKG-Komm/Schuster § 1 Rz. 13 ff. Zu den Zuständigkeiten der EU-Kommission in Brüssel vgl. Möschel, Beilage MMR 03/1999, 3 (4).

3 Vgl. BeckTKG-Komm/Schuster § 1 Rz. 13; Geppert/Ruhle/Schuster, Handbuch, Rz. 4.

4 Vgl. dazu mit weiteren Einzelheiten Geppert/Ruhle/Schuster, Handbuch, Rz. 4.

5 Vgl. BeckTKG-Komm/Schuster § 1 Rz. 13.

Treffen die Vertragspartner (Anbieter und Verbraucher) keine Rechtswahl, kommt es nach Art. 29 Abs. 2 EGBGB darauf an, ob bei Vertragsschluß bestimmte, in Art. 29 Abs. 1 EGBGB aufgeführte Umstände vorliegen. Ein Beispiel hierfür ist, daß dem Vertragsschluß ein ausdrückliches Angebot oder eine Werbung des Anbieters in Deutschland voranging und der Verbraucher dort die zum Abschluß des Vertrages erforderlichen Rechtshandlungen vorgenommen hat. In einem solchen Fall unterliegt der Verbrauchervertrag dem deutschen Recht.

Wird dagegen eine Rechtswahl vorgenommen, sind die Regelungen in Art. 29 Abs. 1 EGBGB und Art. 29a EGBGB zu beachten.

Nach Art. 29 Abs. 1 EGBGB darf bei Verbraucherverträgen die Rechtswahl der Parteien nicht dazu führen, daß dem Verbraucher der zwingende Schutz desjenigen Staates entzogen wird, in dem er seinen gewöhnlichen Aufenthalt hat. Dies gilt vor allem in dem bereits genannten Fall, daß dem Vertragsabschluß ein ausdrückliches Angebot oder eine Werbung in diesem Staat vorangegangen ist und der Verbraucher in diesem Staat die zum Abschluß des Vertrages erforderlichen Rechtshandlungen vorgenommen hat.

Wurde von den Vertragsparteien als anwendbares Recht dasjenige eines sog. Drittlandes gewählt, ist Art. 29a EGBGB zu beachten. Drittland in diesem Sinne ist jedes Land, das nicht Mitglied der EU und kein Vertragsstaat des Abkommens über den Europäischen Wirtschaftsraum ist. Nach Art. 29a EGBGB[1] soll ein Verbraucher stets durch die Vorgaben der Verbraucherschutzrichtlinien geschützt werden, wenn zwar das Recht eines Drittlandes gewählt wurde, der Vertrag aber einen engen Zusammenhang zu mindestens einem EU-Mitgliedstaat (oder einem anderen Vertragsstaat des Abkommens über den Europäischen Wirtschaftsraums) aufweist. Art. 29a EGBGB gilt dabei für alle Verträge, auf die eine Umsetzung der in Art. 29a Abs. 4 EGBGB genannten Richtlinien anwendbar sein kann. Art. 29a EGBGB ist insofern als Spezialgesetz (lex specialis) gegenüber Art. 29 EGBGB anzusehen[2].

Das Vorliegen eines solchen engen Zusammenhangs ist unter Gesamtwürdigung aller Umstände des Einzelfalls zu beurteilen[3]. Art. 29 Abs. 2 EGBGB gibt hierfür Anhaltspunkte. Danach liegt ein enger Zusammenhang insbesondere dann vor, wenn der Vertrag aufgrund eines öffentlichen Angebots, einer

1 Zur Kritik an dieser (im Zusammenhang mit der Umsetzung der Fernabsatzrichtlinie neu geschaffenen) Vorschrift vgl. im einzelnen Waldenberger, K&R 1999, 345 (352 f.).

2 So Härting, Fernabsatzgesetz, Einl. Rz. 166 mit weiteren Einzelheiten.

3 Vgl. Wegner, VuR 2000, 227 (228).

öffentlichen Werbung oder einer ähnlichen geschäftlichen Tätigkeit zustande kommt, die in einem EU- oder EWR-Mitgliedstaat entfaltet wird. Außerdem ist für den beispielhaften engen Zusammenhang erforderlich, daß der andere (Vertrags-)Teil bei Abgabe seiner auf den Vertragsschluß gerichteten Erklärung seinen gewöhnlichen Aufenthalt in einem EU- oder EWR-Mitgliedstaat hat. Damit soll ein außereuropäisches, aber in Europa werbendes Unternehmen sich durch eine Rechtswahlklausel nicht den Bestimmungen des europäischen Verbraucherschutzrechts entziehen können[1].

Liegt ein solcher enger Zusammenhang zu einem EU-/EWR-Staat vor, sind die im Gebiet dieses[2] Staates geltenden Bestimmungen zur Umsetzung der Verbraucherschutzrichtlinien (trotz der im übrigen wirksamen Rechtswahl) zwingend anzuwenden. Zu diesen Richtlinien gehören nach Art. 29a Abs. 4 EGBGB insbesondere die Richtlinie 93/13/EWG v. 05.04.1993 über mißbräuchliche Klauseln in Verbraucherverträgen[3] und die Richtlinie 97/7/EG v. 20.05.1997 über den Verbraucherschutz bei Vertragsabschlüssen im Fernabsatz[4].

Die deutschen Vorschriften zur Umsetzung dieser Richtlinien sind also nur dann anzuwenden, wenn der enge Zusammenhang zu Deutschland besteht. Besteht der enge Zusammenhang zu mehreren europäischen Staaten, ist das Umsetzungsrecht desjenigen Staates maßgeblich, zu dem der engste Zusammenhang besteht[5]. Dies dürfte der Staat sein, in dem der Verbraucher seinen ständigen Aufenthalt hat[6]. Hauptproblem für den engen Zusammenhang i.S.d. Art. 29a EGBGB sowie Art. 29 EGBGB dürften etwa Angebote im Internet sein[7].

---

1 So Härting, Fernabsatzgesetz, Einl. Rz. 158.

2 Vgl. zu dem im Einzelfall anwendbaren Recht die Stellungnahme des Bundesrates zum FernAG-E, BT-Drucks. 14/2920, S. 7; Gegenäußerung der Bundesregierung, BT-Drucks. 14/2920, S. 16.

3 ABl. EG L 95, S. 29.

4 ABl. EG L 144, S. 19.

5 Vgl. Wegner, VuR 2000, 227 (229).

6 Vgl. Wegner, VuR 2000, 227 (229).

7 Vgl. Günther, CI 2000, 97 (102).

2. Teil: Der Verbraucherschutz in der Telekommunikation

Der Verbraucherschutz in der Telekommunikation wird im folgenden nach verschiedenen Themenbereichen gegliedert dargestellt.

Zunächst sind beim Abschluß eines Vertrages über Telekommunikationsdienstleistungen zahlreiche Verbraucherschutzvorschriften sowohl aus dem Telekommunikationsrecht als auch aus dem allgemeinen Zivilrecht zu beachten (Kapitel A.). Anschließend geht es um verschiedene Bestimmungen zur Regulierung der Leistungen eines Anbieters von Telekommunikationsdienstleistungen (Kapitel B.). Detaillierte gesetzliche Regelungen bestehen aber auch für die Abrechnung von Telekommunikationsdienstleistungen (Kapitel C.). Ergänzend ist auf Regelungen zur Vertragsbeendigung hinzuweisen (Kapitel D.). Schließlich müssen Anbieter von Telekommunikationsdienstleistungen im Bereich des Datenschutzes und des Fernmeldegeheimnisses weitere wichtige Pflichten beachten (Kapitel E.). Zuletzt ist der Bereich Konfliktlösung und Sanktionen zu behandeln (Kapitel F.).

A. Der Vertragsschluß

Beim Abschluß eines Vertrages über Telekommunikationsdienstleistungen sind Regelungen des Zivilrechts und des Telekommunikationsrechts zu beachten.

Zunächst gelten beim Zustandekommen eines solchen Vertrages die allgemeinen Vorschriften des Bürgerlichen Rechts. Dazu gehören z.B. die Regelungen zu Willenserklärungen (z.B. Zugang, Form) und zu Schuldverhältnissen, etwa § 312e BGB über Pflichten im elektronischen Geschäftsverkehr. Außerdem sind die Vorschriften zu Allgemeinen Geschäftsbedingungen (§§ 305 ff. BGB) zu nennen. Weitere Regelungen enthält aber auch das Telekommunikationsrecht.

Während der Inhalt des Vertrages teilweise (insbesondere bzgl. bestimmter technischer Eigenschaften) durch gesetzliche Bestimmungen vorgegeben wird, ist der Abschluß eines Vertrages über Telekommunikationsdienstleistungen zumeist freiwillig. Für die Kunden sowie die meisten Anbieter von Telekommunikationsdienstleistungen besteht also Abschlußfreiheit. Nur die Deutsche Telekom AG unterliegt hinsichtlich einiger Leistungen bis auf weiteres einem Kontrahierungszwang nach § 9 TKV i.V.m. § 97 Abs. 1 TKG (vgl. dazu S. 95)[1].

---

1 Vgl. dazu auch im einzelnen Adler, Universaldienstleistungen, S. 174; Riehmer, CR 1998,

Im folgenden sollen aus dem Bereich des Vertragsschlusses diejenigen Regelungen näher dargestellt werden, die für Verbraucher besonders relevant sind. Dazu gehören zunächst verschiedene Informationspflichten, die vor oder bei Vertragsschluß zu erfüllen sind. Ein wesentliches Thema stellt auch die Verwendung Allgemeiner Geschäftsbedingungen dar. Ferner ist auf verschiedene Unwirksamkeitsgründe sowie auf Widerrufsrechte des Verbrauchers einzugehen. Bei Vertragsschluß sind schließlich auch gesetzliche Vorgaben zur Grundstückseigentümererklärung sowie zu den Aspekten Sicherheitsleistung und Bonitätsprüfung zu beachten.

I. Die Informationspflichten

Ein Unternehmen hat beim Angebot von Telekommunikationsdienstleistungen verschiedenen Informationspflichten nachzukommen. Im einzelnen handelt es sich dabei um Informationspflichten aus dem BGB, der BGB-InfoV, der TDSV und der TKV.

Diese Mitteilungspflichten können - je nach gesetzlicher Regelung - unabhängig von einem bestimmten Vertrag oder aber anläßlich eines konkreten Vertragsschlusses zu erfüllen sein. Eine Informationspflicht kann aber auch während der Vertragslaufzeit entstehen, etwa bei einer Leistungsbeschränkung nach § 6 Abs. 3 TKV. Dieses Beispiel soll aber aus systematischen Gründen an anderer Stelle behandelt werden. Außerdem ist ergänzend darauf hinzuweisen, daß bei gleichzeitiger Inanspruchnahme von Telekommunikations- und Internetdienstleistungen weitere Informationspflichten bestehen können[1].

Im folgenden wird zunächst die (allgemeine) Pflicht zur umfassenden Information des Kunden nach § 27 TKV dargestellt. Anschließend geht es um die Mitteilungspflicht gemäß § 3 Abs. 5 TDSV bzgl. der Verarbeitung von Daten. Zuletzt ist auf die weitreichenden Informationspflichten bei Fernabsatzverträgen einzugehen, die in der Telekommunikation teilweise erhebliche Probleme verursachen können.

1. Die Informationspflichten nach § 27 TKV

Nach § 27 TKV müssen Anbieter von Telekommunikationsdienstleistungen entsprechend ihrem Leistungsangebot bestimmte Kundeninformationen veröf-

---

273 (276). Zur Kritik an diesem Kontrahierungszwang vgl. auch Simon, in: Königshofen (Hrsg.), Telekommunikationsrecht, S. 80 f.

1 Vgl. dazu auch mit weiteren Einzelheiten Spindler, Beilage MMR 07/2000, 4 (11 f., 13 f.).

fentlichen. Umfang und Inhalt der bekanntzugebenden Informationen hängen im einzelnen davon ab, welche Leistungen der Anbieter erbringt und ob er marktbeherrschend ist. Für Anbieter von Telekommunikationsdienstleistungen für die Öffentlichkeit bestehen allgemeine Informationspflichten nach § 27 Abs. 1 TKV. Anbieter von Zugängen zu festen öffentlichen Telekommunikationsnetzen sowie marktbeherrschende Anbieter von Übertragungswegen müssen darüber hinaus weitere Pflichten nach § 27 Abs. 2 - 4 TKV erfüllen.

Die Informationspflichten bestehen nach dem Gesetzeswortlaut nur gegenüber Endkunden, also Verbrauchern und anderen Kunden, welche die Leistungen nur für den Eigenverbrauch benötigen[1]. Sie dienen allein dem Kundeninteresse und damit auch dem Verbraucherschutz[2]. Vom zeitlichen Anwendungsbereich her bestehen die Informationspflichten nach § 27 TKV praktisch immer und damit losgelöst vom Abschluß und Bestehen eines einzelnen Vertrages. Die Informationen müssen im Interesse des Kunden- und Verbraucherschutzes stets aktuell sein[3].

Im folgenden werden Inhalt und Umfang der einzelnen Mitteilungspflichten anhand der verschiedenen Leistungsangebote dargestellt. Bietet ein Anbieter mehrere dieser Telekommunikationsdienstleistungen an, hat er alle entsprechenden Informationen zu veröffentlichen.

a) Telekommunikationsdienstleistungen für die Öffentlichkeit

Ein Anbieter von Telekommunikationsdienstleistungen für die Öffentlichkeit hat nach § 27 Abs. 1 TKV verschiedene allgemeine Informationen für Endkunden zu veröffentlichen sowie in einer leicht zugänglichen Weise bereitzustellen. Zu diesen Informationen gehören Zugangsinformationen, Nutzungs- und Lieferbedingungen sowie Entgelte. Außerdem müssen Kunden auf ihr Recht hingewiesen werden, einer Eintragung ihrer Daten in Teilnehmerverzeichnisse ganz oder teilweise widersprechen zu können. Beim Angebot von Sprachtelefondienst sind zusätzliche Angaben über die Qualitätskennwerte nach § 32 TKV erforderlich.

Veröffentlichen kann der Anbieter die Informationen gemäß § 27 Abs. 1 S. 3 TKV im Amtsblatt der Regulierungsbehörde. Die Veröffentlichung ist auch an anderer Stelle möglich. In einem solchen Fall darf die Fundstelle allerdings nicht schwerer zugänglich sein als das Amtsblatt der Regulierungsbehörde.

---

1 So BeckTKG-Komm/Kerkhoff Anh § 41 § 27 TKV Rz. 3.
2 Vgl. dazu Begr. zum TKV-E, BR-Drucks. 551/97, S. 46.
3 Vgl. Begr. zum TKV-E, BR-Drucks. 551/97, S. 46.

Macht der Anbieter von dieser Möglichkeit Gebrauch, hat er nach § 27 Abs. 1 S. 4 TKV die Fundstelle umgehend der Regulierungsbehörde mitzuteilen, die dann einen entsprechenden Hinweis in ihr Amtsblatt aufnimmt.

Der Anbieter von Telekommunikationsdienstleistungen hat die genannten Informationen aber auch in einer für alle Interessierten leicht zugänglichen Weise bereitzustellen. Hierfür ist es nach § 27 Abs. 1 S. 3 TKV ausreichend, wenn sie in den Geschäftsstellen der Anbieter bereitgehalten werden. Unter dem Gesichtspunkt des Kundenschutzes genügt es aber nicht, wenn der Kunde tatsächlich nur in der Geschäftsstelle die Möglichkeit zur Kenntnisnahme der Informationen hat. Vielmehr müssen dem Kunden die Informationen zumindest auf Nachfrage auch überlassen werden[1].

b) Zugänge zu festen öffentlichen Telekommunikationsnetzen

Anbieter von Zugängen zu festen öffentlichen Telekommunikationsnetzen sind über § 27 Abs. 1 TKV hinaus dazu verpflichtet, die technischen Merkmale der Schnittstellen nach Maßgabe des Anhangs zu § 27 Abs. 2 TKV zu veröffentlichen. Für die Veröffentlichung gelten die gleichen Grundsätze wie zu § 27 Abs. 1 TKV (siehe oben). Außerdem haben diese Anbieter die Änderung bestehender oder Einführung neuer Schnittstellenspezifikationen drei Monate vor ihrer Einführung zu veröffentlichen.

Anbieter von allgemeinen Zugängen zu festen öffentlichen Telekommunikationsnetzen müssen ihren Endkunden darüber hinaus nach § 27 Abs. 4 TKV weitere Informationen geben. Dazu gehören die Regelentstörfrist, die Regelbereitstellungsfrist sowie Ausgleichsregelungen bei Leistungsstörungen. Außerdem haben sie eine Zusammenfassung des Vorgehens zur Einleitung von Schlichtungsverfahren nach § 35 TKV mitzuteilen. Schließlich müssen diese Anbieter Endkunden auch auf die Möglichkeit der Benachrichtigung bei voraussehbaren Leistungsstörungen gemäß § 6 Abs. 3 TKV hinweisen.

c) Übertragungswege bei Marktbeherrschung

Marktbeherrschende Anbieter von Übertragungswegen haben nach § 27 Abs. 3 TKV zusätzlich weitere Angaben zu veröffentlichen. Hierzu zählen zunächst die technischen Merkmale sowie die üblicherweise erreichten Qualitätsmerkmale. Außerdem sind bestimmte Bedingungen für die Anschließung von End-

1 So BeckTKG-Komm/Kerkhoff Anh § 41 § 27 TKV Rz. 7.

einrichtungen bekanntzugeben[1]. Für die Veröffentlichung gelten die gleichen Vorgaben wie zu § 27 Abs. 1 TKV (siehe oben).

2. Die Informationspflicht nach § 3 Abs. 5 TDSV

Nach § 3 Abs. 5 TDSV sind Kunden bei Vertragsschluß über Art, Umfang, Ort und Zweck der Erhebung, Verarbeitung und Nutzung personenbezogener Daten zu unterrichten. Verpflichtet hierzu sind sog. Diensteanbieter i.S.d. § 2 Nr. 2 TDSV, also Anbieter, die geschäftsmäßig Telekommunikationsdienste erbringen. Die Unterrichtung muß so erfolgen, daß der Kunde in allgemeinverständlicher Form Kenntnis von den grundlegenden Verarbeitungstatbeständen der Daten erhält. Dazu gehören z.B. die typischen Speicherfristen[2]. Außerdem ist der Kunde gemäß § 3 Abs. 5 S. 2 TDSV auf die zulässigen Wahl- und Gestaltungsmöglichkeiten hinzuweisen[3]. Ferner muß der Verbraucher über Auskunfts- und Berichtigungspflichten des Anbieters unterrichtet werden.

Nach § 3 Abs. 5 S. 3 TDSV ist ein Diensteanbieter auch zur Information von (sonstigen) Nutzern i.S.d. § 2 Nr. 1 b) TDSV verpflichtet. Unter den Begriff der sonstigen Nutzer fällt zunächst der jeweils angerufene Teilnehmer[4]. Als sonstige Nutzer sind aber auch Familienangehörige des Kunden anzusehen, die den Telekommunikationsdienst zwar gleichfalls nutzen, dabei aber in keiner Vertragsbeziehung zum Diensteanbieter stehen[5]. Hintergrund dieser Regelung ist, daß auch personenbezogene Daten dieser Nutzer gespeichert werden, ihre Unterrichtung „bei Vertragsschluß“ aber mangels Vertragsbeziehung nicht möglich ist. Deshalb muß ein Diensteanbieter solche Nutzer durch allgemein zugängliche Informationen über die Erhebung, Verarbeitung und Nutzung personenbezogener Daten informieren. Die Information kann beispielsweise durch Hinweise in Teilnehmerverzeichnissen erfolgen[6].

Unabhängig von der jeweiligen Informationspflicht bleibt jedenfalls das Auskunftsrecht nach dem BDSG[7] unberührt, vgl. § 3 Abs. 5 S. 4 TDSV.

---

1 Vgl. dazu mit weiteren Einzelheiten § 27 Abs. 3 TKV.
2 Vgl. Begr. zum TDSV-E, BR-Drucks. 300/00, S. 14.
3 Vgl. Begr. zum TDSV-E, BR-Drucks. 300/00, S. 14.
4 Vgl. dazu die Begr. zum TDSV-E, BR-Drucks. 300/00, S. 14.
5 So Koenig/Neumann, K&R 2000, 417 (420).
6 Vgl. Begr. zum TDSV-E, BR-Drucks. 300/00, S. 14.
7 Vgl. dazu § 19 BDSG und § 34 BDSG.

3. Die Informationspflichten nach § 312c BGB i.V.m. § 1 BGB-InfoV

Viele Anbieter von Telekommunikationsdienstleistungen haben die Informationspflichten nach § 312c BGB i.V.m. § 1 BGB-InfoV zu beachten. Diese sind für den Verbraucher nicht zuletzt deshalb relevant, weil sie ihm die Kenntnisnahme und Entscheidung über die Ausübung seines Widerrufsrechts nach § 312d BGB ermöglichen. Die Informationspflichten des Unternehmers können nicht zum Nachteil des Verbrauchers verändert, abbedungen oder umgangen werden (§ 312f BGB).

Die Anwendbarkeit von § 312c BGB i.V.m. § 1 BGB-InfoV setzt voraus, daß ein Fernabsatzvertrag nach § 312b BGB vorliegt. Hierbei muß der Verbraucher den Vertragsschluß unter ausschließlicher Verwendung von Fernkommunikationsmitteln beweisen[1]. Dem Unternehmen obliegt gegebenenfalls der Nachweis, daß der Einsatz der Fernkommunikationsmittel nicht im Rahmen eines hierfür eingerichteten Vertriebssystems erfolgte[2].

Bei einem Verstoß gegen die Informationspflichten stellt sich die Frage nach möglichen Sanktionen. Ein Verbraucher kann aus einem solchen Rechtsverstoß grundsätzlich keine Rechte herleiten[3]. Für ihn kommt lediglich eine Verlängerung der Widerrufsfrist (vgl. § 312d Abs. 2 BGB) in Betracht[4]. Dagegen kommt als Sanktion die Geltendmachung eines Anspruchs auf Unterlassung solcher rechtswidriger Geschäftspraktiken durch bestimmte Verbände und Vereine nach § 2 UKlaG oder § 13 UWG in Betracht[5].

Im folgenden ist zwischen den Informationspflichten vor Abschluß des Vertrages („Vorabinformationspflicht“[6]) und der Bereitstellung von Informationen in Textform spätestens bis zur vollständigen Erfüllung des Vertrages bzw. bis zur Lieferung zu unterscheiden.

a) Die Vorabinformationspflicht

Soll ein Vertrag über Fernkommunikationsmittel angebahnt oder abgeschlossen werden, müssen gemäß § 312c Abs. 1 BGB i.V.m. § 1 Abs. 1 BGB-InfoV der geschäftliche Zweck und die Identität des Unternehmers für den Verbraucher

1 Vgl. Schmidt-Räntsch, VuR 2000, 427 (428).
2 Vgl. Schmidt-Räntsch, VuR 2000, 427 (428).
3 Vgl. dazu m.w.N. Härting, CR 2000, 691 (693); Härting, Fernabsatzvertrag, § 2 Rz. 36.
4 Vgl. dazu im einzelnen Fuchs, in: Spindler (Hrsg.), Telekommunikations-Anbieter, Teil II Rz. 235 f.
5 So auch Schmidt-Räntsch, VuR 2000, 427 (430); Palandt-ErgBd/Heinrichs § 312c Rz. 10.
6 So Piepenbrock/Schmitz, K&R 2000, 378 (381).

eindeutig erkennbar sein. Damit wird Unternehmen für Fernabsatzverträge jede Form getarnter Werbung untersagt[1]. Bei einem Telefongespräch müssen diese Informationen zu Beginn des Gesprächs ausdrücklich offengelegt werden, § 312c Abs. 1 S. 2 BGB. Wegen des Sinns dieser Regelung wird jedoch teilweise eine einschränkende Auslegung der Vorschrift dahingehend angenommen, daß dies nur Anrufe des Unternehmers betrifft[2]. Dies könnte jedoch nur dann dem Sinne des Gesetzes entsprechen, wenn diese Informationen für den Verbraucher bereits vor dem Anruf klar erkennbar waren und er nicht etwa aufgrund einer diesbezüglichen Täuschung bei dem Unternehmer anrief.

Des weiteren hat der Unternehmer den Verbraucher gemäß § 312c Abs. 1 S. 1 Nr. 1 BGB i.V.m. § 1 Abs. 1 BGB-InfoV über viele weitere Aspekte klar und verständlich zu informieren. Zu diesen Aspekten gehören neben der Identität und ladungsfähigen Anschrift des Unternehmers die wesentlichen Merkmale der Ware oder Dienstleistung, die Art des Zustandekommens des Vertrages, der Preis der Ware oder Dienstleistung einschließlich aller Steuern und sonstiger Preisbestandteile, gegebenenfalls zusätzlich anfallende Liefer- und Versandkosten, Einzelheiten bzgl. der Zahlung und der Lieferung oder Erfüllung, etwaige besondere Kosten auf Seiten des Verbrauchers für die Nutzung der Fernkommunikationsmittel sowie verschiedene Vorbehalte[3].

Diese Informierung muß rechtzeitig vor Abschluß des Fernabsatzvertrages und in einer dem eingesetzten Fernkommunikationsmittel entsprechenden Weise stattfinden. Diese Formulierung ist im Zusammenhang mit der zwingenden Vorgabe einer klaren und verständlichen Information zu sehen. Sie soll berücksichtigen, daß sich nicht jedes zulässige Fernkommunikationsmittel in gleicher Weise für die Übermittlung aller in § 1 Abs. 1 BGB-InfoV aufgeführten Informationen eignet[4]. Es geht dabei allein um die Frage, wie dem Verbraucher unmittelbar über das konkret gewählte Fernkommunikationsmittel Informationen zur Verfügung gestellt werden können. Dies kann etwa bei einem schriftlichen Kontakt durch Zusendung von Geschäftsbedingungen oder bei einem Telefonat über eine Bandansage erfolgen[5]. Die Informationen sind also bei einem Tele-

---

1 Vgl. Härting, Fernabsatzgesetz, Einl. Rz. 30. Vgl. zur Verbraucherwerbung im Fernabsatz mit weiteren Einzelheiten Härting, CR 2000, 691 ff.

2 So mit weiteren Einzelheiten Härting, Fernabsatzvertrag, § 2 Rz. 33. Ähnlich Palandt-ErgBd/Heinrichs § 312c Rz. 5.

3 Vgl. zu diesen Informationen im einzelnen Härting, CR 2000, 691 (693 ff.).

4 Vgl. Schmidt-Räntsch, VuR 2000, 427 (429).

5 Vgl. Beschlußempfehlung und Bericht des Rechtsausschusses zum FernAG-E, BT-Drucks. 14/3195, S. 31.

fonvertrieb grundsätzlich mündlich, bei einem schriftlichen Vertrieb schriftlich sowie bei einem elektronischen Vertrieb auf elektronische Weise zu erteilen[1].

Der Unternehmer kann das Fernkommunikationsmittel frei wählen. Er ist auch nicht unter dem Gesichtspunkt des Umgehungsverbotes dazu verpflichtet, ein Fernkommunikationsmittel mit einem möglichst hohen Informationswert für den Verbraucher zu wählen[2].

Daß diese grundsätzlich weitreichende Informationspflicht in der Telekommunikationspraxis problematisch ist, z.B. beim offenen Call-by-Call, ist naheliegend. Das Gesetz sieht jedoch für die Informationspflicht vor Abschluß des Fernabsatzvertrages keine Ausnahme vor, wie sie für die nachfolgende Informationspflicht in Textform besteht (vgl. § 312c Abs. 3 BGB).

Dieser Widerspruch und das damit verbundene Problem etwa für das offene Call-by-Call kann jedoch nicht durch eine einschränkende Auslegung des Anwendungsbereichs des § 312c Abs. 1 BGB i.V.m. § 1 Abs. 1 BGB-InfoV oder der Annahme von insofern vorrangigen Spezialregelungen des Telekommunikationsrechts gelöst werden (vgl. dazu S. 34 f.). Die Vorschriften über Fernabsatzverträge sollen zwingend und unabdingbar sehr weitreichende Regelungen zum Schutz von Verbrauchern treffen. Andere Regelungen des nationalen Rechts, die für den Verbraucher ungünstiger sind, treten hinter diese Bestimmungen zurück[3]. Dies betrifft nach der Gesetzesbegründung ausdrücklich auch Sonderregelungen des Telekommunikationsrechts, welche nicht als abschließende und vorrangige Regelung aufzufassen sind[4].

Die Informationspflichten bei Fernabsatzverträgen gelten dabei in ihrem (erheblichen) Umfang völlig unabhängig von den allgemeinen vertragsrechtlichen Grundsätzen und den Vorschriften über Allgemeine Geschäftsbedingungen[5]. So können die in § 312c BGB i.V.m. § 1 BGB-InfoV vorgesehenen Informationen nur dann im Rahmen von Allgemeinen Geschäftsbedingungen übermittelt werden, wenn auch diese die oben genannten Anforderungen erfüllen[6].

---

1 So Schmidt-Räntsch, VuR 2000, 427 (430).
2 Vgl. Schmidt-Räntsch, VuR 2000, 427 (429).
3 Vgl. Begr. zum FernAG-E, BT-Drucks. 14/2658, S. 34. Anders dagegen Piepenbrock/Schmitz, K&R 2000, 378 (382 f.).
4 So Begr. zum FernAG-E, BT-Drucks. 14/2658, S. 34 u. 37. Anders dagegen Piepenbrock/Schmitz, K&R 2000, 378 (383).
5 So Begr. zum FernAG-E, BT-Drucks. 14/2658, S. 38.
6 Vgl. Begr. zum FernAG-E, BT-Drucks. 14/2658, S. 38.

Aus der Anwendbarkeit von § 312c Abs. 1 BGB i.V.m. § 1 Abs. 1 BGB-InfoV z.B. auf offenes Call-by-Call folgt, daß nach der Auswahl des Netzbetreibers über ein Telefon zunächst die wesentlichen Informationen nach § 1 Abs. 1 BGB-InfoV - etwa über eine Bandansage - mitgeteilt werden müssen[1]. In der Praxis wird diese Pflicht bislang ignoriert. Grund hierfür dürfte nicht zuletzt sein, daß solche Informationen vor jedem Gespräch die Akzeptanz des bislang für den Verbraucher unkomplizierten offenen Call-by-Calls mindern könnten.

b) Die Mitteilung in Textform

Über die Vorabinformationspflicht hinaus hat der Unternehmer nach § 312c Abs. 2 BGB i.V.m. § 1 Abs. 2, 3 BGB-InfoV weitere Pflichten zu befolgen. Hierzu gehört die Bereitstellung (und besondere Hervorhebung) bestimmter Informationen in Textform. Die Bereitstellung muß spätestens bis zur vollständigen Erfüllung des Vertrags erfolgen. Bei Waren müssen diese Informationen spätestens bei der Lieferung an den Verbraucher zur Verfügung stehen.

Nach § 1 Abs. 2, 3 BGB-InfoV hat der Unternehmer sicherzustellen, daß dem Verbraucher die Informationen nach § 1 Abs. 1 BGB-InfoV in sog. Textform zur Verfügung stehen. Textform setzt nach § 126b BGB voraus, daß die Erklärung in einer Urkunde oder in einer anderen zur dauerhaften Wiedergabe in Schriftzeichen geeigneten Weise abgegeben, die Person des Erklärenden genannt und der Abschluß der Erklärung durch Nachbildung der Namensunterschrift oder anders kenntlich gemacht wird. Beispiele hierfür sind durch die Post oder per Telefax übermittelte Texte, unter Umständen auch Disketten und Emails[2].

Auf bestimmte Informationen muß der Verbraucher durch eine hervorgehobene und deutliche gestaltete Form besonders aufmerksam gemacht werden. Zu diesen Informationen gehören nach § 1 Abs. 3 BGB-InfoV z.B. Einzelheiten zum Widerrufs- oder Rückgaberecht, die Anschrift der Niederlassung des Unternehmers, bei der Verbraucher Beanstandungen vorbringen können, die ladungsfähige Anschrift des Unternehmers (bei juristischen Personen, Personenvereinigungen oder –gruppen auch der Namen eines Vertretungsberechtigten), Informationen über den Kundendienst sowie geltende Gewährleistungs- und Garan-

1 Vgl. dazu Schütz, MMR 09/2000, VII (VIII); Härting, Fernabsatzvertrag, § 2 Rz. 63; Beschlußempfehlung und Bericht des Rechtsausschusses zum FernAG-E, BT-Drucks. 14/3195, S. 31.

2 Vgl. dazu mit weiteren Einzelheiten Palandt/Heinrichs § 126b Rz. 3; Palandt-ErgBd/ Heinrichs § 312c Rz. 7.

tiebedingungen. Zur Erfüllung dieser Informationspflicht kann der Unternehmer nach § 1 Abs. 3 S. 2 BGB-InfoV das Muster für die Belehrung über das Widerrufs- oder Rückgaberecht in § 14 BGB-InfoV verwenden.

Die Pflichten zur Bereitstellung und Hervorhebung entfallen jedoch gemäß § 312c Abs. 3 BGB unter bestimmten Umständen. Dies ist der Fall, wenn Dienstleistungen einmalig und unmittelbar durch den Einsatz von Fernkommunikationsmitteln erbracht werden[1] und über den Betreiber der Fernkommunikationsmittel abgerechnet werden[2]. Diese Ausnahmebestimmung ist z.B. für das offene Call-by-Call von Bedeutung, bei dem die Verbindung unmittelbar durch den Einsatz von Fernkommunikationsmitteln zustandekommt[3]. Außerdem wird die Leistung dabei in einem Mal erbracht, da beim offenen Call-by-Call für jede Verbindung ein neuer Vertrag geschlossen wird. Beim offenen Call-by-Call liegt nämlich kein Dauerschuldverhältnis vor, in dessen Rahmen die Leistungen dem Verbraucher zur ständigen Nutzung angeboten werden[4]. Schließlich werden die Leistungen gemäß § 15 TKV auch über den Betreiber der Fernkommunikationsmittel abgerechnet[5].

Unabhängig davon, ob nach § 312c Abs. 3 BGB die Pflicht zur Bereitstellung der Informationen in Textform entfällt, muß sich der Verbraucher stets über die Anschrift der Niederlassung des Unternehmers informieren können, bei der er Beanstandungen vorbringen kann (§ 312c Abs. 3 S. 2 BGB)[6].

II. Die Verwendung Allgemeiner Geschäftsbedingungen

In einem Massenmarkt wie dem der Telekommunikation sind Anbieter besonders daran interessiert, für Verträge mit Verbrauchern Allgemeine Geschäftsbedingungen (AGB)[7] nutzen zu können. Teilweise sind Anbieter sogar rechtlich dazu verpflichtet, bestimmte Informationen für ihre Kunden in ihre AGB aufzu-

1 Vgl. dazu mit weiteren Einzelheiten Härting, Fernabsatzgesetz, § 2 Rz. 212.
2 Kritisch hierzu mit weiteren Einzelheiten Meents, CR 2000, 610 (612 f.).
3 Zur Anwendbarkeit dieser Ausnahmeregelung auf Mehrwertdiensteangebote und Internet-Access-Call-by-Call vgl. im einzelnen Piepenbrock/Schmitz, K&R 2000, 378 (383).
4 Vgl. Härting, Fernabsatzgesetz, § 2 Rz. 213.
5 Vgl. dazu Härting, Fernabsatzgesetz, § 2 Rz. 216.
6 Vgl. dazu mit weiteren Einzelheiten Härting, Fernabsatzgesetz, § 2 Rz. 218.
7 Das Recht der Allgemeinen Geschäftsbedingungen war bis zum 31.12.2001 in einem eigenständigen Gesetz - dem AGBG - geregelt. Bei seiner Eingliederung in das BGB (§§ 305 ff. BGB) wurde es nur in wenigen Teilbereichen inhaltlich geändert. Soweit keine Änderungen inhaltlicher Art erfolgten, werden im folgenden weiterhin Rechtsprechung und Literatur zu den Vorgängerregelungen zitiert.

nehmen. Hierzu gehören etwa die vertraglichen Bedingungen für den Entstörungsdienst gemäß § 12 S. 2 TKV.

Aus diesem Grund werden im folgenden verschiedene Aspekte zur Verwendung von Allgemeinen Geschäftsbedingungen dargestellt. Hierbei geht es zunächst um die Voraussetzungen für das Vorliegen von Allgemeinen Geschäftsbedingungen. Anschließend ist auf die Voraussetzungen für die Einbeziehung und Änderung von Allgemeinen Geschäftsbedingungen im Bereich der Telekommunikation einzugehen[1].

Des weiteren sind unter dem Gesichtspunkt des Verbraucherschutzes in der Telekommunikation auch verschiedene gesetzliche Regelungen zu AGB kurz darzustellen. Hierbei geht es vor allem um die Unwirksamkeit überraschender AGB gemäß § 305c Abs. 1 BGB und die Inhaltskontrolle nach §§ 307 - 309 BGB. Eine weitere Besonderheit in der Telekommunikation ist schließlich die aufsichtsrechtlichen Kontrolle über Allgemeine Geschäftsbedingungen gemäß § 23 Abs. 2 TKG. Sie ist jedoch nicht abschließend[2], sondern läßt die Bestimmungen des BGB (§§ 305 ff. BGB) unberührt[3]. Beispielsweise erfaßt sie nicht automatische Verlängerungsklauseln und Fälle des mißbräuchlichen Verlangens von Vorausbezahlungen[4]. Schließlich existieren Veröffentlichungsfristen für entgeltbezogene AGB.

1. Das Vorliegen von Allgemeinen Geschäftsbedingungen

Allgemeine Geschäftsbedingungen (AGB) sind nach § 305 Abs. 1 BGB für eine Vielzahl von Verträgen vorformulierte Vertragsbedingungen, die eine Vertragspartei (Verwender) der anderen Vertragspartei bei Abschluß eines Vertrages stellt. Für den Begriff der Vorformulierung ist nur die Wiederholungsabsicht entscheidend, nicht hingegen, ob die AGB schriftlich fixiert oder nur „im Gedächtnis des Verwenders gespeichert" sind[5].

Bei einem Vertrag zwischen einem Unternehmer und einem Verbraucher (Verbrauchervertrag) gelten hierbei nach § 310 Abs. 3 BGB bestimmte Besonderheiten. Nach § 310 Abs. 3 Nr. 1 BGB gelten die AGB immer als vom Unter-

1 Zur Einbeziehung von AGB bei Vertragsschlüssen im Internet vgl. etwa Merkel, in: Hoeren/Queck (Hrsg.), Rechtsfragen, S. 167 f.; Palandt-ErgBd/Heinrichs § 305 Rz. 38; Koehler, MMR 1998, 289 ff.

2 Vgl. Paulweber, Regulierungszuständigkeiten, S. 64.

3 Vgl. Kübler-Bork, in: Bergmann/Gerhardt (Hrsg.), Telekommunikation, S. 889.

4 Vgl. Paulweber, Regulierungszuständigkeiten, S. 64.

5 Vgl. m.w.N. Fuchs, in: Spindler (Hrsg.), Telekommunikations-Anbieter, Teil IV Rz. 4.

nehmer gestellt, sofern sie nicht vom Verbraucher in den Vertrag eingeführt wurden. Außerdem fallen die vorformulierten Vertragsbedingungen unter diesen Umständen gemäß § 310 Abs. 3 Nr. 2 BGB selbst dann in den Anwendungsbereich verschiedener Bestimmungen zu AGBs, wenn sie vom Unternehmer nur zur einmaligen Verwendung bestimmt sind[1]. Voraussetzung hierfür ist nur, daß der Verbraucher den Inhalt der AGB aufgrund der Vorformulierung nicht beeinflussen konnte.

Im übrigen ist es für das Vorliegen von AGB gemäß § 305 Abs. 1 S. 2 BGB unerheblich, ob die Bestimmungen einen äußerlich getrennten Bestandteil des Vertrages bilden oder in die Vertragsurkunde selbst aufgenommen werden. Ebenfalls gleichgültig ist, welchen Umfang die AGB haben, in welcher Schriftart sie verfaßt sind und welche Form der Vertrag hat[2].

Allgemeine Geschäftsbedingungen liegen nach § 305 Abs. 1 S. 3 BGB (nur) dann nicht vor, wenn die Vertragsbedingungen zwischen den Vertragsparteien im einzelnen ausgehandelt wurden[3]. Die Beweislast hierfür trifft den Verwender der AGB[4].

2. Die Einbeziehung und Änderung von AGB

Die Einbeziehung von Allgemeinen Geschäftsbedingungen in einen Vertrag über Telekommunikationsdienstleistungen sowie ihre Änderung sind in den §§ 305, 305a BGB geregelt.

a) Die Einbeziehung von AGB

Allgemeine Geschäftsbedingungen können nunmehr auch auf dem Gebiet der Telekommunikation im Regelfall nur nach § 305 Abs. 2 BGB Bestandteil eines Vertrages zwischen einem Verwender von AGB und dessen Vertragspartner werden[5]. Nur bei wenigen, genau bestimmten Arten des Vertragsschlusses und

---

1 In diesem Fall sind nur § 305c Abs. 2, §§ 306 - 309 BGB und § 29a EGBGB anwendbar.

2 Vgl. dazu mit weiteren Einzelheiten BeckAGBG-Komm/Wolf § 1 Rz. 18 ff.

3 Zu den Voraussetzungen des „Aushandelns" vgl. im einzelnen Palandt/Heinrichs § 1 AGBG Rz. 18 ff.; BeckAGBG-Komm/Wolf § 1 Rz. 33 ff.

4 So Fuchs, in: Spindler (Hrsg.), Telekommunikations-Anbieter, Teil IV Rz. 6 m.w.N.

5 Auf Dauerschuldverhältnisse, die vor dem 01.01.2002 entstanden sind, ist nach Art. 229 § 5 S. 2 EGBGB bis zum 31.12.2002 noch die Vorgängerregelung (§ 23 Abs. 2 Nr. 1a AGBG) anzuwenden. Zu den vereinfachten Voraussetzungen der Einbeziehung von AGB nach § 23 Abs. 2 Nr. 1a AGBG vgl. mit weiteren Einzelheiten Wagner, in: Spindler (Hrsg.), Telekommunikations-Anbieter, Teil III Rz. 65 ff.; Westphalen/Grote/Pohle, Telefondienstvertrag, S. 80 ff.; Schulz, CR 1998, 213 (214 ff.).

der Leistungserbringung können AGB gemäß § 305a Nr. 2 b) BGB unter erleichterten Bedingungen in einen Vertrag über Telekommunikationsdienstleistungen einbezogen werden[1].

aa) Der Normalfall, § 305 Abs. 2 BGB

Für die meisten Verträgen über Telekommunikationsdienstleistungen bestehen nach § 305 Abs. 2 BGB drei grundlegende Voraussetzungen für die Einbeziehung von Allgemeinen Geschäftsbedingungen: der ausdrückliche Hinweis auf die AGB, die Möglichkeit der Kenntnisnahme und das Einverständnis des Vertragspartners.

(1) Der ausdrückliche Hinweis auf die AGB

Erste Voraussetzung einer Einbeziehung der AGB in den Vertrag ist nach § 305 Abs. 2 Nr. 1 BGB, daß der Verwender der AGB (Anbieter der Telekommunikationsdienstleistung) die andere Vertragspartei (den Verbraucher) bei Vertragsschluß ausdrücklich auf die Allgemeinen Geschäftsbedingungen hinweist. Aus dem Hinweis muß hervorgehen, daß der Vertrag unter Verwendung der AGB des Verwenders geschlossen werden soll. Er kann schriftlich oder mündlich erfolgen[2]. Maßgeblicher Zeitpunkt für den Hinweis ist der Vertragsschluß; ein Aufdruck auf einem Dokument, das der Verbraucher erst nach dem Vertragsschluß erhält, ist nicht ausreichend[3].

Nur wenn ein ausdrücklicher Hinweis wegen der Art des Vertragsschlusses nur unter unverhältnismäßigen Schwierigkeiten möglich ist, reicht es aus, durch deutlich sichtbaren Aushang am Ort des Vertragsschlusses auf die AGB hinzuweisen. Diese Regelung gilt insbesondere für Geschäfte des Massenverkehrs[4].

(2) Die Möglichkeit der Kenntnisnahme

Der Verwender hat ferner der anderen Vertragspartei bei Vertragsschluß die Möglichkeit zu verschaffen, in zumutbarer Weise von dem Inhalt der Allgemeinen Geschäftsbedingungen Kenntnis zu nehmen. Beispielsweise müssen die

---

1 Der Katalog der Privilegierungen wurde bei der Integration des AGBG in das BGB durch das Gesetz zur Modernisierung des Schuldrechts wesentlich verkleinert, vgl. dazu mit weiteren Einzelheiten AnwKom-BGB/Hennrichs § 305a Rz. 2 ff.

2 Vgl. Palandt-ErgBd/Heinrichs § 305 Rz. 29.

3 Vgl. AnwKom-BGB/Hennrichs § 305 Rz. 7; Palandt-ErgBd/Heinrichs § 305 Rz. 30.

4 Vgl. Palandt-ErgBd/Heinrichs § 305 Rz. 31.

AGB für den Durchschnittskunden mühelos lesbar sein und ein Mindestmaß an Übersichtlichkeit aufweisen[1].

Nach § 305 Abs. 2 Nr. 2 BGB muß eine für den Verwender erkennbare körperliche Behinderung der anderen Vertragspartei angemessen berücksichtigt werden. Dies hat beispielsweise zur Folge, daß auch einem erkennbar Sehbehinderten die AGB in geeigneter Weise zugänglich gemacht werden müssen[2].

(3) Das Einverständnis des Vertragspartners

Letzte Voraussetzung einer Einbeziehung von AGB in einen Vertrag ist, daß die andere Vertragspartei (der Verbraucher) bei Vertragsschluß mit der Geltung der AGB einverstanden ist. Das Einverständnis kann auch durch schlüssiges Verhalten zum Ausdruck gebracht werden[3].

bb) Die Ausnahmeregelung des § 305a Nr. 2 b) BGB

Für Verträge über ganz spezielle Telekommunikationsdienstleistungen sieht § 305a Nr. 2 b) BGB unter bestimmten Umständen wesentliche Erleichterungen - und damit Privilegierungen - für die Einbeziehung von Allgemeinen Geschäftsbedingungen vor. Der Grund für diese Sonderregelung ist, daß bei diesen Verträgen eine Einhaltung der Voraussetzungen des § 305 Abs. 2 BGB sehr schwierig wäre und entweder den Schutz des Vertragspartners (Verbrauchers) nicht erhöhen würde oder aber nicht in dessen Interesse wäre.

Insgesamt sind für eine vereinfachte Einbeziehung von Allgemeinen Geschäftsbedingungen nach § 305a Nr. 2 b) BGB die folgenden fünf Voraussetzungen zu erfüllen: die Erbringung der Telekommunikationsdienstleistung auf bestimmte Weise, eine unverhältnismäßig schwierige Kenntnisverschaffung, das Einverständnis des Vertragspartner, die Veröffentlichung der AGB im Amtsblatt der Regulierungsbehörde und das Bereithalten der AGB in den Geschäftsstellen des Verwenders.

(1) Die Erbringung auf bestimmte Weise

Erste Voraussetzung für die Anwendbarkeit der Ausnahmeregelung ist, daß es um einen Vertrag über solche Dienstleistungen, insbesondere Telekommunikationsdienstleistungen geht, die unmittelbar durch den Einsatz von Fernkommu-

1 Vgl. Palandt-ErgBd/Heinrichs § 305 Rz. 39.
2 Vgl. dazu mit weiteren Einzelheiten Palandt-ErgBd/Heinrichs § 305 Rz. 40.
3 Vgl. Palandt-ErgBd/Heinrichs § 305 Rz. 43.

nikationsmitteln und während der Erbringung einer Telekommunikationsdienstleistung in einem Mal erbracht werden. Da die Vorschrift sowohl für Telekommunikationsdienstleistungen als auch u.a. für Informationsdienstleistungen gilt, gibt es keine Anwendungs- oder Abgrenzungsprobleme, wenn solche Leistungen gleichzeitig nebeneinander erbracht werden.

Dieses erste Erfordernis wird insbesondere bei Verträgen über das sog. offene Call-by-Call und über Mehrwert- und Informationsdienste (z.B. Auskunft, 0190-Verbindungen) erfüllt[1]. In all diesen Fällen handelt es sich um Verträge über Dienstleistungen, die unmittelbar durch den Einsatz von Fernkommunikationsmitteln und während der Erbringung einer Telekommunikationsdienstleistung in einem Mal erbracht werden.

Nicht von der Ausnahmeregelung erfaßt werden dagegen z.B. Verträge, die zwar während der Erbringung von Telekommunikationsdienstleistungen geschlossen werden, bei denen aber die Leistung nicht währenddessen erbracht wird, beispielsweise wenn nur Waren telefonisch bestellt werden.

(2) Eine unverhältnismäßig schwierige Kenntnisverschaffung

Die Anwendung der Sonderregelung (§ 305a Nr. 2 b) BGB) setzt des weiteren voraus, daß die Allgemeinen Geschäftsbedingungen der anderen Vertragspartei (dem Verbraucher) vor dem Vertragsschluß nur unter unverhältnismäßigen Schwierigkeiten zugänglich gemacht werden können. Nur unter dieser Voraussetzung ist eine Befreiung von den Erfordernissen des § 305 Abs. 2 BGB gerechtfertigt.

Was die bereits angeführten Beispiele des offenen Call-by-Call und die Auskunfts- und Mehrwertdienste betrifft, so wäre bei diesen Leistungen ein Zugänglichmachen der Allgemeinen Geschäftsbedingungen vor dem Vertragsschluß regelmäßig nur unter unverhältnismäßigen Schwierigkeiten möglich. Beispielsweise müßte sonst beim offenen Call-by-Call, bei dem kein vorheriger Kontakt zwischen dem Anbieter und dem Verbraucher besteht, vor jedem Anruf eine Ansage der Allgemeinen Geschäftsbedingungen erfolgen.

1 Vgl. AnwKom-BGB/Hennrichs § 305a Rz. 6; Palandt-ErgBd/Heinrichs § 305a Rz. 5; Heisz, MMR 07/2002, VI.

(3) Das Einverständnis des Vertragspartners

Drittens ist auch bei der Einbeziehung der Allgemeinen Geschäftsbedingungen nach § 305a BGB ausdrücklich erforderlich, daß die andere Vertragspartei (der Verbraucher) mit ihrer Geltung einverstanden ist (siehe oben)[1].

(4) Veröffentlichung im Amtsblatt der Regulierungsbehörde

Weitere Voraussetzung einer Einbeziehung der Allgemeinen Geschäftsbedingungen in den Vertrag ist, daß sie im Amtsblatt der Regulierungsbehörde für Telekommunikation und Post veröffentlicht wurden. Das Vorliegen dieses Erfordernisses ist objektiv feststellbar und dürfte deshalb kaum Probleme bereiten.

(5) Das Bereithalten der AGB in den Geschäftsstellen

Schließlich sind die Allgemeinen Geschäftsbedingungen in den Geschäftsstellen des Verwenders bereitzuhalten. Der Begriff der Geschäftsstelle wird vom Gesetz nicht definiert. Eine Auslegung des § 305a Nr. 2 b) BGB nach Sinn und Zweck dieser Vorschrift ergibt jedoch, daß der Anbieter die Allgemeinen Geschäftsbedingungen an allen Stellen zur Einsicht vorhalten muß, an denen er grundsätzlich regelmäßig und erkennbar Geschäfte über Telekommunikationsdienstleistungen mit Kunden betreibt[2]. Die AGB müssen unmittelbar dort bereitgestellt werden, wo - abgesehen von den speziellen in § 305a Nr. 2 b) BGB geregelten Fällen - der Vertrag mit den Kunden zustande kommt und das Geschäft des Anbieters eine werbende Tätigkeit entfaltet[3].

---

1 Vgl. AnwKom-BGB/Hennrichs § 305a Rz. 2.

2 Ähnlich Wagner, in: Spindler (Hrsg.), Telekommunikations-Anbieter, Teil III Rz. 65; Westphalen/Grote/Pohle, Telefondienstvertrag, S. 85; Fuchs, in: Spindler (Hrsg.), Telekommunikations-Anbieter, Teil IV Rz. 35; Ulmer, in: Ulmer/Brandner/Hensen, AGB-Gesetz, § 23 Rz. 36 d; Schulz, CR 1998, 213 (215); wohl auch BeckAGBG-Komm/Horn § 23 Rz. 122. Anders dagegen BeckTKG-Komm/Ehmer Anh § 41 § 28 TKV Rz. 6 unter Hinweis auf die Entstehungsgeschichte der Norm.

3 Umstritten ist, ob die Einbeziehung von AGB ihre Verfügbarkeit in stets allen Geschäftsstellen voraussetzt. Ein Bereithalten in allen Geschäftsstellen wird erforderlich gehalten von Schulz, CR 1998, 213 (215). Auslegung nur als generelles Erfordernis von Westphalen/Grote/Pohle, Telefondienstvertrag, S. 81 f.; Wagner, in: Spindler (Hrsg.), Telekommunikations-Anbieter, Teil III Rz. 65; BeckAGBG-Komm/Horn § 23 Rz. 122. Zur früheren Rechtslage vgl. BGH, Urt. v. 02.07.1998 - III ZR 287/97 (OLG München), CR 1998, 664 ff., NJW 1998, 3188 ff. Die neueren Kommentare gehen auf die Bedeutung des Begriffs „Geschäftsstelle“ überhaupt nicht ein, vgl. AnwKom-BGB/Hennrichs § 305a Rz. 6 f.; Palandt-ErgBd/Heinrichs § 305a Rz. 3 f.

Im Normalfall der Einbeziehung von Allgemeinen Geschäftsbedingungen nach § 305 Abs. 2 BGB ist ein ausdrücklicher entsprechender Hinweis, mindestens aber ein deutlich sichtbarer Aushang am Ort des Vertragsabschlusses erforderlich. Nach der Ausnahmevorschrift des § 305a Nr. 2 b) BGB dagegen können Anbieter bestimmter Telekommunikationsdienstleistungen ihre AGB durch Veröffentlichung und Bereithalten zur Einsichtnahme in ihren Geschäftsstellen einbeziehen. Diese Regelung bedeutet für Anbieter insofern eine wesentliche Erleichterung, als nicht mehr sie selbst, sondern ihre Kunden sich um die Informationsgewinnung im Einzelfall bemühen müssen. Dem Anbieter als in dieser Hinsicht passivem Part obliegt es deshalb, die Informationen tatsächlich bereitzuhalten. Nach dem Sinn dieser Vorschrift soll er also - praktisch als Ausgleich für die ersparte Aktivität gegenüber dem Kunden - zumindest hinsichtlich der Bereitstellung der Informationen hohen Anforderungen genügen. Der Kunde muß danach zwar selbst aktiv werden, darf aber dann erwarten, an den üblichen Verkaufsstellen des Anbieters die gewünschten Informationen zu erhalten.

Dies spricht dafür, daß der Anbieter die Informationen jedenfalls an allen dauerhaften Verkaufsstellen bereithalten muß, nicht unbedingt dagegen an nur kurzzeitigen Aktionsständen wie z.B. in Fußgängerzonen oder an Bahnhöfen. Eine solche Auslegung korrespondiert auch mit dem Gesichtspunkt des effektiven Kunden- und Verbraucherschutzes. Aufgrund des vom Anbieter selbst geschaffenen Tatbestandes kann ein Verbraucher auch vernünftigerweise erwarten, an allen dauerhaften Verkaufsstellen die gewünschten Informationen zu erhalten. Der Anbieter muß sich bei regelmäßigen Geschäftskontakten mit Kunden an einer bestimmten Örtlichkeit jedenfalls an dem von ihm damit zurechenbar geschaffenen Rechtsschein festhalten lassen[1].

b) Die Änderung von AGB

Auch die Änderung bereits in einen Vertrag einbezogener AGB durch die Anbieter von Telekommunikationsdienstleistungen ist unter den Voraussetzungen des § 305 Abs. 2 BGB bzw. § 305a Nr. 2 b) BGB möglich[2]. Es sind für eine

1 Ähnlich Westphalen/Grote/Pohle, Telefondienstvertrag, S. 85.

2 Vgl. AnwKom-BGB/Hennrichs § 305a Rz. 7. Auf Dauerschuldverhältnisse, die vor dem 01.01.2001 entstanden sind, ist nach § 37 Abs. 2 TKV bis zum 31.12.2002 noch der inzwischen aufgehobene § 28 TKV über die vereinfachte Änderung von AGB in der bis zum 10.05.2002 geltenden Fassung anzuwenden. Zur Problematik der Übergangsregelung für Verträge aus dem Jahr 2001 vgl. mit weiteren Einzelheiten Heisz, MMR 07/2002, VI f. Zu den Regelungen des § 28 TKV vgl. mit weiteren Einzelheiten BeckTKG-Komm/Ehmer Anh § 41 § 28 Rz. 1 ff.

Änderung und Neufassung der AGB grundsätzlich die gleichen Voraussetzungen wie für die vorherige Einbeziehung dieser AGB zu beachten[1].

Die Änderung von AGB nach § 305 Abs. 2 BGB setzt dabei grundsätzlich voraus, daß der Verwender dem Vertragspartner die neue Fassung der AGB unter drucktechnischer Hervorhebung der Änderungen übermittelt[2]. Setzt ein Kunde danach das Vertragsverhältnis ohne Widerspruch fort, so erklärt er damit konkludent sein Einverständnis mit den geänderten AGB[3].

Für die Änderung von Allgemeinen Geschäftsbedingungen, die nach § 305a Nr. 2 b) BGB auf vereinfachte Weise in einen Vertrag einbezogen werden können, sind die Voraussetzungen dieser Vorschrift einzuhalten[4].

3. Allgemeine AGB-Vorschriften

Wenn bei Verträgen auf dem Gebiet der Telekommunikation AGB verwendet werden, unterliegen diese den §§ 305 ff. BGB. Beispielsweise haben nach § 305b BGB individuelle Vertragsabreden zwischen einem Verbraucher und seinem Vertragspartner Vorrang vor den Bestimmungen der AGB. Des weiteren sind die §§ 305 ff. BGB gemäß § 306a BGB auch dann anwendbar, wenn diese Vorschriften durch anderweitige Gestaltungen umgangen werden.

Als allgemein geltende Vorschrift ist darüber hinaus § 305c Abs. 1 BGB zu beachten, wonach Klauseln in Allgemeinen Geschäftsbedingungen nicht Vertragsbestandteil werden, wenn sie überraschend im Sinne dieser Vorschrift sind. Für das Kriterium der Überraschung sind die Üblichkeit einer Regelung und ein etwaiger Überrumpelungseffekt maßgebend[5]. Überraschend sind z.B. atypische, versteckte Vertragserweiterungen[6]. Der Schutz gegen überraschende Klauseln ist bei solchen AGB besonders wichtig, die in erleichterter Weise einbezogen werden können[7]. Die Beurteilung der Frage, ob eine Klausel etwa im Telekommunikationsrecht überraschend ist, kann im übrigen je nach rechtlichem Umfeld und fortschreitender wirtschaftlicher Entwicklung unterschied-

---

1 Vgl. AnwKom-BGB/Hennrichs § 305 Rz. 12; Palandt-ErgBd/Heinrichs § 305 Rz. 48.

2 Vgl. Palandt-ErgBd/Heinrichs § 305 Rz. 48. Zu Vertragsklauseln betreffend die Änderung von AGB vgl. mit weiteren Einzelheiten Palandt-ErgBd/Heinrichs § 305 Rz. 48.

3 Vgl. AnwKom-BGB/Hennrichs § 305 Rz. 12; Palandt-ErgBd/Heinrichs § 305 Rz. 48.

4 Vgl. Palandt-ErgBd/Heinrichs § 305a Rz. 5.

5 Zur Frage von Aufklärungspflichten bei Mobilfunkverträgen vgl. mit weiteren Einzelheiten Imping/Pohle, K&R 2001, 251 (255 f.).

6 Vgl. Fuchs, in: Spindler (Hrsg.), Telekommunikations-Anbieter, Teil IV Rz. 55.

7 So BeckAGBG-Komm/Horn § 23 Rz. 126.

lich ausfallen. So wurde 1985 die formularmäßige Festlegung einer zehnjährigen Vertragslaufzeit für die Vermietung einer Fernsprechnebenanlage (zwischen Kaufleuten) als nicht überraschend angesehen[1]. Aufgrund der erheblich fortschreitenden Entwicklung und rechtlicher Änderungen dürfte die Beurteilung dieser Frage heute anders ausfallen[2]. So wurde inzwischen ein vorzeitiges Kündigungsrecht wegen Wegfalls der Geschäftsgrundlage bei rasanter technologischer Entwicklung während einer elfjährigen Vertragslaufzeit bejaht[3].

Bei der Beurteilung vertraglicher Regelungen und bei diesbezüglichen Auslegungsfragen ist schließlich immer auch § 305c Abs. 2 BGB zu beachten. Nach dieser Vorschrift gehen Unklarheiten bei der Auslegung Allgemeiner Geschäftsbedingungen zu Lasten des Verwenders. Diese Regelung hat angesichts der teilweise doch recht umfangreichen und technisch komplizierten Materie in der Telekommunikation eine nicht unwesentliche Bedeutung.

Ist eine AGB-Klausel unwirksam, so erfolgt gemäß § 306 BGB keine geltungserhaltende Reduktion. Die unwirksamen Vertragsbestimmungen entfallen also ohne Umdeutung, und die gesetzlichen Vorschriften treten an ihre Stelle[4].

4. Die Inhaltskontrolle nach §§ 307 - 309 BGB

Auch die Allgemeinen Geschäftsbedingungen eines Anbieters von Telekommunikationsdienstleistungen unterliegen grundsätzlich der Inhaltskontrolle nach §§ 307 - 309 BGB. Bei einem Verstoß gegen diese Vorschriften ist die betreffende Bestimmung unwirksam. Bestimmte, häufig in AGB verwendete, unwirksame Klauseln sind in §§ 308, 309 BGB aufgeführt. Liegt keiner dieser Fälle vor, ist auf die Generalklausel des § 307 BGB zurückzugreifen.

Im folgenden sind zunächst die Voraussetzungen einer Inhaltskontrolle kurz zu skizzieren. Anschließend wird die Inhaltskontrolle nach § 307 BGB dargestellt.

a) Voraussetzungen der Inhaltskontrolle

Voraussetzung der Inhaltskontrolle ist zunächst, daß Allgemeine Geschäftsbedingungen i.S.d. § 305 Abs. 1 BGB vorliegen. Außerdem muß die entsprechen-

---

1 So BGH, NJW 1985, 2328.

2 So BeckAGBG-Komm/Lindacher § 3 Rz. 61 mit weiteren Einzelheiten.

3 So AG Leverkusen, Urt. v. 17.02.2000 - 24 C 439/99 (rechtskräftig), MMR 2001, 115 f.

4 Vgl. dazu mit weiteren Einzelheiten Fuchs, in: Spindler (Hrsg.), Telekommunikations-Anbieter, Teil IV Rz. 140 ff.

de Bestimmung gemäß § 307 Abs. 3 BGB kontrollfähig sein[1]. Das setzt voraus, daß durch die Bestimmung eine von Rechtsvorschriften abweichende oder diese ergänzende Regelung vereinbart wird. Betreffen Leistungsbeschreibungen und Leistungsentgelte jedoch die *Haupt*konditionen des Vertrages, sind sie grundsätzlich von der Inhaltskontrolle ausgenommen[2]. Preis- oder leistungsmodifizierende *Neben*abreden hingegen sind stets der gerichtlichen Überprüfung unterworfen[3]. Auf einen Vertrag über einen normalen Telefonanschluß bezogen heißt das, daß die monatliche Grundgebühr und der Gesprächstarif der Inhaltskontrolle entzogen sind, nicht hingegen Entgelte für weitere Serviceleistungen[4].

Fraglich ist, inwieweit die Inhaltskontrolle auf solche AGB-Regelungen Anwendung findet, die gegen zwingende Bestimmungen der TKV verstoßen und deshalb (bereits) nach § 134 BGB nichtig sind[5]. Gegen eine Anwendung der Inhaltskontrolle spricht, daß es sich bei den Bestimmungen der TKV wegen § 1 Abs. 2 TKV meist nicht um dispositives Recht handelt[6]. In der Praxis haben Gerichte Allgemeine Geschäftsbedingungen wegen Verstoßes gegen die TKV aber (auch) nach den gesetzlichen Vorschriften zu den Allgemeinen Geschäftsbedingungen für unwirksam gehalten[7].

b) Die Inhaltskontrolle nach § 307 BGB

Nach § 307 Abs. 1 BGB sind Klauseln in Allgemeinen Geschäftsbedingungen unwirksam, wenn sie den Vertragspartner des Verwenders entgegen den Geboten von Treu und Glauben unangemessen benachteiligen. Das Vorliegen einer

---

1 Vgl. BeckAGBG-Komm/Wolf § 9 Rz. 1.

2 Vgl. BeckAGBG-Komm/Horn § 23 Rz. 127 m.w.N.; Palandt-ErgBd/Heinrichs § 307 Rz. 54, 57; LG München I, Urt. v. 17.02.2000 - 7 O 11900/99 (rechtskräftig), MMR 2000, 568, CR 2000, 833, K&R 2000, 614 (615), ITRB 2001, 10. Zu den Gründen für die Einschränkung der Inhaltskontrolle von preis- und leistungsbestimmenden Klauseln vgl. mit weiteren Einzelheiten Fuchs, in: Spindler (Hrsg.), Telekommunikations-Anbieter, Teil IV Rz. 60 ff. Stets zu beachten ist jedoch das Transparenzgebot (vgl. § 307 Abs. 3 S. 2 BGB).

3 So Palandt-ErgBd/Heinrichs § 307 Rz. 60; OLG Köln, Urt. v. 23.08.2000 - 6 U 202/99 (nicht rechtskräftig), CR 2000, 676 (677); MMR 2001, 167; K&R 2001, 58 (59); BGH NJW 1993, 2369. Zu Leistungsbeschreibungsklauseln und leistungsmodifizierenden Nebenabreden bei Mobilfunkverträgen vgl. mit weiteren Einzelheiten Imping/Pohle, K&R 2001, 251 (254 ff.).

4 So für einen Mobilfunkvertrag LG München I, Urt. v. 17.02.2000 - 7 O 11900/99 (rechtskräftig), MMR 2000, 568 ff., CR 2000, 833 ff.

5 Vgl. dazu etwa BeckTKG-Komm/Büchner § 23 Rz. 22.

6 So BeckTKG-Komm/Büchner § 23 Rz. 22.

7 So OLG Schleswig-Holstein, Urt. v. 01.04.1999 - Az. 2 U 22/99 (rechtskräftig; LG Flensburg), MMR 1999, 736 (737), CI 1999, 151.

solchen Benachteiligung ist durch eine Interessenabwägung festzustellen[1]. Bei Verträgen zwischen einem Unternehmer und einem Verbraucher sind dabei gemäß § 310 Abs. 3 Nr. 3 BGB auch die den Vertragsschluß begleitenden Umstände zu berücksichtigen[2].

Eine unangemessene Benachteiligung liegt nach der gesetzlichen Regelung im Zweifel dann vor, wenn die Allgemeinen Geschäftsbedingungen ohne besondere Rechtfertigung erheblich von vertragstypischen Rechten oder Pflichten oder von wesentlichen gesetzlichen Grundgedanken abweichen[3]. Bei der Feststellung von vertragstypischen Rechten und Pflichten sowie der gesetzlichen Grundgedanken ist bei Verträgen auf dem Gebiet der Telekommunikation vor allem auf die Vorschriften des Telekommunikationsrechts (insbesondere TKG und TKV) zurückzugreifen[4].

Beispielsweise sind AGB, die für die Einrichtung oder monatliche Erstellung eines Standard-Einzelverbindungsnachweises ein Entgelt verlangen, nach § 307 Abs. 1, Abs. 2 Nr. 1 BGB unwirksam[5]. Sie verstoßen gegen den - nach § 1 Abs. 2 TKV zwingend geltenden - § 14 S. 4 TKV, wonach der Kunde eines Anbieters von Telekommunikationsdienstleistungen einen Anspruch auf einen kostenlosen (Standard-)Einzelverbindungsnachweis hat. Die Unentgeltlichkeit gilt dabei sowohl für die Einrichtung als auch für die monatliche Erteilung eines solchen Nachweises[6].

Eine unangemessene Benachteiligung des Vertragspartners kann sich nach § 307 Abs. 1 S. 2 BGB auch daraus ergeben, daß eine Bestimmung nicht klar und verständlich ist (sog. Transparenzgebot)[7]. Auch ein Verstoß gegen diesen Grundsatz führt zur Unwirksamkeit der betreffenden Klausel(n). Maßstab für

---

1 Vgl. BeckAGBG-Komm/Wolf § 9 Rz. 50.

2 Vgl. dazu mit weiteren Einzelheiten Burckhardt, AGB-Gesetz, S. 159 ff.

3 Vgl. dazu mit weiteren Einzelheiten Fuchs, in: Spindler (Hrsg.), Telekommunikations-Anbieter, Teil IV Rz. 88 ff., 103 ff.; BeckAGBG-Komm/Wolf § 9 Rz. 50.

4 Vgl. dazu mit weiteren Einzelheiten Fuchs, in: Spindler (Hrsg.), Telekommunikations-Anbieter, Teil IV Rz. 99 ff.; BeckAGBG-Komm/Wolf § 9 Rz. T 82 ff.

5 So OLG Schleswig-Holstein, Urt. v. 01.04.1999 - Az. 2 U 22/99 (rechtskräftig; LG Flensburg), MMR 1999, 736 (737), CI 1999, 151; LG Flensburg, Urt. v. 08.09.1998 - 2 O 339/98, VuR 1998, 424 (425); LG München I, Urt. v. 17.02.2000 - 7 O 11900/99 (rechtskräftig), MMR 2000, 568 (569), CR 2000, 833 (834).

6 Vgl. RegTP, Mitteilung Nr. 184/1998, ABl. RegTP 1998, S. 2008 (2009); OLG Schleswig-Holstein, Urt. v. 01.04.1999 - Az. 2 U 22/99 (rechtskräftig; LG Flensburg), MMR 1999, 736 (737), CI 1999, 151; LG München I, Urt. v. 17.02.2000 - 7 O 11900/99 (rechtskräftig), MMR 2000, 568 (569).

7 Zur Problematik bei technisch schwierigen Sachverhalten vgl. mit weiteren Einzelheiten Fuchs, in: Spindler (Hrsg.), Telekommunikations-Anbieter, Teil IV Rz. 113 ff.

Klarheit und Verständlichkeit der Regelung ist ein gedachter sorgfältiger Teilnehmer am Wirtschaftsverkehr[1]. Das Transparenzgebot gilt selbst für preisbestimmende und leistungsbeschreibende Klauseln, die im übrigen keiner Inhaltskontrolle unterliegen, § 307 Abs. 3 S. 2 BGB[2].

Unwirksam ist nach § 307 Abs. 1 BGB etwa die Verwendung der schlichten Klausel „Gültig bis ..." auf einer Telefonkarte[3] bzw. in dem zugrundeliegenden Vertrag[4]. In dieser AGB ist wegen Verletzung des vertraglichen Äquivalenzverhältnisses eine unangemessene Benachteiligung des Verbrauchers i.S.d. § 307 Abs. 1 S. 1, 2 BGB zu sehen[5].

Nach § 307 Abs. 1 BGB sind darüber hinaus wegen unangemessener Benachteiligung des Kunden Klauseln mit folgendem Inhalt unwirksam[6]: Auferlegung eines Entgelts für die Sperre des Anschlusses eines Kunden ohne Rücksicht auf die Veranlassung[7]; Aufbürdung der Kosten einer Rücklastschrift auf den Kunden ohne Rücksicht auf die Frage der Verursachung[8]; formularmäßiges Einverständnis mit Telefonwerbung[9]; Sperrung und kostenpflichtiger Wiederanschluß des Telefonanschlusses unter bestimmten Umständen[10]; irreführendes SIM-Lock-Mobiltelefon-Angebot[11]; Verfall eines über ein geschuldetes Mindestguthaben hinausgehendes Restguthaben[12]; Deaktivierungsgebühr bei Mobilfunkvertragswechsel[13].

---

1 Vgl. AnwKom-BGB/Hennrichs § 307 Rz. 8.

2 Vgl. dazu mit weiteren Einzelheiten AnwKom-BGB/Hennrichs § 307 Rz. 9.

3 Zur Kritik an den Umtauschregelungen für befristet gültige Telefonkarten vgl. mit weiteren Einzelheiten Westermann, K&R 2001, 489 ff.; Hahn, MMR 2001, 785 f.

4 So BGH, Urt. v. 12.06.2001 - XI ZR 274/00 (OLG Köln, LG Köln), MMR 2001, 806 (808), CR 2001, 596 (598).

5 So BGH, Urt. v. 12.06.2001 - XI ZR 274/00 (OLG Köln, LG Köln), MMR 2001, 806 (808), CR 2001, 596 (598).

6 Zu weiteren Beispielen von - zulässigen u. unzulässigen - AGB-Klauseln vgl. mit weiteren Einzelheiten und Nachweisen BeckTKG-Komm/Büchner § 23 Rz. 17; Hahn, MMR 1999, 586 ff.; Hahn, MMR 1999, 251 ff.; Westphalen/Grote/Pohle, Telefondienstvertrag, S. 100 ff.; OLG Köln, Beschl. v. 26.01.2001 - 6 U 149/96 (rechtskräftig), MMR 2001, 411 f.

7 So LG München I, Urt. v. 17.02.2000 - 7 O 11900/99 (rechtskräftig), MMR 2000, 568 (569 f.), CR 2000, 833 (834 f.), K&R 2000, 614 (616), ITRB 2001, 10 (11).

8 So LG München I, Urt. v. 17.02.2000 - 7 O 11900/99 (rechtskräftig), MMR 2000, 568 (569), CR 2000, 833 (834), K&R 2000, 614 (616), ITRB 2001, 10 f.

9 So BGH, Urt. v. 16.03.1999 - XI ZR 76/98 (OLG Frankfurt am Main), CR 1999, 567 ff.

10 So OLG Schleswig, Urt. v. 29.05.1997 - 2 U 42/96 (rechtskräftig), NJW-RR 1998, 56 f.

11 Vgl. dazu OLG Köln, Urt. v. 10.11.2000 - 6 U 147/00 (rechtskräftig), ITRB 2001, 83.

12 So OLG Köln, Urt. v. 01.12.2000 - 6 U 63/00 (rechtskräftig), ITRB 2001, 83 f., CR 2001, 232 f.

13 So BGH, Urt. v. 18.04.2002 - III ZR 199/01, NJW 2002, 2386 ff., K&R 2002, 368 ff. Anders noch die Vorinstanz: OLG Schleswig, Urt. v. 19.07.2001 - 2 U 40/00 (LG

Als wirksam wurden dagegen folgende Klauseln angesehen: Ausschluß der Barzahlung von Telefonrechnungen[1]; Einwendungsausschluß bei angemessener Frist und ausdrücklichem Hinweis[2]; Ausschluß mündlicher Nebenabreden[3].

5. Die aufsichtsrechtliche Kontrolle über AGB (§ 23 TKG)

Allgemeine Geschäftsbedingungen für bestimmte Telekommunikationsdienstleistungen unterliegen gemäß § 23 TKG einer besonderen aufsichtsrechtlichen Kontrolle durch die Regulierungsbehörde. Entsprechen solche AGB nicht bestimmten europarechtlichen Anforderungen[4], hat die Regulierungsbehörde ihnen nach § 23 Abs. 2 TKG zu widersprechen. Ein solcher Widerspruch führt nach § 23 Abs. 2 S. 3 TKG zur Unwirksamkeit der AGB.

Diese spezielle aufsichtsrechtliche Kontrolle tritt neben die Inhaltskontrolle nach §§ 307 ff. BGB[5]. Sie dient sowohl dem Wettbewerb als auch dem Verbraucherschutz[6]. Mit der speziellen Kontrolle durch die Regulierungsbehörde soll verhindert werden, daß Verbraucher (und andere Kunden) erst nach einem langen Rechtsstreit die Bestätigung erhalten, daß bestimmte Klauseln gegen wesentliche Grundsätze des liberalisierten Telekommunikationsmarktes verstoßen[7].

Im folgenden ist zunächst zu klären, welche Voraussetzungen für das Widerspruchsrecht der Regulierungsbehörde bestehen. Anschließend werden Einzelheiten zur Ausübung des Widerspruchsrechts dargestellt.

a) Die Voraussetzungen des Widerspruchsrechts

Das Widerspruchsrecht der Regulierungsbehörde setzt nach § 23 Abs. 1 TKG zunächst voraus, daß die vorgelegten Allgemeinen Geschäftsbedingungen li-

---

Itzehoe), K&R 2002, 47 f., MMR 2002, 174 ff.

1 So AG Wedding, Urt. v. 19.02.1998 - 102 C 619/97, ArchPT 1998, 158 f. Zur Kritik an einem Ausschluß der Barzahlung oder einem Barzahlungsaufschlag vgl. mit weiteren Einzelheiten Hahn, MMR 1999, 586 (587 f.).

2 So OLG Köln, Urt. v. 25.06.1997 - 27 U 130/96 (rechtskräftig; LG Köln), MMR 1998, 106 f.; Imping, CR 1999, 425 (430).

3 So BGH, Urt. v. 14.10.1999 - III ZR 203/98 (OlG Köln), CR 2000, 168 f., MMR 2000, 159 f.

4 Vgl. dazu mit weiteren Einzelheiten BeckTKG-Komm/Büchner § 23 Rz. 1 ff.

5 Vgl. mit weiteren Einzelheiten zur Abgrenzung BeckTKG-Komm/Büchner § 23 Rz. 37; Fuchs, in: Spindler (Hrsg.), Telekommunikations-Anbieter, Teil IV Rz. 25.

6 So Wagner, in: Spindler (Hrsg.), Telekommunikations-Anbieter, Teil III Rz. 74.

7 Vgl. BeckTKG-Komm/Büchner § 23 Rz. 22.

zenzpflichtige Telekommunikationsdienstleistungen[1] oder Universaldienstleistungen betreffen. Der Begriff der Allgemeinen Geschäftsbedingungen ist im Telekommunikationsrecht nicht erläutert, weshalb auf die Definition in § 305 Abs. 1 BGB zurückzugreifen ist[2]. Im übrigen bedeutet die Aufnahme des Begriffs der Universaldienstleistungen in den Gesetzestext eine Erweiterung des Anwendungsbereichs des § 23 TKG auch auf solche nicht lizenzpflichtigen Telekommunikationsdienstleistungen, die in unmittelbarem Zusammenhang mit dem Sprachtelefondienst stehen[3].

Weitere Voraussetzung für die Ausübung des Widerspruchsrechts ist, daß die AGB bestimmten, in § 23 Abs. 1 TKG aufgestellten Anforderungen nicht genügen. Hierzu gehören die Maßstäbe, die in Richtlinien und Empfehlungen nach Artikel 6 und Anhang 3 der Richtlinie 90/387/EWG[4] vom Europäischen Parlament und Rat erlassen wurden und die Allgemeinen Geschäftsbedingungen, die Informationen über diese Bedingungen und die Verfügbarkeit dieser Informationen betreffen[5]. Im wesentlichen handelt es sich bei diesen Anforderungen um jene, die auch in der TKV geregelt sind. Im Hinblick auf Allgemeine Geschäftsbedingungen betreffen diese Anforderungen z.B. die Bereitstellung von Telekommunikationsdiensten zu erschwinglichen Preisen, die Vorgehensweise bei Zahlungsverzug und die Einstellung von Leistungen[6]. Im übrigen sind die Informationen über Allgemeine Geschäftsbedingungen sowie sonstige technischen Informationen in geeigneter Form und leicht zugänglich für alle Nutzer bereitzustellen[7]. Hierzu enthält § 27 TKV konkretisierende Regelungen (vgl. dazu S. 42 ff.)[8].

Zur Ermöglichung der Kontrolle verpflichtet § 23 Abs. 2 S. 1 TKG Anbieter zur schriftlichen Vorlage von Allgemeinen Geschäftsbedingungen bei der Re-

1 Zu den lizenzpflichtigen Tatbeständen vgl. § 6 Abs. 1 TKG.

2 Vgl. BeckTKG-Komm/Büchner § 23 Rz. 8.

3 Vgl. BeckTKG-Komm/Büchner § 23 Rz. 7.

4 Richtlinie 90/387/EWG v. 28.06.1990 zur Verwirklichung des Binnenmarktes für Telekommunikationsdienste durch Einführung eines offenen Netzzugangs (Open Network Provision - ONP), ABl. EG L 192, S. 1.

5 Zu den Richtlinien und Empfehlungen vgl. mit weiteren Einzelheiten und Nachweisen BeckTKG-Komm/Büchner § 23 Rz. 10 f.

6 Vgl. zu den inhaltlichen Anforderungen an Allgemeine Geschäftsbedingungen mit weiteren Einzelheiten BeckTKG-Komm/Büchner § 23 Rz. 13 ff.

7 Vgl. dazu mit weiteren Einzelheiten BeckTKG-Komm/Büchner § 23 Rz. 18 ff.

8 Vgl. dazu BeckTKG-Komm/Büchner § 23 Rz. 19, 21.

gulierungsbehörde bereits vor ihrem Inkrafttreten[1]. Diese Vorlagepflicht dürfte auch bei einer Änderung der Allgemeinen Geschäftsbedingungen gelten[2].

b) Die Ausübung des Widerspruchsrechts

Sind die Voraussetzungen für die Ausübung des Widerspruchsrechts gegeben, hat[3] die Regulierungsbehörde den AGB gemäß § 23 Abs. 2 S. 2 TKG zu widersprechen. Der Widerspruch muß in einem solchen Fall grundsätzlich innerhalb von vier Wochen ab dem Zeitpunkt der Vorlage erfolgen[4]. Werden Änderungen von AGB vorgelegt, fängt die Frist von vier Wochen erneut an zu laufen[5]. Nach Ausübung des Widerspruchsrechts dürfen die AGB nicht verwendet werden und sind bei einem Zuwiderhandeln nach § 23 Abs. 2 S. 3 TKG unwirksam (vgl. dazu S. 74).

Im übrigen kann wegen des Gesetzeswortlauts („soweit") auch nur ein Teilwiderspruch und damit die Teilnichtigkeit der betreffenden AGB-Klausel(n) in Betracht kommen[6]. Schließlich dürfte ein Widerspruch gegen Allgemeine Geschäftsbedingungen als wesentliche Regulierungsmaßnahme im Amtsblatt der Regulierungsbehörde zu veröffentlichen sein[7].

6. Veröffentlichungsfristen entgeltbezogener AGB

Hinsichtlich der Änderung von Entgelten und entgeltrelevanten Bestandteilen Allgemeiner Geschäftsbedingungen marktbeherrschender[8] Anbieter von Sprachtelefondienst und Übertragungswegen bestehen nach § 29 TKV besondere Veröffentlichungsfristen. Sie dienen dem Interesse der Kunden[9].

---

1 Zu den möglichen Folgen einer Verletzung der Vorlagepflicht vgl. mit weiteren Einzelheiten Fuchs, in: Spindler (Hrsg.), Telekommunikations-Anbieter, Teil IV Rz. 13.
2 Vgl. BeckTKG-Komm/Büchner § 23 Rz. 29.
3 So BeckTKG-Komm/Büchner § 23 Rz. 23.
4 Zur Frage, ob auch nach Ablauf dieser Frist ein Widerspruchsrecht bzw. sogar eine Widerspruchspflicht der RegTP besteht, vgl. mit weiteren Einzelheiten BeckTKG-Komm/Büchner § 23 Rz. 31 ff.; Fuchs, in: Spindler (Hrsg.), Telekommunikations-Anbieter, Teil IV Rz. 23.
5 Vgl. BeckTKG-Komm/Büchner § 23 Rz. 29.
6 So BeckTKG-Komm/Büchner § 23 Rz. 30.
7 Vgl. BeckTKG-Komm/Büchner § 23 Rz. 4.
8 Zur Kritik hieran vgl. im einzelnen BeckTKG-Komm/Büchner § 41 Rz. 24 unter Verweis auf europarechtliche Vorgaben.
9 Vgl. Begr. zum TKV-E, BR-Drucks. 551/97, S. 50.

Unter Sprachtelefondienst ist nach § 3 Nr. 15 TKG die gewerbliche Bereitstellung des direkten Transports und der Vermittlung von Sprache in Echtzeit von und zu den Netzabschlußpunkten des öffentlichen, vermittelnden Netzes für die Öffentlichkeit zu verstehen, wobei jeder Benutzer das an solch einem Netzabschlußpunkt angeschlossene Endgerät zur Kommunikation mit einem anderen Netzabschlußpunkt verwenden kann. Kein Sprachtelefondienst stellt derzeit etwa die Internet-Telefonie dar, da (noch) kein Transport und keine Vermittlung von Sprache in Echtzeit stattfindet[1].

Für die Veröffentlichung neuer Angebote solcher Anbieter gelten dagegen keine festen Veröffentlichungsfristen. Nur für neue Angebote marktbeherrschender Anbieter von Übertragungswegen[2] bestimmt § 29 Abs. 1 S. 3 TKV, daß diese „so bald wie möglich" zu veröffentlichen sind. Im Einzelfall kann allerdings die Unterscheidung zwischen neuen Angeboten und Änderungen bestehender Angebote schwierig sein[3].

Im folgenden werden die Veröffentlichungsfrist nach § 29 Abs. 1 TKV und die Regelungen zur vorzeitigen Veröffentlichung (§ 29 Abs. 2 TKV) näher dargestellt.

a) Die Veröffentlichungsfrist (§ 29 Abs. 1 TKV)

Nach § 29 Abs. 1 S. 1 TKV treten Änderungen entgeltbezogener AGB-Klauseln der genannten Anbieter frühestens einen Monat nach ihrer Veröffentlichung in Kraft. Die AGB sind demnach spätestens einen Monat vor dem geplanten Inkrafttreten zu veröffentlichen[4]. Art und Umfang der Veröffentlichung richten sich dabei nach § 27 TKV[5]. In Einzelfällen kann die Regulierungsbehörde nach § 29 Abs. 1 S. 4 TKV jedoch eine Abweichung von dieser Frist genehmigen[6].

---

1 Zur Bewertung der Sprachübermittlung im Internet durch die EU-Kommission vgl. etwa Günther, ITRB 2001, 27; Schütz, MMR 8/2000, XV. Vgl. dazu auch Windthorst/Franke, CR 1999, 14 (19 f.); Göckel, K&R 1998, 250 (253); Moritz/Niebler, CR 1997, 697 (701).

2 Zur Kritik an der Beschränkung auf Anbieter „von Übertragungswegen" vgl. BeckTKG-Komm/Kerkhoff Anh § 41 § 29 TKV Rz. 7.

3 Vgl. BeckTKG-Komm/Kerkhoff Anh § 41 § 29 TKV Rz. 6.

4 Zur Kritik an dieser Monatsfrist vgl. mit weiteren Einzelheiten Schulz, CR 1998, 213 (218).

5 So BeckTKG-Komm/Kerkhoff Anh § 41 § 29 TKV Rz. 11.

6 Zu den Ermessenserwägungen vgl. mit weiteren Einzelheiten BeckTKG-Komm/Kerkhoff Anh § 41 § 29 TKV Rz. 8.

Eine Ausnahme von der einmonatigen Veröffentlichungsfrist besteht gemäß § 29 Abs. 1 S. 2 TKV für kurzzeitige, ereignisbezogene Sondertarife. Hierunter fallen etwa Weihnachtstarife sowie andere Feiertagstarife[1]. An solchen Sonderaktionen sollen sich auch marktbeherrschende Anbieter beteiligen können und insoweit nicht benachteiligt werden[2]. Allerdings entbindet diese Ausnahmeregelung nicht von einer etwaigen Genehmigungspflicht[3].

b) Vorzeitige Veröffentlichungen (§ 29 Abs. 2 TKV)

Nach § 29 Abs. 2 TKV darf bei genehmigungspflichtigen Entgelten und entgeltrelevanten Bestandteilen Allgemeiner Geschäftsbedingungen die Veröffentlichung nach § 29 Abs. 1 TKV nicht vor Erteilung der Genehmigung erfolgen.

Aus dem Wortlaut des § 29 Abs. 2 TKV wird teilweise geschlossen, daß auch die Werbung mit noch ungenehmigten Entgelten - als eine andere Form der Veröffentlichung - unzulässig sei[4]. Eine Veröffentlichung unter einem Genehmigungsvorbehalt soll danach verboten sein[5]. Diese Ansicht verweist nicht zuletzt auf die Gesetzesbegründung, nach der mit dieser Regelung „Vorveröffentlichungen“ und „Vorratsveröffentlichungen“ noch nicht genehmigter Entgelte verhindert werden sollten[6].

Allerdings bezieht sich § 29 Abs. 2 TKV seinem Wortlaut nach ausdrücklich nur auf „die Veröffentlichung nach § 29 Abs. 1 TKV“. Diese ist zum einen Wirksamkeitsvoraussetzung für eine Änderung der Entgelte, zum anderen stellt sie den Beginn der mindestens einmonatigen Frist vor dem Inkrafttreten der Änderung dar. Dagegen bezieht sich die Vorschrift des § 29 Abs. 2 TKV schon nach ihrem Wortlaut nicht auf jede Form einer möglichen Veröffentlichung (z.B. Werbung). Bei einer solchen von § 29 Abs. 1 TKV unabhängigen (Vorab-)Veröffentlichung ist jedoch stets zu beachten, daß diese die Pflicht zur Veröffentlichung gemäß § 29 Abs. 1 TKV sowie die mit dieser verbundenen Frist unberührt läßt.

1 So Begr. zum TKV-E, BR-Drucks. 551/97, S. 49.
2 Vgl. Grote, TKV, S. 83.
3 Vgl. Begr. zum TKV-E, BR-Drucks. 551/97, S. 49.
4 Eine Werbung mit ungenehmigten, künftigen Preisen verstößt jedenfalls nicht gegen §§ 28, 29 TKG und stellt auch keine unlautere Behinderung dar, vgl. OLG Hamburg, Urt. v. 02.03.2000 - 3 U 158/99 (rechtskräftig), RTkom 2000, 227 (230 f.).
5 Vgl. Grote, TKV, S. 83.
6 Vgl. Begr. zum TKV-E, BR-Drucks. 551/97, S. 50.

III. Weitere Unwirksamkeitsgründe

Neben den Unwirksamkeitsgründen nach den Vorschriften über Allgemeine Geschäftsbedingungen bestehen verschiedene weitere Vorschriften, die unter bestimmten Umständen eine Unwirksamkeit von Vertragsbestimmungen festlegen. Hierbei ist zunächst auf allgemeine Nichtigkeitsgründe aus dem BGB und anschließend auf Spezialregelungen im Telekommunikationsrecht einzugehen.

1. Allgemeine Nichtigkeitsgründe

Auch bei Verträgen auf dem Gebiet der Telekommunikation gelten die Nichtigkeitsgründe aus dem allgemeinen Teil des BGB. Anwendbar sind etwa §§ 134, 138 BGB bei einem Verstoß gegen gesetzliche Verbote bzw. Sittenwidrigkeit[1]. Ferner können Willenserklärungen infolge einer wirksamen Anfechtung nach § 142 Abs. 1 BGB nichtig sein. Hinsichtlich des Umfangs der Unwirksamkeit einer Vertragsbestimmung ist § 139 BGB zu beachten.

Nach § 125 BGB sind Verträge nichtig, wenn sie eine gesetzlich vorgeschriebene oder vertraglich vereinbarte Form nicht einhalten. Falls ein Vertrag z.B. online[2] oder telefonisch geschlossen werden soll, ist dies nur dann möglich, wenn dieser Vertrag formlos geschlossen werden kann. In einem solchen Fall können die für einen Vertragsschluß erforderlichen Willenserklärungen (Angebot und Annahme) grundsätzlich mittels elektronischer Medien abgegeben werden[3]. Probleme kann es dagegen dann geben, wenn für das Rechtsgeschäft die

1 Zur Frage der Sittenwidrigkeit von Telefonsex sowie der Rechtslage, Darlegungs- und Beweislast des Kunden bei behaupteten Telefonsexgesprächen vgl. mit weiteren Einzelheiten: BGH, Urt. v. 22.11.2001 - III ZR 5/01 (OLG Celle), NJW 2002, 361 ff., CR 2002, 107 ff., MMR 2002, 91 ff., ITRB 2002, 33 f.; Palandt/Heinrichs § 138 Rz. 52a; Imping, in: Spindler (Hrsg.), Telekommunikations-Anbieter, Teil VI Rz. 88a ff.; Vorspel-Rüter, K&R 1999, 505 ff.; Gnielinski, MMR 2000, 602 (604 f.); OLG Stuttgart, Urt. v. 27.10.1999 - 9 U 96/99 (rechtskräftig), MMR 2000, 97 ff.; LG Schwerin, Urt. v. 04.05.1999 - 1 O 611/98 (bestätigt durch OLG Rostock, Beschl. v. 19.07.1999 - 6 U 148/99), RTkom 1999, 187 ff.; OLG Jena, Beschl. v. 11.07.2000 - 9 U 393/00 (rechtskräftig), CR 2001, 175 f., ITRB 2001, 107 f.; LG Mainz, Urt. v. 20.06.1999 - 1039/99, und OLG Koblenz, Beschl. v. 12.08.1999 - 8 U 970/99, RTkom 2000, 152 ff.; AG Witten, Urt. v. 15.11.1999 - 3 C 452/99 (rechtskräftig), MMR 2000, 221 ff. Zur Sittenwidrigkeit von Verträgen über den Vertrieb von Telefonsex-Karten vgl. BGH, Urt. v. 09.06.1998 - XI ZR 192/97 (OLG Karlsruhe, LG Karlsruhe), CR 1998, 610 ff.

2 Online werden Verträge dann geschlossen, wenn die dazu erforderlichen Willenserklärungen elektronisch, d.h. nicht schriftlich oder (fern)mündlich, sondern über Datenleitungen übermittelt werden, vgl. dazu mit weiteren Einzelheiten Koch, Internet-Recht, S. 130 ff.; Spindler, Beilage MMR 07/2000, 4 (10 f.).

3 Vgl. Koch, Internet-Recht, S. 129 f.; Fringuelli/Wallhäuser, CR 1999, 93.

gesetzliche Schriftform einzuhalten ist. Für diese ist gemäß § 126 Abs. 1 BGB eine vom Aussteller eigenhändig unterzeichnete Urkunde erforderlich. Elektronische Willenserklärungen hingegen stellen - z.B. mangels unmittelbarer Wahrnehmbarkeit - keine Urkunde dar und sind auch nicht eigenhändig unterschrieben[1].

Für verschiedene Rechtsgeschäfte ist nunmehr nicht mehr die Schriftform erforderlich, sondern bereits die sog. elektronische Form (§ 126a BGB) oder die sog. Textform (§ 126b BGB) möglich bzw. ausreichend[2].

Die meisten Verträge zwischen Verbrauchern und Telekommunikationsanbietern unterliegen jedoch nicht der Schriftform. In der Praxis werden sie entweder zu Informations- und Beweiszwecken schriftlich geschlossen oder kommen (wie beim Call-by-Call) konkludent bzw. telefonisch zustande. Die Textform dürfte deshalb - zumindest im Bereich der (reinen) Telekommunikationsdienstleistungen - auf absehbare Zeit keine große Rolle spielen.

2. Spezialregelungen im Telekommunikationsrecht

Im Telekommunikationsrecht gibt es einige spezielle Vorschriften über die Unwirksamkeit bestimmter Vereinbarungen. Teilweise wird dabei auch geregelt, inwieweit an die Stelle der unwirksamen Vertragsbestimmung eine andere Regelung tritt. Auch wenn sich bei einigen dieser Vorschriften die Rechtsfolge der Unwirksamkeit nach den entsprechenden Bestimmungen des BGB richtet, sollen die Regelungen des Telekommunikationsrechts hier aus systematischen Gründen im Zusammenhang dargestellt werden.

Im folgenden wird zunächst auf die Unwirksamkeit solcher Vereinbarungen eingegangen, die von den zwingenden Vorgaben der TKV abweichen (§ 1 Abs. 2 TKV). Anschließend sind die Abweichung von genehmigten Entgelten nach § 29 TKG, die Vereinbarung von ungenehmigten Entgelten gemäß § 30 TKV und die Unwirksamkeit von wettbewerbsbeschränkenden Vereinbarungen nach § 38 TKG zu behandeln. Schließlich werden die Unwirksamkeit von nutzungsbeschränkenden Vereinbarungen nach § 25 S. 4 TKV und die Unwirksamkeit widersprochener AGB nach § 23 Abs. 2 TKG dargestellt.

---

1 So Koch, Internet-Recht, S. 122, 152; vgl. auch Fringuelli/Wallhäuser, CR 1999, 93, 94 ff.

2 Vgl. dazu mit weiteren Einzelheiten Sieber/Nöding, ZUM 2001, 199 (203 ff.); Roßnagel, MMR 2000, 451 (457); Singer, MMR 12/2000, XV f.; Hoeren, MMR 1999, 192 ff.; Maennel, MMR 1999, 187 ff.

a) Der zwingende Mindestschutz der TKV (§ 1 Abs. 2 TKV)

Weichen Vereinbarungen zu Lasten des Kunden von der Telekommunikations-Kundenschutzverordnung ab, sind sie nach § 1 Abs. 2 TKV unwirksam. Unter einer Vereinbarung in diesem Sinne sind sowohl Allgemeine Geschäftsbedingungen als auch Individualvereinbarungen zu verstehen[1]. Abweichungen zugunsten eines Kunden sind dagegen grundsätzlich zulässig, soweit sie nicht selbst im Einzelfall gegen andere Vorschriften verstoßen, z.B. gegen das Diskriminierungsverbot nach § 2 TKV[2]. Die Regelungen der TKV stellen damit einen zwingenden Mindestschutz dar.

Bei einem Verstoß gegen Vorschriften der TKV richtet sich der Umfang der Nichtigkeit nach § 139 BGB[3]. Abhängig von den Umständen des Einzelfalls ist danach im Ergebnis entweder nur eine bestimmte Teilvereinbarung oder aber der gesamte Vertrag nichtig[4]. Von einer Gesamtnichtigkeit ist auszugehen, wenn die Parteien das Rechtsgeschäft ohne den unwirksamen Teil wohl nicht vorgenommen hätten. Hierzu ist auf den mutmaßlichen Parteiwillen abzustellen. Es kommt darauf an, welche Entscheidung die Parteien bei Kenntnis der Teilnichtigkeit unter Berücksichtigung der Verkehrssitte sowie nach Treu und Glauben getroffen hätten[5]. Läßt sich hierzu keine Aussage treffen, ist gemäß § 139 BGB im Zweifel von einer Gesamtnichtigkeit des Vertrages auszugehen.

b) Die Abweichung von genehmigten Entgelten (§ 29 TKG)

Ein Lizenznehmer ist nach § 29 Abs. 1 TKG verpflichtet, ausschließlich die von der Regulierungsbehörde genehmigten Entgelte zu verlangen. Mit dieser Regelung soll auch sichergestellt werden, daß die der Entgeltregulierung unterliegenden Entgelte der Regulierungsbehörde tatsächlich vorgelegt werden[6].

Fehlt (zunächst) eine erforderliche Entgeltgenehmigung oder wird sie mißachtet, tritt nach § 29 Abs. 2 S. 1 TKG das genehmigte an die Stelle des vereinbarten Entgelts[7]; die vorherige Entgeltvereinbarung ist nach § 134 BGB unwirk-

1 Vgl. Grote, TKV, S. 5.
2 So BeckTKG-Komm/Piepenbrock Anh. § 41 § 1 TKV Rz. 8.
3 Vgl. Geppert/Ruhle/Schuster, Handbuch, Rz. 477; Kammerlohr, K&R 1998, 90; Begr. zum TKV-E, BR-Drucks. 551/97, S. 23.
4 Vgl. Kammerlohr, K&R 1998, 90.
5 Vgl. BeckTKG-Komm/Piepenbrock Anh. § 41 § 1 TKV Rz. 9.
6 Vgl. BeckTKG-Komm/Schuster/Stürmer § 29 Rz. 1.
7 Vgl. Geppert/Ruhle/Schuster, Handbuch, Rz. 447. Dies geschieht u.U. auch rückwirkend, vgl. OVG Münster, Beschl. v. 14.12.2001 - 13 B 1362/01 (rechtskräftig; VG Köln), MMR 2002, 335 (337 f.).

sam[1]. Diese Teilnichtigkeit führt jedoch nicht zu einer Gesamtnichtigkeit des Vertrages nach § 139 BGB. Grund hierfür ist die ausdrückliche Bestimmung der Weitergeltung des Vertrages mit geändertem Vertragsinhalt gemäß § 29 Abs. 2 TKG.

Verlangt ein Anbieter ein anderes als das genehmigte Entgelt, kann die Regulierungsbehörde die Durchführung eines Rechtsgeschäfts nach § 29 Abs. 2 S. 2 TKG untersagen[2]. Falls ein höheres als das genehmigte Entgelt gezahlt wurde, besteht grundsätzlich ein Rückerstattungsanspruch des Kunden aus ungerechtfertigter Bereicherung in Höhe des zuviel gezahlten Entgelts[3].

Wenn ein zu geringes Entgelt gezahlt worden ist, wird teilweise ein vertraglicher Anspruch des Anbieters auf Nachzahlung angenommen[4]. Zur Begründung wird auf § 29 Abs. 2 S. 1 TKG verwiesen, wonach das genehmigte Entgelt an die Stelle des vereinbarten Entgeltes tritt. Diese Ansicht ist im Hinblick auf den Kunden- und Verbraucherschutz jedoch bedenklich. Außerdem greift sie u.U. dann nicht, wenn eine erforderliche Entgeltgenehmigung fehlt bzw. erst später erteilt wird. Der Anbieter ist auch nicht als schutzwürdig anzusehen, da er die Genehmigungspflicht kennt und rechtzeitig eine Genehmigung einholen kann. Letztlich kommt es also darauf an, ob man den Schutz des Wettbewerbs bzw. der Wettbewerber als ausreichenden Grund dafür ansieht, dem Kunden eine Nachzahlungspflicht aufzuerlegen.

c) Die Vereinbarung nicht genehmigter Entgelte (§ 30 TKV)

Nach § 30 TKV ist die Vereinbarung eines nicht genehmigten, aber genehmigungspflichtigen Entgelts grundsätzlich unwirksam. § 30 TKV schließt insoweit die bei § 29 Abs. 2 S. 1 TKG bestehende Lücke bei ungenehmigten Entgelten[5].

Voraussetzung der Anwendbarkeit dieser Vorschrift ist zunächst, daß ein genehmigungspflichtiges Entgelt für eine Leistung vereinbart wird. Außerdem darf das Entgelt (noch) nicht genehmigt sein und auch keine entsprechende

1 Vgl. BeckTKG-Komm/Schuster/Stürmer § 29 Rz. 3.

2 Vgl. dazu mit weiteren Einzelheiten BeckTKG-Komm/Schuster/Stürmer § 29 Rz. 8 ff.; RegTP, Entscheidung v. 05.02.1998, MMR 1998, 325 (326).

3 Vgl. Geppert/Ruhle/Schuster, Handbuch, Rz. 451; BeckTKG-Komm/Schuster/Stürmer § 29 Rz. 16 f. mit weiteren Einzelheiten.

4 So BeckTKG-Komm/Schuster/Stürmer § 29 Rz. 18.

5 Vgl. Begr. zum TKV-E, BR-Drucks. 551/97, S. 50; BeckTKG-Komm/Schuster/Stürmer § 29 Rz. 7.

vorläufige Anordnung der Regulierungsbehörde existieren[1]. Grund einer (noch) nicht erfolgten Genehmigung kann ein noch nicht eingeleitetes oder aber noch nicht abgeschlossenes Prüfungsverfahren der Regulierungsbehörde sein.

Bezüglich des Umfangs der Unwirksamkeit stellt sich die Frage, ob die Nichtigkeit nur die Entgeltvereinbarung (Teilnichtigkeit) oder den kompletten Vertrag betrifft. Dies hat insbesondere darauf Einfluß, welche Ansprüche der Nutzer hat und ob der Anbieter von seiner Leistungspflicht entbunden wird. Diese Frage ist vor allem dann relevant, wenn der Nutzer auf die vertraglichen Leistungen des marktbeherrschenden Anbieters angewiesen ist.

Nach Ansicht der Regulierungsbehörde ist jedenfalls dann, wenn eine gesetzliche Pflicht zur Leistungserbringung des Anbieters vorliegt, nur die Entgeltvereinbarung unwirksam[2]. Der Anbieter ist in einem solchen Fall also weiterhin zur Leistung verpflichtet[3]. Begründet wird dies damit, daß der Anbieter die Genehmigungspflicht kennt und deshalb nicht als schutzwürdig anzusehen ist. Außerdem habe er es selbst in der Hand, durch Vorlage eines (zumindest vorläufig) genehmigungsfähigen Entgeltantrags die Anwendbarkeit des § 30 TKV auszuschließen[4].

Nach einer anderen Ansicht ist dagegen (stets) die gesamte Vereinbarung unwirksam[5]. Begründet wird dies damit, daß mit der Unwirksamkeit der Entgeltvereinbarung ein wesentlicher, im Gegenseitigkeitsverhältnis stehender Vertragsbestandteil entfällt[6]. Danach wurde die Leistung - wegen Unwirksamkeit der gesamten Vereinbarung - ohne Rechtsgrund erbracht, so daß sich ein Anspruch des Anbieters gegen den Verbraucher aus ungerechtfertigter Bereicherung ergeben kann[7]. Gerechtfertigt wird dieser Anspruch damit, daß der ersatzlose Wegfall der Entgeltforderung unzumutbar für den Anbieter ist, wenn etwa nur ein möglicherweise geringer formaler Fehler des entgeltregulierten Anbieters vorliegt[8].

---

1 Zur Möglichkeit vorläufiger Anordnungen vgl. mit weiteren Einzelheiten BeckTKG-Komm/Kerkhoff Anh § 41 § 30 TKV Rz. 8 ff.

2 So RegTP, Entscheidung v. 05.02.1998, MMR 1998, 325 (326) für die Verpflichtung aus § 43 Abs. 6 S. 1 TKG.

3 Vgl. RegTP, Entscheidung v. 05.02.1998, MMR 1998, 325 (326).

4 So BeckTKG-Komm/Kerkhoff Anh § 41 § 30 TKV Rz. 22.

5 So Riehmer, CR 1998, 273 (274); BeckTKG-Komm/Schuster/Stürmer § 29 Rz. 21.

6 Vgl. BeckTKG-Komm/Schuster/Stürmer § 29 Rz. 21.

7 Vgl. BeckTKG-Komm/Schuster/Stürmer § 29 Rz. 26. Nach dieser Ansicht ist gemäß § 818 Abs. 2 BGB der Wert der Dienstleistung zu ersetzen, vgl. dazu mit weiteren Einzelheiten Palandt/Thomas § 818 Rz. 22.

8 Vgl. BeckTKG-Komm/Schuster/Stürmer § 29 Rz. 26.

Im übrigen ist die Frage nach weiteren zivilrechtlichen Ansprüchen des Verbrauchers zu stellen. Wenn die alte Entgeltvereinbarung nach § 30 TKV i.V.m. § 134 BGB unwirksam ist, kann der Nutzer unter Umständen die bisher gezahlten Entgelte aus ungerechtfertigter Bereicherung zurückfordern[1].

d) Wettbewerbsbeschränkende Vereinbarungen (§ 38 TKG)

Nach § 38 Abs. 1 TKG sind Vereinbarungen über die Gewährung von Netzzugängen i.S.d. § 35 TKG unwirksam, wenn durch sie dritte Unternehmen auf einem Markt der Telekommunikation ohne sachliche Rechtfertigung[2] beeinträchtigt werden können. Diese Norm schützt also speziell dritte Unternehmen auf einem Markt der Telekommunikation und soll deshalb nur kurz dargestellt werden[3].

Voraussetzung der Unwirksamkeit ist zunächst, daß eine Vereinbarung über einen Netzzugang nach § 35 TKG vorliegt. Hierzu zählt insbesondere der Vertrag eines Verbrauchers über einen allgemeinen Telekommunikations-Netzanschluß[4]. Wegen des Verweises auf § 35 TKG ist jedoch stets erforderlich, daß ein marktbeherrschender Netzbetreiber den Netzzugang gewährt.

Ferner setzt die Unwirksamkeit nach § 38 TKG voraus, daß die Vereinbarung wettbewerbsbeschränkende Wirkungen entfalten kann. Bereits die bloße Eignung zur Beeinträchtigung ist ausreichend; eine tatsächliche Beeinträchtigung ist nicht erforderlich[5].

Sind die Voraussetzungen des § 38 Abs. 1 TKG erfüllt, tritt die Unwirksamkeit kraft Gesetzes ein[6]. Sie erfaßt gemäß § 139 BGB grundsätzlich die gesamte Vereinbarung, soweit im Einzelfall nicht etwas anderes anzunehmen ist[7]. Außerdem hat die Regulierungsbehörde nach § 38 Abs. 2 TKG in einem solchen Fall die Befugnisse aus § 33 Abs. 2, 3 TKG. Danach kann sie einem Anbieter ein Verhalten auferlegen oder untersagen sowie Verträge ganz oder teilweise für unwirksam erklären[8].

---

1 Vgl. BeckTKG-Komm/Schuster/Stürmer § 29 Rz. 19.

2 Vgl. dazu mit weiteren Einzelheiten BeckTKG-Komm/Salger/Traugott § 38 Rz. 19 ff.

3 Vgl. zu weiteren Einzelheiten BeckTKG-Komm/Salger/Traugott § 38 Rz. 3 ff.; BT-Drucks. 13/3609, S. 47.

4 Vgl. Paulweber, Regulierungszuständigkeiten, S. 74; BeckTKG-Komm/Salger/Traugott § 38 Rz. 1.

5 Vgl. dazu im einzelnen BeckTKG-Komm/Salger/Traugott § 38 Rz. 5 ff., 13 f.

6 Vgl. BeckTKG-Komm/Salger/Traugott § 38 Rz. 26.

7 Vgl. BeckTKG-Komm/Salger/Traugott § 38 Rz. 27.

8 Vgl. dazu mit weiteren Einzelheiten BeckTKG-Komm/Salger/Traugott § 38 Rz. 29 f.

e) Nutzungsbeschränkende Vereinbarungen (§ 25 S. 4 TKV)

Nach § 25 S. 4 TKV sind Vertragsvereinbarungen unwirksam, die den Nutzungszweck von Übertragungswegen beschränken oder nichttechnische Beschränkungen für Verbindungen von Übertragungswegen oder die Anschaltung von Endeinrichtungen enthalten. Die Unwirksamkeit tritt unabhängig von den sonstigen Vereinbarungen ein, also auch dann, wenn der Verbraucher wegen der Nutzungsbeschränkung nur ein besonders niedriges Entgelt zahlen sollte. Hintergrund dieser Regelung ist, daß die Nutzungsneutralität grundsätzlich als Wettbewerbsvoraussetzung und –förderung anzusehen ist[1].

f) Die Unwirksamkeit widersprochener AGB (§ 23 Abs. 2 TKG)

Wenn die Regulierungsbehörde ihr Widerspruchsrecht aus § 23 TKG ausübt, dürfen die Allgemeinen Geschäftsbedingungen nicht verwendet werden[2]. Bei einem Verstoß gegen das Verwendungsverbot sind sie automatisch nach § 23 Abs. 2 S. 3 TKG unwirksam. Verstößt der Anbieter dabei zugleich gegen Vorschriften der TKV, ergibt sich die Unwirksamkeit wegen der zwingenden Geltung der TKV (§ 1 Abs. 2 TKG) auch aus § 134 BGB.

Die Unwirksamkeit dürfte dabei - vom Sinn und Zweck der Regelung her - von Anfang an (ex tunc) und nicht erst vom Zeitpunkt des Widerspruchs an (ex nunc) bestehen[3]. Ein Widerspruch stellt damit eine rückwirkende, auflösende Bedingung für die Geltung der Allgemeinen Geschäftsbedingungen dar[4].

Dies kann erhebliche praktische Konsequenzen haben. Verwendet ein Anbieter von Telekommunikationsdienstleistungen die AGB nach ihrer Vorlage bei der Regulierungsbehörde und vor einem Widerspruch bereits im Rechtsverkehr, stellt sich die Frage nach der Wirksamkeit aller zwischenzeitlich geschlossenen Verträge. In einem solchen Fall ist auf die allgemeinen Bestimmungen zur Nichtigkeit zurückzugreifen. Im Zweifel, d.h. sofern nichts anderes anzunehmen ist, ist gemäß § 139 BGB Gesamtnichtigkeit des Vertrages anzunehmen[5]. Auch kommt wegen des Wortlauts des § 23 Abs. 1 TKG („soweit diese...“) ein

1 So Begr. zum TKV-E, BR-Drucks. 551/97, S. 45.

2 Vgl. Fuchs, in: Spindler (Hrsg.), Telekommunikations-Anbieter, Teil IV Rz. 18 m.w.N.

3 Vgl. BeckTKG-Komm/Büchner § 23 Rz. 27; Wagner, in: Spindler (Hrsg.), Telekommunikations-Anbieter, Teil III Rz. 79.

4 Vgl. BeckTKG-Komm/Büchner § 23 Rz. 27.

5 So auch BeckTKG-Komm/Büchner § 23 Rz. 28; Wagner, in: Spindler (Hrsg.), Telekommunikations-Anbieter, Teil III Rz. 80.

Teilwiderspruch und damit eine Teilnichtigkeit der betreffenden AGB-Klausel(n) in Betracht[1].

IV. Bedingungen für das Zustandekommen des Vertrages

Ein Anbieter von Telekommunikationsdienstleistungen kann den Abschluß eines Vertrages über diese Leistungen von bestimmten Bedingungen abhängig machen. Hierbei geht es vor allem um die Vorlage einer sog. Grundstückseigentümererklärung oder eine Sicherheitsleistung. In diesem Zusammenhang ist auch auf vertragliche Regelungen über eine Bonitätsprüfung des Verbrauchers einzugehen.

1. Die Vorlage einer Grundstückseigentümererklärung (§ 10 TKV)

Zur Errichtung und Wartung von Telekommunikationseinrichtungen auf fremden Grundstücken ist grundsätzlich das Einverständnis[2] des dinglich Berechtigten (i.d.R. des Grundstückseigentümers) erforderlich[3]. Nach § 10 Abs. 1 TKV kann ein Anbieter deshalb den Abschluß eines Vertrages unter Umständen von der Vorlage einer solchen Erklärung abhängig machen. Voraussetzung hierfür ist, daß der Anbieter Zugänge zu öffentlichen Telekommunikationsnetzen bereitstellt. Außerdem muß der Vertragsinhalt gerade diese Leistungen betreffen. Für Universaldienstverpflichtete stellt diese Regelung eine Einschränkung des ansonsten bestehenden Kontrahierungszwanges dar[4].

Inhaltlich kann der Anbieter unter diesen Umständen den Vertragsabschluß davon abhängig machen, daß dem Netzbetreiber für das betreffende Grundstück eine solche sog. Grundstückseigentümererklärung vorgelegt wird. Dies ist eine Einverständniserklärung des dinglich Berechtigten; ihr Inhalt ist in der Anlage zu § 10 Abs. 1 TKV geregelt.

2. Bonitätsprüfung und Sicherheitsleistung

Ein Anbieter von Telekommunikationsdienstleistungen ist grundsätzlich vorleistungspflichtig. Eine Ausnahme hiervon besteht z.B. bei vorausbezahlten Guthabenkarten (prepaid cards) bei Verträgen über Mobilfunkdienstleistungen.

---

1 So auch BeckTKG-Komm/Büchner § 23 Rz. 30.

2 Zum Inhalt dieser Grundstückseigentümererklärung vgl. Anlage 1 zu § 10 Abs. 1 TKV.

3 Für Telekommunikationslinien (Zusammenfassung mehrerer Leitungen oder mehrerer Kabel in einer gemeinsamen Trasse) vgl. die Regelung in § 57 TKG.

4 Vgl. dazu mit weiteren Einzelheiten Begr. zum TKV-E, BR-Drucks. 551/97, S. 30.

Grundsätzlich jedoch werden nach der Freischaltung eines Kunden die vereinbarten Gesprächsentgelte erst am Ende der jeweiligen Abrechnungsperiode in Rechnung gestellt. Der Anbieter trägt dann das Risiko, daß die von ihm erbrachten Leistungen vom Kunden (nicht) bezahlt werden. Er hat deshalb ein berechtigtes Interesse daran, die Bonität seines Vertragspartners zu prüfen.

Im folgenden ist auf die vertragliche Einbindung der Bonitätsprüfung sowie das Verlangen einer Sicherheitsleistung einzugehen.

a) Die Bonitätsprüfung

Die Bonitätsprüfung des Verbrauchers erfolgt zumeist dadurch, daß eine entsprechende Auskunft bei der SCHUFA, einer sonstigen Wirtschaftsauskunftei oder der Hausbank des Kunden eingeholt wird. Ergeben sich Zweifel an seiner Bonität, wird der Vertragsschluß abgelehnt oder eine Sicherheitsleistung verlangt. Grundsätzlich kann die Bonitätsprüfung des Verbrauchers auf zwei verschiedene Arten in den Vertrag eingebunden werden.

Zunächst kann der Anbieter die Annahme des Vertragsangebots des Verbrauchers (und seine Leistungserbringung) von dem Ausgang einer Bonitätsprüfung abhängig machen. In einem solchen Fall muß der Kunde zumeist die Annahmefrist bzw. Annahme des Angebots innerhalb dieser Frist abwarten, bevor er die Leistungen des Anbieters in Anspruch nehmen kann. Deshalb wird diese Gestaltung weniger häufig gewählt. Fällt die Bonitätsprüfung für den Verbraucher negativ aus, kommt der Vertrag nicht oder nur unter der Voraussetzung einer Sicherheitsleistung zustande. Abweichungen hiervon ergeben sich u.U. nur dann, wenn ein Anbieter zur Erbringung von Universaldienstleistungen verpflichtet ist.

Eine solche Vertragsgestaltung stellt dann kein Problem dar, wenn der Anbieter das Angebot des Kunden innerhalb weniger Tage ablehnt oder annimmt[1]. Bedingt sich der Anbieter jedoch eine längere Entscheidungsfrist aus, ist die Wirksamkeit dieser Klausel(n) - vor allem in AGB - nach § 308 Nr. 1 BGB zu beurteilen. Danach ist die Klausel unwirksam, wenn sich der Verwender der AGB unangemessen lange oder nicht ausreichend bestimmte Fristen für die Annahme oder Ablehnung eines Angebots vorbehält. Hierzu sind die Interessen beider Vertragspartner unter Berücksichtigung der für den Vertragsgegenstand typischen Umstände gegeneinander abzuwägen[2]. Eine Auskunft bei den oben

1 Vgl. Bornhofen, K&R 1999, 500 (501).
2 So m.w.N. Bornhofen, K&R 1999, 500 (501).

genannten Stellen dauert zumeist nur wenige Tage[1]. Deshalb dürfte eine Annahmefrist von mehr als zwei Wochen kaum gerechtfertigt sein[2]. Dieser Zeitraum ist - trotz der hohen Anzahl der Verträge und evtl. betrieblicher Sachzwänge - zur Einholung von Auskünften als ausreichend anzusehen[3].

Manche Anbieter prüfen die Bonität ihrer Kunden wegen der sonst bestehenden Wartefrist jedoch erst nach Vertragsschluß. In diesen Fällen behalten sie sich in ihren AGB das Recht vor, bei unzureichender Kreditwürdigkeit des Kunden vom Vertrag zurückzutreten. Eine solche Klausel in Allgemeinen Geschäftsbedingungen ist allerdings streng am Transparenzgebot gemäß § 307 Abs. 1 S. 2 BGB zu messen[4]. Danach muß für den Verbraucher ersichtlich sein, nach welchen Kriterien seine Kreditwürdigkeit geprüft und die Entscheidung des Anbieters getroffen wird[5]. Es sind sehr hohe Maßstäbe an die Formulierung von Tatbestand und Rechtsfolge einer solchen Klausel zu stellen[6].

b) Die Sicherheitsleistung

Derzeit richten sich die Sicherungsmöglichkeiten für alle Anbieter von Telekommunikationsdienstleistungen für die Öffentlichkeit nach den allgemeinen Gesetzen, vgl. § 11 Abs. 3 TKV. Dies betrifft auch die Deutsche Telekom AG, da sie ihre Leistungen nicht aufgrund einer Universaldienstverpflichtung nach § 19 TKG erbringt, sondern entsprechend § 97 Abs. 1 TKG. Besondere Vorschriften gelten insoweit nur bei einer Universaldienstverpflichtung, die bislang jedoch nicht vorgenommen wurde.

Anbieter von Telekommunikationsdienstleistungen können den Abschluß von Verträgen damit grundsätzlich davon abhängig machen, daß Kautionen gezahlt oder andere Sicherheiten geleistet werden[7]. Dies gilt insbesondere dann, wenn

---

1 Vgl. Bornhofen, K&R 1999, 500 (501).

2 So auch mit weiteren Einzelheiten und Nachweisen Hahn, MMR 1999, 251 (252); Bornhofen, K&R 1999, 500 (501); ähnlich Fuchs, in: Spindler (Hrsg.), Telekommunikations-Anbieter, Teil IV Rz. 124. Für eine Frist von bis zu vier Wochen dagegen Imping, in: Spindler (Hrsg.), Telekommunikations-Anbieter, Teil VI Rz. 12.

3 So auch Hahn, MMR 1999, 251 (252); Bornhofen, K&R 1999, 500 (501).

4 Vgl. dazu mit weiteren Einzelheiten und Nachweisen Palandt-ErgBd/Heinrichs § 307 Rz. 134 m.w.N.; Imping, in: Spindler (Hrsg.), Telekommunikations-Anbieter, Teil VI Rz. 13; Kropf/Harder, in: Spindler (Hrsg.), Telekommunikations-Anbieter, Teil V Rz. 30.

5 So Bornhofen, K&R 1999, 500 (501) m.w.N.

6 Vgl. dazu Imping, in: Spindler (Hrsg.), Telekommunikations-Anbieter, Teil VI Rz. 14, der deshalb von der Verwendung eines solchen Rücktrittsvorbehalts abrät.

7 Vgl. dazu die grundsätzliche Wahlfreiheit bzgl. der Art der Sicherheitsleistung gemäß § 232 BGB.

zu befürchten ist, daß der Kunde seinen vertraglichen Verpflichtungen nicht oder nicht rechtzeitig nachkommen wird[1]. Die mögliche Höhe der Sicherheit dürfte dabei jedoch durch das Kriterium der Angemessenheit begrenzt sein[2]. Bei einer Sicherheitsleistung trifft den Anbieter im übrigen grundsätzlich keine Pflicht zur Verzinsung des gezahlten Betrags zugunsten des Kunden[3].

V. Die Widerrufsrechte des Verbrauchers

Viele Verbraucherschutzgesetze räumen Verbrauchern unter bestimmten Umständen ein Widerrufsrecht ein. Diese Gesetze können auch auf Verträge zwischen einem Verbraucher und einem Anbieter von Telekommunikationsdienstleistungen anwendbar sein.

Widerrufsrechte von Verbrauchern haben sich inzwischen als Hauptinstrumente des Verbraucherschutzes durchgesetzt[4]. § 355 BGB enthält hierzu allgemeine Bestimmungen, die grundsätzlich für alle verbraucherschutzrechtlichen Widerrufsrechte gelten. § 355 BGB begründet jedoch selbst kein Widerrufsrecht; die Anwendbarkeit dieser Vorschrift setzt vielmehr voraus, daß eine andere Vorschrift ein Widerrufsrecht i.S.d. § 355 BGB begründet und (für die Einzelheiten) auf § 355 BGB verweist.

Im folgenden sind zunächst die allgemeinen Regelungen zum Widerrufsrecht in § 355 BGB darzustellen. Anschließend ist auf die für Verbraucher im Bereich der Telekommunikation vor allem in Betracht kommenden Widerrufsrechte nach § 312 Abs. 1 BGB und § 312d Abs. 1 BGB einzugehen.

1. Allgemeine Regelungen zum Widerrufsrecht (§ 355 BGB)

§§ 355, 357 BGB enthalten grundsätzliche Regelungen zur Ausübung und den Folgen eines Widerrufsrechts bei Verbraucherverträgen. Diese Regelungen werden in Spezialvorschriften zu einzelnen Widerrufsrechten teilweise verändert, insbesondere verschärft.

Die Anwendbarkeit des § 355 BGB setzt bereits nach dem Wortlaut ausdrücklich voraus, daß das Widerrufsrecht dem Verbraucher in einer anderen Norm eingeräumt wird. Hier sind vor allem § 312 Abs. 1 BGB oder § 312d Abs. 1

1 Vgl. Kammerlohr, K&R 1998, 90 (92).
2 Dies kann sich aus § 242 BGB, § 315 BGB analog, § 11 Abs. 2 TKV analog oder § 2 TKV (für marktbeherrschende Anbieter) ergeben.
3 Vgl. dazu mit weiteren Einzelheiten Bornhofen, K&R 1999, 500 (501 f.).
4 Vgl. Härting, Fernabsatzgesetz, Anh. § 3 Rz. 1.

BGB zu nennen. Besteht also nach einer anderen Vorschrift ein Widerrufsrecht des Verbraucher „nach § 355 (BGB)", ist hinsichtlich der Einzelheiten § 355 BGB maßgeblich. Von § 355 BGB kann nicht zu Lasten des Verbrauchers abgewichen werden.

Das Widerrufsrecht nach § 355 BGB kann unter bestimmten Umständen auch durch ein Rückgaberecht gemäß § 356 BGB ersetzt werden[1]. Dies setzt allerdings voraus, daß eine solche Ersetzung durch ein Gesetz ausdrücklich zugelassen ist.

Im folgenden werden Einzelheiten zur Ausübung des Widerrufs und zur Widerrufsfrist dargestellt. Anschließend ist auf die rechtlichen Folgen eines Widerrufs einzugehen.

a) Die Ausübung des Widerrufs

Nach § 355 Abs. 1 S. 1 BGB ist ein Verbraucher an seine auf den Abschluß des Vertrags gerichtete Willenserklärung nicht gebunden, wenn er diese fristgerecht widerrufen hat. Der Widerruf muß in Textform oder durch Rücksendung bzw. Rückgabe[2] der Sache erfolgen[3]. In beiden Fällen muß für den Unternehmer erkennbar sein, auf welchen Vertrag sich der Widerruf bezieht[4]. Wichtig für den Verbraucher ist auch, daß der Widerruf nach § 355 Abs. 1 S. 2 BGB nicht begründet sein muß. Es genügt insoweit jede Äußerung, aus der sich ergibt, daß ein Verbraucher einen Vertrag mit einem Unternehmer nicht mehr gelten lassen will[5].

Die Widerrufserklärung ist als Gestaltungsrecht grundsätzlich unwiderruflich und bedingungsfeindlich[6]. Als Willenserklärung wird sie gemäß § 130 Abs. 1 BGB erst mit dem Zugang beim Unternehmer wirksam.

1 Vgl. dazu mit weiteren Einzelheiten Palandt-ErgBd/Heinrichs § 356 Rz. 3 ff.; Härting, Fernabsatzgesetz, Anh. § 3 Rz. 91 ff.
2 Vgl. Palandt-ErgBd/Heinrichs § 355 Rz. 8.
3 Zur Widerrufserklärung vgl. mit weiteren Einzelheiten Härting, Fernabsatzgesetz, Anh. § 3 Rz. 14.
4 Vgl. AnwKom-BGB/Ring § 355 Rz. 36.
5 Vgl. Palandt-ErgBd/Heinrichs § 355 Rz. 6.
6 Vgl. dazu m.w.N. Härting, Fernabsatzgesetz, Anh. § 3 Rz. 14; Palandt-ErgBd/Heinrichs § 355 Rz. 6.

b) Widerrufsfrist und Belehrung

Die Frist zur Ausübung des Widerrufs beträgt nach § 355 Abs. 1 S. 2 BGB zwei Wochen. Sie kann durch Vertrag verlängert, aber nicht verkürzt werden[1]. Zur Fristwahrung genügt die rechtzeitige Absendung innerhalb dieser Frist.

Der Beginn der Widerrufsfrist ist an verschiedene Bedingungen geknüpft, die in § 355 Abs. 2 BGB ausgeführt sind. Dazu gehören eine Unterschrift des Verbrauchers unter eine Belehrung sowie die Übergabe bestimmter Informationen. Bei der Lieferung von Waren beginnt die Frist nach § 355 Abs. 3 S. 1 BGB jedoch nicht vor dem Tag ihres Eingangs beim Empfänger.

Die Belehrung über das Widerrufsrecht hat den Verbraucher - entsprechend den Erfordernissen des eingesetzten Kommunikationsmittels - über seine Rechte zu informieren. Dazu muß sie auch deutlich gestaltet sein, etwa durch hervorhebende drucktechnische Gestaltung (Buchstabengröße, Fettdruck etc.)[2]. Inhaltlich hat die Belehrung Name und Anschrift des Widerrufsempfängers, Hinweise zum Fristbeginn sowie die o.g. Einzelheiten zur Ausübung des Widerrufs zu enthalten[3]. Die Belehrung einschließlich aller auszuhändigenden Informationen muß dem Verbraucher in Textform dauerhaft zur Verfügung gestellt werden.

Nach § 14 Abs. 1 BGB-InfoV genügt die Belehrung über das Widerrufsrecht den Anforderungen des § 355 Abs. 2 BGB, wenn das Muster der Anlage 2 (zu § 14 Abs. 1 BGB-InfoV) in Textform verwendet wird[4]. Bei der Verwendung dieses Musters darf ein Unternehmer gemäß § 14 Abs. 3 BGB-InfoV in Format und Schriftgröße von diesem abweichen sowie Zusätze wie die Firma oder ein Kennzeichen des Unternehmers anbringen. Belehrt ein Unternehmer einen Verbraucher, ohne dieses Muster zu verwenden, muß er in der Belehrung seine ladungsfähige Anschrift angeben.

Des weiteren setzt der Beginn der Widerrufsfrist grundsätzlich die Unterschrift des Verbrauchers unter der Belehrung voraus. Nach § 355 Abs. 2 S. 2 BGB ist sie vom Verbraucher gesondert zu unterschrieben. Das bedeutet, daß speziell und nur für die Belehrung eine weitere - vom Vertragstext getrennte - Unterschrift zu leisten ist[5]. Alternativ kann die Belehrung vom Verbraucher auch mit

---

1 Vgl. Palandt-ErgBd/Heinrichs § 355 Rz. 11.

2 Vgl. dazu mit weiteren Einzelheiten AnwKom-BGB/Ring § 355 Rz. 29; Palandt-ErgBd/Heinrichs § 355 Rz. 15.

3 Vgl. hierzu im einzelnen Palandt-ErgBd/Heinrichs § 355 Rz. 14.

4 Das Muster der Widerrufsbelehrung ist mit Gestaltungshinweisen abgedruckt im BGBl. I 2002, S. 3009 f.

5 Vgl. Palandt-ErgBd/Heinrichs § 355 Rz. 30.

einer qualifizierten elektronischen Signatur versehen werden. Eine Ausnahme besteht nur für notariell beurkundete Verträge. Bei diesen reicht es wegen der Belehrungspflicht des Notars aus, wenn die (deutlich gestaltete) Belehrung in den Vertragstext aufgenommen wird und dieser vom Verbraucher insgesamt unterzeichnet wird.

Sofern der Vertrag schriftlich abzuschließen ist, muß dem Verbraucher nach § 355 Abs. 2 S. 3 BGB außerdem ein schriftliches Dokument über den Vertragsschluß ausgehändigt werden. Hierbei kann es sich um eine Vertragsurkunde, den schriftlichen Antrag des Verbrauchers oder eine Abschrift eines dieser beiden Dokumente handeln.

Nach § 355 Abs. 3 BGB erlischt das Widerspruchsrecht spätestens sechs Monate nach Vertragsschluß bzw. nach der Lieferung der Waren[1]. Wenn der Fristbeginn streitig ist, trifft die Beweislast nach § 355 Abs. 2 S. 4 BGB den Unternehmer[2].

c) Die Folgen eines Widerrufs

Bis zur Ausübung eines fristgemäßen Widerrufs ist der Vertrag wirksam[3]. Ab dem Zeitpunkt eines ordnungsgemäßen Widerrufs (ex nunc) wandelt sich der zunächst wirksame Vertrag in ein Abwicklungsschuldverhältnis um[4].

In diesem Fall sind gemäß § 357 Abs. 1 S. 1 BGB grundsätzlich die Rücktrittsvorschriften (§§ 346 ff. BGB) anzuwenden, soweit § 357 BGB keine abweichende Regelung enthält[5]. Danach müssen die Vertragsparteien einander grundsätzlich die empfangenen Leistungen zurückgeben. Zwei besondere Regelungsbereiche sind jedoch hervorzuheben: die Kosten der Rücksendung sowie die Wertminderung und Haftung des Verbrauchers.

---

1 Zur Frage der Rechtswirksamkeit dieser Bestimmung für Haustürgeschäfte vgl. mit weiteren Einzelheiten Palandt-ErgBd/Heinrichs § 355 Rz. 19; AnwKom-BGB/Ring § 355 Rz. 42 ff.

2 Vgl. dazu im einzelnen AnwKom-BGB/Ring § 355 Rz. 40; Palandt-ErgBd/Heinrichs § 355 Rz. 20.

3 Vgl. Härting, Fernabsatzgesetz, Einl. Rz. 69; Palandt-ErgBd/Heinrichs § 357 Rz. 2. Zu den dogmatischen Problemen dieser neuen Regelung vgl. mit weiteren Einzelheiten Härting, Fernabsatzgesetz, Anh. § 3 Rz. 11 ff.; Waldenberger, K&R 1999, 345 (348 f.).

4 Vgl. dazu mit weiteren Einzelheiten AnwKom-BGB/Ring § 355 Rz. 2 ff.; Palandt-ErgBd/Heinrichs § 355 Rz. 3 ff.

5 Zu den Folgen eines Widerrufs vgl. mit weiteren Einzelheiten Härting, Fernabsatzgesetz, Anh. § 3 Rz. 45 ff.; Palandt-ErgBd/Heinrichs § 357 Rz. 4 ff.

aa) Die Kosten der Rücksendung

Der Verbraucher ist gemäß § 357 Abs. 2 S. 1 BGB (vorbehaltlich abweichender Vorschriften) grundsätzlich nur zur Rücksendung auf Kosten und Gefahr des Unternehmers verpflichtet. Die Kosten der Rücksendung hat also normalerweise der Unternehmer zu tragen. Dieser trägt auch die Gefahr der Rücksendung[1], also das Risiko eines Untergangs oder einer Verschlechterung der Sache während des Transports. Sofern eine Rücksendung der Sache als Paket nicht möglich ist, genügt ein Rücknahmeverlangen des Verbrauchers[2].

Unter bestimmten Umständen kann der Unternehmer dem Verbraucher allerdings die regelmäßigen Kosten der Rücksendung auferlegen, § 357 Abs. 2 S. 3 BGB[3]. Dies setzt zunächst voraus, daß es sich um eine Bestellung bis zu einem Betrag von EUR 40,00 handelt. Außerdem ist weitere Voraussetzung der Abwälzung der Rücksendekosten auf den Verbraucher, daß diese Kosten dem Verbraucher zuvor vertraglich (z.B. in AGB) wirksam auferlegt wurden.

Der Verbraucher muß allerdings keine Kosten tragen, die die regelmäßigen Kosten der Rücksendung übersteigen, etwa wenn der Unternehmer kostenträchtige Abholdienste einschaltet[4]. Er muß die Rücksendungskosten nach § 357 Abs. 2 S. 3 BGB außerdem in keinem Fall übernehmen, wenn es sich bei der Lieferung um unbestellte Ware handelt.

Zu beachten ist, daß der Betrag von EUR 40,00 für eine ganze Bestellung (auch mehrerer Artikel) gilt. Deshalb ist eine AGB-Klausel, die bei einer einheitlichen Bestellung mehrerer Sachen auf den Preis jeder einzelnen Sache abstellt, gemäß § 307 BGB unwirksam[5].

bb) Wertminderung und Haftung des Verbrauchers

Die Haftung des Verbrauchers und der Bereich Nutzungen/Verwendungen sind grundsätzlich in §§ 346 ff. BGB geregelt. Teilweise abweichende Regelungen enthält jedoch § 357 Abs. 3 BGB.

---

1 Vgl. Palandt-ErgBd/Heinrichs § 357 Rz. 5.

2 Vgl. Palandt-ErgBd/Heinrichs § 357 Rz. 5.

3 Vgl. dazu mit weiteren Einzelheiten Palandt-ErgBd/Heinrichs § 357 Rz. 6. Zu den Gründen für diese Regelung und ihrem Zustandekommen vgl. Hartung, MMR 11/2000, VII.

4 Vgl. AnwKom-BGB/Ring § 357 Rz. 20.

5 So auch Palandt-ErgBd/Heinrichs § 357 Rz. 6. Nach Ansicht von Härting/Schirmbacher, MDR 2000, 917 (921 f.) ist dagegen auf den Wert der einzelnen Ware abzustellen, die zurückgesandt wird.

Nach § 357 Abs. 3 BGB hat der Verbraucher im Falle des Widerrufs abweichend von § 346 Abs. 2 S. 1 Nr. 3 BGB Wertersatz für eine durch die bestimmungsgemäße Ingebrauchnahme der Sache entstandene Verschlechterung zu leisten, wenn er spätestens bei Vertragsschluß in Textform auf diese Rechtsfolge und eine Möglichkeit hingewiesen worden ist, sie zu vermeiden[1]. Dies gilt allerdings nicht, wenn die Verschlechterung ausschließlich auf die Prüfung der Sache zurückzuführen ist[2].

Wurde der Verbraucher über sein Widerrufsrecht ordnungsgemäß belehrt oder hat er hiervon anderweitig Kenntnis erlangt, ist er zum Wertersatz auch dann verpflichtet, wenn die Verschlechterung oder der Untergang bei ihm eingetreten ist, obwohl er diejenige Sorgfalt beobachtet hat, die er in eigenen Angelegenheiten anzuwenden pflegt.

Weitergehende Ansprüche (z.B. aus § 280 BGB oder § 823 BGB) bestehen nach § 357 Abs. 4 BGB grundsätzlich nicht[3].

2. Das Widerrufsrecht nach § 312 Abs. 1 BGB

Nach § 312 Abs. 1 BGB hat ein Verbraucher ein Widerrufsrecht gemäß § 355 BGB, wenn er mit einem Unternehmer in einer bestimmten Situation (z.B. Haustürgeschäft) einen Vertrag über eine entgeltliche Leistung geschlossen hat[4]. Über das Widerrufsrecht ist der Verbraucher zu belehren, § 312 Abs. 2 BGB (siehe oben). Zu den maßgeblichen Situationen[5] zählt insbesondere eine mündliche Verhandlung im Bereich einer Privatwohnung oder an seinem Arbeitsplatz. Es kann sich aber auch um eine - zumindest auch im Interesse des Unternehmers durchgeführte - Freizeitveranstaltung handeln. Auch das überraschende Ansprechen in Verkehrsmitteln oder im Bereich öffentlich zugänglicher Verkehrsflächen reicht für das Vorliegen einer solchen Situation aus. Für bestimmte Geschäfte ist das Widerrufsrecht allerdings nach § 312 Abs. 3 BGB ausgeschlossen.

---

1 Zu Einzelheiten der Belehrung vgl. Palandt-ErgBd/Heinrichs § 357 Rz. 10; AnwKom-BGB/Ring § 357 Rz. 31.

2 Vgl. dazu im einzelnen AnwKom-BGB/Ring § 357 Rz. 32 ff.

3 Vgl. dazu mit weiteren Einzelheiten AnwKom-BGB/Ring § 357 Rz. 15.

4 Eine nur entsprechende Anwendung dieser enumerativ aufgezählten Tatbestände des § 312 Abs. 1 S. 1 Nr. 1 - 3 BGB wird überwiegend für unzulässig gehalten, vgl. dazu mit weiteren Einzelheiten Palandt-ErgBd/Heinrichs § 312 Rz. 9; Fuchs, in: Spindler (Hrsg.), Telekommunikations-Anbieter, Teil II Rz. 182 ff.; Koch, Internet-Recht, S. 123.

5 Vgl. hierzu mit weiteren Einzelheiten Palandt-ErgBd/Heinrichs § 312 Rz. 9 ff.

Seit der Liberalisierung der Telekommunikationsmärkte kam es nicht selten vor, daß Werber für Verträge über Telekommunikationsdienstleistungen Verbraucher unaufgefordert zuhause aufsuchten. Häufig versuchen solche Werber auch, Verbraucher in Fußgängerzonen und auf Straßen anzusprechen und zu einem Vertragsabschluß zu bewegen[1]. In solchen Fällen ist grundsätzlich an die Belehrungspflichten und die Möglichkeit eines Widerrufsrechts nach § 312 Abs. 1 BGB i.V.m. § 355 BGB zu denken. Es kann zum Nachteil des Verbrauchers nicht verändert, abbedungen oder umgangen werden, vgl. § 312f BGB.

3. Das Widerrufsrecht gemäß § 312d Abs. 1 BGB

Nach § 312d Abs. 1 BGB steht einem Verbraucher bei einem Fernabsatzvertrag ein Widerrufsrecht gemäß § 355 BGB zu. Voraussetzung dieses Widerrufsrechts ist zunächst, daß ein Fernabsatzvertrag geschlossen wurde. Außerdem darf das Widerrufsrecht im Einzelfall nicht nach § 312d Abs. 4 BGB ausgeschlossen oder gemäß § 312d Abs. 3 BGB erloschen sein.

Die Widerrufsfrist beginnt gemäß § 312d Abs. 2 BGB abweichend von § 355 Abs. 2 S. 1 BGB nicht vor Erfüllung der Informationspflichten nach § 312c Abs. 2 BGB, bei der Lieferung von Waren nicht vor dem Tag ihres Eingangs beim Empfänger und bei Dienstleistungen nicht vor dem Tag des Vertragsschlusses[2]. Bei wiederkehrender Lieferung gleichartiger Waren beginnt die Widerrufsfrist nicht vor dem Tag des Eingangs der ersten Teillieferung. Es ist - abweichend von § 355 Abs. 2 BGB - nicht erforderlich, daß der Verbraucher die Belehrung gesondert unterschreibt.

Vor dem Hintergrund einer Anwendbarkeit dieser Vorschriften auf Verträge über Telekommunikationsdienstleistungen stellt sich z.B. die Frage, ob das Widerrufsrecht nach Inanspruchnahme der Dienstleistung - etwa beim offenen Call-by-Call - erhalten bleibt. Problematisch ist dies nicht zuletzt deshalb, weil bei solchen Dienstleistungen zumeist die Informationspflichten nach § 312c BGB verletzt werden.

Bei Dienstleistungen erlischt das Widerrufsrecht gemäß § 312d Abs. 3 BGB auch dann, wenn der Unternehmer mit ausdrücklicher Zustimmung des Ver-

1 Vgl. dazu OLG Frankfurt am Main, Urt. v. 08.02.2001 - 6 U 182/00 (rechtskräftig), CR 2001, 311 ff.; OLG Köln, Urt. v. 02.02.2001 - 6 U 112/00 (rechtskräftig), CR 2001, 313 ff.

2 Zur Problematik des Abstellens allein auf den Zeitpunkt des Vertragsschlusses vgl. Meents, CR 2000, 610 f.

brauchers vor Ende der Widerrufsfrist mit der Ausführung der Dienstleistung begonnen oder der Verbraucher diese selbst veranlaßt hat. Die Zustimmung des Verbrauchers kann auch konkludent erklärt werden und setzt nicht voraus, daß der Verbraucher sich ihrer Folgen bewußt ist[1].

Diese Regelung führt z.B. beim offenen Call-by-Call zur Frage des Verhältnisses der Regelungen zum Fristbeginn zu den Bestimmungen zum Erlöschen des Widerrufsrechts. Bei Verträgen über offenes Call-by-Call veranlaßt der Verbraucher mit der vollständigen Eingabe der Netzbetreiberkennzahl und der Teilnehmerrufnummer die Dienstleistung des Unternehmers, nämlich das Herstellen der Telefonverbindung. Hierbei werden die Informationspflichten des Anbieters nach § 312c BGB jedoch selten erfüllt, so daß die Widerrufsfrist nach Herstellen der Verbindung (noch) gar nicht zu laufen begonnen hat. Bei Anwendung des § 312d Abs. 3 BGB auf diese Fälle würde das Widerrufsrecht also bereits vor Beginn der Widerrufsfrist erlöschen.

Damit ist die Frage zu klären, ob das Erlöschen des Widerrufsrechts nach § 312d Abs. 3 BGB ein vorheriges Laufen der Widerrufsfrist und damit deren (ordnungsgemäßen) Beginn voraussetzt. Der Gesetzeswortlaut ist insofern nicht eindeutig. Der Grund für die Sonderregelung ist jedoch, daß der Verbraucher sich widersprüchlich verhalten würde, wenn er zuerst die Dienstleistungen des Unternehmers in Anspruch nimmt und anschließend den Vertrag widerruft[2]. Diese Überlegung gilt auch dann, wenn der Verbraucher zwar nicht ordnungsgemäß belehrt wurde, er aber die Ausführung der Dienstleistung veranlaßt hat. Deshalb ist nach dem Sinn des Gesetzes davon auszugehen, daß auch in einem solchen Fall in der Regel das Widerrufsrecht erlischt[3].

---

1 Vgl. Palandt-ErgBd/Heinrichs § 312d Rz. 7.

2 Vgl. Härting, Fernabsatzgesetz, § 3 Rz. 47.

3 So auch Härting, Fernabsatzgesetz, § 3 Rz. 40, 47; Schütz, MMR 09/2000, VII (VIII); Piepenbrock/Schmitz, K&R 2000, 378 (383 f.).

B. Die Regulierung der Leistungen des Anbieters

Das Telekommunikationsrecht enthält zugunsten von Verbrauchern zahlreiche Regulierungsvorschriften für die Leistungen eines Anbieters von Telekommunikationsdienstleistungen. Soweit die Leistungen solcher Anbieter nicht die Abrechnung (Rechnungserstellung etc.) betreffen (vgl. dazu Kapitel C.), werden sie im folgenden dargestellt.

Als Regulierungsbereiche sind im einzelnen zu nennen: der Universaldienst, der allgemeine Netzzugang, Notrufmöglichkeiten, Teilnehmerrufnummern, die freie Wahl des Verbindungsnetzbetreibers, öffentliche Teilnehmerverzeichnisse und Auskunftsdienste sowie Leistungsstörungen.

I. Der Universaldienst (§§ 17 ff. TKG; TUDLV)

Als Universaldienst kann man das regulatorische Regelwerk und seine Umsetzung verstehen, die eine Mindestversorgung[1] der Bevölkerung mit bestimmten Telekommunikationsdienstleistungen sicherstellen. Die Regelungen zum Universaldienst dienen damit den Interessen der Nutzer[2], insbesondere der Verbraucher.

Die Regelungen zum Universaldienst sind vor allem im GG, im TKG und in der Telekommunikations-Universaldienstleistungsverordnung (TUDLV)[3] enthalten[4]. Diese gesetzlichen Vorgaben sind vor dem Hintergrund der im Wettbewerb bestehenden Gefahr eines Marktversagens zu sehen. Als mögliches Risiko der Liberalisierung wurde die Gefahr gesehen, daß Telekommunikationsanbieter bei zunehmendem Wettbewerbsdruck sog. unrentable Kunden nicht mehr versorgen wollen[5]. Dieses Problem gab es zur Zeit des staatlichen Monopols nicht, als der Monopolanbieter eine umfassende Versorgungspflicht und - damit verbunden - die Möglichkeit der Quersubventionierung hatte. Damals hatte

1 Zum Begriff der Mindestversorgung vgl. im einzelnen Bruhn, Sicherstellung, S. 165, 394; Adler, Universaldienstleistungen, S. 32 f.; Windthorst, Universaldienst, S. 276 f.

2 Vgl. Adler, Universaldienstleistungen, S. 143; BeckTKG-Komm/Schuster § 2 Rz. 24.

3 Telekommunikations-Universaldienstleistungsverordnung (TUDLV) v. 30.01.97, BGBl. I 1997, S. 141.

4 Zu den europarechtlichen Grundlagen des Universaldienstes vgl. Windthorst, Universaldienst, S. 144 ff.; Thielo, Finanzierung, S. 14 ff.; Bruhn, Sicherstellung, S. 95 f. m.w.N.

5 Vgl. Bruhn, Sicherstellung, S. 93; Thielo, Finanzierung, S. 2; BeckTKG-Komm/Schuster § 2 Rz. 24.

der Monopolanbieter - quasi als Gegenleistung für das Monopol - jede Nachfrage nach angebotenen Telekommunikationsdienstleistungen zu befriedigen[1].

Angesichts des schrittweisen Abbaus der Monopole in der Telekommunikation wurde deshalb im Zuge der sog. Postreform II Art. 87 f GG in das Grundgesetz eingefügt. Nach dieser Vorschrift gewährleistet[2] der Bund im Bereich der Telekommunikation flächendeckend angemessene und ausreichende[3] Dienstleistungen[4]. Der staatliche Auftrag nach Art. 87 f Abs. 1 GG erstreckt sich aber nur auf die Gewährleistung einer flächendeckenden Grundversorgung, nicht jedoch auf eine optimale Versorgung mit Telekommunikationsdienstleistungen[5]. Die tatsächliche Erbringung der Dienstleistungen darf nach Art. 87 f Abs. 2 GG nur in privatwirtschaftlicher Tätigkeit - und damit auch bei einem Marktversagen nicht durch den Staat - erbracht werden. Dieser muß in einem solchen Fall vielmehr die privaten Anbieter durch Regulierungsmaßnahmen in die Pflicht nehmen und so seinem Gewährleistungsauftrag nachkommen[6].

Der Umsetzung dieser Regelungen des Grundgesetzes (sowie europarechtlicher Vorgaben) dienen §§ 17 ff. TKG und die TUDLV[7]. § 1 TKG und § 2 Abs. 2 Nr. 3 TKG bestimmen ausdrücklich, daß Zweck des TKG und der Regulierung unter anderem die Sicherstellung einer flächendeckenden Grundversorgung mit Telekommunikationsdienstleistungen zu erschwinglichen Preisen ist.

Zur Zeit werden die Universaldienstleistungen durch die Deutsche Telekom AG erbracht[8]. Sofern sie die Leistungen dem Umfang oder den Bedingungen nach in Zukunft nicht mehr den Vorgaben der TUDLV entsprechend erbringen möchte, muß sie dies der Regulierungsbehörde anzeigen. Diese Unterrichtung hat nach § 97 Abs. 1 TKG ein Jahr vor dem Wirksamwerden der beabsichtigten

1 Vgl. Geppert/Ruhle/Schuster, Handbuch, Rz. 603.

2 Zur verfassungsrechtlichen Qualifizierung des Gewährleistungsauftrages des Bundes vgl. Windhorst, Universaldienst, S. 304 ff.; Adler, Universaldienstleistungen, S. 25 ff.; Bruhn, Sicherstellung, S. 162 ff.

3 Zur Auslegung der Begriffe „angemessen“ und „ausreichend“ vgl. etwa Bruhn, Sicherstellung, S. 164 ff.; Adler, Universaldienstleistungen, S. 46 ff.; Windthorst, Universaldienstleistungen, S. 301 ff.

4 Zur wirtschaftlichen und gesellschaftspolitischen Begründung dieses Infrastrukturauftrags im Telekommunikationsbereich vgl. Bruhn, Sicherstellung, S. 160 ff.

5 Vgl. dazu mit weiteren Einzelheiten Adler, Universaldienstleistungen, S. 32 f.; s. auch Bruhn, Sicherstellung, S. 165, 394 m.w.N.; Windthorst, Universaldienst, S. 276 f., 448 f.

6 Vgl. Windthorst, Universaldienstleistungen, S. 217 ff., 350 ff.; Geppert/Ruhle/Schuster, Handbuch, Rz. 605.

7 Vgl. Paulweber, Regulierungszuständigkeiten, S. 43.

8 Vgl. dazu Begr. zum TKG-E, BT-Drucks. 13/3609, S. 58.

Änderung zu erfolgen. Die Regulierungsbehörde hat so genügend Vorlaufzeit zur Sicherstellung der Versorgung mit Universaldienstleistungen.

Nachfolgend werden verschiedene Aspekte des Universaldienstes näher dargestellt: der Begriff der Universaldienstleistung, die Auferlegung einer Universaldienstverpflichtung, Inhalt und Folgen einer solchen Verpflichtung, die Sicherstellung des Universaldienstes sowie das Vorgehen des Verbrauchers bei einer Unterversorgung mit Universaldienstleistungen.

1. Der Begriff der Universaldienstleistung

Universaldienstleistungen sind nach § 17 Abs. 1 S. 1 TKG „ein Mindestangebot von Telekommunikationsdienstleistungen für die Öffentlichkeit, für die eine bestimmte Qualität festgelegt ist und zu denen alle Nutzer unabhängig von ihrem Wohn- oder Geschäftsort zu einem erschwinglichen Preis Zugang haben müssen."

Nach § 17 Abs. 1 S. 2 TKG sind grundsätzlich nur solche Leistungen als Universaldienstleistung zu bestimmen, die den Bereichen des Sprachtelefondienstes und des Betreibens von Übertragungswegen nach § 6 Abs. 1 TKG zuzuordnen sind. Andere Telekommunikationsdienstleistungen können gemäß § 17 Abs. 1 S. 3 TKG nur dann als Universaldienstleistungen bestimmt werden, wenn sie mit Telekommunikationsdienstleistungen nach § 17 Abs. 1 S. 2 TKG in unmittelbarem Zusammenhang stehen[2].

Als Universaldienstleistung kommt also nicht jede Telekommunikationsdienstleistung in Betracht. Erforderlich ist insbesondere, daß die Erbringung dieser Dienstleistung für die Öffentlichkeit als Grundversorgung unabdingbar geworden ist[3].

Konkretisiert wird die abstrakte Definition der Universaldienstleistungen in § 17 Abs. 1 S. 1 TKG durch konkrete Festlegungen in § 1 TUDLV. Nach dieser Vorschrift gehört zu den Universaldienstleistungen vor allem der Sprachtelefondienst auf der Basis eines digital vermittelnden Netzes und von Teilnehmeranschlußleitungen mit einer Bandbreite von 3,1 KHz. Außerdem fallen, soweit technisch möglich, die folgenden ISDN-Leistungsmerkmale unter den Begriff der Universaldienstleistung:

---

2 Das Ermessen des deutschen Gesetzgebers ist allerdings durch europarechtliche Vorgaben eingeschränkt, vgl. dazu mit weiteren Einzelheiten BeckTKG-Komm/Schütz § 17 Rz. 13.

3 Vgl. BeckTKG-Komm/Schütz § 17 Rz. 10.

- das Anklopfen, d.h. die (akustische) Signalisierung eines weiteren Gesprächs während einer bereits bestehenden Verbindung[1],
- die Anrufweiterschaltung, also die Möglichkeit, ankommende Anrufe zu einem anderen Anschluß weiterzuleiten,
- der Einzelverbindungsnachweis, d.h. eine detaillierte Rechnungserstellung unter Angabe von Art, Dauer und Tarife der einzelnen Verbindungen,
- die Entgeltanzeige, also die im Display erfolgende Anzeige der aufgelaufenen Gesprächsgebühren für die bestehende bzw. alle im Abrechnungszeitraum angefallenen Verbindung(en)[2], sowie
- Rückfrage und Makeln, d.h. die Möglichkeit, zwischen zwei laufenden Gesprächen hin- und herzuschalten und abwechselnd mit den beiden Gesprächspartnern zu reden.

Ferner sind nach § 1 Nr. 2 u. 3 TUDLV verschiedene (nicht lizenzpflichtige) Telekommunikationsdienstleistungen als Universaldienstleistungen festgelegt, die in unmittelbarem Zusammenhang mit dem Sprachtelefondienst stehen[3]:

- die jederzeitige Auskunft über Rufnummern (einschließlich der Netzkennzahlen) von Teilnehmern im lizenzierten Bereich und von Anschlußinhabern ausländischer Telefondienste, sofern die Teilnehmerdaten zur Verfügung stehen und die Teilnehmer der Eintragung nicht (ganz oder teilweise) widersprochen haben,
- die Herausgabe von Teilnehmerverzeichnissen,
- die flächendeckende Bereitstellung von öffentlichen Telefonstellen einschließlich der Erhaltung ihres betriebsbereiten Zustandes sowie
- die Bereitstellung von Übertragungswegen gemäß Anhang II der Richtlinie 92/44/EWG[4].

Die Bereitstellung öffentlicher Telefonstellen hat an allgemein und jederzeit zugänglichen Orten entsprechend dem allgemeinen Bedarf zu erfolgen, § 1 Nr. 2 c) TUDLV. Um dies sicherzustellen hat die Regulierungsbehörde ver-

---

1 Vgl. Bruhn, Sicherstellung, S. 395.
2 Vgl. Geppert/Ruhle/Schuster, Handbuch, Rz. 613.
3 Vgl. hierzu im einzelnen Windthorst, Universaldienst, S. 292 ff.; BeckTKG-Komm/Schütz Anh § 17 § 1 TUDLV Rz. 4 ff.
4 Richtlinie 92/44/EWG v. 05.06.1992 zur Einführung des offenen Netzzugangs bei Mietleitungen, ABl. EG L 165, S. 27.

schiedene Kriterien festgelegt[1]. Die Deutsche Telekom AG ist entsprechend § 97 TKG bzw. aufgrund einer von ihr eingegangenen Selbstbindung zu deren Einhaltung verpflichtet[2].

Die Festlegung von Telekommunikationsdienstleistungen als Universaldienstleistungen ist gemäß § 17 Abs. 2 S. 2 TKG der technischen und gesellschaftlichen Entwicklung nachfragegerecht anzupassen[3]. Damit soll eine gewisse Flexibilität hinsichtlich künftiger Entwicklungen erhalten bleiben[4].

2. Die Auferlegung der Universaldienstverpflichtung

Die Bestimmungen zum Universaldienst gehen im Grundsatz davon aus, daß die Universaldienstleistungen im Normalfall ohne weiteres erbracht werden[5]. Sie legen deshalb keine allgemeine Verpflichtung zur Erbringung von Universaldienstleistungen fest, sondern behalten diese einem speziellen Verfahren vor[6].

Im folgenden sind die Voraussetzungen einer Verpflichtung im Einzelfall sowie das entsprechende Verfahren näher darzustellen.

a) Die Voraussetzungen einer Verpflichtung

Nur wenn eine als Universaldienstleistung definierte Dienstleistung nicht ausreichend bzw. unangemessen erbracht wird oder dies für die (nahe) Zukunft zu besorgen ist[7], kann nach § 18 Abs. 1 S. 1 TKG ein bestimmter Anbieter zu ihrer Erbringung verpflichtet werden. Was die Begriffe „ausreichend" und „angemessen" betrifft, so ist zu beachten, daß der Universaldienst nur eine Grundver-

---

1 Vgl. dazu im einzelnen RegTP, Mitteilung Nr. 136/2002, ABl. RegTP 2002, S. 400; RegTP, Mitteilung Nr. 127/1999, ABl. RegTP 1999, S. 1127.

2 Vgl. dazu RegTP, Mitteilung Nr. 136/2002, ABl. RegTP 2002, S. 400; RegTP, Mitteilung Nr. 737/2000, ABl. RegTP 2000, S. 4217; Mitteilung Nr. 195/2000, ABl. RegTP 2000, S. 1042; RegTP, Halbjahresbericht 2000, S. 4.

3 Vgl. Windthorst, Universaldienst, S. 277 ff.; Begr. zum TKG-E, BT-Drucks. 13/3609, S. 40.

4 Vgl. dazu BeckTKG-Komm/Schütz § 17 Rz. 14; Geppert/Ruhle/Schuster, Handbuch, Rz. 623.

5 Vgl. Wagner, in: Spindler (Hrsg.), Telekommunikations-Anbieter, Teil III Rz. 35; Thielo, Finanzierung, S. 32 m.w.N.

6 So Bruhn, Sicherstellung, S. 399; anders Pohl, Universaldienst, S. 84 f., der in § 18 Abs. 1 TKG eine allgemeine Handlungspflicht jedes Lizenznehmers und eine generelle Verpflichtung zum Universaldienst sieht. Zur Verfassungsmäßigkeit dieser Leistungsverpflichtung vgl. Bruhn, Sicherstellung, S. 402 ff.

7 Zu den Voraussetzungen vgl. im einzelnen BeckTKG-Komm/Schütz § 19 Rz. 3 ff.

sorgung, nicht hingegen eine optimale Versorgung der Bevölkerung sichern soll[1]. Eine Dienstleistung wird deshalb angemessen erbracht, wenn die Qualitätsstandards der TUDLV eingehalten werden und der Preis erschwinglich ist[2].

Ein besonders wichtiger Hinweis auf eine drohende Unterversorgung mit Universaldienstleistungen wäre z.B. eine Anzeige der Deutschen Telekom AG gemäß § 97 Abs. 1 TKG (siehe oben).

Zur Erbringung von Universaldienstleistungen verpflichtet werden kann nur ein Lizenznehmer, der auf dem sachlich relevanten Markt der betreffenden lizenzpflichtigen Telekommunikationsdienstleistung tätig ist. Des weiteren müßte er einen Anteil von mindestens vier Prozent des Gesamtumsatzes dieses sachlich relevanten Marktes im Geltungsbereich dieses Gesetzes auf sich vereinigen. Alternativ wäre ausreichend, daß der Lizenznehmer auf dem räumlich relevanten Markt über eine marktbeherrschende Stellung gemäß § 19 GWB verfügt[3].

Aus Gründen der Verhältnismäßigkeit[4] käme nach § 19 Abs. 2 - 4 TKG aber generell vorrangig ein Lizenznehmer in Betracht, der auf dem jeweiligen sachlich und räumlich relevanten Markt marktbeherrschend ist[5].

b) Das Verfahren der Auferlegung (§ 19 TKG)

Das Verfahren zur Auferlegung der Verpflichtung ist in § 19 TKG geregelt[6]. Danach legt die Regulierungsbehörde zunächst förmlich fest, auf welchem sachlich und räumlich relevanten Markt eine Universaldienstleistung nicht angemessen oder unzureichend erbracht wird bzw. dies zu befürchten ist[7]. Diese Feststellung wird im Amtsblatt der Regulierungsbehörde zusammen mit der Ankündigung veröffentlicht, daß die Regulierungsbehörde einen Anbieter ver-

1 Vgl. Begr. zum TKG-E, BT-Drucks. 13/3609, S. 35; BeckTKG-Komm/Schütz § 18 Rz. 5a.

2 Vgl. BeckTKG-Komm/Schütz § 18 Rz. 6 f.

3 Hierzu wäre gemäß § 19 Abs. 1 TKG der sachlich und räumlich relevante Markt der betreffenden Universaldienstleistung festzustellen. Vgl. dazu mit weiteren Einzelheiten BeckTKG-Komm/Schütz § 18 Rz. 17 ff.

4 Vgl. dazu Bruhn, Sicherstellung, S. 400; BeckTKG-Komm/Schütz § 19 Rz. 11.

5 Vgl. dazu im einzelnen BeckTKG-Komm/Schütz § 19 Rz. 11 ff. Ein (allein) nicht marktbeherrschender Lizenznehmer kann gemäß § 19 Abs. 3 TKG verpflichtet werden, wenn er mit anderen Lizenznehmern gemeinsam marktbeherrschend oder mit diesen verbunden ist.

6 Vgl. dazu mit weiteren Einzelheiten Geppert/Ruhle/Schuster, Handbuch, Rz. 627 ff.; BeckTKG-Komm/Schütz § 19 Rz. 4 ff.

7 Zur Feststellung und Ankündigung vgl. mit weiteren Einzelheiten BeckTKG-Komm/Schütz § 19 Rz. 7 ff., 20 ff.

pflichten wird, wenn sich kein Unternehmen ohne finanziellen Ausgleich zur Erbringung der Universaldienstleistung bereiterklärt.

Von dieser Veröffentlichung an läuft zunächst eine Frist von einem Monat. In dieser Zeit kann sich ein Unternehmen ohne Defizitausgleich nach § 20 TKG zur Erbringung der Universaldienstleistung bereit erklären. Dieser Zwischenschritt soll Unternehmen die Prüfung ermöglichen, ob für sie ein rentables oder zumindest kostendeckendes Angebot des Universaldienstes auf dem relevanten Markt möglich ist.

Nach erfolglosem Ablauf dieser Frist kann die Regulierungsbehörde nach § 19 Abs. 2 TKG die Erbringung der Universaldienstleistung einem Lizenznehmer auferlegen, der auf dem betreffenden sachlich und räumlich relevanten Markt marktbeherrschend i.S.d. § 19 GWB ist[1]. Kann dieser Lizenznehmer glaubhaft machen, daß er bei einer Verpflichtung einen Ausgleich nach § 20 TKG verlangen könnte[2], so kann die Regulierungsbehörde nach § 19 Abs. 5 TKG zunächst von der Verpflichtung absehen. Sie nimmt dann eine Ausschreibung der Universaldienstleistung vor. Das Gesetz sieht also neben dem „Auferlegungsverfahren" ein alternatives „Ausschreibungsverfahren" vor[3]. Das Ausschreibungsverfahren findet gemäß § 19 Abs. 6 TKG auch dann statt, wenn die Verpflichtung eines Unternehmens nicht möglich ist, etwa weil es kein marktbeherrschendes Unternehmen auf dem sachlich und räumlich relevanten Markt gibt. Die Vergabe erfolgt dann nach § 19 Abs. 5 TKG an denjenigen Bewerber, der die Universaldienstleistung fachkundig erbringen kann und den geringsten finanziellen Ausgleich dafür verlangt.

3. Inhalt und Folgen einer Universaldienstverpflichtung

An eine Universaldienstverpflichtung knüpfen verschiedene rechtliche Folgen an, die im folgenden näher dargestellt werden. Es handelt sich hierbei um die folgenden Aspekte: Umfang und Inhalt der Verpflichtung, der Anspruch des Kunden, die Möglichkeit zur Forderung einer Sicherheitsleistung, Leistungseinschränkungen sowie die Pflicht zur Meldung der Umsätze.

---

1 Für den Fall, daß auf diesem Markt mehrere Lizenznehmer gemeinsam über die marktbeherrschende Stellung verfügen, s. § 19 Abs. 3 TKG.

2 Zur Glaubhaftmachung eines Defizits vgl. Geppert/Ruhle/Schuster, Handbuch, Rz. 633 ff.

3 Vgl. dazu mit weiteren Einzelheiten BeckTKG-Komm/Schütz § 19 Rz. 15 ff., 23 ff. Siehe auch § 19 Abs. 7 TKG.

a) Umfang und Inhalt der Verpflichtung

Der verpflichtete Anbieter hat zunächst gemäß § 19 Abs. 2 TKG die ihm auferlegten Universaldienstleistungen nach Maßgabe der im TKG und in der TUDLV festgelegten Bedingungen zu erbringen. Über die Einhaltung der Maßstäbe entscheidet nach § 17 Abs. 2 S. 4 TKG die Regulierungsbehörde[1].

So müssen die Leistungen an alle Nutzer unabhängig von ihrem Wohn- oder Geschäftsort erbracht werden (§ 17 Abs. 1 S. 1 TKG), und die Versorgung muß flächendeckend in der gesamten Bundesrepublik Deutschland erfolgen[2].

Des weiteren müssen die Preise für Universaldienstleistungen nach § 17 Abs. 1 S. 1 TKG erschwinglich sein[3]. Das bedeutet, daß sie grundsätzlich allen Nutzern unabhängig von ihren finanziellen Verhältnissen zugänglich sein müssen[4]. Beim Sprachtelefondienst mit ISDN-Leistungsmerkmalen z.B. gilt nach § 2 Abs. 1 TUDLV ein Preis als erschwinglich, der den realen Preis dieser Leistung mit den zu diesem Zeitpunkt erzielten Leistungsqualitäten (einschließlich der Lieferfristen) nicht übersteigt[5]. Maßstab für die Berechnung des realen Preises ist die durchschnittliche Nachfrage durch einen Privathaushalt außerhalb von Städten mit mehr als 100.000 Einwohnern zum Zeitpunkt 31. Dezember 1997. Es wird also ausdrücklich auf einen Nutzer an der Peripherie eines Versorgungsgebietes abgestellt[6]. Weitere Regelungen zur Erschwinglichkeit von Preisen enthalten § 2 Abs. 2 und 3 TUDLV[7].

1 Vgl. dazu mit weiteren Einzelheiten BeckTKG-Komm/Schütz § 17 Rz. 15.

2 Vgl. Adler, Universaldienstleistungen, S. 34 f., 46; Bruhn, Sicherstellung, S. 168 f.; Windthorst, Universaldienstleistungen, S. 268 ff.

3 Das Erfordernis der Erschwinglichkeit in § 17 TKG (konkretisiert in § 2 TUDLV) wird teilweise für verfassungswidrig (aber gemeinschaftsrechtskonform) gehalten, weshalb Art. 87 f GG europarechtskonform auszulegen sei, vgl. dazu mit weiteren Einzelheiten Adler, Universaldienstleistungen, S. 55 ff. Für eine Verfassungsmäßigkeit von § 2 Abs. 1 TUDLV dagegen Thielo, Finanzierung, S. 173 (179, 181).

4 Vgl. BeckTKG-Komm/Schütz § 17 Rz. 8.

5 Vgl. dazu mit weiteren Einzelheiten Geppert/Ruhle/Schuster, Handbuch, Rz. 618 f.; siehe dazu auch Windthorst, Universaldienst, S. 413 f.

6 Vgl. dazu Bruhn, Sicherstellung, S. 397; Windthorst, Universaldienst, S. 456 f. m.w.N.

7 Vgl. dazu u.a. Kübler-Bork, in: Bergmann/Gerhardt (Hrsg.), Telekommunikation, S. 885 (889 f.); BeckTKG-Komm/Schütz Anh § 17 § 2 TUDLV Rz. 2; BeckTKG-Komm/Schuster/Stürmer § 24 Rz. 11 ff.; Begr. zum TKG-E, BT-Drucks. 13/3609, S. 42; Geppert/Ruhle/Schuster, Handbuch, Rz. 621.

b) Der Anspruch des Kunden (§ 9 Abs. 1 TKV)

Spiegelbildlich zur Verpflichtung eines Anbieters zur Erbringung von Universaldienstleistungen begründet § 9 TKV ein subjektives Recht[1] des Kunden auf diese Leistungen. Es besteht insoweit ein Kontrahierungszwang des verpflichteten Anbieters[2]. Den Anspruch aus § 9 TKV kann ein Nutzer selbst - klageweise und ggf. auch im Wege des vorläufigen Rechtsschutzes - direkt gegen den Telekommunikationsanbieter durchsetzen[3]. Abgesichert wird dieses Recht durch etwaige Schadensersatzansprüche des Nutzers bei seiner Verletzung (vgl. dazu S. 102). Hintergrund dieser Regelung ist wohl auch, daß Nutzer eine Verschlechterung oder Einstellung bestimmter Angebote vermutlich schneller als die Regulierungsbehörde bemerken und beanstanden werden[4]. Das „Kontrollnetz“ ist damit wesentlich dichter geknüpft.

Voraussetzung des Anspruchs nach § 9 TKV ist zunächst, daß der Anbieter bestimmte Leistungen erbringt. Hierzu gehören nach § 9 Abs. 1 TKV der Sprachtelefondienst und die damit in unmittelbarem Zusammenhang stehenden Leistungen. Damit scheidet ein Anspruch des Kunden nach § 9 TKV z.B. aus, wenn der Anschluß nur zur Datenübermittlung genutzt werden soll[5]. § 9 Abs. 1 TKV ist gemäß § 23 TKV aber auch entsprechend auf das Angebot von Übertragungswegen anwendbar, wenn diese als Universaldienstleistungen festgelegt sind[6].

Des weiteren muß das Unternehmen die genannten Leistungen entweder aufgrund einer Auferlegung gemäß § 19 TKG oder aber nach § 97 Abs. 1 TKG erbringen. Da Universaldienstleistungen bis auf weiteres entsprechend § 97 Abs. 1 TKG durch die Deutsche Telekom AG erbracht werden, kann bislang

---

1 So auch BeckTKG-Komm/Schütz Anh § 41 § 9 TKV Rz. 4; Kammerlohr, K&R 1998, 90 (92); Geppert/Ruhle/Schuster, Handbuch, Rz. 484; Begr. zum TKV-E, BR-Drucks. 551/97, S. 29.

2 Vgl. Adler, Universaldienstleistungen, S. 174; Riehmer, CR 1998, 273 (276); Kammerlohr, K&R 1998, 90 (92). Zur Kritik an diesem Kontrahierungszwang vgl. auch Simon, in: Königshofen (Hrsg.), Entwicklungen, S. 80 f.

3 Zur Möglichkeit vorläufigen Rechtsschutzes vgl. mit weiteren Einzelheiten Adler, Universaldienstleistungen, S. 174 ff.

4 Vgl. Bruhn, Sicherstellung, S. 402.

5 So Simon, in: Königshofen (Hrsg.), Telekommunikationsrecht, S. 82.

6 Die entsprechende Anwendung des § 9 TKV setzt eine Vergleichbarkeit mit den Universaldienstleistungen nach der TUDLV voraus, vgl. Begr. zum TKV-E, BR-Drucks. 551/97, S. 44.

auch nur diese Anspruchsgegner sein[1]. Anspruchsberechtigt ist ein Kunde im Sinne der TKV.

Inhalt und Umfang des Anspruchs nach § 9 TKV sind begrenzt. Der Anspruch erfaßt nur zwingende Universaldienstleistungen sowie bestimmte, damit in unmittelbarem Zusammenhang stehende Leistungen[2]. Der Netzzugang muß nach § 9 Abs. 1 S. 2 TKV einem Nutzer insbesondere ermöglichen, „im Rahmen der Gesetze nationale und internationale Anrufe zu tätigen und zu empfangen, und zur Sprach-, Faksimile- und Datenkommunikation geeignet sein".

Im übrigen besteht der Anspruch nur „im Rahmen der Gesetze und der Allgemeinen Geschäftsbedingungen". Die Begrenzung des Anspruchs durch die Gesetze bedeutet, daß der Anspruch des Kunden bei Unmöglichkeit oder wirtschaftlicher Unzumutbarkeit nicht besteht[3]. Bestehen z.B. Altschulden, kann der Vertragsschluß gemäß §§ 273, 320 BGB von der Bezahlung der Altschulden abhängig gemacht werden[4]. Eine Unzumutbarkeit liegt aber nur bei einem krassen Mißverhältnis zwischen Leistung und Gegenleistung vor[5]. Dieses ist z.B. gegeben, wenn die Installation eines Telefonanschlusses mit extrem hohen Kosten verbunden ist, während nur mit einer sehr geringen Gegenleistung zu rechnen ist[6]. Für die Prognose der zu erwartenden Gegenleistung ist wohl auch die Möglichkeit von Preselection bzw. Call-by-Call zu berücksichtigen[7]. Falls ein solches Mißverhältnis erst nach Begründung des Vertragsverhältnisses entsteht, setzt dessen Beendigung die Unzumutbarkeit eines Festhaltens am Vertrag voraus (Wegfall der Geschäftsgrundlage)[8].

c) Die Sicherheitsleistung (§ 11 Abs. 1, 2 TKV)

Wenn einem Anbieter die Verpflichtung zur Erbringung von Universaldienstleistungen nach § 19 TKG gegenüber Endkunden auferlegt wurde[9], kann er un-

---

1 Vgl. Grote, TKV, S. 25; BeckTKG-Komm/Schütz Anh § 41 § 9 TKV Rz. 5.
2 Letztere umfassen nach § 1 Nr. 2 TUDLV etwa Auskünfte über Rufnummern und die Herausgabe von Teilnehmerverzeichnissen.
3 So Anm. Schmidt zu AG Aachen, Beschl. v. 20.05.1998 - 6 C 165/98, ArchPT 1998, 278; vgl. dazu auch Simon, in: Königshofen (Hrsg.), Telekommunikationsrecht, S. 83 f.
4 So AG Aachen, Beschl. v. 20.05.1998 - 6 C 165/98, ArchPT 1998, 278; vgl. dazu auch Grote, TKV, S. 25; Westphalen/Grote/Pohle, Telefondienstvertrag, S. 49.
5 Vgl. Grote, TKV, S. 25 f.; Grote, BB 1998, 1117 (1118).
6 Vgl. Grote, TKV, S. 26; Grote, BB 1998, 1117 (1118).
7 So Grote, TKV, S. 26 m.w.N.
8 Vgl. Grote, TKV, S. 25 f.; Grote, BB 1998, 1117 (1118).
9 Dieses Recht steht also nicht der Deutschen Telekom AG zu, welche die Universaldienstleistungen derzeit entsprechend § 97 Abs. 1 TKG erbringt.

ter Umständen nach § 11 Abs. 1, 2 TKV eine Sicherheitsleistung verlangen. Hintergrund dieser Regelung ist, daß sich dieser Anbieter seine Vertragspartner nicht aussuchen kann, etwa nach ihrer Kreditwürdigkeit. Das Recht zur Forderung einer Sicherheitsleistung soll die damit verbundenen Nachteile ausgleichen oder zumindest mildern. Diese Regelung stellt also ein Korrektiv gegenüber dem Kontrahierungszwang von Universaldienstverpflichteten dar[1].

Erforderlich ist die Befürchtung, daß ein Kunde seine vertraglichen Verpflichtungen nicht (rechtzeitig) erfüllt. Wegen des grundsätzlich bestehenden Kontrahierungszwangs nach § 9 TKV sind dafür konkrete Anhaltspunkte in der Person des betreffenden Kunden nötig. Es reicht z.B. nicht aus, wenn ein Verbraucher aus einem sozialkritischen Umfeld kommt[2].

Die Art der Sicherheitsleistung kann der Anbieter nach § 11 Abs. 1 S. 3 TKV auf zwei Möglichkeiten beschränken: die Bürgschaftserklärung eines im Europäischen Wirtschaftsraums zugelassenen Kreditinstituts und die Hinterlegung von Geld. Die Höhe der Sicherheitsleistung muß nach § 11 Abs. 1 S. 1 TKV angemessen sein. Dieses Kriterium wird in § 11 Abs. 2 TKV konkretisiert. Danach ist regelmäßig ein Betrag in Höhe des Bereitstellungspreises zzgl. des sechsfachen Grundpreises als angemessen anzusehen. Die Forderung eines höheren Betrages ist dadurch nicht ausgeschlossen, gegenüber dem Kunden jedoch anhand der Umstände seines Einzelfalls zu begründen. § 11 Abs. 2 S. 3 TKV führt einige Aspekte auf, die bei der Festlegung der zu sichernden Forderungen besonders zu bedenken sind. Dazu gehört zunächst die Höhe der Zahlungsrückstände aus einem früheren Vertragsverhältnis über die Bereitstellung eines allgemeinen Netzzugangs oder von Sprachtelefondienst. Zu berücksichtigen sind aber auch das Telefonier- und Zahlungsverhalten des Kunden sowie objektive Anhaltspunkte für ein künftiges erhöhtes Aufkommen von Tarifeinheiten.

Die Sicherheitsleistung ist nach § 11 Abs. 1 S. 4 TKV unverzüglich zurückzugeben oder zu verrechnen, sobald die Voraussetzungen für ihre Erbringung weggefallen sind. Eine solche Situationsänderung kann z.B. vorliegen, wenn die für eine fehlende Zahlungsfähigkeit oder –willigkeit sprechenden konkreten Anhaltspunkte entfallen sind[3]. Dies würde voraussetzen, daß der Kunde über einen längeren Vertragszeitraum ordnungsgemäß bezahlt hat[4].

---

1 Vgl. Begr. zum TKV-E, BR-Drucks. 551/97, S. 31.
2 So BeckTKG-Komm/Schütz Anh § 41 § 11 TKV Rz. 6.
3 Vgl. BeckTKG-Komm/Schütz Anh § 41 § 11 TKV Rz. 9.
4 So BeckTKG-Komm/Schütz Anh § 41 § 11 TKV Rz. 9.

Im übrigen richten sich die Sicherungsmöglichkeiten der Anbieter von Telekommunikationsdienstleistungen für die Öffentlichkeit gemäß § 11 Abs. 3 TKV nach den allgemeinen Gesetzen (vgl. dazu S. 77 f.).

d) Leistungseinschränkungen (§ 6 Abs. 1, 2 TKV)

Wenn ein Unternehmen - gemäß § 19 TKG oder § 97 Abs. 1 TKG[1] - Universaldienstleistungen erbringt, unterliegt es gemäß § 6 Abs. 1 u. 2 TKV hinsichtlich einer vorübergehenden Einstellung oder Beschränkung dieser Leistungen bestimmten Grenzen.

Eine Einstellung in diesem Sinne stellt die Beendigung eines Leistungsangebots dar. Demgegenüber bedeutet eine Beschränkung des Leistungsangebots, daß diese Leistungen jedenfalls zu einem Teil erbracht werden.

Bei der Beschränkung eines Leistungsangebots ist weiter zu differenzieren: Eine Beschränkung im Sinne des § 6 Abs. 1 S. 1 TKV liegt stets vor, wenn Qualität oder Quantität einer Leistung unter das Niveau sinken, das für eine Universaldienstleistung festgelegt ist. In anderen Fällen ist die Anwendbarkeit des § 6 Abs. 1 TKV abzulehnen. Grund hierfür ist, daß der Anbieter oberhalb dieser Grenzen grundsätzlich in der Leistungsbeschränkung frei ist[2]. Letzteres gilt allerdings dann nicht, wenn vertraglich ein höheres Leistungsniveau vereinbart wurde. Dann dürfte sich die Zulässigkeit der Leistungsbeschränkung nach dem Vertrag und dem allgemeinen Recht richten.

Die durch § 6 Abs. 1 TKV gezogenen Grenzen für eine zulässige Leistungseinschränkung sind sowohl inhaltlicher als auch zeitlicher Art. In zeitlicher Hinsicht darf die Einstellung oder Beschränkung nur vorübergehend erfolgen. Hierzu muß ihre Beseitigung von Anfang an beabsichtigt sein[3], und es darf keine endgültige Leistungseinstellung vorliegen. Inhaltlich muß die Leistungseinschränkung durch grundlegende, in Übereinstimmung mit dem Recht der Europäischen Union stehende Anforderungen gerechtfertigt sein. Diese sind in § 6 Abs. 2 TKV im einzelnen angeführt. Sie umfassen die Sicherheit des Netzbetriebes, die Aufrechterhaltung der Netzintegrität, die Interoperabilität der Dienste und den Datenschutz. Diese Vorgaben erfassen Gefährdungen besonderer öffentlicher Interessen, die unabhängig von einzelnen Personen

1 Da eine Verpflichtung nach § 19 TKG bislang nicht erfolgte, betrifft dies bis auf weiteres gemäß § 97 Abs. 1 TKG nur die Deutsche Telekom AG.
2 So BeckTKG-Komm/Schütz Anh § 41 § 6 TKV Rz. 7.
3 Ähnlich BeckTKG-Komm/Schütz Anh § 41 § 6 TKV Rz. 8.

entstehen. Im Einzelfall kann aber z.B. auch die Manipulation eines Kunden am Netz zu einer solchen Störung führen[1].

Insgesamt haben Anbieter nach § 6 Abs. 1 S. 2 TKV bei jeder Leistungsstörung Rücksicht auf die Belange der Kunden zu nehmen. Sie müssen die Leistungseinschränkungen im Rahmen der technischen Möglichkeiten auf den betroffenen Dienst beschränken (Prinzip der Verhältnismäßigkeit). Danach sollen bei einem Ausfall eines von mehreren Diensten nicht alle abgeschaltet werden. Darüber hinaus ist grundsätzlich auch ein solcher Dienst weiter zu erbringen, bei dem nur einzelne Leistungsmerkmale betroffen sind, etwa wenn bei der Universaldienstleistung Sprachtelefondienst mit ISDN-Merkmalen nur ein Teil dieser Merkmale (Anklopfen, Rückfrage/Makeln, Anrufweiterschaltung etc.) ausfällt[2]. Voraussetzung einer solchen eingeschränkten Aufrechterhaltung des Leistungsangebots ist jedoch stets, daß eine (Ab-)Trennung der Dienste oder Leistungsmerkmale technisch möglich ist.

Diese Regelungen sind nicht abschließend. Sie beziehen sich nur auf solche Leistungsstörungen, die durch eine Gefährdung besonderer öffentlicher Interessen bedingt sind[3]. Unberührt bleibt dagegen eine Leistungseinstellung bzw. Leistungsbeschränkung aufgrund des konkreten Verhaltens einer Vertragspartei[4]. Darunter fällt insbesondere die Situation, daß ein Kunde wiederholt die Zahlung verweigert[5].

e) Die Meldung der Umsätze (§ 22 TKG)

Wurde ein Anbieter zur Erbringung von Universaldienstleistungen verpflichtet, unterliegen alle auf dem betreffenden Markt tätigen Lizenznehmer gemäß § 22 Abs. 1 TKG einer Meldepflicht bzgl. der auf dem betreffenden Markt erzielten Umsätze. Damit soll die Regulierungsbehörde in die Lage versetzt werden, die Marktanteile der Lizenznehmer berechnen und ihre Pflicht zu einer finanziellen Beitragsleistung prüfen zu können[6].

---

1 Vgl. Geppert/Ruhle/Schuster, Handbuch, Rz. 508.
2 So BeckTKG-Komm/Schütz Anh § 41 § 6 TKV Rz. 10.
3 Vgl. Begr. zum TKV-E, BR-Drucks. 551/97, S. 27.
4 Vgl. BeckTKG-Komm/Schütz Anh § 41 § 6 TKV Rz. 3; Begr. zum TKV-E, BR-Drucks. 551/97, S. 27.
5 So Begr. zum TKV-E, BR-Drucks. 551/97, S. 27.
6 Vgl. BeckTKG-Komm/Schütz § 22 Rz. 1; Begr. zum TKG-E, BT-Drucks. 13/3609, S. 42.

f) Die Universaldienstleistungsabgabe (§ 21 TKG)

Wurde ein Anbieter zum Universaldienst verpflichtet, erhält er nach §§ 19 Abs. 5, 20, 21 TKG unter Umständen einen finanzieller Ausgleich[1]. Der Ausgleich wird zwar von der Regulierungsbehörde gewährt; zur Zahlung verpflichtet sind im Ergebnis jedoch bestimmte andere Lizenznehmer[2]. Diese trifft also anstelle der Dienstleistungsverpflichtung eine Geldleistungsverpflichtung[3].

Das entsprechende Verfahren ist in § 21 TKG geregelt[4]. Die Höhe der Universaldienstleistungsabgabe richtet sich für jeden Anbieter grundsätzlich nach seinem Umsatzanteil auf dem betreffenden sachlich relevanten Markt, vgl. § 21 Abs. 1 S. 2, 3 TKG[5].

Die Verfassungsmäßigkeit der Universaldienstleistungsabgabe ist umstritten[6]. Deshalb dürfte bei einer eventuellen Auferlegung der Verpflichtung zur Erbringung von Universaldienstleistungen nach §§ 18, 19 TKG eine gerichtliche Auseinandersetzung wahrscheinlich sein.

4. Die Sicherstellung des Universaldienstes (§§ 36, 23 TKV)

Der Anspruch eines Kunden auf Erbringung von Universaldienstleistungen soll durch § 36 TKV abgesichert werden[7]. Nach dieser Vorschrift sind marktbeherrschende Anbieter zu einer Anzeige gegenüber der Regulierungsbehörde verpflichtet, wenn sie einen Vertragsschluß über die Inanspruchnahme bestimmter Leistungen ablehnen. Dabei müssen auch die Gründe angegeben werden.

Die Anzeigepflicht setzt voraus, daß es sich bei den Leistungen um Sprachtelefondienst oder damit in unmittelbarem Zusammenhang stehenden Universaldienstleistungen handelt. Die Regelung des § 36 TKV gilt nach § 23 TKV aber entsprechend, wenn Übertragungswege als Universaldienstleistung festgelegt

---

1 Zu den Voraussetzungen vgl. BeckTKG-Komm/Schütz § 19 Rz. 28, § 20 Rz. 7 ff.

2 Zur Höhe der Ausgleichspflicht und des Ausgleichsanspruchs vgl. mit weiteren Einzelheiten Windthorst, Universaldienst, S. 471 ff.; BeckTKG-Komm/Schütz § 20 Rz. 14 ff.

3 Vgl. dazu Kübler-Bork, in: Bergmann/Gerhardt (Hrsg.), Telekommunikation, S. 888; Bruhn, Sicherstellung, S. 399 f.; Thielo, Finanzierung, S. 203 ff.

4 Vgl. z.B. Windthorst, Universaldienst, S. 472 ff.; BeckTKG-Komm/Schütz § 20 Rz. 18 ff.

5 Zur Berechnung der Abgabenhöhe vgl. BeckTKG-Komm/Schütz § 21 Rz. 14 ff.

6 Vgl. dazu Adler, Universaldienstleistungen, S. 74 ff. m.w.N.; Bruhn, Sicherstellung, S. 415 ff.; Thielo, Finanzierung, S. 101 ff.; Windthorst, Universaldienst, S. 478 ff.; Pohl, Universaldienst, S. 141 ff.; BeckTKG-Komm/Schütz § 21 Rz. 4 ff.; Schwintowski, CR 1997, 630 (633); Heimlich, NVwZ 1998, 122 ff.; Manssen, ArchPT 1998, 236 (238 f.); Schütz/Cornils, DVBl. 1997, 1146 (1153 ff.).

7 Vgl. Riehmer, CR 1998, 273 (276); BeckTKG-Komm/Schütz Anh § 41 § 36 TKV Rz. 1.

sind. Außerdem besteht die Anzeigepflicht nur, wenn der Kunde nach der Ablehnung seitens des Anbieters nicht auf die Leistung verzichtet hat. Die Anzeigepflicht entfällt also, wenn der Kunde sich an einen anderen Anbieter wendet oder ganz von einem Vertragsschluß absieht. Grund hierfür ist, daß nur die Leistungsverweigerungen meldepflichtig sein sollen, die auf ein Marktversagen hindeuten und damit die Frage nach einer Sicherstellung des Universaldienstes aufwerfen[1].

Nach einer Anzeige gemäß § 36 TKV sorgt die Regulierungsbehörde im Rahmen des Verfahrens zur Sicherstellung von Universaldienstleistungen für die Bereitstellung der Leistungen. Wie dies im Einzelfall erfolgt, bleibt der Regulierungsbehörde überlassen. Bis zu einer endgültigen Entscheidung kann sie die Versorgung des Kunden über eine einstweilige Anordnung (§ 78 TKG) erreichen[2].

§ 36 TKV soll dem einzelnen Kunden letztlich die (zeitraubende und mühevolle) gerichtliche Geltendmachung seines Anspruchs aus § 9 TKV ersparen[3]. Problematisch ist aber, daß ein Verstoß gegen die Anzeigepflicht nach § 36 TKV nicht mit Sanktionen (Bußgeld) belegt ist[4].

5. Vorgehen des Verbrauchers bei einer Unterversorgung

Bei einer Unterversorgung mit Universaldienstleistungen stellt sich die Frage nach Rechtsschutzmöglichkeiten des betroffenen Verbrauchers. In Betracht kommt zunächst, daß der Verbraucher sich an die Regulierungsbehörde wendet, um die Verpflichtung eines Unternehmens zu erreichen. Des weiteren kommt eine Klage direkt gegen den Universaldienstverpflichteten in Betracht.

a) Die Einschaltung der Regulierungsbehörde

Bei einer unzureichenden Versorgung mit Universaldienstleistungen wird das Verfahren zur Auferlegung der Universaldienstverpflichtung nach § 19 Abs. 1 S. 1 i.V.m. § 74 Abs. 1 TKG von Amts wegen oder auf Antrag eingeleitet. Bliebe die Regulierungsbehörde angesichts einer drohenden[5] Unterversorgung je-

---

1 Siehe Begr. zum TKV-E, BR-Drucks. 551/97, S. 54.
2 So BeckTKG-Komm/Schütz Anh § 41 § 36 TKV Rz. 7.
3 Vgl. BeckTKG-Komm/Schütz Anh § 41 § 36 TKV Rz. 3; Begr. zum TKV-E, BR-Drucks. 551/97, S. 5; Wagner, in: Spindler (Hrsg.), Telekommunikations-Anbieter, Teil III Rz. 38.
4 So auch BeckTKG-Komm/Schütz Anh § 41 § 36 TKV Rz. 3.
5 Nach §§ 18 Abs. 1, 19 Abs. 1 TKG genügt bereits die - aus konkreten Indizien folgende - Gefahr der unzureichenden Versorgung, vgl. BeckTKG-Komm/Schütz § 18 Rz. 9a.

doch untätig, könnte eine Klage des Verbrauchers gegen sie in Betracht kommen. Das Ziel einer solchen Klage wäre, die Regulierungsbehörde zu einem bestimmten Handeln gegenüber einem Universaldienstverpflichteten oder zur Einleitung des oben genannten Verfahrens anzuhalten[1].

b) Die Klage gegen den Telekommunikationsanbieter

Gegenüber einem universaldienstverpflichteten Telekommunikationsanbieter kann ein Verbraucher seinen Anspruch aus § 9 TKV klageweise durchsetzen. Als Anspruchsverpflichteter kommt dabei derzeit nur die Deutsche Telekom AG in Frage (vgl. dazu S. 92, 95 f.).

In Betracht kommen aber auch Schadensersatzansprüche, etwa aus § 40 TKG oder § 823 Abs. 2 BGB. Ein Schadensersatzanspruch aus § 823 Abs. 2 BGB setzt dabei einen Verstoß gegen ein Schutzgesetz im Sinne dieser Vorschrift voraus. Als ein solches Schutzgesetz kann auch eine Vorschrift des öffentlichen Rechts in Betracht kommen[2]. Ein diesbezüglicher Verstoß ist grundsätzlich auch bei einer Nichterbringung von Universaldienstleistungen denkbar[3]: Die Regelungen zu Universaldienstleistungen (TKG, TUDLV) bezwecken - zumindest auch - den Individualschutz und sind deshalb Schutzgesetze i.S.d. § 823 Abs. 2 BGB[4]. Nichts anderes kann für den in § 9 Abs. 1 TKV normierten Anspruch gelten.

II. Die Regulierung des allgemeinen Netzzugangs

Für den Zugang eines Verbrauchers zum Telekommunikationsnetz eines Anbieters sind vor allem die nachfolgenden Regelungen zu beachten. Hierbei geht es um die folgenden Themenkomplexe: die Zugangsgewährungspflicht eines Netzbetreibers nach § 35 Abs. 1 TKG, der Inhalt einer Zugangsvereinbarung gemäß § 35 Abs. 2 TKG, die Leistungsmerkmale des allgemeinen Netzzugangs, Schnittstellen und Übertragungswege, Einhaltung der ONP-Normen, spezielle Anforderungen an marktbeherrschende Anbieter (Diskriminierungsverbot und Entbündelungsgebot) sowie weitere Regelungen zum Netzzugang.

---

1 Zu den Rechtsschutzmöglichkeiten eines Nutzers bei Untätigkeit und ablehnenden Bescheiden der RegTP vgl. Adler, Universaldienstleistungen, S. 155 ff.

2 Vgl. Adler, Universaldienstleistungen, S. 178; BeckTKG-Komm/Büchner § 40 Rz. 1; Palandt/Thomas § 823 Rz. 140.

3 Vgl. Adler, Universaldienstleistungen, S. 178; BeckTKG-Komm/Büchner § 40 Rz. 5.

4 Vgl. BeckTKG-Komm/Büchner § 40 Rz. 5; Adler, Universaldienstleistungen, S. 178 f.

1. Die Zugangsgewährungspflicht nach § 35 Abs. 1 TKG

Der Betreiber eines Telekommunikationsnetzes ist nach § 35 Abs. 1 TKG unter Umständen verpflichtet, den Zugang zu seinem Telekommunikationsnetz oder zu Teilen desselben zu ermöglichen. Voraussetzung dieser Zugangsgewährungspflicht ist, daß der Netzbetreiber Telekommunikationsdienstleistungen für die Öffentlichkeit anbietet und auf diesem Markt eine marktbeherrschende Stellung i.S.d. § 19 GWB hat. Ist dies der Fall, dann besteht - spiegelbildlich zur Pflicht des Netzbetreibers - ein Anspruch des Kunden auf den allgemeinen Netzzugang[1]. § 35 TKG konkretisiert den Schutz von Verbrauchern gegenüber Mißbräuchen durch marktbeherrschende Unternehmen und dient dem Regulierungsziel der Wahrung der Interessen aller Nutzer[2].

Was den vom Telekommunikationsdiensteanbieter nach § 35 TKG bereitzustellenden Zugang zum Telekommunikationsnetz betrifft, so ist hierunter entweder ein allgemeiner oder ein besonderer Zugang zu verstehen. Der sog. allgemeine Netzzugang ist ein für sämtliche Nutzer bereitgestellter Anschluß, also insbesondere derjenige für Verbraucher. Der besondere Netzzugang ist dementsprechend ein besonderer Anschluß nur für bestimmte Nutzer (z.B. für andere Anbieter von Telekommunikationsdienstleistungen). Die wichtigste Form des allgemeinen Netzzugangs ist der Telefonanschluß, der dem Kunden die Nutzung einer Anschlußleitung als Netzzugang ermöglicht[3]. Aus der Perspektive des Kunden beginnt der Telefonanschluß bei der Anschalteeinrichtung, die in seinen Räumen zum Verbinden mit Telekommunikationsanlagen bestimmt ist[4].

Hierbei muß die Gewährung des Zugangs sowohl die Duldung der physikalischen Verbindung als auch die erforderlichen Dienstleistungen umfassen. Dazu gehört z.B. die Installation räumlich frei zugänglicher Schnittstellen nach § 13 TKV und die Einhaltung bestimmter Qualitätsparameter[5].

Da Netzbetreiber grundsätzlich an einer möglichst großen Anzahl von Kunden interessiert sind, sind hinsichtlich der Bereitstellung eines allgemeinen Netzzugangs eher selten Probleme zu erwarten. Ausnahmen können jedoch bei zahlungsunfähigen/-unwilligen Kunden oder in abgelegenen Orten bestehen. Lehnt ein marktbeherrschender Anbieter von Sprachtelefondienst jedoch einen Ver-

---

1 So Schütz, MMR 1998, 287.
2 Vgl. Mestmäcker/Schweitzer, Mobilfunk, S. 45.
3 Vgl. dazu mit weiteren Einzelheiten BeckTKG-Komm/Piepenbrock § 35 Rz. 5; Westphalen/Grote/Pohle, Telefondienstvertrag, S. 18 ff.
4 Vgl. Westphalen/Grote/Pohle, Telefondienstvertrag, S. 18.
5 Vgl. dazu BeckTKG-Komm/Piepenbrock § 35 Rz. 8, 13.

tragsabschluß über die Inanspruchnahme dieses Dienstes ab, muß er dies gemäß § 36 TKV umgehend der Regulierungsbehörde anzeigen.

2. Der Inhalt einer Zugangsvereinbarung (§ 35 Abs. 2 TKG)

Auch an den Inhalt einer Vereinbarung über den Zugang zu einem Telekommunikationsnetz werden besondere Anforderungen gestellt (vgl. § 35 Abs. 2 TKG). Danach muß ein solcher Vertrag auf objektiven Maßstäben beruhen, nachvollziehbar sein und einen gleichwertigen Zugang zu den Telekommunikationsnetzen gewähren.

Die Anwendbarkeit dieser Vorschrift setzt voraus, daß der Vertragspartner des Kunden Netzbetreiber ist, einen Netzzugang i.S.d. § 35 Abs. 1 TKG anbietet und auf einem solchen Markt über eine marktbeherrschende Stellung nach § 19 GWB verfügt.

Was die einzelnen inhaltlichen Vorgaben betrifft, so soll mit der Anlegung objektiver Maßstäbe die willkürliche Ungleichbehandlung vergleichbarer Tatbestände erschwert werden[1]. Die Nachvollziehbarkeit der Vereinbarung hat demgegenüber die Überprüfbarkeit auf die Einhaltung der gesetzlichen Anforderungen zum Ziel[2]. Dabei müssen die Vereinbarungen inhaltlich nachvollziehbar und äußerlich transparent sein[3].

3. Die Leistungsmerkmale des allgemeinen Netzzugangs (§ 13 TKV)

§ 13 Abs. 1 - 4 TKV enthalten verschiedene Anforderungen an einen allgemeinen Netzzugang, die von bestimmten Anbietern (von Telekommunikationsdienstleistungen, von Sprachtelefondienst etc.) zu erfüllen sind.

Nach § 13 Abs. 1 TKV ist der allgemeine Zugang zu festen öffentlichen Telekommunikationsnetzen mit einer räumlich frei zugänglichen Schnittstelle zu versehen. Diese Pflicht betrifft Anbieter eines allgemeinen Zugangs zu festen öffentlichen Telekommunikationsnetzen. Die freie Zugänglichkeit (und die Normierung) der Schnittstellen soll einen Wechsel zu anderen Anbietern erleichtern[4]. Außerdem trägt diese Regelung dem Umstand Rechnung, daß der

1 Vgl. BeckTKG-Komm/Piepenbrock § 35 Rz. 31.
2 Vgl. BeckTKG-Komm/Piepenbrock § 35 Rz. 34.
3 Vgl. dazu mit weiteren Einzelheiten BeckTKG-Komm/Piepenbrock § 35 Rz. 34.
4 Vgl. Bruhn, Sicherstellung, S. 391.

Bereich der Endgeräte und der Verkabelung in den Räumlichkeiten des Kunden liberalisiert ist[1].

Dem Kunden muß nach § 13 Abs. 2 TKV außerdem im Rahmen des Sprachtelefondienstes eine bestimmte Beschränkung der Nutzung seines Netzzugangs ermöglicht werden, und zwar durch eine netzseitige Sperrung bestimmter Arten von Rufnummern. Dies wird auch als selektive Anrufsperre bezeichnet[2]. Ziel einer solchen Sperre ist es, ein sehr hohes Forderungsaufkommen (insbesondere durch Anwahl teurer Service-Dienste) zu vermeiden[3]. Durch die netzseitige Anrufsperre können Arten von Rufnummern gesperrt werden, die technisch anhand von Gruppenmerkmalen, also aufgrund einer Gemeinsamkeit, erkannt werden können[4]. Eine solche Gemeinsamkeit kann in einer bestimmten Dienstekennzahl bzw. Vorwahl (z.B. 0180) bestehen. Die Pflicht des Netzzugangsanbieters erstreckt sich dagegen nicht auf die netzseitige Sperrung einzelner Rufnummern[5].

Ferner kann der Kunde nach § 13 Abs. 3 TKV von einem marktbeherrschenden Anbieter von Sprachtelefondienst verlangen, daß über den allgemeinen Netzzugang die Anzeige der Rufnummer des Anrufenden sowie eine direkte Durchwahl möglich sind. Dieser Anspruch besteht allerdings nur im Rahmen der technischen Durchführbarkeit und ist beschränkt durch Datenschutzvorschriften.

Allgemeine Zugänge zu öffentlichen Telekommunikationsnetzen müssen schließlich auch den Zugang zu Vermittlungs-, Unterstützungs- und Auskunftsdiensten über Teilnehmerrufnummern ermöglichen (§ 13 Abs. 4 TKV). Dies ist vor allem für den Zugang zu den Diensten eines anderen Anbieters bedeutsam[6].

4. Schnittstellen und Übertragungswege (§§ 24 - 26 TKV)

Neben den grundsätzlichen Festlegungen zur Schnittstelle eines allgemeinen Netzzugangs nach § 13 Abs. 1 TKV enthalten §§ 24 - 26 TKV verschiedene ergänzende Regelungen zur Überlassung von Übertragungswegen.

---

1 Vgl. BeckTKG-Komm/Piepenbrock Anh § 41 § 13 TKV Rz. 2.
2 So Leo, K&R 1998, 381 (386).
3 Siehe Begr. zum TKV-E, BR-Drucks. 551/97, S. 32.
4 Vgl. Grote, TKV, S. 35; Begr. zum TKV-E, BR-Drucks. 551/97, S. 32 f.
5 Eine solche Pflicht wurde ausdrücklich nicht vorgesehen, vgl. Grote, TKV, S. 35.
6 Vgl. BeckTKG-Komm/Piepenbrock Anh § 41 § 13 TKV Rz. 7.

Nach § 24 TKV sind Übertragungswege grundsätzlich über räumlich frei zugängliche Schnittstellen bereitzustellen. Grund hierfür ist, daß integrierte Schnittstellen die Marktentwicklung und den Wettbewerb hemmen[1]. Des weiteren ist die Abschlußeinrichtung des Übertragungswegs an einer mit dem Kunden zu vereinbarenden geeigneten Stelle zu installieren[2]. Die Pflichten nach § 24 TKV treffen grundsätzlich alle Anbieter solcher Telekommunikationsdienstleistungen unabhängig von ihrer Marktmacht.

Marktbeherrschende Anbieter von Übertragungswegen müssen nach § 25 TKV außerdem die Übertragungswege auf Verlangen des Kunden nutzungsneutral überlassen. Der Kunde kann verlangen, daß ihm ein mit den Schnittstellen-Spezifikationen konformer, vollständig transparenter Übertragungsweg zur Verfügung gestellt wird, den er nach seinen Wünschen unstrukturiert nutzen kann[3]. Die Nutzung bestimmter Kanäle darf vertraglich weder verboten noch vorgeschrieben werden, § 25 S. 3 TKV. Grund hierfür ist, daß die Nutzungsneutralität als Voraussetzung für einen effektiven Wettbewerb angesehen wird[4]. Diese Pflicht des Anbieters und damit auch der Anspruch des Kunden bestehen jedoch nur im Rahmen der technischen Möglichkeiten.

Einen marktbeherrschenden Anbieter von Übertragungswegen trifft nach § 26 TKV ferner eine Informationspflicht, wenn er ein Angebot an Übertragungswegen einstellen möchte. Voraussetzung hierfür ist neben der Marktbeherrschung, daß der Anbieter diese Leistung nicht als Universaldienstleistung erbringt. Unterrichtet werden müssen in einem solchen Fall die Regulierungsbehörde und die von der Einstellung des Angebots betroffenen Kunden. Die Information des Kunden muß dabei auch den Hinweis enthalten, daß er sich wegen der Einstellung an die Regulierungsbehörde wenden kann. Die Regulierungsbehörde kann jedoch - mangels einer Angebotspflicht außerhalb des Universaldienstes - nur über die Angemessenheit der Einstellungsfrist entscheiden[5]. Sie veröffentlicht diese Entscheidung in ihrem Amtsblatt.

Ergänzend ist darauf hinzuweisen, daß die technischen Merkmale der Schnittstellen sowie Änderungen bestehender oder die Einführung neuer Schnittstellenspezifikationen von Anbietern von Zugängen zu festen öffentlichen Tele-

1 Vgl. Begr. zum TKV-E, BR-Drucks. 551/97, S. 44.
2 Zur alternativen Möglichkeit der Integration der Schnittstelle in End- oder Vermittlungseinrichtungen vgl. § 24 S. 3 u. 4 TKV.
3 Vgl. dazu im einzelnen BeckTKG-Komm/Piepenbrock Anh § 41 § 25 TKV Rz. 2.
4 Vgl. Begr. zum TKV-E, BR-Drucks. 551/97, S. 45.
5 Vgl. Begr. zum TKV-E, BR-Drucks. 551/97, S. 45. Zu den Folgen dieser Entscheidung vgl. im einzelnen BeckTKG-Komm/Piepenbrock Anh § 41 § 12 TKV Rz. 4 ff.

kommunikationsnetzen gemäß § 27 Abs. 2 TKV zu veröffentlichen sind (vgl. S. 44).

5. Die Einhaltung der ONP-Normen (§ 34 TKG)

Ein marktbeherrschender Anbieter von Telekommunikationsdienstleistungen ist nach § 34 Abs. 1 TKG dazu verpflichtet, beim Angebot dieser Leistungen in technischer Hinsicht die sog. ONP-Normen einzuhalten. Sie sind auch von Anbietern eines allgemeinen Netzzugangs zu beachten (§ 13 Abs. 1 S. 3 TKV).

Die ONP-Normen dienen der Verwirklichung eines offenen Netzzugangs (sog. Open Network Provision = ONP)[1]. Sie enthalten Grundsätze zur Gewährleistung der Objektivität und Transparenz sowie zum Zugang zu Informationen. Sie sollen gleichen Zugang gewähren und Diskriminierung ausschließen.

Im einzelnen enthalten die ONP-Normen technische Anforderungen an Schnittstellen und Dienstleistungsmerkmale; sie beschreiben technische Schnittstellen zur Eröffnung des Netzzugangs, die Benutzungsbedingungen für die Inanspruchnahme von Dienstleistungen sowie Tarifgrundsätze.

Die Beschränkung des Zugangs darf nur im Interesse grundlegender Anforderungen[2] erfolgen. Dazu gehört zunächst die Netzsicherheit als Verfügbarkeit der öffentlichen Netze in Notfällen[3]. Außerdem ist die Integrität öffentlicher Netze zu nennen, die das normale Funktionieren des öffentlichen Netzes und seine Anschlußfähigkeit an die öffentlichen Netze in der Gemeinschaft auf der Grundlage technischer Normen bedeutet[4]. Schließlich stellt auch die Interoperabilität der Dienste eine solche grundlegende Anforderung dar. Sie bezieht sich auf die Einhaltung der technischen Mindestspezifikationen, die zur Ausweitung des Angebots an Diensten und der Wahlmöglichkeit der Benutzer festgelegt worden sind[5]. Letzte grundlegende Anforderung in diesem Sinne ist der

---

1 Sie werden in unregelmäßigen Abständen von der Europäischen Kommission auf der Grundlage von Art. 5 Abs. 1 der ONP-Richtlinie (90/387/EWG) veröffentlicht, vgl. BeckTKG-Komm/Salger Anh. § 39 Anlage Rz. 19 m.w.N.; BeckTKG-Komm/Piepenbrock § 34 Rz. 9 ff.

2 Vgl. dazu mit weiteren Einzelheiten Bruhn, Sicherstellung, S. 70 f.; BeckTKG-Komm/Piepenbrock § 33 Rz. 67 ff.

3 Vgl. Diemert, in: Hoeren/Queck (Hrsg.), Rechtsfragen, S. 84.

4 Siehe Diemert, in: Hoeren/Queck (Hrsg.), Rechtsfragen, S. 84. Zur Netzintegrität vgl. auch OVG NRW, Beschluß v. 23.02.2000 - 13 B 1996/99 (rechtskräftig), CR 2000, 367 ff.

5 Vgl. Diemert, in: Hoeren/Queck (Hrsg.), Rechtsfragen, S. 84.

Datenschutz, also die Gewährleistung der Vertraulichkeit von Mitteilungen und den Schutz persönlicher Daten[1].

Die Einhaltung der ONP-Normen durch einen Anbieter begründet die Vermutung, daß er die grundlegenden Anforderungen an einen offenen Netzzugang erfüllt, vgl. § 34 Abs. 2 TKG[2].

6. Besondere Anforderungen an marktbeherrschende Anbieter

Marktbeherrschende Anbieter von Telekommunikationsdienstleistungen für die Öffentlichkeit unterliegen bei der Ausübung ihrer Tätigkeit besonderen Anforderungen nach §§ 2, 3 TKV. Hierzu gehören das Diskriminierungsverbot gemäß § 2 TKV und das Entbündelungsgebot nach § 3 TKV.

a) Das Diskriminierungsverbot (§ 2 TKV)

Marktbeherrschende Anbieter von Telekommunikationsdienstleistungen für die Öffentlichkeit dürfen nach § 2 TKV ihre Kunden nicht diskriminieren. Sie haben diejenigen Leistungen, hinsichtlich derer sie marktbeherrschend sind, grundsätzlich jedermann zu gleichen Bedingungen zur Verfügung zu stellen (Verbot der sog. horizontalen Diskriminierung)[3].

Dieses Verbot der Diskriminierung soll die Gleichbehandlung aller Kunden gewährleisten[4]. Diese Regelung ist ein wesentlicher Bestandteil des Kundenschutzes[5]. Sie betrifft Verbraucher in besonderem Maße, da diese ohne eigene Organisation eine (noch) schwächere Position gegenüber marktbeherrschenden Unternehmen haben als gewerbliche Nutzer oder andere Anbieter von Telekommunikationsdienstleistungen.

Vom Umfang her gilt das Diskriminierungsverbot nicht nur für entgeltrelevante Bestimmungen, sondern grundsätzlich für sämtliche Bedingungen[6]. Allerdings müssen hinsichtlich der jeweiligen Leistung zwei Voraussetzungen erfüllt sein: Zunächst muß es sich hierbei um Telekommunikationsdienstleistungen für die

1 Vgl. Diemert, in: Hoeren/Queck (Hrsg.), Rechtsfragen, S. 84.
2 Siehe dazu mit weiteren Einzelheiten BeckTKG-Komm/Piepenbrock § 34 Rz. 16 ff.
3 Vgl. Geppert/Ruhle/Schuster, Handbuch, Rz. 478.
4 Vgl. BeckTKG-Komm/Piepenbrock Anh § 41 § 2 TKV Rz. 1; Begr. zum TKV-E, BR-Drucks. 551/97, S. 24.
5 Vgl. Geppert/Ruhle/Schuster, Handbuch, Rz. 478.
6 Vgl. Grote, TKV, S. 7.

Öffentlichkeit handeln. Außerdem muß der betreffende Anbieter gerade in bezug auf diese Leistungen marktbeherrschend sein[1].

Eine ungleiche Behandlung verschiedener Kunden ist nach § 2 TKV nur dann zulässig, wenn für die Differenzierung ein sachlicher Grund besteht. Das Vorliegen des sachlichen Grundes ist durch eine Abwägung der Interessen der Beteiligten zu ermitteln, wobei die Wettbewerbsfreiheit als Zielsetzung des TKG zu berücksichtigen ist[2]. Die Interessenabwägung erfolgt dabei grundsätzlich zweistufig[3]. Zunächst werden die berücksichtigungsfähigen Individualinteressen der Beteiligten festgestellt. Zu diesen gehören jedoch nicht solche Interessen, die im Widerspruch zum Gesetzeszweck des TKG oder anderen Normen stehen[4]. Anschließend sind diese Interessen zu bewerten und gegeneinander abzuwägen[5]. Die Beweislast für das Vorliegen einer sachlichen Rechtfertigung trägt der marktbeherrschende Anbieter[6].

Als Einzelfälle eines sachlichen Grundes können etwa rechtliche Pflichten in Betracht kommen[7]. Zu denken ist auch an Sondertarife für die Bereitstellung von (aus sozialen Gründen) wünschenswerten Diensten. Nicht als sachlicher Grund anerkannt werden dagegen Ausschließlichkeits- und Konzernklauseln oder eine Konzernzugehörigkeit[8].

b) Das Entbündelungsgebot (§ 3 TKV)

Marktbeherrschende Anbieter von Telekommunikationsdienstleistungen für die Öffentlichkeit haben ferner das sog. Entbündelungsgebot nach § 3 TKV zu beachten[9]. Entbündelung bedeutet, daß ein Anbieter seine Leistungen als eigen-

---

1 Vgl. Begr. zum TKV-E, BR-Drucks. 551/97, S. 24.
2 So BeckTKG-Komm/Piepenbrock Anh § 41 § 2 TKV Rz. 5; Geppert/Ruhle/Schuster, Handbuch, Rz. 479.
3 Vgl. Geppert/Ruhle/Schuster, Handbuch, Rz. 479.
4 Vgl. Geppert/Ruhle/Schuster, Handbuch, Rz. 479; BeckTKG-Komm/Piepenbrock Anh § 41 § 2 TKV Rz. 5.
5 Vgl. Geppert/Ruhle/Schuster, Handbuch, Rz. 479.
6 Vgl. BeckTKG-Komm/Piepenbrock Anh § 41 § 2 TKV Rz. 6; Geppert/Ruhle/Schuster, Handbuch, Rz. 480; Begr. zum TKV-E, BR-Drucks. 551/97, S. 24.
7 Vgl. BeckTKG-Komm/Piepenbrock Anh § 41 § 2 TKV Rz. 6; Geppert/Ruhle/Schuster, Handbuch, Rz. 480.
8 So Geppert/Ruhle/Schuster, Handbuch, Rz. 480; BeckTKG-Komm/Piepenbrock Anh § 41 § 2 TKV Rz. 6.
9 Zur Frage des entbündelten Zugangs zur Teilnehmeranschlußleitung vgl. mit weiteren Einzelheiten BVerwG, Urt. v. 25.04.2001 - 6 C 7/00, K&R 2001, 530 ff., CR 2001, 752 ff., MMR 2001, 681 ff.; Schütz, MMR 12/2000, XI f.; Hufnagel/Rädler, AfP 2000, 155 f. Zur Frage einer Verpflichtung zum sog. „Line-Sharing“ siehe auch OVG Münster,

ständige Elemente anbieten und tarifieren muß. Er hat sie grundsätzlich so anbieten, daß sie vom Kunden - auch bei gleichzeitigem Bezug ergänzender Leistungen bei einem anderen Anbieter - genutzt werden können[1]. Ein solcher Anbieter darf also durch technische und vertragliche Koppelung von trennbaren Telekommunikationsdienstleistungen (z.B. Telefonanschluß und Telefonauskunft) keinen Kunden dazu zwingen, diese Leistungen nur von ihm in Anspruch nehmen und bezahlen zu müssen.

Die Verpflichtung zur Entbündelung setzt zunächst das Vorliegen von Telekommunikationsdienstleistungen für die Öffentlichkeit voraus. Dabei muß gerade hinsichtlich dieser Leistungen eine marktbeherrschende Stellung bestehen[2]. Wenn diese Anforderung erfüllt ist, kann etwa auch ein Diensteanbieter und Wiederverkäufer zur Entbündelung nach § 3 TKV verpflichtet sein.

Die Pflicht zur Entbündelung setzt ferner voraus, daß die Leistungselemente sachlich trennbar sind[3]. Außerdem muß die allgemeine Nachfrage am Markt sie erfordern. Die individuelle Nachfrage eines einzelnen Kunden reicht also nicht aus[4]. Zu ihrer Feststellung sind prinzipiell die tatsächlichen Nachfragegewohnheiten der Kunden und das daraus abzuleitende Interesse maßgebend[5]. Dabei ist aber davon auszugehen, daß sich diese - auch durch die Angebote kleiner Anbieter auf dem Markt - ändern können[6]. Unzulässig ist dagegen das Abstellen nur auf die (gerade existierenden) Angebote eines markbeherrschenden Anbieters[7].

Das Entbündelungsgebot dient - wie das Diskriminierungsverbot in § 2 TKV - dem Schutz der Kunden[8]. Dabei trägt es vor allem zur Transparenz bei[9]. Mit ihm soll sichergestellt werden, daß marktbeherrschende Anbieter ihren Kunden nicht nur Pauschalangebote unterbreiten[10]. Bei solchen Pauschalangeboten be-

---

Beschl. v. 23.08.2001 - 13 B 865/01 (rechtskräftig), MMR 2001, 772 ff.; RegTP, Beschl. v. 31.03.2001 - BK 3c-00/029, MMR 2001, 775 ff.

1 So BeckTKG-Komm/Piepenbrock Anh § 41 § 3 TKV Rz. 9.

2 Vgl. BeckTKG-Komm/Piepenbrock Anh § 41 § 2 TKV Rz. 1; Begr. zum TKV-E, BR-Drucks. 551/97, S. 24.

3 So Geppert/Ruhle/Schuster, Handbuch, Rz. 481.

4 Vgl. Geppert/Ruhle/Schuster, Handbuch, Rz. 481.

5 Vgl. OLG Hamburg, Urt. v. 23.03.2000 - 3 U 80/99 (rechtskräftig), MMR 2000, 611 (614).

6 So BeckTKG-Komm/Piepenbrock Anh § 41 § 3 TKV Rz. 8; OLG Hamburg, Urt. v. 23.03.2000 - 3 U 80/99 (rechtskräftig), MMR 2000, 611 (614).

7 Vgl. mit weiteren Einzelheiten BeckTKG-Komm/Piepenbrock Anh § 41 § 3 TKV Rz. 9.

8 Vgl. dazu BeckTKG-Komm/Piepenbrock Anh § 41 § 3 TKV Rz. 4.

9 Vgl. Begr. zum TKV-E, BR-Drucks. 551/97, S. 25.

10 Siehe Bruhn, Sicherstellung, S. 390; Begr. zum TKV-E, BR-Drucks. 551/97, S. 24.

steht nämlich die Gefahr, daß ein Anbieter ineffiziente oder ungewünschte Leistungen mit stark nachgefragten Leistungen verbindet, um über den Gesamtpreis auch einen Deckungsbetrag für die unerwünschte und sonst unverkäufliche Leistung zu erhalten[1]. Des weiteren könnten über ein solche Koppelung andere Anbieter einzelner Telekommunikationsdienstleistungen aus dem Markt gedrängt werden. Die Kombination von Dienstemerkmalen im Rahmen eines Pauschalentgelts darf aber nicht dazu verwendet werden, die Verbraucher bei der freien Auswahl der von ihnen benötigten Dienstleistungen ungebührlich einzuschränken[2].

Der Anbieter hat die einzelnen Leistungen nach § 3 Abs. 2 TKV bei einer Zusammenfassung in einem Angebot oder in einer Rechnung getrennt auszuweisen. Auch insoweit gilt die Pflicht zur Transparenz[3]. Es ist zwar grundsätzlich zulässig, verschiedene Leistungen in einem Angebot (als Paket) mit einem Gesamtpreis zusammenzufassen; allerdings müssen auch in einem solchen Fall die Einzelpreise - an anderer Stelle - angegeben werden[4].

7. Weitere Regelungen zum Netzzugang

Nach § 35 Abs. 2 TKG darf ein Netzzugang nur unter zwei Voraussetzungen beschränkt werden. Erforderlich ist erstens, daß dies auf die grundlegenden Anforderungen der ONP-Normen[5] zurückzuführen ist, und zweitens die Beschränkung in Einklang mit dem sonstigen EG-Recht steht[6].

Vereinbarungen über Netzzugänge sind der Regulierungsbehörde nach § 35 Abs. 2 S. 3 TKG schriftlich vorzulegen[7]. Veröffentlicht werden in der Praxis jedoch - entgegen dem Gesetzeswortlaut - nicht alle Verträge; es handelt sich hierbei um ein redaktionelles Versehen des Gesetzgebers[8]. Vielmehr wird die

---

1 Vgl. Geppert/Ruhle/Schuster, Handbuch, Rz. 481; BeckTKG-Komm/Piepenbrock Anh § 41 § 2 TKV Rz. 1.
2 Vgl. dazu im einzelnen BeckTKG-Komm/Piepenbrock Anh § 41 § 3 TKV Rz. 8.
3 Vgl. dazu BeckTKG-Komm/Piepenbrock Anh § 41 § 3 TKV Rz. 5.
4 Vgl. Grote, TKV, S. 9.
5 Zu den Anforderungen vgl. Artikel 3 Abs. 2 der Richtlinie 90/387/EWG v. 28.06.1990 zur Verwirklichung des Binnenmarktes für Telekommunikationsdienste durch Einführung eines offenen Netzzugangs (Open Network Provision - ONP), ABl. EG L 192, S. 1.
6 Vgl. dazu mit weiteren Einzelheiten BeckTKG-Komm/Piepenbrock § 35 Rz. 36.
7 Dabei gilt die individuelle Vorlage- und Prüfpflicht für alle Individualverträge, die nicht aufgrund von Allgemeinen Geschäftsbedingungen sowie allgemeinen Lieferbedingungen und Preisen geschlossen werden, vgl. BeckTKG-Komm/Piepenbrock § 35 Rz. 38.
8 So BeckTKG-Komm/Piepenbrock § 35 Rz. 37.

erforderliche Transparenz bereits durch die Veröffentlichung der Allgemeinen Geschäftsbedingungen, der Leistungsbeschreibung und der Preislisten erreicht[1].

III. Das Bereitstellen von Notrufmöglichkeiten (§ 13 TKG)

Lizenznehmer, die Sprachkommunikationsdienstleistungen für die Öffentlichkeit anbieten, sind nach § 13 TKG zur Bereitstellung von Notrufmöglichkeiten verpflichtet. Diese Regelung ist im unmittelbarem Interesse der Kunden, insbesondere der Verbraucher[2]. Dabei ist zwischen allgemeinen und besonderen Notrufmöglichkeiten zu unterscheiden.

1. Allgemeine Notrufmöglichkeiten (§ 13 Abs. 1 TKG)

Nach § 13 Abs. 1 TKG sind unentgeltlich allgemeine Notrufmöglichkeiten für jeden Endnutzer bereitzustellen. Verpflichtet zu dieser Bereitstellung ist jeder Lizenznehmer, der Sprachkommunikationsdienstleistungen für die Öffentlichkeit anbietet. Die Bereitstellungspflicht ist praktisch unmittelbare gesetzliche Folge einer Lizenzerteilung für Sprachtelefondienste[3]. Der Notrufdienst hat damit im deutschen Telekommunikationsrecht einen Sonderstatus und ist nicht an eine Universaldienstverpflichtung gebunden[4].

2. Besondere Notrufmöglichkeiten (§ 13 Abs. 2 TKG)

Lizenznehmer von Sprachkommunikationsdienstleistungen für die Öffentlichkeit müssen gemäß § 13 Abs. 2 TKG zusätzlich in öffentlichen Telefonstellen bestimmte Notrufeinrichtungen einrichten. Unter öffentlichen Telefonstellen werden dabei Telefoneinrichtungen für die Allgemeinheit verstanden, die mit Münzen, Kredit- und/oder Telefonkarten benutzt werden können. Voraussetzung der Pflicht eines oben genannten Lizenznehmers zur Bereitstellung solcher besonderer Notrufmöglichkeiten ist ein Antrag des zuständigen Bundeslandes oder eines ermächtigten Notdienstträgers.

Die Notrufeinrichtung muß es jedem beliebigen Nutzer ermöglichen, durch einfache Handhabung - möglichst unter automatischer Anzeige des Standortes der benutzten Telefonstelle - Sprechverbindung mit einer Notrufabfragestelle aufzunehmen. Auch diese besonderen Notrufmöglichkeiten sind - obwohl dies ge-

1 Vgl. BeckTKG-Komm/Piepenbrock § 35 Rz. 37.
2 So Begr. zum TKG-E, BT-Drucks. 13/3609, S. 40.
3 Vgl. BeckTKG-Komm/Schütz § 13 Rz. 4.
4 Vgl. dazu BeckTKG-Komm/Schütz § 13 Rz. 4.

setzlich nicht ausdrücklich bestimmt ist - unentgeltlich anzubieten[1]. Öffentliche Telefonstellen mit solchen Notrufeinrichtungen sind besonders zu kennzeichen, um ihr Auffinden zu erleichtern[2].

IV. Die Regelungen zu Teilnehmerrufnummern

Einen weiteren wichtigen Regelungskomplex bilden die im TKG und der TKV enthaltenen Regelungen zu Teilnehmerrufnummern. Für einen Verbraucher ist dabei vor allem von Interesse, wie er seine Rufnummer erhält und ob er diese auch bei einem Wechsel des Telekommunikationsanbieters behalten kann.

Im folgenden geht es zunächst um die Zuteilung und Änderung von Teilnehmerrufnummern. Anschließend ist auf die sog. Persönlichen Rufnummern (Vanity-Nummern) einzugehen. Zuletzt werden die Bestimmungen zur Rufnummernportabilität nach § 43 Abs. 5 TKG dargestellt. Ergänzend ist darauf hinzuweisen, daß die Regelungen zu Teilnehmerverzeichnissen an anderer Stelle behandelt werden.

1. Zuteilung und Änderung (§ 20 TKV)

Im folgenden geht es zunächst um die Zuteilung der Rufnummer und die Rechtsposition des Kunden nach der Zuteilung. Für Einwendungen des Kunden in bezug auf die Zuteilung oder Änderung einer Rufnummer ist ferner eine Ausschlußfrist zu beachten.

a) Die Zuteilung von Teilnehmerrufnummern

Aus § 20 Abs. 1, 2 TKV ergibt sich ein unmittelbarer Anspruch des Kunden auf Zuteilung von Teilnehmerrufnummern gegenüber dem Anbieter seines Zugangs zum öffentlichen Telekommunikationsnetz[3]. Anbieter eines solchen Netzzugangs ist derjenige, der dem Kunden den Netzzugang vertraglich bereitstellt[4]; es muß sich bei ihm nicht um einen Netzbetreiber handeln[5].

1 So unter Verweis auf europarechtliche Vorgaben BeckTKG-Komm/Schütz § 13 Rz. 10.
2 Vgl. BeckTKG-Komm/Schütz § 13 Rz. 11.
3 Vgl. dazu Choron, in: Königshofen (Hrsg.), Telekommunikationsrecht, S. 20; BeckTKG-Komm/Piepenbrock Anh § 41 § 20 TKV Rz. 2; Begr. zum TKV-E, BR-Drucks. 551/97, S. 39.
4 Vgl. Begr. zum TKV-E, BR-Drucks. 551/97, S. 39.
5 Vgl. Begr. zum TKV-E, BR-Drucks. 551/97, S. 39.

Dieser Telekommunikationsdiensteanbieter wiederum erhält die Teilnehmerrufnummern in Blöcken von der Regulierungsbehörde zugeteilt, vgl. § 20 Abs. 1 S. 2 TKV. Die Zuteilung der Teilnehmerrufnummern von der Regulierungsbehörde an die Telekommunikationsanbieter wird auch als originäre Zuteilung bezeichnet. Wenn der Anbieter anschließend einem Kunden eine Rufnummer zuteilt, spricht man von einer abgeleiteten Zuteilung. Gegenüber der Regulierungsbehörde hat ein Verbraucher keinen Anspruch auf Zuteilung einer Teilnehmerrufnummer[1]. Bei einem zwischengeschalteten Reseller von Telekommunikationsdienstleistungen kann es auch zu mehreren abgeleiteten Zuteilungen kommen[2].

Der Anspruch des Verbrauchers ist jedoch insoweit beschränkt, als er nur im Rahmen der von der Regulierungsbehörde nach § 43 Abs. 2 TKG festgelegten Bedingungen und Regelungen sowie der den Netzbetreibern aufgegebenen Verpflichtungen besteht. Der Anspruch richtet sich auch nicht auf die Zuteilung einer ganz bestimmten Teilnehmerrufnummer[3], sondern nur auf die diskriminierungsfreie Zuteilung einer Rufnummer.

Für die Zuteilung einer Teilnehmerrufnummer kann der Anbieter nach § 20 Abs. 4 TKV nur Ersatz für die mit der Zuteilung verbundenen Kosten verlangen[4]. Dies sind zunächst die anteilig auf die originäre Zuteilung entfallenden Kosten[5]. Außerdem gehört zu den mit der Zuteilung verbundenen Kosten der durch die Weitergabe der Nummer an den Kunden entstehende Verwaltungsaufwand des Anbieters[6]. Die Vergabe besonders begehrter Rufnummern gegen ein besonderes Entgelt ist dagegen unzulässig[7]. Eine andere Vereinbarung ist nach § 1 Abs. 2 TKV unwirksam; ein zuviel gezahltes Entgelt kann als ungerechtfertigte Bereicherung zurückgefordert werden.

b) Die Rechtsposition des Kunden nach einer Zuteilung

Mit der Zuteilung einer Teilnehmerrufnummer erwirbt der Kunde gemäß § 20 Abs. 2 S. 3 TKV ein vom Anbieter unabhängiges, dauerhaftes Nutzungsrecht[8].

1 Vgl. BeckTKG-Komm/Piepenbrock Anh § 41 § 20 TKV Rz. 1.
2 Vgl. Begr. zum TKV-E, BR-Drucks. 551/97, S. 39.
3 So BeckTKG-Komm/Piepenbrock Anh § 41 § 20 TKV Rz. 5.
4 Vgl. dazu mit weiteren Einzelheiten die Begr. zum TKV-E, BR-Drucks. 551/97, S. 40.
5 Vgl. Begr. zum TKV-E, BR-Drucks. 551/97, S. 40.
6 Vgl. Begr. zum TKV-E, BR-Drucks. 551/97, S. 40.
7 So BeckTKG-Komm/Piepenbrock Anh § 41 § 20 TKV Rz. 5.
8 Dieses Nutzungsrecht haben nach § 20 Abs. 5 TKV auch solche Kunden, die ihre Rufnummer vor dem Inkrafttreten der TKV erhalten haben.

Dieses Nutzungsrecht besteht jedoch nur im Rahmen des TKG und unter dem Vorbehalt der Bedingungen nach § 43 Abs. 2 TKG. Eine solche Grenze i.S.d. TKG ergibt sich z.B. aus der Rufnummernportabilität nach § 43 Abs. 5 TKG. Aus dieser Regelung folgt nämlich, daß das Nutzungsrecht an der Nummer bei einem Umzug des Kunden in ein anderes Ortsnetz oder bei Kündigung des Anschlusses ohne Betreiberwechsel entfällt[1].

Eine weitere Beschränkung für die Nutzung der Teilnehmerrufnummer ergibt sich daraus, daß die einmal zugeteilte Teilnehmerrufnummer rechtsgeschäftlich nicht übertragbar ist, vgl. § 20 Abs. 2 S. 4 TKV. Damit soll eine Kommerzialisierung und der Handel mit - besonders begehrten - Teilnehmerrufnummern verhindert werden[2]. Eine andere Übertragung der Rufnummer (z.B. bei Erbfolge) ist damit jedoch nicht ausgeschlossen[3].

Wegen des dauerhaften Nutzungsrechts des Verbrauchers ist die Änderung einer Teilnehmerrufnummer gegen seinen Willen gemäß § 20 Abs. 3 TKV nur in zwei Ausnahmefällen möglich[4]. Danach ist die Änderung der Nummer hinzunehmen, wenn sie durch Maßnahmen oder Entscheidungen der Regulierungsbehörde gegenüber dem Anbieter nach § 43 TKG und den dazu ergangenen Verfahrensregeln veranlaßt ist. Außerdem ist die Änderung der Rufnummer zulässig, wenn die Zuteilung aufgrund unrichtiger Angaben des Kunden erfolgte.

c) Die Ausschlußfristen für Einwendungen des Kunden

Wenn ein Verbraucher sich gegen die Zuteilung oder Änderung einer Rufnummer wehren will, hat er nach § 20 Abs. 6 TKV eine Ausschlußfrist zu beachten. Danach muß die Einwendung gegenüber dem Anbieter innerhalb einer Frist von sechs Wochen geltend gemacht werden. Die Frist beginnt mit Zugang der Mitteilung über die Zuteilung bzw. Änderung. Der Kunde ist schriftlich auf diese Frist hinzuweisen. Der Grund für die Ausschlußfrist liegt darin, daß Rufnummernänderungen häufig viele Rufnummern betreffen und im Rahmen größerer Umstrukturierungen erfolgen. Es soll deshalb bereits nach einer kurzen Frist Klarheit über mögliche Rechtsstreitigkeiten bestehen[5].

1 Vgl. Kammerlohr, K&R 1998, 90 (93); Begr. zum TKV-E, BR-Drucks. 551/97, S. 40.

2 Vgl. BeckTKG-Komm/Piepenbrock Anh § 41 § 20 TKV Rz. 7; Begr. zum TKV-E, BR-Drucks. 551/97, S. 40.

3 Vgl. dazu im einzelnen BeckTKG-Komm/Piepenbrock Anh § 41 § 20 TKV Rz. 7.

4 Eine AGB-Klausel mit einen allgemeinen Rufnummern-Änderungsvorbehalt war schon vor dem Inkrafttreten der TKV unwirksam, vgl. OLG Schleswig, Urteil v. 15.05.1997 - 2 U 37/96 (rechtskräftig), MMR 1998, 41 (42).

5 Vgl. Begr. zum TKV-E, BR-Drucks. 551/97, S. 41.

Wird die Ausschlußfrist nicht eingehalten, kann der Verbraucher seine Einwendungen nicht mehr geltend machen. Nur wenn er ohne Verschulden an der Einhaltung der Frist verhindert[1] war, kann er die Einwendung noch innerhalb einer Nachfrist geltend machen. Verschulden liegt vor, wenn der Betroffene (oder sein Vertreter) die gebotene und nach den Umständen zumutbare Sorgfalt nicht eingehalten hat, die für einen gewissenhaften und sachgemäß agierenden Beteiligten geboten und zumutbar ist[2]. Die Nachfrist beträgt zwei Wochen ab Wegfall des Hindernisses. Nach dieser kurzen Frist soll Klarheit darüber herrschen, ob die Rufnummernzuteilung/-änderung durchgeführt werden kann oder angegriffen wird[3].

2. Persönliche Rufnummern

Neben den normalen Rufnummern ist - auch für Verbraucher - eine weitere Kategorie von Rufnummern von Bedeutung, die sog. „Persönlichen Rufnummer" (PR) bzw. Vanity-Number. Solche Rufnummern haben (unabhängig vom Wohnort des Verbrauchers) eine bundesweit einheitliche Vorwahl (0700), an die sich eine stets achtstellige Teilnehmerrufnummer anschließt. Damit ist ein Zugang zu und von allen Telekommunikationsnetzen unter einer einzigen Rufnummer möglich, unabhängig vom Standort, vom Endgerät und von der Übertragungsart. Die Inhaber einer solchen Rufnummer sind damit unabhängig von ihrem Aufenthaltsort immer unter derselben Nummer erreichbar. Diesen Aspekt haben sie mit einem Mobilfunkanschluß gemeinsam.

Ein weiterer Vorteil Persönlicher Rufnummern ist, daß man die Zuteilung einer ganz bestimmten Rufnummer beantragen kann und diese grundsätzlich auch erhält, wenn sie nicht schon vergeben wurde. Das führt zum einen dazu, daß man sich einfach zu merkende Nummernkombinationen aussuchen kann (von denen inzwischen allerdings fast alle schon vergeben wurden). Dies ist aber auch deshalb von Bedeutung, weil mit modernen Telefonen auch eine sog. Buchstabenwahl möglich ist. Dafür sind den Tasten bestimmte Buchstaben des Alphabets zugewiesen. Man kann sich deshalb die einem einfachen Begriff/Namen entsprechende Ziffernfolge als persönliche Wunschnummer registrieren lassen. Ein solcher Begriff ist meist einfacher zu merken und zu bewerben als eine normale Ziffernfolge.

---

1 Zu möglichen Hinderungsgründen vgl. BeckTKG-Komm/Piepenbrock Anh § 41 § 20 TKV Rz. 12.

2 Vgl. BeckTKG-Komm/Piepenbrock Anh § 41 § 20 TKV Rz. 12.

3 Vgl. Choron, in: Königshofen (Hrsg.), Telekommunikationsrecht, S. 22.

Für die Zuteilung einer Persönlichen Rufnummer gibt es ein besonderes Verfahren[1]. Danach muß sie bei der Nummernverwaltung der Regulierungsbehörde beantragt[2] werden. Antragsberechtigt sind solche Nutzer, die die Einrichtung der Persönlichen Rufnummer bei dem Betreiber eines Telekommunikationsnetzes beauftragen wollen. Die Beauftragung kann direkt beim Betreiber des Telekommunikationsnetzes oder indirekt über einen Diensteanbieter erfolgen. Eine natürliche Person, insbesondere ein Verbraucher, kann maximal zwei Persönliche Rufnummern beantragen. Für andere Antragsteller gibt es keine Beschränkungen.

Für die Bearbeitung der Anträge und damit die Vergabe der Nummern ist die Reihenfolge ihres Eingangs maßgeblich. Hierzu gibt es spezielle Regeln für den Zeitpunkt des Eingangs etwa bei per Post oder Telefax eingereichten Anträgen. Die Regulierungsbehörde prüft nur die Verfügbarkeit der gewünschten Rufnummer, nicht hingegen, ob die beantragte Ziffernfolge einem bestimmten Begriff oder Namen entspricht. Wenn die gewünschte Rufnummer noch nicht vergeben wurde, teilt sie sie zu. Für die Zuteilung einer Persönlichen Rufnummer fällt nach dem Gebührenverzeichnis der Anlage zu § 1 TNGebV eine einmalige Gebühr von EUR 62,50 an. Die Regulierungsbehörde veröffentlicht regelmäßig eine aktualisierte Liste der schon vergebenen Rufnummern[3].

Die Zuteilung der Persönlichen Rufnummern erfolgt nur unter Auflagen. Zu diesen gehört, daß sie innerhalb bestimmter Fristen[4] bei dem Betreiber eines Telekommunikationsnetzes eingerichtet sein und genutzt werden müssen. Hierüber ist die Regulierungsbehörde zu informieren. Der Antragsteller darf die ihm zugeteilte Rufnummer nicht an Dritte übertragen und muß eine nicht mehr benötigte Rufnummer umgehend zurückgeben. Ferner hat er der Regulierungsbehörde den Wechsel zu einem anderen Betreiber von Telekommunikationsnetzen unter Angabe bestimmter Informationen und innerhalb einer Frist anzuzei-

---

1 Vgl. dazu die Vorläufigen Regeln für die Zuteilung von Persönlichen Rufnummern, veröffentlicht im Amtsblatt des Bundesministeriums für Post und Telekommunikation Nr. 27/97 Vfg. 249 (auch erhältlich über http://www.regtp.de).

2 Der Antrag auf Zuteilung einer PR ist zu stellen bei der Regulierungsbehörde für Telekommunikation und Post, Nummernverwaltung, Postfach 8001, 55003 Mainz. Eine Antragstellung per Telefax oder eine persönliche Abgabe sind gleichfalls möglich. In jedem Fall ist ein bestimmtes Antragsformular zu verwenden, das z.B. über die Internetseite der RegTP (http://www.regtp.de) erhältlich ist.

3 Die Liste ist erhältlich über die Homepage der Regulierungsbehörde (http://www.regtp.de).

4 Diese Fristen waren zunächst ausgesetzt, sind aber inzwischen wieder in Kraft gesetzt worden, vgl. RegTP, Vfg. 66/1999, ABl. RegTP 1999, S. 1669.

gen. Schließlich muß der Antragsteller der Regulierungsbehörde auf Anforderung Informationen zur Nutzung der Persönlichen Rufnummer zukommen lassen.

Ein Verstoß gegen diese Auflagen oder die Nichtzahlung der Gebühr kann den Widerruf der Zuteilung zur Folge haben. Der Antragsteller ist zuvor anzuhören. Ist er jedoch nicht erreichbar, weil er die Nummer nicht einrichten ließ und der Regulierungsbehörde einen Adressenwechsel nicht anzeigte, kann die Nummer ihm auch ohne Anhörung entzogen werden[1].

3. Die Rufnummernportabilität (§ 43 Abs. 5 TKG)

Betreiber von Telekommunikationsnetzen haben in diesen Netzen nach § 43 Abs. 5 TKG sicherzustellen, daß Nutzer bei einem Wechsel des Betreibers und Verbleib am Standort die ihnen zugeteilte(n) Nummer(n) behalten können. Diese Regelung ist im Zusammenhang mit § 20 Abs. 2 S. 3 TKV zu sehen, wonach der Kunde mit der Zuteilung einer Rufnummer grundsätzlich ein anbieterunabhängiges dauerhaftes Nutzungsrecht an dieser Nummer erwirbt. Diesem Grundsatz würde es jedoch widersprechen, wenn ein Nutzer bei einem bloßen Wechsel seines Anbieters für Telekommunikationsdienstleistungen seine alte und bekannte Rufnummer verlieren würde.

Der Grund für die Pflicht zur Portabilität ist damit zunächst das Interesse von Kunden (vor allem Verbrauchern), des weiteren die Förderung des Wettbewerbs[2]. Für den Kunden bedeutet ein Rufnummernwechsel Kosten und Arbeit, da z.B. Briefpapier und Visitenkarten neu gedruckt sowie Geschäftspartner und Freunde über die neue Nummer informiert werden müssen[3]. Deshalb könnte der mit einer neuen Rufnummer verbundene Aufwand an Zeit und Geld Nutzer von einem Wechsel des Telekommunikationsanbieters abhalten[4]. Dies jedoch würde den Wettbewerb einschränken und soll deshalb verhindert werden.

Die Pflicht zur Ermöglichung der Rufnummernportabilität besteht im übrigen über den Wortlaut dieser Vorschrift hinaus für alle Anbieter eines Zugangs zum öffentlichen Telekommunikationsnetz, also unabhängig davon, ob sie Netzbetreiber sind oder nicht[5]. Zu begründen ist dies mit § 20 Abs. 2 TKV, wonach

1 So z.B. RegTP, Vfg. 7/2001, ABl. RegTP 2001, S. 163.
2 Vgl. RegTP, Mitteilung Nr. 569/1999, ABl. RegTP 1999, S. 4122; BeckTKG-Komm/Paul/Mellewigt § 43 Rz. 23.
3 Vgl. Geppert/Ruhle/Schuster, Handbuch, Rz. 673.
4 Vgl. dazu im einzelnen RegTP, Mitteilung Nr. 569/1999, ABl. RegTP 1999, S. 4122.
5 So mit weiteren Einzelheiten BeckTKG-Komm/Piepenbrock Anh § 41 § 20 TKV Rz. 6.

ein Nutzer einen Anspruch auf diskriminierungsfreie Zuteilung der Teilnehmerrufnummer hat, und zwar auch gegenüber dem Anbieter eines Zugangs zum öffentlichen Telekommunikationsnetz, der nicht zugleich Netzbetreiber ist.

Die Pflicht zur Gewährleistung der Portabilität von Rufnummern kann nach der Intention des Gesetzes jedoch nicht davon abhängen, ob es sich bei dem Vertragspartner des Kunden um einen Netzbetreiber oder einen anderen Zugangsanbieter handelt. Dies würde auch dem Kundenschutz widersprechen. Da die Pflicht zur Portabilität von Rufnummern also nicht nur Netzbetreiber, sondern auch andere Anbieter eines Zugangs zum öffentlichen Telekommunikationsnetz trifft, ist sie als Rufnummernportabilität (statt „Netzbetreiberportabilität") zu bezeichnen.

Die Verpflichtung zur Realisierung der Rufnummernportabilität kann von der Regulierungsbehörde nach § 43 Abs. 5 S. 2 TKG ausgesetzt werden. Dies setzt voraus, daß ihr Fehlen den Wettbewerb auf einzelnen Märkten und die Interessen der Verbraucher nicht wesentlich behindert. Die Regulierungsbehörde kann die Verpflichtung gemäß § 43 Abs. 5 S. 3 TKG auch aus technischen Gründen aussetzen. Beispielsweise ist die Verpflichtung zur Realisierung der Rufnummernportabilität für Mobilfunkbetreiber noch bis zum 31.10.2002 ausgesetzt[1]. Die Regulierungsbehörde begründete die letzte Verlängerung der Frist - wie alle vorherigen Fristverlängerungen - mit der notwendigen technischen Umstellung und dem Interesse an einer qualitativ hochwertigen und verbraucherfreundlichen Lösung[2].

Zur Verwirklichung der Rufnummernportabilität nach § 43 Abs. 5 TKG kann die Regulierungsbehörde nach § 43 Abs. 7 S. 1 TKG Anordnungen erlassen, die gemäß § 43 Abs. 7 S. 2 TKG nach Maßgabe des Verwaltungsvollstreckungsgesetzes durch Festsetzung eines Zwangsgeldes bis zu EUR 500.000,00 durchgesetzt werden können.

Ergänzend ist darauf hinzuweisen, daß für die Rufnummernportabilität nach § 43 Abs. 5 S. 1, 2. HS TKG nur diejenigen Kosten in Rechnung gestellt werden dürfen, die einmalig beim Wechsel eines Kunden entstehen[3].

---

1 Vgl. dazu RegTP, Vfg. 32/2001, ABl. RegTP 2001, S. 2527; RegTP, Mitteilung Nr. 12/2001, ABl. RegTP 2001, S. 45. Vgl. hierzu auch VG Köln, Urt. v. 03.04.2001 - 11 K 4430/00 (nicht rechtskräftig), CR 2001, 515 ff., MMR 2001, 556 ff., K&R 2001, 479 ff. Zum Recht auf Mitnahme der Rufnummer bei einem reinem Dienstleisterwechsel vgl. mit weiteren Einzelheiten Schütz, MMR 1998, 287 (288).

2 Vgl. dazu mit weiteren Einzelheiten RegTP, Vfg. 32/2001, ABl. RegTP 2001, S. 2527.

3 Vgl. dazu BeckTKG-Komm/Paul/Mellewigt § 43 Rz. 26; Schütz, MMR 1998, 287 (288).

V. Die freie Wahl des Verbindungsnetzbetreibers (§ 43 Abs. 6 TKG)

Betreiber von Telekommunikationsnetzen haben gemäß § 43 Abs. 6 TKG in ihren Netzen die Möglichkeit der freien Wahl des Verbindungsnetzbetreibers sicherzustellen. Ein Verbindungsnetz ist nach § 3 Nr. 23 TKG ein Telekommunikationsnetz, das keine Teilnehmeranschlüsse aufweist und Teilnehmernetze miteinander verbindet. Die freie Wahl muß an der Abschlußeinrichtung für Endeinrichtungen i.S.d. § 3 Nr. 3 TKG ermöglicht werden. Sie soll den Wettbewerb fördern und dient damit nicht zuletzt auch den Interessen von Verbrauchern[1].

Verpflichtet zur Sicherstellung der freien Verbindungsnetzbetreiberauswahl sind alle Betreiber von Telekommunikationsnetzen mit Ausnahme der Betreiber öffentlicher oder nichtöffentlicher Telefonstellen[2]. Die Pflicht besteht gegenüber jedem Nutzer unabhängig davon, wer der eigentliche Vertragspartner ist[3].

Es gibt zwei Arten der Verbindungsnetzbetreiberauswahl: Preselection und Call-by-Call-Selection. Bei Preselection[4] wird die Wahl eines bestimmten Verbindungsnetzbetreibers dauerhaft voreingestellt. Dazu weist der Kunde den Ortsnetzbetreiber (bzw. Anbieter seines Telefonanschlusses) an, eine Voreinstellung in der Ortsvermittlungsstelle vorzunehmen, die seine Ferngespräche in das Netz eines bestimmten anderen Anbieters leitet. Bei einer solchen Voreinstellung ist eine gesprächsweise Vorwahl der Netzbetreiberkennzahl des anderen Anbieters nicht erforderlich. Ohne eine solche spezielle Anweisung werden alle Ferngespräche über das Netz des Anbieters des Teilnehmeranschlusses abgewickelt; insofern besteht also grundsätzlich z.B. für die Ferngespräche eine Voreinstellung für den Netzzugangsanbieter.

Beim Call-by-Call[5] dagegen wird für ein einzelnes Telefonat die Netzbetreiberkennzahl eines Verbindungsnetzbetreibers (vor der normalen Rufnummer) gewählt. Die Verbindung wird in einem solchen Fall dadurch hergestellt, daß der Anbieter des Telefonanschlusses in seiner Vermittlungsstelle einen Zugang zu

1 Vgl. dazu BeckTKG-Komm/Paul/Mellewigt § 43 Rz. 28.
2 Vgl. mit weiteren Einzelheiten BeckTKG-Komm/Paul/Mellewigt § 43 Rz. 31.
3 Vgl. BeckTKG-Komm/Paul/Mellewigt § 43 Rz. 28.
4 Zu den Vertragsverhältnissen bei Preselection vgl. mit weiteren Einzelheiten Westphalen/Grote/Pohle, Telefondienstvertrag, S. 29 f.
5 Zu den Vertragsverhältnissen beim Call-by-Call vgl. Westphalen/Grote/Pohle, Telefondienstvertrag, S. 27 ff.

dem angewählten Verbindungsnetzbetreiber schaltet[1]. Beim Call-by-Call kann so bei jedem Telefonat eine neue Auswahl des Anbieters vorgenommen werden. Dabei sind zwei Verfahren üblich: Besteht das Erfordernis einer vorherigen Anmeldung, werden zumeist Dauerschuldverhältnisse begründet (sog. geschlossenes Call-by-Call). Ist dagegen keine vorherige Anmeldung des Nutzers erforderlich, wird mit jeder einzelnen zustandegekommenen Verbindung ein separates Vertragsverhältnis geschlossen (sog. offenes Call-by-Call)[2].

Zu beachten ist, daß § 43 Abs. 6 TKG keine ausdrückliche Einschränkung auf Fernverbindungen vorsieht[3]. Die EU-Kommission und die Regulierungsbehörde sind unterschiedlicher Auffassung darüber, ob bereits nach geltendem Gemeinschaftsrecht die Verpflichtung dazu besteht, Verbrauchern auch im Ortsnetzbereich die fallweise Auswahl des Ortsnetzbetreibers zu ermöglichen[4]. In der Praxis beschränken sich Anbieter von Preselection und Call-by-Call bislang jedoch auf den Bereich der Fernverbindungen[5].

Für die Verbindungsnetzbetreiberauswahl im Einzelfall dürfen durch den Ortsnetzbetreiber bzw. Anbieter des Telefonanschlusses keine, für die dauerhafte Voreinstellung (Preselection) nur einmalig Kosten erhoben werden[6].

Zur Durchsetzung der freien Wahl des Verbindungsnetzbetreibers kann die Regulierungsbehörde nach § 43 Abs. 7 S. 1 TKG Anordnungen erlassen. Zur Durchsetzung dieser Anordnungen kann sie gemäß § 43 Abs. 7 S. 2 TKG nach Maßgabe des Verwaltungsvollstreckungsgesetzes ein Zwangsgeld bis zu EUR 500.000,00 festsetzen. Sie kann die Verpflichtung gemäß § 43 Abs. 6 S. 2 TKG aber auch ganz oder teilweise aussetzen, solange und soweit dies aus technischen Gründen gerechtfertigt ist. So hat die Regulierungsbehörde etwa die Verpflichtung für die Betreiber von Mobilfunknetzen ausgesetzt[7].

VI. Öffentliche Teilnehmerverzeichnisse und Auskunftsdienste

Für einen Verbraucher ist es wichtig, daß seine Rufnummer und sein Name in Verzeichnisse aufgenommen werden und telefonisch Auskunft über sie erteilt

1 Vgl. Westphalen/Grote/Pohle, Telefondienstvertrag, S. 26.
2 Vgl. Westphalen/Grote/Pohle, Telefondienstvertrag, S. 26 f.
3 So Westphalen/Grote/Pohle, Telefondienstvertrag, S. 29.
4 Vgl. dazu Hufnagel/Nolte, AfP 2002, 206. Ein entsprechender Entwurf zur Änderung des TKG wurde jedoch vom Bundesrat abgelehnt, vgl. NJW-aktuell, NJW 2002, VI.
5 Vgl. Westphalen/Grote/Pohle, Telefondienstvertrag, S. 29.
6 Vgl. dazu mit weiteren Einzelheiten BeckTKG-Komm/Paul/Mellewigt § 43 Rz. 34.
7 Vgl. dazu mit weiteren Einzelheiten BeckTKG-Komm/Paul/Mellewigt § 43 Rz. 33.

wird. Deshalb statuiert § 21 TKV einen Anspruch auf Eintragung in ein Teilnehmerverzeichnis. Umgekehrt möchte ein Verbraucher aber auch nicht bei jeder Rufnummernsuche eine telefonische Auskunft in Anspruch nehmen müssen. Aus diesem Grund gibt § 22 TKV ihm das Recht auf Überlassung eines Teilnehmerverzeichnisses. Gedruckte Verzeichnisse und Dienste für Rufnummernauskünfte[1] dienen als wichtige und leicht verfügbare Informationsquellen aber nicht nur dem Interesse einzelner Verbraucher, sondern auch dem öffentlichen Interesse[2].

Ergänzende Regelungen zu Teilnehmerverzeichnissen und Auskunftsdiensten enthalten § 12 TKG und § 21 Abs. 4 TKV. Nach diesen Vorschriften sind bestimmte Anbieter von Telekommunikationsdienstleistungen unter Umständen zur Herausgabe von Teilnehmerdaten verpflichtet. Dies dient zum einen dem Informationswert von Verzeichnissen und Auskunftsdiensten, zum anderen dem Zugang von Wettbewerbern zum Rohstoff und Wirtschaftsgut „Teilnehmerdaten“[3].

Nachfolgend ist zunächst die Aufnahme in Verzeichnisse und Auskunftsdienste darzustellen. Anschließend wird der Anspruch auf Überlassung von Teilnehmerverzeichnissen näher dargestellt. Zuletzt geht es um die Pflicht von Anbietern, Teilnehmerdaten für Verzeichnisse und Auskunftsdienste zugänglich zu machen.

1. Die Eintragung in Verzeichnisse und Auskunftsdienste (§ 21 TKV)

Ein Kunde hat nach § 21 Abs. 1 TKV gegenüber seinem Anbieter des allgemeinen Netzzugangs einen Anspruch auf kostenlose Eintragung in das Teilnehmerverzeichnis. Dieses subjektive Recht besteht gemäß § 21 Abs. 5 TKV entsprechend für die Aufnahme in Verzeichnisse für Auskunftsdienste. Dabei verschwimmen die Grenzen zwischen telefonischen Auskunftsdiensten und gedruckten Verzeichnisdiensten zunehmend[4]. Dies gilt etwa für ein Verzeichnis auf einer CD-ROM oder bei Online-Suchen im Internet.

Nach dem Wortlaut des Gesetzes richtet sich der Anspruch gegen den Anbieter von Sprachkommunikationsdienstleistungen für die Öffentlichkeit. Die Vor-

1 Zur umstrittenen Frage, ob es sich bei Auskunfts- und Verzeichnisdiensten um Telekommunikationsdienstleistungen handelt, vgl. mit weiteren Einzelheiten und m.w.N. Ruhle/Geppert, K&R 1998, 374 (376 ff.).
2 Vgl. dazu Ruhle/Geppert, K&R 1998, 374 (375).
3 Vgl. Ruhle/Geppert, K&R 1998, 374 (375).
4 So bereits mit weiteren Einzelheiten Ruhle/Geppert, K&R 1998, 374 (375 f.).

schrift wird jedoch nach ihrem Sinn dahingehend einschränkend ausgelegt, daß der Anspruch sich nur gegen den Anbieter des allgemeinen Netzzugangs richtet, also z.B. nicht gegen Verbindungsnetzbetreiber[1]. Der Anspruch besteht allerdings auch gegenüber Anbietern von Mobilfunkdienstleistungen[2].

Im Gegensatz zur früheren faktischen Zwangseintragung[3] kann der Verbraucher selbst bestimmen, ob er in die Auskunft aufgenommen wird. Dies ergibt sich zunächst daraus, daß der Kunde zur Eintragung berechtigt, aber nicht verpflichtet ist. Es folgt aber auch aus der Regelung des § 21 Abs. 2 S. 4 TKV. Diese läßt ausdrücklich das nach § 14 TDSV bestehende Recht des Kunden unberührt, der Eintragung seiner Daten in Teilnehmerverzeichnisse ganz oder teilweise zu widersprechen[4]. Das zur Eintragung in Auskunfts- und Verzeichnisdienste erteilte Einverständnis des Kunden ist auch jederzeit widerruflich[5]. Wenn ein Kunde sich grundsätzlich für die Eintragung entschieden hat, kann er jedoch nicht bestimmen, welche einzelnen Anbieter letztlich seine dadurch bekanntgewordenen Daten für ihre jeweiligen Dienste verwenden dürfen oder nicht[6].

Einzelne Vorgaben zum Mindestinhalt des Verzeichnisses enthält § 21 Abs. 2 TKV. Danach hat das Verzeichnis im Regelfall die Rufnummer, den Namen, den Vornamen und die Anschrift des Inhabers des Netzzugangs zu enthalten. Der Kunde kann der Aufnahme einzelner dieser Elemente allerdings widersprechen. Wünscht ein Kunde darüber hinaus den Eintrag weiterer Angaben oder besondere Formatierungen, so kann hierfür ein Entgelt erhoben werden[7].

Des weiteren kann der Inhaber des Netzzugangs gemäß § 21 Abs. 2 S. 2 TKV verlangen, daß Mitbenutzer (jedenfalls gegen Entgelt) eingetragen werden. In diesem Fall muß nach § 13 Abs. 2 S. 4 TDSV das Einverständnis des Mitbenutzers bzgl. seiner Eintragung vorliegen. Diese Regelungen sind etwa für Verbraucher von Bedeutung, die in einer Lebens- oder Wohngemeinschaft leben.

Das Eintragungsrecht bzgl. etwaiger Mitbenutzer ist auch für Wiederverkäufer von Telekommunikationsdienstleistungen (Reseller) wichtig. Soweit sie ihren

1 Vgl. dazu im einzelnen Ruhle/Geppert, K&R 1998, 374 (380) m.w.N.; BeckTKG-Komm/Kerkhoff Anh § 41 § 21 TKV Rz. 3.
2 Vgl. BeckTKG-Komm/Kerkhoff Anh § 41 § 21 TKV Rz. 3.
3 Vgl. dazu Ruhle/Geppert, K&R 1998, 374 (379).
4 Zu den Rechtsfolgen bei einer Veröffentlichung trotz Widerspruchs vgl. OLG Frankfurt am Main, Urt. v. 12.12.2001 - 23 U 140/01, NJW 2002, 1277 ff.
5 So Ruhle/Geppert, K&R 1998, 374 (379).
6 Vgl. dazu mit weiteren Einzelheiten Ruhle/Geppert, K&R 1998, 374 (381).
7 Vgl. Ruhle/Geppert, K&R 1998, 374 (379).

Kunden einen allgemeinen Netzzugang anbieten, stellen diese im Verhältnis des Wiederverkäufers zum Netzbetreiber Mitbenutzer dar[1]. Deshalb erstreckt § 21 Abs. 2 S. 3 TKV den Anspruch auf Eintragung von Mitbenutzern auch auf Wiederverkäufer von Sprachkommunikationsdienstleistungen. Während in einem solchen Fall der Anspruch des Endkunden gegenüber dem Wiederverkäufer nach § 21 Abs. 1 TKV kostenlos zu erfüllen ist, kann der Netzbetreiber vom Wiederverkäufer für die Eintragung dieser Mitbenutzer nach § 21 Abs. 2 S. 2 TKV ein Entgelt verlangen[2].

Was das Verzeichnis an sich betrifft, so muß es allgemein zugänglich, aber nicht notwendig ein anbietereigenes sein. Möglich ist z.B. auch eine Herausgabe über eine 100%ige Tochtergesellschaft[3]. Soweit der Anbieter kein eigenes Verzeichnis erstellt, ist der (dann mittelbare) Anspruch auf diskriminierungsfreie Eintragung über das Vertragsverhältnis zwischen den Anbietern zu regeln[4]. Der Verbraucher ist berechtigt, seinen Eintrag prüfen und berichtigen oder wieder streichen zu lassen. Die Änderung des Eintrags hat ebenso wie die Aufnahme in das Verzeichnis unentgeltlich zu erfolgen[5]. Außerdem haben alle verpflichteten Anbieter nach § 21 Abs. 3 TKV dafür zu sorgen, daß die Eintragungen für alle Teilnehmer ohne Diskriminierung erfolgen[6]. Es darf bei der Eintragung also z.B. nicht zwischen den Kunden verschiedener Anbieter unterschieden werden.

2. Die Überlassung von Teilnehmerverzeichnissen (§ 22 TKV)

Aus § 22 TKV ergibt sich der Anspruch eines Kunden auf die Überlassung eines Teilnehmerverzeichnisses. Verpflichtet hierzu ist jeweils derjenige Anbieter von Sprachkommunikationsdienstleistungen für die Öffentlichkeit, mit dem der Verbraucher in einem Vertragsverhältnis steht[7].

Das überlassene Teilnehmerverzeichnis hat die Rufnummern des regionalen Teilnehmerbereichs zu enthalten. Eine neue Herausgabe hat grundsätzlich jähr-

1 Vgl. dazu Begr. zum TKV-E, BR-Drucks. 551/97, S. 42.
2 Vgl. dazu Begr. zum TKV-E, BR-Drucks. 551/97, S. 42.
3 Vgl. OLG Köln, Urt. v. 10.11.2000 - 6 U 105/00 (rechtskräftig), MMR 2001, 385.
4 Vgl. Begr. zum TKV-E, BR-Drucks. 551/97, S. 42.
5 Grund hierfür ist, daß es sich um öffentliche Verzeichnisse handelt, vgl. Begr. zum TKV-E, BR-Drucks. 551/97, S. 41.
6 Dieses Diskriminierungsverbot gilt unabhängig von der Marktstellung des Anbieters, vgl. Begr. zum TKV-E, BR-Drucks. 551/97, S. 42.
7 Zu der Frage, ob dieses Recht in gleicher Weise Kunden von Mobilfunknetzen zusteht, vgl. kritisch BeckTKG-Komm/Kerkhoff Anh § 41 § 22 TKV Rz. 8 f.

lich stattzufinden. Dabei obliegt es der Entscheidung des einzelnen verpflichteten Anbieters, ob er das Verzeichnis selbst herausgibt oder es bei einem anderen Anbieter für den Kunden bezieht[1]. Bei diesem kann es sich insbesondere um einen nach § 19 TKG zum Universaldienst verpflichteten oder gemäß § 97 Abs. 1 TKG tätigen Anbieter handeln. § 22 TKV legt allerdings nicht fest, daß die Überlassung des Teilnehmerverzeichnisses unentgeltlich zu erfolgen hat. Wenn ein Preis dafür erhoben wird, muß er sich jedoch nach § 1 Nr. 2 b) TUDLV i.V.m. § 2 Abs. 2 TUDLV an den Kosten der effizienten Leistungsbereitstellung orientieren.

3. Die Pflicht zur Herausgabe von Daten

Wenn ein Anbieter einheitliche und umfassende Teilnehmerverzeichnisse aufgrund einer Universaldienstverpflichtung oder gemäß § 97 Abs. 1 TKG herausgeben soll, muß er hierzu - im Rahmen der Datenschutzvorschriften - über alle Teilnehmerdaten verfügen. Deshalb regelt § 12 TKG die Verpflichtung bestimmter Lizenznehmer, auf Anforderung Teilnehmerdaten für Auskunftsdienste oder Rufnummernverzeichnisse zugänglich zu machen. Eine entsprechende Verpflichtung bestimmter nicht lizenzpflichtiger Anbieter enthält § 21 Abs. 4 TKV. Damit soll sichergestellt werden, daß Teilnehmerverzeichnisse und Auskunftsdienste auf vollständigen Datensammlungen beruhen.

a) Lizenzpflichtige Anbieter (§ 12 TKG)

Die Pflicht zur Herausgabe von Daten nach § 12 TKG setzt voraus, daß der Anbieter Lizenznehmer ist und Sprachkommunikationsdienstleistungen für die Öffentlichkeit anbietet.

Der Begriff der Sprachkommunikationsdienstleistung ist im Gesetz nicht definiert. Aufgrund seiner Verwendung in § 12 TKG und seiner Ähnlichkeit zum „Sprachtelefondienst" (§ 3 Nr. 15 TKG) wird zumeist folgende Definition verwendet[2]: Sprachkommunikationsdienstleistungen sind der gewerbliche, direkte Transport und die Vermittlung von Sprache in Echtzeit, und zwar sowohl in

---

1 Vgl. BeckTKG-Komm/Kerkhoff Anh § 41 § 21 TKV Rz. 5; Begr. zum TKV-E, BR-Drucks. 551/97, S. 43.

2 Vgl. BeckTKG-Komm/Büchner § 12 Rz. 6; Begr. zum TKV-E, BR-Drucks. 551/97, S. 34; BeckTKG-Komm/Ehmer Anh § 41 § 14 TKV Rz. 2. Eine extensive Auslegung vertritt wohl die RegTP, Beschluß v. 21.02.2000 - BK 3a-99/032 (nicht bestandskräftig), MMR 2000, 298 (308).

Fest- als auch in Mobilfunknetzen[1]. Der Mobilfunk wird also vom Begriff der Sprachkommunikationsdienstleistung (im Gegensatz zum „Sprachtelefondienst“) umfaßt[2]. Das Merkmal „für die Öffentlichkeit“ schließt Anbieter von Telekommunikationsdienstleistungen innerhalb geschlossener Benutzergruppen aus dem Kreis der Verpflichteten aus. Inwieweit darüber hinaus weitere Leistungen vom Begriff der Sprachkommunikationsdienstleistung erfaßt werden, ist (im Hinblick auf den Anwendungsbereich der §§ 14, 15 TKV) sehr umstritten.

Die Verpflichtung setzt des weiteren voraus, daß der Lizenznehmer zur Herausgabe der Teilnehmerdaten aufgefordert wurde. Außerdem besteht sie nur, wenn die Aufnahme der Daten in einen Auskunftsdienst oder in ein Verzeichnis von Teilnehmerrufnummern erfolgen soll. Die Herausgabe der Daten kann also nicht zu einem anderen Zweck verlangt werden[3].

Hinsichtlich des Anspruchsinhalts stellt sich zunächst die Frage nach dem Umfang der Daten. § 12 TKG enthält hierzu keine Regelung. Das spricht dafür, daß alle bekannten Teilnehmerdaten (Name, Anschrift, zusätzliche Angaben wie Beruf, Branche, Art des Anschlusses und Mitbenutzer) zugänglich zu machen sind[4]. Die Pflicht zur Bereitstellung von Teilnehmerdaten wird aber durch den geäußerten entgegenstehenden Willen des Kunden sowie durch datenschutzrechtliche Regelungen begrenzt.

Die Teilnehmerdaten sind in kundengerechter Form zugänglich zu machen. Das bedeutet, daß die Daten inhaltlich und technisch so aufbereitet sein müssen, daß sie nach dem jeweiligen Stand der Technik leicht in ein kundenfreundlich gestaltetes Teilnehmerverzeichnis (oder eine entsprechende Auskunftsdienstdatei) übertragen werden können[5]. Notwendig ist also eine nach üblichen Ordnungskriterien sortierte Datensammlung auf einem Datenträger wie z.B. einer CD-ROM[6].

---

1 Vgl. Begr. zum TKV-E, BR-Drucks. 551/97, S. 34. Eine extensive Auslegung vertritt wohl die RegTP, Beschluß v. 21.02.2000 - BK 3a-99/032 (nicht bestandskräftig), MMR 2000, 298 (308).

2 Vgl. BeckTKG-Komm/Büchner § 12 Rz. 6; Begr. zum TKV-E, BR-Drucks. 551/97, S. 34; Bruhn, Sicherstellung, S. 391.

3 Vgl. BeckTKG-Komm/Büchner § 12 Rz. 4.

4 Vgl. BeckTKG-Komm/Büchner § 12 Rz. 12 f. Danach kann höchstens hinsichtlich der Entgelte zwischen den zum kostenlosen Standardeintrag gehörenden Angaben sowie zum kostenpflichtigen Zusatzeintrag gehörenden weiteren Angaben unterschieden werden.

5 Vgl. BeckTKG-Komm/Büchner § 12 Rz. 13.

6 Vgl. BeckTKG-Komm/Büchner § 12 Rz. 13.

Die Höhe des Entgelts, das der verpflichtete Lizenznehmer verlangen kann, richtet sich danach, wer die Herausgabe der Daten verlangt. Von anderen Lizenznehmern, die Sprachkommunikationsdienstleistungen für die Öffentlichkeit anbieten, kann nach § 12 Abs. 1 TKG nur ein Entgelt erhoben werden, das sich an den Kosten der effizienten Leistungsbereitstellung orientiert[1]. Von allen anderen Anspruchstellern kann gemäß § 12 Abs. 2 TKG ein angemessenes Entgelt verlangt werden[2].

b) Nicht lizenzpflichtige Anbieter (§ 21 Abs. 4 TKV)

Nicht lizenzpflichtige Anbieter von Sprachkommunikationsdienstleistungen für die Öffentlichkeit sind unter Umständen nach § 21 Abs. 4 TKV zur Herausgabe von Teilnehmerdaten verpflichtet. Mit dieser Vorschrift wird berücksichtigt, daß Teilnehmerdaten häufig nur bei einem Diensteanbieter und nicht bei einem nach § 12 TKG verpflichteten Lizenznehmer erhältlich sind[3].

Die Herausgabepflicht setzt gemäß § 21 Abs. 4 TKV voraus, daß ein nach § 19 TKG verpflichteter oder gemäß § 97 Abs. 1 TKG tätiger Anbieter die Herausgabe der Teilnehmerdaten verlangt. Unter dieser Bedingung sind die Daten nach § 21 Abs. 4 u. 5 TKV sowohl für Teilnehmerverzeichnisse als auch für Auskunftsdienste zur Verfügung zu stellen. Für die Herausgabe der Daten kann gemäß § 21 Abs. 4 S. 2 TKV ein Entgelt erhoben werden, das sich an den Kosten der effizienten Leistungsbereitstellung orientiert.

VII. Die Regelungen zu Leistungsstörungen

Leistungseinstellungen oder -beschränkungen können einem Verbraucher erhebliche Probleme verursachen, insbesondere wenn er von ihnen überrascht wird[4]. Deshalb besteht beispielsweise für einen Universaldienstverpflichteten nach § 6 Abs. 1 u. 2 TKV ein Verbot unzulässiger Leistungseinschränkungen.

Im folgenden geht es zunächst um Informationspflichten bei Leistungsstörungen nach § 6 Abs. 3 TKV. Außerdem sind der Entstörungsdienst gemäß § 12 TKV sowie Pflichten bei einer Abschaltung von Endeinrichtungen nach § 31 TKV zu beachten. In diesem Zusammenhang ist auch auf die Erhebung von

1 Vgl. dazu mit weiteren Einzelheiten BeckTKG-Komm/Büchner § 12 Rz. 14 ff.
2 Vgl. dazu im einzelnen BeckTKG-Komm/Büchner § 12 Rz. 20 ff.
3 Vgl. Begr. zum TKV-E, BR-Drucks. 551/97, S. 42.
4 Zu Leistungsstörungen vgl. Westphalen/Grote/Pohle, Telefondienstvertrag, S. 52.

Qualitätskennwerten und die Qualitätsberichterstattung nach §§ 32, 33 TKV einzugehen.

1. Mitteilungspflichten bei Leistungsstörungen (§ 6 Abs. 3 TKV)

Bei bestimmten Leistungsstörungen statuiert § 6 Abs. 3 TKV Informationspflichten gegenüber den betroffenen Kunden. Dieser Mitteilungspflicht unterliegen alle Anbieter von Telekommunikationsdienstleistungen für die Öffentlichkeit. Grund hierfür ist die Überlegung, daß vorübergehende Leistungseinstellungen oder –beschränkungen in bezug auf sämtliche Telekommunikationsdienstleistungen für die Öffentlichkeit vorkommen können[1]. Die Pflicht besteht stets gegenüber solchen Verbrauchern, zu denen ein Dauerschuldverhältnis besteht (z.B. Vertrag über einen Telefonanschluß oder Preselection). Bei Verträgen über Einzelleistungen (z.B. offenes Call-by-Call) kommt es dagegen auf die jeweilige Telekommunikationsdienstleistung und den Zeitpunkt des Vertragsschlusses an[2].

Art und Umfang der Informationspflicht hängen dabei von der Dauer und der Voraussehbarkeit der Leistungseinschränkung/–einstellung ab. Ebenso sind Form und Schnelligkeit der Information von den Umständen des Einzelfalls abhängig.

a) Die längere Leistungsstörung

Bei einer längeren, vorübergehenden Leistungsstörung hat der Anbieter die Kunden nach § 6 Abs. 3 S. 1 TKV in geeigneter Form über Art, Ausmaß und Dauer der Störung zu unterrichten. Dafür kommen z.B. Radiodurchsagen und Fernsehnachrichten in Betracht.

Ob eine längere Leistungsstörung vorliegt, ist anhand der Umstände des Einzelfalls zu beurteilen. Dazu können die Tageszeit sowie die Art, mögliche Austauschbarkeit und der gewöhnliche Kundenkreis des Dienstes oder Dienstleistungsmerkmals gehören. Die Dauer der Störung bei Notrufeinrichtungen wird grundsätzlich deutlich strenger zu beurteilen sein als bei Einrichtungen, die nicht ständig erreichbar sein müssen oder (z.B. über eine andere Leitung/Telefonnummer) auf anderem Wege erreichbar sind.

---

1 Vgl. Grote, TKV, S. 17; Westphalen/Grote/Pohle, Telefondienstvertrag, S. 53 f.

2 Vgl. dazu im einzelnen Westphalen/Grote/Pohle, Telefondienstvertrag, S. 55 f.

b) Die voraussehbare Leistungsstörung

Bei einer voraussehbaren Leistungseinstellung oder –beschränkung kann eine Pflicht zur vorherigen Unterrichtung bestimmter Kunden bestehen. Eine solche voraussehbare Leistungseinschränkung kann etwa durch planbare Wartungsarbeiten oder Softwareumstellungen bedingt sein.

Voraussetzung dieser Mitteilungspflicht ist, daß der Kunde auf eine ununterbrochene Verbindung oder einen jederzeitigen Verbindungsaufbau angewiesen ist. Dies muß der Kunde dem Anbieter unter Angabe von Gründen auch schriftlich mitgeteilt haben. Die Unterrichtung kann z.B. durch Informationen auf der Rechnung oder durch vorherigen Anruf erfolgen. Eine - wünschenswerte - Pflicht zur Information aller Kunden wurde hingegen nicht in den Gesetzestext aufgenommen, um einem Mißbrauch derartiger Informationen vorzubeugen[1].

Die Pflicht zur Unterrichtung dieser Kunden entfällt nach § 6 Abs. 3 S. 3 TKV in zwei Fällen, nämlich wenn die vorherige Unterrichtung nach den Umständen objektiv unmöglich ist oder sie die Beseitigung bereits eingetretener Unterbrechungen verzögern würde. Die Beweislast für das Vorliegen dieser Ausnahmetatbestände trägt der Anbieter[2].

2. Der Entstörungsdienst (§ 12 TKV)

Eine Regelung zum Entstörungsdienst marktbeherrschender Anbieter von Sprachtelefondienst enthält § 12 TKV. Danach haben diese Anbieter einer Störung auf Verlangen eines Kunden unverzüglich nachzugehen, auch nachts und an Sonn- und Feiertagen. Die Vorschrift begründet für Verbraucher gegenüber solchen Anbietern ein Recht auf unverzügliche Entstörung.

Das Verlangen des Kunden im Sinne dieser Vorschrift setzt nur voraus, daß er seinen Wunsch nach Beseitigung einer Störung hinreichend deutlich macht, sei es schriftlich oder mündlich, ausdrücklich oder konkludent[3]. Falls der Anbieter die Störung allerdings zuerst erkennt, ist er natürlich auch ohne ein solches Verlangen des Kunden dazu verpflichtet, die Störung unverzüglich zu beseitigen[4].

---

1 Vgl. Begr. zum TKV-E, BR-Drucks. 551/97, S. 28.
2 Siehe Begr. zum TKV-E, BR-Drucks. 551/97, S. 28.
3 Vgl. BeckTKG-Komm/Kerkhoff Anh § 41 § 12 TKV Rz. 8.
4 So BeckTKG-Komm/Kerkhoff Anh § 41 § 12 TKV Rz. 8.

Die Entstörungspflicht bezieht sich immer nur auf den vertraglich vereinbarten Leistungsgegenstand, also z.B. auf den Telefonanschluß des einzelnen Kunden[1]. Sie betrifft dagegen nicht das gesamte Telefonnetz oder den Telefonanschluß eines Dritten[2]. Unerheblich ist aber grundsätzlich die Art der Störung, sofern sie nur zumindest mittelbar die Kommunikation des betroffenen Kunden beeinflußt[3].

Für die Entstörung ist erforderlich, daß der Anbieter die nötigen Schritte zur Feststellung der Störungsursache und ihrer Behebung ergreift[4]. Das Erfordernis der „Unverzüglichkeit" bedeutet, daß der Anbieter entsprechend § 121 BGB ohne schuldhaftes Zögern handeln muß. Die Behebung von Störungen auch an Sonn- und Feiertagen soll so weit wie möglich sicherstellen, daß rund um die Uhr eine Notrufmöglichkeit besteht[5]. Grundsätzlich dürfte die Störung innerhalb weniger Stunden zu beseitigen sein.

Die vertraglichen Bedingungen für den Entstörungsdienst sind gemäß § 12 S. 2 TKV in die Allgemeinen Geschäftsbedingungen[6] des Anbieters aufzunehmen. Nach § 27 Abs. 4 TKV betrifft dies insbesondere die Regelentstörfrist sowie Ausgleichsregelungen bei Leistungsstörungen.

3. Pflichten bei einer Abschaltung von Endeinrichtungen (§ 31 TKV)

Gemäß § 31 TKV treffen einen Anbieter bei erfolgter oder bevorstehender Abschaltung von Endeinrichtungen eines Kunden nach § 59 Abs. 6 TKG bestimmte Informationspflichten.

Nach § 59 Abs. 6 TKG ist ein Betreiber eines öffentlichen Telekommunikationsnetzes dazu berechtigt (und grundsätzlich auch zwingend verpflichtet), an sein Netz angeschaltete Endeinrichtungen abzuschalten, wenn diese bestimmte grundlegenden Anforderungen (nach § 59 Abs. 2 TKG) nicht erfüllen[7]. Zu diesen Anforderungen gehören z.B. die Sicherheit von Personen, die Sicherheit des Personals der Betreiber öffentlicher Telekommunikationsnetze, Anforde-

1 Vgl. mit weiteren Einzelheiten Westphalen/Grote/Pohle, Telefondienstvertrag, S. 21.
2 Vgl. Westphalen/Grote/Pohle, Telefondienstvertrag, S. 21 f.
3 So BeckTKG-Komm/Kerkhoff Anh § 41 § 12 TKV Rz. 4.
4 Vgl. BeckTKG-Komm/Kerkhoff Anh § 41 § 12 TKV Rz. 5.
5 Vgl. BeckTKG-Komm/Kerkhoff Anh § 41 § 12 TKV Rz. 6.
6 Zur Unwirksamkeit einer pauschalen Abwälzung der Kosten für die Überprüfung von technischen Einrichtungen vgl. Fuchs, in: Spindler (Hrsg.), Telekommunikations-Anbieter, Teil IV Rz. 135 m.w.N.
7 Vgl. dazu mit weiteren Einzelheiten BeckTKG-Komm/Bönsch § 59 Rz. 31 f.

rungen an die elektromagnetische Verträglichkeit, der Schutz des öffentlichen Telekommunikationsnetzes vor Schaden und die Kommunikationsfähigkeit von Endeinrichtungen. Hintergrund dieser Regelung ist, daß Endeinrichtungen nur dann in Verkehr gebracht sowie an ein öffentliches Telekommunikationsnetz angeschaltet und betrieben werden dürfen, wenn sie die in § 59 TKG geregelten Voraussetzungen erfüllen. Gegenüber einer solchen Abschaltung von Endeinrichtungen kann der Kunde ein Widerspruchsrecht nach § 59 Abs. 6 S. 2 TKG haben.

Die Informationspflicht nach § 31 S. 1 TKV trifft grundsätzlich den Anbieter des betroffenen Netzzugangs. Da der Anbieter des Netzzugangs jedoch nicht zwingend mit dem (abschaltenden) Netzbetreiber übereinstimmt[1], hat ggf. der Netzbetreiber den Anbieter und dieser wiederum den Kunden zu informieren. Die Hinweispflicht besteht danach immer im Vertragsverhältnis und gegebenenfalls in einer Kette von Vertragsverhältnissen.

Bezüglich der Unterrichtungspflichten sind zwei Situationen zu unterscheiden. Zum einen kann es sein, daß der Netzbetreiber aufgrund der Gefahrenlage eine sofortige Abschaltung vornimmt. Zum anderen ist es möglich, daß die Abschaltung nicht sofort erforderlich ist und erst nach der erfolglosen Aufforderung an den Kunden, die Endeinrichtung vom Netz zu nehmen, vorgenommen werden soll.

Bei einer sofortigen Abschaltung hat der Anbieter des Netzzugangs den Kunden unverzüglich zu unterrichten. Die Mitteilung muß die Angabe der Gründe sowie einen Hinweis auf das Widerspruchsrecht des Kunden nach § 59 Abs. 6 S. 2 TKG enthalten. Das Widerspruchsrecht des Kunden nach § 59 Abs. 6 S. 2 TKG besteht auch bei einer unverzüglichen Abschaltung[2].

Erfordert die Gefahrenlage dagegen keine unverzügliche Abschaltung, hat der Anbieter den Kunden zunächst zur Trennung der Endeinrichtung vom Netz aufzufordern. Hierbei muß die Mitteilung die Gründe sowie einen Hinweis auf das Widerspruchsrecht des Kunden aus § 59 Abs. 6 S. 2 TKG enthalten. Der Kunde hat dann die Möglichkeit, von seinem Widerspruchsrecht nach § 59 Abs. 6 TKG Gebrauch zu machen. Falls der betroffene Teilnehmer der Abschaltung seiner Endeinrichtung widerspricht und diese noch nicht erfolgte, darf die Abschaltung nur noch mit Zustimmung der Regulierungsbehörde vorgenommen werden[3].

1 Vgl. Begr. zum TKV-E, BR-Drucks. 551/97, S. 50.
2 Vgl. BeckTKG-Komm/Bönsch § 59 Rz. 33.
3 Vgl. dazu mit weiteren Einzelheiten BeckTKG-Komm/Bönsch § 59 Rz. 33.

Der Zugang ist nach § 31 S. 2 TKV wieder bereitzustellen, sobald die beanstandete Endeinrichtung von der Abschlußeinrichtung getrennt worden ist. Außerdem ist er bei einem nach Abschaltung erfolgten Widerspruch wiederherzustellen, wenn die Regulierungsbehörde ihre Zustimmung zur Abschaltung versagt[1].

4. Qualitätskennwerte und Qualitätsberichterstattung

Anbieter bestimmter Telekommunikationsdienstleistungen haben nach § 32 Abs. 1 TKV verschiedene Qualitätskennwerte zu erheben[2]. Sie sind der Regulierungsbehörde gemäß § 33 Abs. 2 S. 1 TKV nach Aufforderung zur Verfügung zu stellen und werden einmal jährlich in geeigneter Form in ihrem Amtsblatt veröffentlicht[3]. Damit sollen im Interesse des Verbraucherschutzes Qualitätsvergleiche ermöglicht werden[4].

Verpflichtet zur Erhebung der Qualitätskennwerte sind die Betreiber fester öffentlicher Telekommunikationsnetze sowie marktbeherrschende Anbieter von Sprachtelefondienst. Durch § 33 TKV und § 32 Abs. 2 TKV wird der Kreis der Verpflichteten zugunsten des Verbraucherschutzes und der Qualitätsentwicklung auch auf weitere Anbieter von Telekommunikationsdienstleistungen erstreckt[5].

Zu den Qualitätskennwerten gehören[6]: die Frist für die erstmalige Bereitstellung des Netzzugangs (Regelbereitstellungsfrist), die Fehlermeldung pro Anschluß pro Jahr, die Reparaturzeit (Regelentstörfrist), die Häufigkeit des erfolglosen Verbindungsaufbaus, die Verbindungsaufbauzeit, die Reaktionszeiten bei vermittelten Diensten, die Erhebung der Reaktionszeiten bei Auskunftsdiensten, der Anteil betriebsbereiter öffentlicher Münz- und Kartentelefone und die Abrechnungsgenauigkeit.

VIII. Die Nutzung von Mehrwertdiensten

§ 13a TKV enthält verschiedene Regelungen zur Verhinderung einer ungesetzlichen Nutzung von Mehrwertdiensterufnummern (z.B. (0)190er Rufnummern). Diese Regelungen gelten zwar nicht direkt für das Rechtsverhältnis zwischen

1 Vgl. BeckTKG-Komm/Bönsch § 59 Rz. 33.
2 Zu ergänzenden Regelungen vgl. § 32 Abs. 3 TKV und den Anhang zu dieser Vorschrift.
3 Vgl. dazu RegTP, Mitteilung Nr. 332/2002, ABl. RegTP 2002, S. 1020 ff.
4 Vgl. Kammerlohr, K&R 1998, 90 (95).
5 Vgl. Begr. zum TKV-E, BR-Drucks. 551/97, S. 51.
6 Vgl. dazu im einzelnen BeckTKG-Komm/Kerkhoff Anh § 41 § 32 TKV Rz. 8 ff.

einem Anbieter von Telekommunikationsdienstleistungen und einem Verbraucher, dienen aber letztlich dem Schutz von Verbrauchern und sollen deshalb kurz dargestellt werden.

Nach § 13a S. 1 TKV haben Anbieter, die Kunden solche Nummern zur Nutzung überlassen, mittels derer neben Telekommunikationsdienstleistungen weitere Dienstleistungen angeboten werden (Mehrwertdiensterufnummern), diese Kunden schriftlich darauf hinzuweisen, daß keine Werbung, Sachen oder sonstigen Leistungen unter Verstoß gegen gesetzliche Vorschriften zugesandt oder sonst übermittelt werden dürfen.

Hat ein Anbieter, der solche Nummern vergibt, gesicherte Kenntnis davon, daß eine solche Rufnummer unter Verstoß gegen § 13a S. 1 TKV genutzt wird, hat er nach § 13a S. 2 TKV unverzüglich geeignete Maßnahmen zur zukünftigen Unterbindung des Rechtsverstoßes zu ergreifen. Hierzu hat er den Kunden insbesondere zu mahnen. Bei erfolgloser Mahnung und gesicherter Kenntnis von einer wiederholten oder schwerwiegenden Zuwiderhandlung muß der Anbieter - soweit möglich - die mißbräuchlich verwendete Mehrwertdiensterufnummer sperren.

Mit dieser erst 2002 in die TKV eingefügten Vorschrift soll die rechtswidrige Nutzung von Mehrwertdiensterufnummern unterbunden werden[1]. Ob das Verfahren praxistauglich und sinnvoll ist, wird sich zeigen. Verbraucher sollten sich bei solchen Rechtsverstößen unter Nutzung von Mehrwertdiensterufnummern jedenfalls direkt an denjenigen Anbieter wenden, der diese Nummern vergibt, um diesem Kenntnis hierüber zu verschaffen.

1 So die Begr. zur Zweiten Verordnung zur Änderung der Telekommunikations-Kundenschutzverordnung, BR-Drucks. 505/02, S. 4.

C. Entgelt und Abrechnung

Die Berechnung und Abrechnung von Telekommunikationsdienstleistungen ist in weiten Bereichen gesetzlich geregelt. Daneben gibt es teilweise Vorgaben der Regulierungsbehörde. Dementsprechend gelten in diesen Bereichen die allgemeinen Regelungen des Zivilrechts nur sehr eingeschränkt.

In diesem Kapitel sind aus dem Themenkomplex „Entgelt und Abrechnung" die folgenden Bereiche darzustellen: Entgelt und Entgeltforderung, Sicherstellung des Entgeltlimits, Rechnung und Einzelverbindungsnachweis, die Zahlung des Kunden und ihre Rechtswirkung, Einwendungen des Kunden und Beweislastverteilung sowie die Sperre durch den Anbieter.

I. Entgelt und Entgeltforderung

Aus der Sicht des Verbrauchers sind die von verschiedenen Anbietern verlangten Preise häufig das wichtigste Entscheidungskriterium für einen Vertragsschluß. Dementsprechend hat die Entgeltregulierung durch die Regulierungsbehörde sowohl für die Interessen der Verbraucher als auch für den Wettbewerb eine erhebliche Bedeutung. Ein weiterer wichtiger Aspekt im Bereich der Telekommunikation ist aber auch die Fälligkeit der Entgeltforderung, da manche Leistungen (insbesondere das internationale Roaming) häufig erst nach einer zeitlichen Verzögerung abgerechnet werden. Für die Entgeltberechnung von Bedeutung sind schließlich auch die gesetzlichen Vorgaben zur Verbindungspreisberechnung.

1. Die Entgeltregulierung (§§ 23 ff. TKG; TEntgV)

Bestimmte Anbieter von Telekommunikationsdienstleistungen sind in der Gestaltung ihrer Tarifsysteme eingeschränkt[1]. Ein der Entgeltregulierung unterworfener Lizenznehmer ist nach § 29 Abs. 1 TKG dazu verpflichtet, von seinen Vertragspartnern nur die von der Regulierungsbehörde genehmigten Entgelte zu verlangen. Wird ein Vertrag über andere als die genehmigten Entgelte geschlossen, ist diese Entgeltvereinbarung nach § 134 BGB unwirksam[2]. An die

---

1 Vgl. Bruhn, Sicherstellung, S. 377. Zur Entgeltregulierung vgl. mit weiteren Einzelheiten Moritz, RTkom 2000, 102 (104 ff.). Zur Entgeltregulierung bei Resale-Angeboten der Deutschen Telekom AG vgl. im übrigen RegTP, Entscheidung v. 23.11.1999 - BK 2c-99/012 (nicht rechtskräftig), MMR 2000, 243 ff. mit Anm. Wuermeling. Siehe dazu auch OVG Münster, Beschluß vom 24.8.2000 - 13 B 112/00 (rechtskräftig), MMR 2000, 776 ff.

2 Vgl. Geppert/Ruhle/Schuster, Handbuch, Rz. 447.

Stelle der verlangten Entgelte treten nach § 29 Abs. 2 TKG die genehmigten Entgelte[1]. Der Entgeltregulierung gemäß §§ 24 - 31 TKG i.V.m. der TEntgV[2] unterliegen vor allem marktbeherrschende Anbieter[3]. Daneben kann nach § 2 Abs. 2, 3 TUDLV ein universaldienstverpflichtetes Unternehmen der Entgeltregulierung unterliegen, das keine marktbeherrschende Stellung auf dem jeweiligen Markt besitzt[4].

Für die Entgeltregulierung selbst gibt es in Abhängigkeit von der Telekommunikationsdienstleistung zwei verschiedene Verfahren[5], die vorherige Genehmigung nach §§ 25, 27 TKG und die nachträgliche Preisaufsicht gemäß §§ 30, 25 TKG.

Unabhängig von der Art des Verfahrens müssen die Entgelte sich gemäß § 24 TKG in jedem Fall an den Kosten der effizienten Leistungsbereitstellung orientieren[6]; außerdem dürfen sie nicht mißbräuchlich hoch oder niedrig oder diskriminierend sein[7]. Entgelte dürfen ohne sachliche Rechtfertigung keine Abschläge enthalten, die die Wettbewerbsmöglichkeiten anderer Marktteilnehmer beeinträchtigen[8].

Genauso wie die Regelungen zum Universaldienst ist der Komplex der Entgeltregulierung für Verbraucherinteressen im Ergebnis von erheblicher Relevanz[9]. Die Vorschriften der Entgeltregulierung dienen dem Wettbewerb und sichern

1 Vgl. dazu mit weiteren Einzelheiten Schütz/Müller, MMR 1999, 128 (129 f.).

2 Telekommunikations-Entgeltregulierungsverordnung (TEntgV) v. 01.10.1996, BGBl. I 1996, S. 1492.

3 Zur Erstreckung der Regulierung auf verbundene Unternehmen vgl. § 25 Abs. 3 TKG. Vgl. dazu auch BeckTKG-Komm/Schuster/Stürmer § 25 Rz. 15 ff.

4 Vgl. Geppert/Ruhle/Schuster, Handbuch, Rz. 622.

5 Zu den Genehmigungsverfahren vgl. im einzelnen Geppert/Ruhle/Schuster, Handbuch, Rz. 407 ff.; BeckTKG-Komm/Schuster/Stürmer § 25 Rz. 1 ff.

6 Vgl. dazu mit weiteren Einzelheiten BeckTKG-Komm/Schuster/Stürmer § 24 Rz. 11 ff.; Kübler-Bork, in: Bergmann/Gerhardt (Hrsg.), Telekommunikation, S. 885 (889 f.); Begr. zum TKG-E, BT-Drucks. 13/3609, S. 42; siehe auch Geppert/Ruhle/Schuster, Handbuch, Rz. 396 ff.; Moritz, RTkom 2000, 102 (105 f.).

7 Vgl. Begr. zu § 23 TKG-E, BT-Drucks. 13/3609, S. 43; s. dazu mit weiteren Einzelheiten BeckTKG-Komm/Schuster/Stürmer § 24 Rz. 27 ff.; Moritz, RTkom 2000, 102 (106 f.); Schütz/Müller, MMR 1999, 128 (131 ff.). Verfahren und Methode der Kostenberechnung sind in § 27 TKG i.V.m. der TEntgV geregelt.

8 Vgl. dazu mit weiteren Einzelheiten BeckTKG-Komm/Schuster/Stürmer § 24 Rz. 42 ff., 58 ff; Schatz, Liberalisierung, S. 12; Moritz, RTkom 2000, 102 (107).

9 Vgl. dazu Recke, Medienpolitik, S. 71; Bruhn, Sicherstellung, S. 377; Beschl. des OVG Nordrhein-Westfalen v. 12.05.1999 - 13 B 632/99, RTkom 1999, 101 (102); BeckTKG-Komm/Schuster/Stürmer § 24 Rz. 1.

zugleich (mittelbar) die Grundversorgung[1]. Sie begründen jedoch keine (öffentlich-rechtlichen) Rechte des einzelnen Kunden[2].

Anders sieht es mit eventuellen zivilrechtlichen Ansprüchen eines betroffenen Verbraucher aus. Wenn ein höheres als das genehmigte Entgelt gezahlt wurde, besteht ein Rückforderungsanspruch aus ungerechtfertigter Bereicherung[3]. Außerdem sind u.U. Schadensersatzansprüche gemäß § 40 TKG denkbar.

2. Die Fälligkeit der Entgeltforderung

Die Fälligkeit einer Forderung bedeutet, daß der Gläubiger vom Schuldner Zahlung verlangen kann. Der Zeitpunkt der Fälligkeit ist häufig mit dem Zeitpunkt der Entstehung des Anspruchs identisch. Für die Fälligkeit einer Entgeltforderung können jedoch - aufgrund einer entsprechenden Vereinbarung - neben der Entstehung des Zahlungsanspruchs weitere Voraussetzungen erforderlich sein. Beispielsweise kann die Übergabe bestimmter Dokumente als zusätzliche Fälligkeitsvoraussetzung vereinbart werden. Keine Fälligkeitsvoraussetzung ist i.d.R. die Erteilung einer Rechnung[4]. Im Einzelfall kann aber etwas anderes vereinbart werden. Wenn z.B. ein Anbieter mit einem Kunden die Übersendung von Einzelgesprächsnachweisen als entgeltliche Zusatzleistung vereinbart, wird die Gebührenforderung erst mit Vorlage dieses Nachweises fällig[5].

Die Kenntnis des Zeitpunktes der Fälligkeit ist für den Kunden in zweierlei Hinsicht bedeutsam. Zunächst muß er wissen, ab wann er die Entgeltforderung des Anbieters begleichen muß, ohne eine Mahnung, Zusatzkosten und einen Rechtsstreit zu riskieren. Darüber hinaus ist die Entstehung des Anspruchs auch für den Verjährungsbeginn maßgeblich.

Im folgenden ist zunächst auf den Entstehungszeitpunkt von Entgeltforderungen für Telekommunikationsdienstleistungen einzugehen. Anschließend geht

---

1 So Windthorst, Universaldienst, S. 427; BeckTKG-Komm/Schuster/Stürmer § 24 Rz. 3. Zur Frage, ob Entgeltregulierungsvorschriften dem Schutz von Wettbewerbern dienen, vgl. mit weiteren Einzelheiten VG Köln, Urteil v. 11.05.2000 - 1 K 4868/97 (rechtskräftig), MMR 2000, 638 (639).

2 Vgl. Beschl. des OVG Nordrhein-Westfalen v. 12.05.1999 - 13 B 632/99, RTkom 1999, 101 (102).

3 Vgl. dazu im einzelnen Geppert/Ruhle/Schuster, Handbuch, Rz. 451.

4 So mit weiteren Einzelheiten Palandt/Heinrichs § 271 Rz. 7.

5 So OLG Köln, Urt. v. 18.06.1999 - 20 U 222/98 (rechtskräftig), MMR 1999, 735 f.; CI 2000, 72.

es um die Wirksamkeit von Fälligkeitsklauseln in Allgemeinen Geschäftsbedingungen.

a) Die Entstehung des Anspruchs

Für die Entstehung des Vergütungsanspruchs kommt es entscheidend auf die typologische Einordnung des Vertrages über die jeweilige Telekommunikationsdienstleistung an[1]. Ein Vertrag über einen Festnetzanschluß z.B. wird überwiegend als gemischttypischer Vertrag angesehen, der aus miet- und werkvertraglichen Elementen besteht[2].

Bei der Einordnung einer Leistung unter das Werkvertragsrecht ist der Abnahme- oder Vollendungszeitpunkt i.S.d. §§ 641, 646 BGB entscheidend. In einem solchen Fall entsteht der Entgeltanspruch mit der Leistungserbringung. Dies dürfte z.B. bei Leistungen im offenen Call-by-Call (Herstellen einer einzigen Verbindung) anzunehmen sein[3]. Bei einer Zuordnung von Leistungen zum Mietvertragsrecht hingegen sind § 556b BGB und die von den Vertragspartnern festgelegten Zeitabschnitte zu beachten.

Der Anbieter ist im Regelfall vorleistungspflichtig, d.h. er erbringt seine Leistungen und stellt danach die aufgelaufenen Entgeltforderungen in Rechnung. In der Praxis gilt diese Vorleistungspflicht allerdings zumeist nur noch für die variablen, gesprächsabhängigen Verbindungsentgelte. Dagegen ist der fixe monatliche Grundpreis nach den AGB der Anbieter vom Verbraucher häufig im voraus zu zahlen[4]. Eine unangemessene Benachteiligung des Kunden (und damit Unwirksamkeit) ist insoweit dann anzunehmen, wenn ihm gleichzeitig das Recht zur Aufrechnung, insbesondere mit Schadensersatzansprüchen, verwehrt wird[5].

---

1 Vgl. Hahn, MMR 1999, 586 (587).

2 Vgl. Fuchs, in: Spindler (Hrsg.), Telekommunikations-Anbieter, Teil IV Rz. 84; Imping, in: Spindler (Hrsg.), Telekommunikations-Anbieter, Teil II Rz. 4 ff.; Imping, CR 1999, 425 (426). Eine rechtliche Qualifizierung als Werkvertrag erfolgt dagegen durch Biletzki, VuR 1999, 35 (36). Zur Typisierung des Mobilfunkvertrages vgl. mit weiteren Einzelheiten Imping/Pohle, K&R 2001, 251 (252 ff.).

3 Ähnlich Biletzki, VuR 1999, 35 (36).

4 Vgl. dazu mit weiteren Einzelheiten Imping, in: Spindler (Hrsg.), Telekommunikations-Anbieter, Teil VI Rz. 34.

5 Vgl. Imping, in: Spindler (Hrsg.), Telekommunikations-Anbieter, Teil VI Rz. 34.

b) Fälligkeitsklauseln und Verjährungsbeginn

Anbieter von Telekommunikationsdienstleistungen verwenden in ihren AGB häufig Fälligkeitsklauseln. Diese Klauseln stellen für die Fälligkeit (und damit die Entstehung des Anspruchs) auf den Zugang der Rechnung ab. Sie werden von Anbietern deswegen verwendet, weil z.B. Auslandsgespräche häufig erst in einer späteren Abrechnungsperiode abgerechnet werden können.

Problematisch ist bei der Verwendung solcher Fälligkeitsklauseln, daß ein Anbieter damit den Verjährungsbeginn der Entgeltforderung durch den Zeitpunkt der Rechnungstellung beeinflussen könnte[1]. Aus diesem Grund ist in solchen Fälligkeitsklauseln, die allein auf den Zugang der Rechnung abstellen, ein Verstoß gegen das Transparenzgebot zu sehen, mit der Folge, daß sie nach § 1 Abs. 2 TKV bzw. §§ 305c Abs. 2, 307 Abs. 1 S. 2 BGB unwirksam sind[2].

3. Die Verbindungspreisberechnung (§ 5 TKV)

Für die Berechnung von Telekommunikationsdienstleistungen für die Öffentlichkeit stellt § 5 TKV verschiedene Grundsätze auf. Sie sollen sicherstellen, daß Kunden nur für die tatsächliche Dauer der Inanspruchnahme von Telekommunikationsdienstleistungen Entgelt zahlen müssen[3]. Grund hierfür ist, daß ein Kunde die Richtigkeit der Ermittlung der Verbindungsentgelte durch den Anbieter praktisch nicht überprüfen kann[4]. Zur Beachtung der Abrechnungsgrundsätze[5] verpflichtet sind alle Anbieter von Telekommunikationsdienstleistungen für die Öffentlichkeit, die diese Dienstleistungen auch tatsächlich erbringen.

Die verschiedenen Pflichten sind in § 5 Nr. 1 bis 3 TKV geregelt. Nach § 5 Nr. 1 TKV ist die Dauer zeitabhängig tarifierter Verbindungen von Telekommunikationsdienstleistungen für die Öffentlichkeit unter regelmäßiger Abgleichung mit einem amtlichen Zeitnormal[6] zu ermitteln. Damit soll im Interesse

1 Vgl. Fuchs, in: Spindler (Hrsg.), Telekommunikations-Anbieter, Teil IV Rz. 139.

2 So Fuchs, in: Spindler (Hrsg.), Telekommunikations-Anbieter, Teil IV Rz. 139; Hahn, MMR 1999, 586 f.; kritisch auch Gnielinski, MMR 2000, 602 (604).

3 Zum Verfahren der Zeiterfassung und Entgeltermittlung vgl. mit weiteren Einzelheiten BeckTKG-Komm/Ehmer § 5 Rz. 2 f.

4 Vgl. Geppert/Ruhle/Schuster, Handbuch, Rz. 511; Begr. zum TKV-E, BR-Drucks. 551/97, S. 26.

5 Vgl. dazu im einzelnen RegTP, Vfg. 168/1999, ABl. RegTP 1999, S. 4101 (4102 ff.); RegTP, Mitteilung Nr. 283/1999, ABl. RegTP 1999, S. 1924 ff.; RegTP, Vfg. 17/2001, ABl. RegTP 2001, S. 554.

6 Vgl. dazu mit weiteren Einzelheiten BeckTKG-Komm/Ehmer § 5 Rz. 4 f.; RegTP, Vfg.

der Kunden ein Höchstmaß an Verläßlichkeit in der Erfassung der Verbindungszeiten erreicht werden[1].

Aufgrund der so ermittelten Verbindungsdaten werden mittels bestimmter Systeme, Verfahren und technischer Einrichtungen die Entgeltforderungen errechnet. Alle für diesen Vorgang erforderlichen Bestandteile sind nach § 5 Nr. 2 TKV einer regelmäßigen Kontrolle auf Abrechnungsgenauigkeit zu unterziehen. Dabei muß auch die Übereinstimmung mit den vertraglich vereinbarten Entgelten einschließlich der Verzonungsdaten (Entgeltrichtigkeit) überprüft werden.

Gemäß § 5 Nr. 3 TKV sind die Maßnahmen nach § 5 Nr. 1 u. 2 TKV durch ein Qualitätssicherungssystem[2] sicherzustellen. Alternativ kann auch eine jährliche Überprüfung durch vereidigte, öffentlich bestellte Sachverständige oder vergleichbare[3] Stellen stattfinden[4]. Der Diensteanbieter ist in der Wahl der Sachverständigenstelle frei, sofern diese nur unabhängig ist[5]. Die Einhaltung dieser Erfordernisse ist der Regulierungsbehörde nachzuweisen, vgl. § 5 Nr. 3 S. 2 TKV. Hierzu ist der Regulierungsbehörde die Prüfbescheinigung einer akkreditierten Zertifizierungsstelle für Qualitätssicherungssysteme oder das Prüfergebnis des Sachverständigen vorzulegen.

II. Die Sicherstellung eines Entgeltlimits (§ 18 TKV)

Nach § 18 TKV kann ein Kunde gegenüber einem Anbieter von Telekommunikationsdienstleistungen für die Öffentlichkeit festlegen, bis zu welcher monatlichen Entgelthöhe er die Dienstleistung in Anspruch nehmen will. In einem solchen Fall muß der Anbieter sicherstellen, daß diese Entgelthöhe nicht ohne die Zustimmung des Kunden überschritten wird. § 18 TKV enthält allerdings keine Einzelheiten dazu, wie diese Pflicht des Anbieters umzusetzen ist.

168/1999, ABl. RegTP 1999, S. 4101 (4102 f., 4107); RegTP, Vfg. 17/2001, ABl. RegTP 2001, S. 554.

1 Vgl. Begr. zum TKV-E, BR-Drucks. 551/97, S. 26.

2 Vgl. dazu mit weiteren Einzelheiten RegTP, Vfg. 63/2000, ABl. RegTP 2000, S. 2068; RegTP, Vfg. 18/2000, ABl. RegTP 2000, S. 582 f.

3 Zum Kriterium der Vergleichbarkeit siehe mit weiteren Einzelheiten RegTP, Vfg. 6/2001, ABl. RegTP 2001, S. 23 ff.

4 Zu den Anforderungen an den Sachverständigen und das Sachverständigengutachten vgl. mit weiteren Einzelheiten RegTP, Mitteilung Nr. 367/2001, ABl. RegTP 2001, S. 1876; RegTP, Vfg. 63/2000, ABl. RegTP 2000, S. 2068; RegTP, Vfg. 18/2000, ABl. RegTP 2000, S. 582.

5 Vgl. Kammerlohr, K&R 1998, 90 (91).

Zweck des § 18 TKV ist es, den Kunden vor überhöhten Telefonrechnungen sowie einem Mißbrauch der Telefonanlage durch Dritte zu schützen[1]. Der Kunde soll dabei generell eine Kontrollmöglichkeit über die Höhe seiner Rechnung erhalten[2]. Ein gewisser Schutz vor hohen Gebührenforderungen läßt sich ansonsten nur durch eine selektive Anrufsperre nach § 13 Abs. 2 TKV erreichen.

Wegen möglicher Probleme bei der Umsetzung des § 18 TKV führte die Regulierungsbehörde eine öffentliche Anhörung zur Auslegung dieser Vorschrift durch[3]. Auf dieser Grundlage beruht ihre anschließend veröffentlichte Auslegung des § 18 TKV[4]. Hierauf aufbauend geht es im folgenden um die Voraussetzungen der Sicherstellung eines Entgeltlimits, dessen Kosten und die Umsetzung der Entgeltvorgabe.

1. Die Voraussetzungen der Sicherstellung des Entgeltlimits

§ 18 TKV erfordert die Angabe einer monatlichen Entgelthöhe durch den Kunden. Eine sinnvolle Festlegung und Beachtung der Entgelthöhe setzt aber voraus, daß die für das Erreichen des Entgeltlimits zu berücksichtigenden kostenpflichtigen Telekommunikationsdienstleistungen bekannt sind. Deshalb wird zunächst geklärt, welche Telekommunikationsdienstleistungen auf die Entgelthöhe angerechnet werden müssen. Ferner geht es darum, wer aus § 18 TKV berechtigt bzw. verpflichtet wird. Anschließend werden die Einzelheiten einer Entgeltvorgabe seitens des Kunden dargestellt.

a) Telekommunikationsdienstleistungen

Zur Berechnung der bereits erreichten Entgelthöhe sind grundsätzlich alle über den betreffenden Telefonanschluß in Anspruch genommenen Telekommunikationsdienstleistungen für die Öffentlichkeit zu berücksichtigen. Dazu gehören der Sprachtelefondienst (Festnetz), Datendienste sowie die Vermittlung und der Transport von Sprache in Echtzeit über Mobilfunknetze.

Der Anwendungsbereich des § 18 TKV erstreckt sich aber auch auf Mehrwertdienste. Das sind Telefondienste, die zusätzlich zu den Basisdiensten der Übertragung und Vermittlung in einem Telekommunikationsnetz zusätzliche Dienstleistungen, insbesondere Informationsdienstleistungen, umfassen (vgl. auch

1 So RegTP, Mitteilung Nr. 730/2000, ABl. RegTP 2000, S. 4200 (4209); vgl. dazu auch Grote, TKV, S. 53 f.
2 So RegTP, Mitteilung Nr. 730/2000, ABl. RegTP 2000, S. 4200 (4211).
3 Vgl. dazu RegTP, Mitteilung Nr. 519/2000, ABl. RegTP 2000, S. 2872 ff.
4 Vgl. RegTP, Mitteilung Nr. 730/2000, ABl. RegTP 2000, S. 4200 (4209 ff.).

§ 13a TKV)[1]. Sie werden unter den Vorwahlen 0130 bzw. 0800 (Freecall/Freephone), 0180 (Shared-Cost-Dienste), 0190 bzw. 0900 (Premium-Rate-Dienste) angeboten.

Obwohl Mehrwertdienste neben den Telekommunikationsdienstleistungen zusätzliche Dienstleistungen beinhalten, fallen sie bei einem entsprechenden einheitlichen Angebot insgesamt in den Anwendungsbereich des § 18 TKV[2]. Zu begründen ist dies zunächst mit dem Kundenschutzzweck dieser Vorschrift. Aus der Sicht des Kunden bemißt sich die Entgelthöhe für einen Telefonmehrwertdienst nicht nach dem jeweiligen Inhalt, sondern den Tarifinformationen; der Preis ist insoweit auch vorgegeben[3]. Außerdem waren gerade die häufig hohen Kosten für die Inanspruchnahme von Mehrwertdiensten Anlaß für die Einführung dieser Norm[4].

Vom Anwendungsbereich des § 18 TKV werden z.B. auch Auskunftsdienste und Internet-by-Call erfaßt[5]. Internet-by-Call sind anmeldefreie Dienstleistungen, bei denen die Verbindungen für Internet- und Online-Dienste sowie deren Nutzung in Kombination angeboten werden. Da die technische Realisierung grundsätzlich wie beim Call-by-Call im Sprachtelefondienst erfolgt, ist Internet-by-Call in bezug auf § 18 TKV als Telekommunikationsdienstleistung anzusehen. Auskunftsdienste dagegen sind schon aufgrund der Formulierung in § 1 Nr. 2 a), b) TUDLV als Telekommunikationsdienstleistungen anzusehen.

Der Anwendungsbereich des § 18 TKV ist also sehr weit gefaßt. Eine Beschränkung im Wege der systematischen Auslegung kommt jedoch nicht in Betracht. Sie würde zunächst der Systematik der TKV widersprechen. Bei anderen Vorschriften wird eine Eingrenzung des Anwendungsbereiches stets durch die Verwendung anderer Begriffe (z.B. Sprachkommunikationsdienstleistungen für die Öffentlichkeit) vorgenommen. Außerdem würde eine Beschränkung des Geltungsbereichs auch dem Schutzzweck der Norm widersprechen. § 18 TKV soll einen Kunden vor einer überhöhten Telefonrechnung schützen. Dabei ist es letztlich gleichgültig, ob die Kosten durch die Inanspruchnahme von Sprachtelefondienst oder von Mehrwertdiensten entstanden sind[6].

---

1 Vgl. RegTP, Mitteilung Nr. 730/2000, ABl. RegTP 2000, S. 4200 (4210).

2 So RegTP, Mitteilung Nr. 730/2000, ABl. RegTP 2000, S. 4200 (4207).

3 Vgl. RegTP, Mitteilung Nr. 730/2000, ABl. RegTP 2000, S. 4200 (4211).

4 Vgl. Hoffmann, MMR 04/2001, XI (XII); RegTP, Mitteilung Nr. 730/2000, ABl. RegTP 2000, S. 4200 (4206 f.).

5 So RegTP, Mitteilung Nr. 730/2000, ABl. RegTP 2000, S. 4200 (4210).

6 So RegTP, Mitteilung Nr. 730/2000, ABl. RegTP 2000, S. 4200 (4210).

Nicht in den Anwendungsbereich des § 18 TKV fallen allerdings Freephone-Dienste und Shared-Cost-Dienste, soweit sie den Angerufenen betreffen. Eine solche Entgeltvorgabe (insbesondere durch Unternehmen) fiele nach dem Sinn des § 18 TKV nicht in den Schutzbereich dieser Vorschrift[1]. § 18 TKV ist insoweit einschränkend auszulegen.

Gleichfalls nicht vom Anwendungsbereich des § 18 TKV erfaßt wird nach Ansicht der Regulierungsbehörde das sog. „International Roaming". Sie begründet dies damit, daß die TKV nur innerhalb des Bundesgebiets gilt, Gespräche im „International Roaming" aber die Staatsgrenzen überschreiten[2]. Problematisch wäre eine solche Einbeziehung häufig auch deshalb, weil dem Mobilfunknetzbetreiber die Verbindungsdaten erst einige Zeit nach der Inanspruchnahme der Telekommunikationsdienstleistung durch den Kunden zur Verfügung stünden[3].

Für Verbraucher und Anbieter ist es gleichermaßen sinnvoll, einen klaren und verständlichen Hinweis auf die von der Kundenvorgabe erfaßten (oder auch nicht erfaßten) Leistungen in die Allgemeinen Geschäftsbedingungen des Anbieters bzw. in eine entsprechende Vereinbarung mit einem Verbraucher aufzunehmen[4]. Ein gesetzliche Pflicht für einen solchen Hinweis in den AGB besteht jedoch nicht.

b) Anspruchsberechtigte und -verpflichtete

Nach § 18 TKV anspruchsberechtigt ist ein Anschlußinhaber, der über diesen Anschluß Telekommunikationsdienstleistungen in Anspruch nimmt. Er soll durch § 18 TKV geschützt werden, weil er grundsätzlich die Kosten der Nutzung des Anschlusses zu tragen hat.

Nach § 18 TKV verpflichtet sind grundsätzlich alle Anbieter von Telekommunikationsdienstleistungen für die Öffentlichkeit. Dies ergibt sich zunächst aus dem Gesetzeswortlaut. Es folgt aber auch aus dem Ziel des Verordnungsgebers, Kunden vor überhöhten Rechnungen sowie vor dem Mißbrauch von Telefonanlagen durch Dritte zu schützen. Kein Anbieter von Telekommunikationsdienstleistungen ist ein Unternehmer, der bei einem Mehrwertdienst nur den nicht-telekommunikationsbezogenen Dienstleistungsteil erbringt (Content-Anbieter); er unterliegt damit auch nicht der Regelung des § 18 TKV[5]. Anbieter der

1 So RegTP, Mitteilung Nr. 730/2000, ABl. RegTP 2000, S. 4200 (4211).
2 So RegTP, Mitteilung Nr. 730/2000, ABl. RegTP 2000, S. 4200 (4209).
3 Vgl. Hoffmann, MMR 04/2001, XI.
4 Vgl. RegTP, Mitteilung Nr. 730/2000, ABl. RegTP 2000, S. 4200 (4204).
5 So RegTP, Mitteilung Nr. 730/2000, ABl. RegTP 2000, S. 4200 (4211).

Telekommunikationsdienstleistung ist in einem solchen Fall derjenige, der die Verbindung zum betreffenden Mehrwertdienst herstellt.

Anbieter von Telekommunikationsdienstleistungen sind jedoch in unterschiedlichem Maße an der Umsetzung der Entgeltvorgabe des Kunden beteiligt; ihre Pflichten hängen im einzelnen von ihrer Tätigkeit und rechtlichen Beziehung zum Kunden ab. Zur Leistung verpflichtet ist - nach Antrag - i.d.R. der jeweilige Vertragspartner des Kunden. Diese grundsätzliche Regelung gilt etwa für den Anbieter eines allgemeinen Netzzugangs oder einen Anbieter von sog. geschlossenem Call-by-Call. Sie müssen die Entgeltvorgabe berücksichtigen und sicherstellen, daß sie ohne Zustimmung des Kunden nicht überschritten wird.

Problematischer ist die Leistungsverpflichtung eines Anbieters von sog. offenem Call-by-Call oder von Mehrwertdiensten. Auch zwischen diesen Anbietern und Verbrauchern werden Verträge über Telekommunikationsdienstleistungen geschlossen. Solche Anbieter haben jedoch meist keinen direkten Kontakt zu ihren Kunden. Beispielsweise wird der Vertrag beim offenen Call-by-Call allein durch die Anwahl des Verbindungsnetzbetreibers und das Zustandekommen der Verbindung geschlossen. Ein umfassender Austausch von Daten und insbesondere die Vereinbarung eines Entgeltlimits findet dabei zwischen dem Verbraucher und dem Anbieter grundsätzlich nicht statt.

Damit stellt sich die Frage, ob ein Verbraucher gegenüber jedem einzelnen dieser Anbieter ein Entgeltlimit angeben muß, oder ob z.B. eine Entgeltvorgabe gegenüber seinem Netzzugangsanbieter auch die Entgeltforderungen anderer Anbieter von Telekommunikationsdienstleistungen einbeziehen muß. Im erstgenannten Fall hätte ein Kunde für einen umfassenden Schutz einen sehr hohen Aufwand zu betreiben[1]. Letztlich müßte er - etwa im Hinblick auf das offene Call-by-Call - sogar gegenüber jedem potentiellen (!) Vertragspartner (Anbieter) eine Entgeltvorgabe tätigen. Anderenfalls könnten andere Nutzer des Anschlusses (z.B. Familienangehörige) die Entgeltvorgabe mit der Anwahl eines anderen Anbieters einfach umgehen.

§ 18 TKV berücksichtigt seinem Wortlaut nach diese Problematik nicht. Sie besteht aber in ähnlicher Form auch bei den Mehrwertdiensten. Da § 18 TKV dem Kundenschutz und den Interessen von Verbrauchern dienen soll, kann von einem Kunden in der Praxis nicht verlangt werden, für einen einigermaßen sicheren Schutz vor überhöhten Telefonrechnungen eine Vielzahl (u.U. hunderte) von Anbietern kontaktieren und jeweils eine Entgeltvorgabe treffen (und ggf.

1 Vgl. Westphalen/Grote/Pohle, Telefondienstvertrag, S. 67 f.; Grote, TKV, S. 53.

auch ändern) zu müssen. Diese Gesetzeslücke ist deshalb für die Fälle des offenen Call-by-Call und der Mehrwertdienste durch Auslegung - unter Berücksichtigung der anderen Bestimmungen der TKV - zu schließen[1]. Hierbei ist vor allem zu beachten, daß der Anbieter eines allgemeinen Netzzugangs nach § 15 TKV auch die Entgeltforderungen anderer Anbieter aus offenem Call-by-Call in seine Rechnung aufnehmen muß. Systematisch spricht deshalb einiges dafür, daß ein vom Kunden gegenüber dem Netzzugangsanbieter festgelegtes Entgeltlimit sich auf den Gesamtbetrag der einheitlichen Rechnung beziehen und damit auch die Entgeltforderungen aus den genannten Call-by-Call-Gesprächen einschließen muß[2]. Eine solche Auslegung ist nach der Systematik des Gesetzes, dem Kundenschutzzweck des § 18 TKV und aus praktischen Gründen geboten[3]. Ähnliche Überlegungen gelten auch für diejenigen Mehrwertdienste, die in den Anwendungsbereich des § 18 TKV fallen und dem Inkasso durch den Netzzugangsanbieter unterliegen[4]. Solche Mehrwertdienste waren nicht zuletzt Anlaß dafür, die Möglichkeit eines Entgeltlimits in der TKV zu regeln[5].

Grundsätzlich ist daher der Anbieter eines allgemeinen Netzzugangs verpflichtet, im Anwendungsbereich des § 18 TKV auch die für das offene Call-by-Call und Mehrwertdienste angefallenen Entgeltforderungen in bezug auf das Entgeltlimit zu berücksichtigen[6]. Damit dies dem Netzzugangsanbieter jedoch überhaupt möglich ist, sind die entsprechenden Anbieter dieser Dienste dazu verpflichtet, ihm online die angefallenen Gesprächsgebühren zu übermitteln[7]. Diese Pflicht zur sofortigen Übermittlung der Entgeltforderungen folgt für die Anbieter von Call-by-Call und Mehrwertdiensten aus § 18 TKV[8]; auch sie dient der Sicherstellung der Einhaltung des Entgeltlimits. Die Übermittlungspflicht soll sogar schon dann bestehen, wenn noch keine Entgeltvorgabe eines bestimmten Kunden vorliegt, damit der Netzzugangsanbieter bei einem entsprechenden Verlangen des Kunden nicht erst eine Vielzahl von Anbietern informieren muß[9].

---

1 Vgl. RegTP, Mitteilung Nr. 730/2000, ABl. RegTP 2000, S. 4200 (4210, 4211).
2 So RegTP, Mitteilung Nr. 730/2000, ABl. RegTP 2000, S. 4200 (4210).
3 So RegTP, Mitteilung Nr. 730/2000, ABl. RegTP 2000, S. 4200 (4210).
4 Vgl. RegTP, Mitteilung Nr. 730/2000, ABl. RegTP 2000, S. 4200 (4211).
5 So RegTP, Mitteilung Nr. 730/2000, ABl. RegTP 2000, S. 4200 (4211).
6 So RegTP, Mitteilung Nr. 730/2000, ABl. RegTP 2000, S. 4200 (4210, 4211).
7 So mit weiteren Einzelheiten RegTP, Mitteilung Nr. 730/2000, ABl. RegTP 2000, S. 4200 (4210 f.).
8 Vgl. RegTP, Mitteilung Nr. 730/2000, ABl. RegTP 2000, S. 4200 (4210).
9 So RegTP, Mitteilung Nr. 730/2000, ABl. RegTP 2000, S. 4200 (4210).

Nicht erfaßt von der Entgeltvorgabe gegenüber dem Netzzugangsanbieter werden dagegen diejenigen Entgeltforderungen, die von einem anderen Anbieter selbst abgerechnet werden[1]. Dies gilt auch für solche Mehrwertdienste, für die über das Verbindungsentgelt hinaus gesonderte Vergütungen anfallen oder für die ein einheitliches Verbindungsentgelt erhoben wird, das sich nicht in Abhängigkeit von der Dauer der Verbindung bestimmen läßt[2]. Gleichfalls nicht für das Entgeltlimit zu berücksichtigen sind reine E-Commerce-Leistungen[3].

c) Die Angabe eines Entgeltlimits

Der Verbraucher muß dem verpflichteten Anbieter ein Entgeltlimit mitteilen. Hierbei ist zunächst fraglich, ob diese Entgelthöhe einen etwaige monatliche Festpreise berücksichtigen soll, z.B. das Grundentgelt für einen Telefonanschluß oder einen Festpreis für einen bestimmten Datendienst. Dem Wortlaut nach bezieht sich § 18 TKV auf alle Telekommunikationsdienstleistungen für die Öffentlichkeit. Sie würde damit auch solche Festpreise umfassen. Allerdings wäre dies insofern merkwürdig, als die Vorgabe der Entgelthöhe grundsätzlich nur dann Sinn macht, wenn die Menge der erbrachten Leistungen bzw. das dafür zu entrichtende Entgelt gerade nicht von vornherein bekannt sind[4]. Genausogut kann man argumentieren, daß bei einem monatlichen Festpreis die Vorgaben des § 18 TKV immer erfüllt sind und deshalb kein Bedarf für eine Einschränkung des Anwendungsbereichs besteht[5].

Die Regulierungsbehörde hat die Entscheidung dieser Frage grundsätzlich offengelassen[6]. Nur für den festen Grundpreis eines Telefonanschlusses hat sie entschieden, daß dieser nicht von § 18 TKV und damit nicht von der Entgeltvorgabe des Kunden erfaßt wird[7]. Grund hierfür ist, daß bei einer Entgeltanzeige oder –ansage im Endgerät des Kunden insoweit Zuordnungsschwierigkeiten bzgl. des Festpreises auftreten können, wenn an den Anschluß mehrere Endgeräte angeschlossen sind[8]. Außerdem ist das Schutzbedürfnis des Kunden in bezug auf das (bekannte) Grundentgelt als festen Kostenbestandteil als eher gering einzustufen.

1 Vgl. RegTP, Mitteilung Nr. 730/2000, ABl. RegTP 2000, S. 4200 (4211).
2 So RegTP, Mitteilung Nr. 730/2000, ABl. RegTP 2000, S. 4200 (4211).
3 Vgl. RegTP, Mitteilung Nr. 730/2000, ABl. RegTP 2000, S. 4200 (4211).
4 Vgl. Westphalen/Grote/Pohle, Telefondienstvertrag, S. 67.
5 Vgl. RegTP, Mitteilung Nr. 730/2000, ABl. RegTP 2000, S. 4200 (4204).
6 Vgl. RegTP, Mitteilung Nr. 730/2000, ABl. RegTP 2000, S. 4200 (4204).
7 So RegTP, Mitteilung Nr. 730/2000, ABl. RegTP 2000, S. 4200 (4204).
8 So RegTP, Mitteilung Nr. 730/2000, ABl. RegTP 2000, S. 4200 (4204).

Im übrigen ist bei einer (neuen) Entgeltvorgabe eines Kunden zu berücksichtigen, daß der jeweils verpflichtete Anbieter eine angemessene Frist für die technische Umsetzung und Realisierung des Entgeltlimits haben muß.

2. Die Kosten des Entgeltlimits

Die Frage einer möglichen Entgeltpflichtigkeit der Sicherstellung eines Entgeltlimits ist nicht ausdrücklich geregelt. Gegen eine Unentgeltlichkeit spricht, daß in der TKV grundsätzlich ausdrücklich geregelt wird, wenn eine Leistung unentgeltlich zu erbringen ist (vgl. z.B. § 14 S. 4 TKV). Außerdem ist zu bedenken, daß § 18 TKV in besonderer Weise Verantwortlichkeiten des Kunden (Kontrolle der entgeltpflichtigen Nutzung seines Telefonanschlusses) auf die Anbieter überträgt[1]. Auch dies deutet darauf hin, daß für die Dienstleistung nach § 18 TKV ein Entgelt verlangt werden darf[2]. Nach Ansicht der Regulierungsbehörde darf dieses Entgelt allerdings nicht so hoch angesetzt sein, daß es dem Kunden die Inanspruchnahme der Dienstleistung erheblich erschwert und damit als Zugangsbarriere anzusehen ist[3].

3. Die Umsetzung der Entgeltvorgabe

Gibt der Kunde eine bestimmte Entgelthöhe vor, muß der verpflichtete Anbieter nach § 18 S. 2 TKV sicherstellen, daß diese nicht ohne Zustimmung des Kunden überschritten wird. Zur technischen Umsetzung der Entgeltvorgabe des Kunden hält die Regulierungsbehörde drei alternative Systeme für zulässig[4]: Prepaid-Produkte, eine (wiederholte) Ansage nach Erreichen des Entgeltlimits oder eine ständige Entgeltinformation im Display des Kunden. Von einem Anbieter muß nur eine dieser drei Möglichkeiten angeboten werden[5]. Außerdem kann das Entgeltlimit auch bezogen auf eine einzige Rufnummer umgesetzt werden[6].

Prepaid-Produkte werden bislang vor allem im Mobilfunkbereich angeboten. Nachteilig für die Kunden ist bei diesen Angeboten, daß die Tarife grundsätzlich wesentlich teurer sind. Der ungünstigere Tarif dürfte (u.a.) das Entgelt für

1 So RegTP, Mitteilung Nr. 730/2000, ABl. RegTP 2000, S. 4200 (4212).
2 So Grote, TKV, S. 54; RegTP, Mitteilung Nr. 730/2000, ABl. RegTP 2000, S. 4200 (4212).
3 So RegTP, Mitteilung Nr. 730/2000, ABl. RegTP 2000, S. 4200 (4212).
4 Vgl. RegTP, Mitteilung Nr. 730/2000, ABl. RegTP 2000, S. 4200 (4211).
5 So RegTP, Mitteilung Nr. 730/2000, ABl. RegTP 2000, S. 4200 (4211).
6 Vgl. RegTP, Mitteilung Nr. 730/2000, ABl. RegTP 2000, S. 4200 (4211).

die Inanspruchnahme einer Art des Entgeltlimits darstellen[1]. Ein weiterer Nachteil von Prepaid-Produkten ist, daß meist kein Roaming möglich ist[2]. Problematisch erscheint im Hinblick auf die Überprüfung und Kontrolle der Entgeltforderungen auch, daß der Verbraucher bei Prepaid-Produkten derzeit keinen Einzelverbindungsnachweis verlangen kann. Der Anwendungsbereich solcher Produkte dürfte deshalb im Festnetz auf absehbare Zeit eher beschränkt sein.

Eine weitere zulässige Alternative stellt nach Ansicht der Regulierungsbehörde eine Ansage nach Erreichen des Entgeltlimits dar. Voraussetzung hierfür ist jedoch, daß die Ansage vor jedem Gespräch wiederholt wird, damit auch tatsächlich alle (Mit-)Nutzer der Telefonanlage vom Überschreiten des Entgeltlimits erfahren[3]. Werden diese Vorgaben erfüllt, wird jedes weitere Gespräch als Überschreitung der Entgelthöhe mit Zustimmung des Kunden gewertet und diesem zugerechnet[4]. Diese Form der Umsetzung des Entgeltlimits hat den Nachteil, daß ein Mißbrauch des Anschlusses durch Dritte nicht verhindert, sondern höchstens früher erkannt werden kann, sofern die jeweilige Höhe mitgeteilt wird[5].

Schließlich kann die Umsetzung der Entgeltvorgabe auch so erfolgen, daß der Kunde über das Display seines Endgeräts mit einer ständigen Entgeltinformation versorgt wird. Diese Alternative setzt einen Anschluß an einer digitalisierten Vermittlungsstelle sowie ein Display im Endgerät des Kunden voraus[6]. Die Anzeige der Kosten und die Aufsummierung im Endgerät soll ausreichend sein[7]. Das Führen von Gesprächen trotz Überschreitung des gesetzten Limits soll dann nach allgemeinen Beweisgrundsätzen als Zustimmung mit der Überschreitung gewertet werden[8]. Nachteil auch dieser Umsetzung des Entgeltlimits wäre also, daß sie einen Mißbrauch des Anschlusses nicht wirksam verhindern würde.

Weitergehende Anforderungen an die Umsetzung einer Entgeltvorgabe nach § 18 TKV hat die Regulierungsbehörde abgelehnt. Dies betraf z.B. eine sofortige Abschaltung bei Überschreiten des Limits sowie die Qualifizierung von über

1 Ähnlich RegTP, Mitteilung Nr. 730/2000, ABl. RegTP 2000, S. 4200 (4211).
2 Vgl. RegTP, Mitteilung Nr. 730/2000, ABl. RegTP 2000, S. 4200 (4211).
3 So RegTP, Mitteilung Nr. 730/2000, ABl. RegTP 2000, S. 4200 (4212).
4 Vgl. RegTP, Mitteilung Nr. 730/2000, ABl. RegTP 2000, S. 4200 (4212).
5 So RegTP, Mitteilung Nr. 730/2000, ABl. RegTP 2000, S. 4200 (4212).
6 Vgl. RegTP, Mitteilung Nr. 730/2000, ABl. RegTP 2000, S. 4200 (4212).
7 So RegTP, Mitteilung Nr. 730/2000, ABl. RegTP 2000, S. 4200 (4212).
8 Ähnlich RegTP, Mitteilung Nr. 730/2000, ABl. RegTP 2000, S. 4200 (4212).

das Limit hinaus erbrachten Leistungen als vertraglich nicht geschuldet[1]. Aus der Sicht des Verbrauchers ist diese Ansicht zu kritisieren. Mit den drei dargestellten Systemen kann ein Mißbrauch des Anschlusses nicht wirksam verhindert bzw. der Schaden begrenzt werden. Gerade dies sollte aber eigentlich mit § 18 TKV erreicht werden. Dagegen setzt sich ein Verbraucher mit der Entscheidung für ein Entgeltlimit zusätzlichen Kosten aus, z.B. für Gebühren und den Kauf neuer Geräte. Wünschenswert wäre eine Sperrung der Leitung bei Erreichen eines bestimmten Entgeltlimits, bei der grundsätzlich nur noch eingehende Anrufe empfangen und Notrufe (sowie evtl. Ortsgespräche) getätigt werden können. Alternativ könnte - nach den Umständen - zunächst nur eine Sperrung teurer Mehrwertdienste und von Auslandsgesprächen erfolgen.

III. Rechnung und Einzelverbindungsnachweis

Grundsätzlich kann jeder Anbieter von Telekommunikationsdienstleistungen die Ausgestaltung der Rechnung selbst bestimmen, insbesondere durch seine AGB[2]. Eine Ausnahme hiervon besteht für die Rechnung der Anbieter eines Zugangs zum öffentlichen Telekommunikationsnetz. Für die Erstellung und den Inhalt solcher Rechnungen enthält § 15 TKV verschiedene Regelungen.

Ergänzende Regelungen über den Einzelverbindungsnachweis enthält § 14 TKV. Diese Vorschrift soll dem Kunden die Überprüfung und Kontrolle der entstandenen Entgeltforderungen ermöglichen.

1. Die Gesamtrechnung (§ 15 TKV)

Aus § 15 TKV ergeben sich verschiedene Vorgaben bzgl. der Erteilung und dem Inhalt der Rechnung eines Anbieters von Zugängen zum öffentlichen Telekommunikationsnetz. Die Regelungen des § 15 TKV sollen vor allem den Interessen der Kunden dienen[3]. Der Verbraucher ist nicht zuletzt deshalb besonders schutzwürdig, weil er bei Inanspruchnahme der Dienstleistungen i.d.R. keine unmittelbare Kostenkontrolle hat und deshalb die Höhe der später in

1 Vgl. RegTP, Mitteilung Nr. 730/2000, ABl. RegTP 2000, S. 4200 (4212).

2 Vgl. hierzu z.B. AG Düsseldorf, Urt. v. 29.10.2001 - 56 C 10527/01 (rechtskräftig), VuR 2002, 142 f.

3 Vgl. Grote, TKV, S. 42. Anders die Gesetzesbegründung, die als Gesetzeszweck auch die Marktgängigkeit des Angebots der Verbindungsnetzbetreiber aufführt, vgl. Begr. zum TKV-E, BR-Drucks. 551/97, S. 34. Zu Bedenken im Hinblick auf die Ermächtigungsgrundlage vgl. Grote, TKV, S. 40.

Rechnung gestellten Entgelte nur eingeschränkt überprüfen kann[1]. Daneben sind aber auch die Verbindungsnetzbetreiber faktisch Begünstigte des § 15 TKV[2]. Grund hierfür ist, daß ihre Tätigkeit durch die Aufnahme ihrer Entgeltforderungen in die Rechnung nach § 15 TKV erheblich vereinfacht wird.

Nachfolgend geht es zunächst um den Anspruch aus § 15 TKV und seine Voraussetzungen. Anschließend wird der Inhalt einer Rechnung nach § 15 TKV im einzelnen dargestellt.

a) Der Anspruch auf Erstellung einer Gesamtrechnung

Nach § 15 Abs. 1 TKV hat ein Kunde grundsätzlich einen Anspruch auf die Erstellung einer umfassenden Rechnung über alle von seinem Anschluß aus hergestellten Verbindungen[3]. Das bedeutet, daß die Rechnung auch die Entgelte für solche Verbindungen auszuweisen hat, die durch Auswahl anderer Anbieter von Telekommunikationsdienstleistungen über den Netzzugang des Kunden entstehen. Diese Regelung ist im Zusammenhang mit der Bestimmung des § 43 Abs. 6 TKG (Ermöglichung von Preselection und Call-by-Call) zu sehen.

Der Regelungsinhalt des § 15 Abs. 1 TKV ist im deutschen Recht einzigartig, denn er verpflichtet ein Unternehmen, bestimmte Forderungen von Wettbewerbern in die Rechnung an die eigenen Kunden aufzunehmen[4]. Für den Verbraucher hat diese einheitliche, zusammengefaßte Rechnung einige Vorteile. Sie gibt ihm eine regelmäßige - meist monatliche - Übersicht über alle aktuellen Entgeltforderungen, sofern diese tatsächlich zeitnah abgerechnet werden[5]. Diese Übersicht der Zahlungsverpflichtungen ist unter dem Aspekt der Kostenkontrolle sehr wichtig.

Die Zusammenfassung der Forderungen verschiedener Anbieter in einer Rechnung kann im Einzelfall allerdings auch das Auseinanderhalten der zugrundeliegenden Rechtsverhältnisse erschweren[6]. Aus der Sicht z.B. eines Call-by-Call-Anbieters hat eine Abrechnung seiner Verbindungen über den Netzzugangsanbieter des Kunden ferner den Nachteil, daß kein direkter Kontakt zum

---

1 So Säcker/Calliess, K&R 1999, 289 (294).

2 Vgl. Grote, TKV, S. 42; siehe dazu auch den Begriff der „Marktgängigkeit“ in der Begr. zum TKV-E, BR-Drucks. 551/97, S. 34.

3 Dabei sind nur die kostenpflichtigen Sprachkommunikationsdienstleistungen in die Rechnung aufzunehmen, vgl. Begr. zum TKV-E, BR-Drucks. 551/97, S. 34.

4 Vgl. Grote, TKV, S. 40.

5 Eine zeitnahe Abrechnung erfolgt in der Praxis allerdings nicht immer, vgl. Koenig/ Neumann, K&R 2000, 417 (421).

6 Vgl. Grote, TKV, S. 40.

Kunden besteht und es schwieriger ist, eine Kundenbindung herzustellen[1]. Bei nur geringen Entgeltforderungen kann es für ihn allerdings teurer sein, eigene Rechnungen versenden zu müssen.

b) Die Anspruchsvoraussetzungen

Der Anspruch des Kunden aus § 15 TKV auf Erstellung einer umfassenden Rechnung setzt zunächst voraus, daß er einen allgemeinen Zugang zum öffentlichen Telekommunikationsnetz hat.

Gesetzlich nicht ausdrücklich geregelt ist jedoch, wem gegenüber der Anspruch auf diese Rechnung besteht. Der Grund für das Weglassen einer ausdrücklichen Regelung war, daß künftige Entwicklungsmöglichkeiten auf dem Telekommunikationsmarkt nicht negativ beeinflußt werden sollten[2]. Nach dem Sinn des § 15 Abs. 2 TKV ist Anspruchsgegner aber nur der Anbieter des Zugangs zum Telekommunikationsnetz (Rechnungsersteller). Es kommt dabei nur darauf an, wer Vertragspartner des Kunden über den Netzzugang ist, nicht dagegen, wer den Netzzugang technisch bereitstellt[3]. Der Netzzugangsanbieter kann also z.B. auch ein Reseller sein[4]. Der Anspruch (auf eine einzige Rechnung) besteht dagegen nicht gegenüber weiteren Anbietern von Telekommunikationsdienstleistungen (z.B. Call-by-Call-Anbietern), zu denen der Kunde weitere Vertragsbeziehungen unterhält und deren Leistungen er in Anspruch nimmt. Der Kunde kann jedoch mit diesen anderen Vertragspartnern ohne weiteres vereinbaren, daß diese Einzelrechnungen erstellen[5].

Dementsprechend setzt der Anspruch gegenüber dem Zugangsanbieter nach § 15 Abs. 1 TKV voraus, daß der Kunde mit einem solchen anderen Anbieter nicht eine andere Rechnungserstellung („etwas anderes") vereinbart hat. Der Verbraucher hat insofern ein Wahlrecht, ob er eine Einzel- oder Gesamtabrechnung erhalten möchte. Dieses Recht muß ihm auch hinreichend deutlich gemacht werden. Der Kunde kann von seinem Recht aus § 15 TKV nicht nur zu Beginn, sondern auch während eines laufenden Vertragsverhältnisses Gebrauch machen[6]. Im Hinblick auf dieses Wahlrecht erscheint die Praxis einiger Verbindungsnetzbetreiber nicht unproblematisch, den Vertragsschluß von der Zustim-

---

1 Vgl. Bornhofen, K&R 1999, 500 (502).
2 Vgl. Begr. zum TKV-E, BR-Drucks. 551/97, S. 34.
3 Vgl. im einzelnen Begr. zum TKV-E, BR-Drucks. 551/97, S. 34; Grote, TKV, S. 41.
4 Vgl. Grote, TKV, S. 41.
5 Vgl. Begr. zum TKV-E, BR-Drucks. 551/97, S. 34.
6 Siehe dazu im einzelnen BeckTKG-Komm/Kerkhoff Anh § 41 § 15 TKV Rz. 5.

mung des Kunden zur Rechnungserstellung durch diesen Anbieter abhängig zu machen[1].

Eine abweichende Regelung für die Rechnungserstellung kann grundsätzlich auch in AGB getroffen werden. Hierbei sollte jedoch zusätzlich ein entsprechender deutlicher Hinweis auf dem Auftragsformular erfolgen und die Zustimmung des Kunden eingeholt werden, um eine Qualifizierung der AGB-Klausel als überraschend i.S.d. § 305c Abs. 1 BGB zu vermeiden[2].

c) Der Inhalt der Rechnung

Die Rechnung des Netzzugangsanbieters gemäß § 15 TKV hat grundsätzlich die allgemeinen Bestandteile einer Rechnung zu enthalten, beispielsweise den Ersteller der Rechnung, den Rechnungsempfänger, den Rechnungsbetrag, die zu berechnenden Leistungen und die Angabe eines Zahlungswegs. Darüber hinaus sind für Rechnungen auf dem Gebiet der Telekommunikation nach § 15 TKV weitere Anforderungen an den Inhalt einer Rechnung zu beachten. Diese sind vor allem dann von Bedeutung, wenn in der Rechnung die Entgeltforderungen mehrerer Anbieter von Telekommunikationsdienstleistungen geltend gemacht werden. Für diesen Fall enthält § 15 Abs. 1 S. 2 TKV die ausdrückliche Regelung, daß die Rechnung die einzelnen Anbieter sowie zumindest die Gesamthöhe der auf sie entfallenden Entgelte beinhalten muß.

Eine Vorgabe allgemeiner Art für den Inhalt der Rechnung ergibt sich daneben auch durch das Entbündelungsgebot nach § 3 Abs. 2 TKV. Danach sind die einzelnen Leistungen (auch) bei einer Zusammenfassung in einer Rechnung getrennt auszuweisen. Dies gilt jedoch nur in bezug auf die Telekommunikationsdienstleistungen für die Öffentlichkeit von solchen Anbietern, die für diese Leistungen marktbeherrschend sind[3]. Im übrigen hat die Regulierungsbehörde weitere Anforderungen an den Inhalt einer Rechnung nach § 15 TKV aufgestellt[4].

Im folgenden sind die sich aus dem Vorgenannten ergebenden notwendigen Bestandteile einer Rechnung i.S.d. § 15 TKV darzustellen. Zu diesen gehören: Angaben zu den einzelnen Anbietern, die Verbindungen, die Gesamthöhe der Entgeltforderungen der einzelnen Anbieter, der Ausweis einer Gesamtrech-

1 Zu diesem Aspekt vgl. mit weiteren Einzelheiten BeckTKG-Komm/Kerkhoff Anh § 41 § 15 TKV Rz. 6; Grosskopf/Taubert, CR 1998, 603 (607).

2 So Bornhofen, K&R 1999, 500 (502).

3 Vgl. Begr. zum TKV-E, BR-Drucks. 551/97, S. 24.

4 Vgl. dazu RegTP, Beschluß v. 21.02.2000 - BK 3a-99/032 (nicht bestandskräftig), MMR 2000, 298 (304 ff.).

nungssumme, die Auflistung der Einzelprodukte der Anbieter, ein Einzelverbindungsnachweis auf Verlangen des Kunden, die Angabe einer einheitlichen Bankverbindung zur Zahlung der Gesamtrechnungssumme sowie bestimmte Hinweise zur Erhebung von Einwendungen.

aa) Angaben zu einzelnen Anbietern

Die Rechnung muß nach § 15 Abs. 1 S. 2 TKV zunächst die Namen, ladungsfähigen Anschriften und kostenfreien Servicenummern der einzelnen Anbieter von Netzdienstleistungen enthalten, die gegen den Verbraucher Ansprüche in der betreffenden Abrechnungsperiode geltend machen. Die Angabe der Anbieter kann sich dabei auf solche Verbindungsnetzbetreiber beschränken, die der Kunde mit der betreffenden Netzbetreiberkennzahl selbst an- und ausgewählt hat[1]. Nicht möglich (und erforderlich) dürfte es dagegen sein, die unterschiedlichen Verbindungsnetzbetreiber anzugeben, deren sich ein Reseller (der vom Kunden ausgewählt wurde) im Einzelfall bedient[2].

Mit der Verpflichtung zur Nennung einer kostenfreien Servicenummer soll dem Telefonkunden die Möglichkeit gegeben werden, sich über den Diensteanbieter zu informieren, der für Inhalt und Tarifierung verantwortlich ist[3]. Insgesamt dienen die Angaben dazu, dem Verbraucher die Geltendmachung von Einwendungen und Ansprüchen, insbesondere bei der beabsichtigten oder unbeabsichtigten[4] Inanspruchnahme von Mehrwertdiensten, zu erleichtern.

bb) Die Verbindungen

In die Rechnung aufzunehmen sind nach dem Wortlaut des § 15 TKV die sog. „Verbindungen" (und die dafür verlangten Entgelte). Unklar ist, welche Dienstleistungen unter diesen Begriff fallen[5]. Fraglich ist insbesondere, ob darunter nur Sprachverbindungen oder auch andere Verbindungen zu verstehen sind.

Nach der Gesetzesbegründung zu § 15 TKV beschränkt sich der Anwendungsbereich der Vorschrift auf Sprachkommunikationsdienstleistungen[6]. Die damit

---

1 Vgl. Grote, TKV, S. 42.

2 Vgl. dazu mit weiteren Einzelheiten Grote, TKV, S. 42; Westphalen/Grote/Pohle, Telefondienstvertrag, S. 74.

3 So die Begr. zur Zweiten Verordnung zur Änderung der Telekommunikations-Kundenschutzverordnung, BR-Drucks. 502/02 (Beschluß), S. 1.

4 Etwa bei sog. Dialern, vgl. dazu auch die Informationen der RegTP, die über die Internetseite der RegTP (http://www.regtp.de) erhältlich sind.

5 Vgl. hierzu z.B. die Zusammenfassung bei Penning, CR 2002, 22 (25 f.).

6 So die Begr. zum TKV-E, BR-Drucks. 551/97, S. 34.

verbundene Eingrenzung des Anwendungsbereichs des § 15 TKV auf „Sprach-“ Verbindungen läßt sich jedoch weder dem Gesetzeswortlaut noch dem Sinn und Zweck dieser Vorschrift entnehmen[1]. Diese Norm soll vor allem - durch eine übersichtliche und klare Ausweisung der entstandenen Telekommunikationskosten - dem Kundenschutz dienen[2]. Es stellt jedoch ein wesentliches Interesse des Verbrauchers dar, daß in der Rechnung nicht nur Sprachverbindungen, sondern auch andere Verbindungen aufgeführt werden. Aus der Sicht des Verbrauchers wäre es unverständlich, wenn er für das Führen eines Telefongesprächs und das Senden eines Telefaxes unterschiedliche Rechnungen erhielte und eine multifunktionale Nutzung des Telefonanschlusses mit mehreren Rechnungen „sanktioniert“ würde[3]. Dabei ist zu berücksichtigen, daß es weder für die technische Erbringung der Telekommunikationsdienstleistung noch ihre Abrechnung einen Unterschied macht, ob der Kunde die Verbindung für eine Sprach- oder Datenübertragung nutzt[4]. In die Rechnung nach § 15 TKV müssen deshalb sowohl Sprach- als auch Datenverbindungen aufgenommen werden[5].

Des weiteren ist umstritten, ob auch Mehrwertdienste, Auskunftsdienste und Internet-by-Call in die einheitliche Rechnung nach § 15 TKV aufzunehmen sind[6]. Problematisch ist bei diesen Diensten, daß kombinierte Entgelte für die zugrundeliegende Telekommunikationsdienstleistung sowie die zusätzliche Dienstleistung zu zahlen sind. Eigentlich legt der Begriff der Sprachkommunikationsdienstleistungen bereits seinem Wortlaut nach nahe, darunter diejenigen Telekommunikationsdienstleistungen zu verstehen, bei denen eine Übertragung von Sprache stattfindet. Diese Begriffsbestimmung würde auch einen Teil der Mehrwertdienste und Auskunftsdienste erfassen, nicht jedoch Internet-by-Call[7].

---

1 So auch Penning, CR 2002, 22 (25); RegTP, Beschl. v. 21.02.2000 - BK 3a-99/032 (nicht bestandskräftig), MMR 2000, 298 (308); Säcker/Calliess, K&R 1999, 289 (295); ähnlich Piepenbrock/Müller, Beilage MMR 04/2000, 1 (8 f.).

2 Vgl. Begr. zum TKV-E, BR-Drucks. 551/97, S. 34; Piepenbrock/Müller, Beilage MMR 04/2000, 1 (9). Zu Bedenken bzgl. des in der Gesetzesbegründung auch genannten Zwecks der Marktgängigkeit im Hinblick auf die Ermächtigungsgrundlage vgl. Grote, TKV, S. 40.

3 So Piepenbrock/Müller, Beilage MMR 04/2000, 1 (9).

4 Vgl. Penning, CR 2002, 22 (25); Piepenbrock/Müller, Beilage MMR 04/2000, 1 (9).

5 So RegTP, Beschl. v. 21.02.2000 - BK 3a-99/032 (nicht bestandskräftig), MMR 2000, 298 (308); Piepenbrock/Müller, Beilage MMR 04/2000, 1 (9).

6 Gegen eine Pflicht zur Aufnahme: Westphalen/Grote/Pohle, Telefondienstvertrag, S. 70 ff.; Grote, TKV, S. 41; Säcker/Calliess, K&R 1999, 289 (295); für eine Pflicht zur Aufnahme: Penning, CR 2002, 22 (25 f.); RegTP, Beschl. v. 21.02.2000 - BK 3a-99/032 (nicht bestandskräftig), MMR 2000, 298 (308) im Rahmen des § 33 TKG; Piepenbrock/Müller, Beilage MMR 04/2000, 1 (10).

7 Ähnlich wohl auch RegTP, Beschl. v. 21.02.2000 - BK 3a-99/032 (nicht bestandskräftig), MMR 2000, 298 (308).

Nach § 15 Abs. 1 S. 1 TKV sind „die Entgelte für Verbindungen“ auszuweisen. Diese Formulierung läßt keinen zwingenden Schluß darauf zu, daß nur Entgelte für „reine“ Telekommunikationsdienstleistungen in der Rechnung auszuweisen sind[1]. Vielmehr war dem Verordnungsgeber aufgrund des zeitlich vor der TKV in Kraft getretenen Teledienstegesetzes (TDG) bekannt, daß Angebote wie die Mehrwertdienste aus der (technischen) Telekommunikationsdienstleistung und der (inhaltsbezogenen) Zusatzdienstleistung bestehen[2]. Hätte er also diese kombinierten Leistungen aus dem Anwendungsbereich des § 15 TKV ausschließen wollen, hätte er dies klarstellen können[3].

Aufgrund der auch bei solchen kombinierten Dienstleistungen gleichbleibenden Interessenlage des Kunden - und damit nach dem Sinn und Zweck des § 15 TKV - ist von einer Pflicht zu ihrer Aufnahme in die Rechnung auszugehen[4]. Ohne die Ausweisung auch von solchen kombinierten Diensten würde der Zweck, dem Kunden eine umfassende, übersichtliche und transparente Darstellung der von ihm in Anspruch genommenen entgeltpflichtigen Telekommunikationsdienstleistungen zu geben, in weiten Bereichen verfehlt[5].

Nicht über die einheitliche Rechnung fakturiert werden müssen allerdings Leistungen, für die über das Verbindungsentgelt hinaus gesonderte Zahlungen anfallen[6], etwa bei telefonisch oder im Internet bestellten Waren[7]. Gleichfalls nicht in die Rechnung aufgenommen werden müssen Leistungen, für die - mit Ausnahme der Shared-Cost-Dienste - ein einheitliches Verbindungsentgelt erhoben wird, das sich jedoch nicht in Abhängigkeit von der Verbindungsdauer berechnen läßt[8]. Mit diesen Begrenzungen soll eine Ausdehnung auf reine E-Commerce-Leistungen vermieden werden, die mit der Telekommunikationsdienstleistung nicht in unmittelbarem Zusammenhang stehen und deren Auf-

1 Vgl. dazu mit weiteren Einzelheiten Piepenbrock/Müller, Beilage MMR 04/2000, 1 (9). Dagegen sind Säcker/Calliess, K&R 1999, 289 (295) der Ansicht, daß nur reine Entgelte für Verbindungen oder Netzdienstleistungen von § 15 TKV erfaßt werden.
2 Vgl. Piepenbrock/Müller, Beilage MMR 04/2000, 1 (11).
3 So Piepenbrock/Müller, Beilage MMR 04/2000, 1 (11).
4 So auch Penning, CR 2002, 22 (25 f.); RegTP, Beschl. v. 21.02.2000 - BK 3a-99/032 (nicht bestandskräftig), MMR 2000, 298 (308).
5 So Piepenbrock/Müller, Beilage MMR 04/2000, 1 (10).
6 So Grote, TKV, S. 41; RegTP, Beschl. v. 21.02.2000 - BK 3a-99/032 (nicht bestandskräftig), MMR 2000, 298 (308).
7 Vgl. Grote, TKV, S. 41.
8 So RegTP, Beschl. v. 21.02.2000 - BK 3a-99/032 (nicht bestandskräftig), MMR 2000, 298 (308); Grote, TKV, S. 41.

nahme in die Rechnung deshalb zu einer unzumutbaren Belastung des Rechnungserstellers führen würde[1].

cc) Die Gesamthöhe der Entgeltforderungen einzelner Anbieter

Bereits nach dem Wortlaut des § 15 Abs. 1 S. 2 TKV muß die Rechnung die Gesamthöhe der auf die einzelnen Anbieter entfallenden Entgelte erkennen lassen. Dies gilt unabhängig davon, ob ein Einzelverbindungsnachweis erstellt wird oder nicht.

dd) Der Ausweis einer Gesamtrechnungssumme

Weitere Anforderung an eine Rechnung i.S.d. § 15 TKV ist der Ausweis einer Gesamtrechnungssumme für alle auf der Rechnung aufgeführten Entgeltforderungen sämtlicher Anbieter[2]. Diese Vorgabe ergibt sich nicht unmittelbar aus dem Gesetzestext, sondern aufgrund einer am Wortlaut und Zweck des § 15 TKV orientierten Auslegung.

§ 15 Abs. 2 TKV setzt bereits nach seinem Wortlaut eine „Gesamtforderung" voraus. Außerdem geht diese Vorschrift ausdrücklich davon aus, daß die Zahlung des Kunden i.d.R. auf „die Rechnung" und damit gerade nicht auf einzelne Entgeltforderungen erfolgt[3].

Aber auch nach dem Sinn und Zweck des § 15 TKV ist der Ausweis einer Gesamtrechnungssumme in der Rechnung erforderlich. Diese Norm soll vor allem den Interessen der Kunden dienen[4]. Diese haben einen Anspruch auf eine übersichtliche Rechnung mit den Entgeltforderungen aller Anbieter. Ihrer Zahlung (auf alle Forderungen) kommt nach § 15 Abs. 1 S. 4 TKV schuldbefreiende Wirkung gegenüber allen auf der Rechnung aufgeführten Anbietern zu. Diese kundenschützenden Vorschriften sollen dem Verbraucher durch eine einfache Übersicht und Kontrolle der Entgeltforderungen die Inanspruchnahme der

---

1 So RegTP, Beschl. v. 21.02.2000 - BK 3a-99/032 (nicht bestandskräftig), MMR 2000, 298 (308).

2 So RegTP, Beschl. v. 21.02.2000 - BK 3a-99/032 (nicht bestandskräftig), MMR 2000, 298 (304); OVG Münster, Beschl. v. 20.07.2000 - 13 B 1008/00 (rechtskräftig), MMR 2000, 631 (632); K&R 2000, 519 (520). Gegen dieses Erfordernis führen Säcker/Calliess, K&R 1999, 289 (297) die umsatzsteuerliche Problematik an.

3 So RegTP, Beschl. v. 21.02.2000 - BK 3a-99/032 (nicht bestandskräftig), MMR 2000, 298 (304); Begr. zum TKV-E, BR-Drucks. 551/97, S. 35.

4 Vgl. Begr. zum TKV-E, BR-Drucks. 551/97, S. 34; Säcker/Calliess, K&R 1999, 289 (293 f.); Piepenbrock/Müller, Beilage MMR 04/2000, 1 (9).

Telekommunikationsdienstleistungen mehrerer Anbieter ermöglichen und erleichtern. Die Regelungen gelten dabei unabhängig davon, ob ein Verbraucher in einem Abrechnungszeitraum Telekommunikationsdienstleistungen von z.B. drei oder dreißig Anbietern in Anspruch nimmt[1].

Diesem Zweck des § 15 TKV würde es jedoch widersprechen, wenn dem Kunden zugemutet würde, die Entgeltforderungen einer u.U. sehr hohen Anzahl von Anbietern selbst aufsummieren zu müssen[2]. Dabei geht es weniger darum, daß sich bei der Addition durch eine Vielzahl von Kunden falsche Rechenergebnisse und infolgedessen Abwicklungsschwierigkeiten ergeben könnten[3]. Vielmehr sollte der mit einer Addition verbundene Aufwand für den Kunden durch § 15 TKV gerade vermieden werden. Viele Verbraucher könnten durch einen solchen Aufwand von einer Inanspruchnahme mehrerer Anbieter - und damit auch von der Förderung des Wettbewerbs - abgehalten werden. Dies erscheint nicht zuletzt deshalb als sehr realistisch, weil es sich z.B. bei den auf Call-by-Call-Gespräche entfallenden Rechnungsbeträgen unstreitig überwiegend um geringe Beträge handelt[4].

ee) Die Auflistung der Einzelprodukte der Anbieter

In einer Rechnung nach § 15 TKV sind auch die beanspruchten Einzelprodukte der verschiedenen Anbieter aufzulisten[5]. Diese Vorgabe ergibt sich gleichfalls nicht aus dem Wortlaut der Norm, sondern erst aufgrund ihrer Auslegung. Ohne eine konzentrierte Übersicht über die aus den Leistungsangeboten der Anbieter in Anspruch genommenen Leistungen könnte ein Kunde die Rechnung nicht mehr vollständig nachvollziehen und überprüfen. Dies würde jedoch dem Normzweck des § 15 TKV widersprechen. Des weiteren wäre der Verbraucher ohne Erleichterungen in der Darstellung nicht mehr in dem vom

1 Ähnlich RegTP, Beschl. v. 21.02.2000 - BK 3a-99/032 (nicht bestandskräftig), MMR 2000, 298 (304).
2 So RegTP, Beschl. v. 21.02.2000 - BK 3a-99/032 (nicht bestandskräftig), MMR 2000, 298 (304).
3 Vgl. dazu RegTP, Beschl. v. 21.02.2000 - BK 3a-99/032 (nicht bestandskräftig), MMR 2000, 298 (304).
4 Vgl. dazu mit weiteren Einzelheiten VG Köln, Beschl. v. 05.07.2000 - 1 L 770/00, MMR 2000, 634 (635).
5 So RegTP, Beschl. v. 21.02.2000 - BK 3a-99/032 (nicht bestandskräftig), MMR 2000, 298 (305); unklar hinsichtlich der Rechtsgrundlage: OVG Münster, Beschl. v. 20.07.2000 - 13 B 1008/00 (rechtskräftig), MMR 2000, 631 (632); K&R 2000, 519 (520).

Normzweck erfaßten Umfang in der Lage, Preis-Leistungs-Vergleiche vorzunehmen[1].

Dieser vom Sinn und Zweck des § 15 TKV gedeckten Auslegung steht auch nicht das Argument entgegen, daß der Verbraucher sein Informationsbedürfnis auch durch das Verlangen nach Ausstellung eines Einzelverbindungsnachweises gemäß § 14 TKV befriedigen könnte[2]. In einem Einzelverbindungsnachweis würden nämlich nur Sprachkommunikationsdienstleistungen aufgeführt, nicht hingegen z.B. Datenverbindungen.

ff) Der Einzelverbindungsnachweis auf Verlangen des Kunden

Ein wichtiger Bestandteil der Rechnung ist unter Umständen auch der sog. Einzelverbindungsnachweis i.S.d. § 14 TKV. Bei diesem handelt es sich um eine „nach Einzelverbindungen aufgeschlüsselte Rechnung". In der Praxis stellt er eine Liste der Verbindungen dar, die der Verbraucher in dem betreffenden Abrechnungszeitraum geführt hat. Wenn der Kunde es verlangt, muß der Einzelverbindungsnachweis die Verbindungen aller von ihm in Anspruch genommenen Anbieter von Telekommunikationsdienstleistungen für die Öffentlichkeit ausweisen. Für die einzelnen Verbindungen sind bestimmte Merkmale, z.B. die Dauer des jeweiligen Gesprächs, anzugeben. Der Nachweis ist jedoch nur auf Verlangen des Kunden zu erstellen.

gg) Die Angabe einer einheitlichen Bankverbindung

Zusätzlich zu den bereits genannten Mindestbestandteilen einer Rechnung nach § 15 TKV muß der rechnungserstellende Anbieter auf der Rechnung grundsätzlich auch für die Zahlung der Gesamtrechnungssumme eine einheitliche Bankverbindung angeben und zur Zahlung der Gesamtsumme auffordern[3]. Auch dieses Erfordernis folgt aus dem kundenschützenden Zweck des § 15 TKV. Es wäre widersprüchlich und in bezug auf § 15 TKV sinnwidrig, wenn der Kunde

1 Vgl. RegTP, Beschl. v. 21.02.2000 - BK 3a-99/032 (nicht bestandskräftig), MMR 2000, 298 (305).

2 So RegTP, Beschl. v. 21.02.2000 - BK 3a-99/032 (nicht bestandskräftig), MMR 2000, 298 (305).

3 So RegTP, Entscheidung v. 14.03.2000 - BK 3a-99/032 (nicht bestandskräftig), MMR 2000, 312; OVG Münster, Beschl. v. 20.07.2000 - 13 B 1008/00 (rechtskräftig), MMR 2000, 631 (632); K&R 2000, 519 (520); Piepenbrock/Müller, Beilage MMR 04/2000, 1 (12 f.) mit weiteren Einzelheiten zur Praktikabilität einer anderen Abrechnungsweise. Vgl. dazu auch RegTP, Beschl. v. 21.02.2000 - BK 3a-99/032 (nicht bestandskräftig), MMR 2000, 298 (306).

eine einheitliche Rechnung erhielte, aber zur Zahlung der Entgeltforderungen der verschiedenen Anbieter viele verschiedene Einzelüberweisungen über zum Teil sehr geringe Beträge vornehmen müßte[1]. Insoweit geht auch § 15 Abs. 2 TKV von dem Regelfall aus, daß auf die einheitliche Rechnung grundsätzlich auch eine einheitliche Zahlung des Kunden erfolgt und erfolgen soll[2].

Die Information über das Recht zur Gesamtzahlung mit schuldbefreiender Wirkung ist dem Kunden nach dem Sinn des § 15 TKV auf jeder Rechnung zu vermitteln[3]. Ein nur einmaliges Informationsschreiben dürfte dagegen nicht ausreichen. Ohne Information auf der jeweiligen Rechnung würde das Recht des Kunden zur Gesamtzahlung mit schuldbefreiender Wirkung aus § 15 Abs. 1 S. 4 TKV ausgehöhlt und ihm praktisch genommen[4]. Auf andere Möglichkeiten der Leistungsbestimmung (z.B. Teilzahlung auf einzelne Forderungen) muß der Kunde dagegen nicht hingewiesen werden[5].

hh) Hinweise zur Erhebung von Einwendungen

Nach § 15 Abs. 3 TKV muß der Rechnungsersteller den Rechnungsempfänger (Verbraucher) in der Rechnung darauf hinweisen, daß er berechtigt ist, begründete Einwendungen gegen einzelne in der Rechnung gestellte Forderungen zu erheben. Dieser ausdrückliche Hinweis soll unsichere Verbraucher dazu ermutigen, berechtigte Einwendungen gegenüber einzelnen Entgeltforderungen (z.B. bei Dialer-Programmen) geltend zu machen.

Als Dialer-Programme werden Programme zur Einwahl in das Internet bezeichnet, die die Verbindung stets über eine sehr teure (0)190er Rufnummer aufbauen. Solche Programme werden - häufig vom Nutzer unbemerkt und unbeabsichtigt - auf den PC des Nutzers heruntergeladen bzw. zu einem späteren Zeitpunkt ohne Wissen und Einverständnis des Nutzers für die Einwahl ins Internet genutzt. Je nach den Umständen des Einzelfalls, etwa der Aufklärung des Nutzers vor dem Herunterladen bzw. Benutzen solcher Programme, können rechtliche Zweifel an einer auf der Nutzung der (0)190er Rufnummer beruhenden

1 So Piepenbrock/Müller, Beilage MMR 04/2000, 1 (12).

2 Ähnlich Piepenbrock/Müller, Beilage MMR 04/2000, 1 (12); RegTP, Beschl. v. 21.02.2000 - BK 3a-99/032 (nicht bestandskräftig), MMR 2000, 298 (306).

3 So RegTP, Beschl. v. 21.02.2000 - BK 3a-99/032 (nicht bestandskräftig), MMR 2000, 298 (306); OVG Münster, Beschl. v. 20.07.2000 - 13 B 1008/00 (rechtskräftig), MMR 2000, 631 (632); K&R 2000, 519 (520).

4 So RegTP, Beschl. v. 21.02.2000 - BK 3a-99/032 (nicht bestandskräftig), MMR 2000, 298 (306).

5 So Leo, K&R 1998, 381 (384 f.).

Entgeltforderung bestehen bzw. sogar eine Straftat des Anbieters des Programms vorliegen[1].

2. Der Einzelverbindungsnachweis (§ 14 TKV)

§ 14 TKV begründet ein subjektives Recht des Verbrauchers gegenüber seinem Anbieter auf eine nach Einzelverbindungen aufgeschlüsselte Rechnung, den sog. Einzelverbindungsnachweis[2]. Dieser Anspruch wird grundsätzlich nur durch die technischen Möglichkeiten und die Datenschutzvorschriften beschränkt. Umgekehrt hat ein Kunde aber auch das Recht, einen solchen Nachweis nicht zu erhalten. Von dem kostenlos zu erteilenden Standard-Einzelverbindungsnachweis mit einem gesetzlich festgelegten Mindestinhalt ist der - vertraglich zu vereinbarende und zumeist kostenpflichtige - sog. Komfort-Einzelverbindungsnachweis zu unterscheiden.

Nachfolgend geht es zunächst um den Zweck eines Einzelverbindungsnachweises. Außerdem sind die Voraussetzungen eines Anspruchs auf diesen Nachweis darzustellen. Daran anschließend wird auf den Inhalt dieses Anspruchs eingegangen, wobei es im einzelnen um die Kostenfreiheit und die einzelnen Merkmale eines Standard-Einzelverbindungsnachweises geht. Des weiteren ist eine Abgrenzung des Standard-Einzelverbindungsnachweises zum Komfort-Einzel-verbindungsnachweis vorzunehmen. Zuletzt werden Einzelheiten zur sog. Positivliste der Regulierungsbehörde dargestellt.

a) Der Zweck des Einzelverbindungsnachweises

Zum Zweck des Einzelverbindungsnachweises führt § 14 S. 3 TKV aus, daß dieser die Entgelte „so detailliert ausweisen" muß, daß „die Überprüfung und Kontrolle der entstandenen Entgeltforderungen möglich ist". Für die Auslegung dieser Regelung sind der Verbraucherschutzgedanke der TKV (vgl. § 41 Abs. 1 TKG) und das Kundeninteresse heranzuziehen[3]. Bei einer solchen Auslegung nach dem Sinn des Gesetzes ist einem Verbraucher eine Überprüfung der entstandenen Entgeltforderungen nur dann möglich, wenn er die Richtigkeit der

1 Hierzu und zu den Handlungsmöglichkeiten eines Verbrauchers bei Entdeckung solcher Dialer-Programme auf seinem PC siehe auch die Informationen der RegTP, die über deren Internetseite (http://www.regtp.de) erhältlich sind.

2 Vgl. Begr. zum TKV-E, BR-Drucks. 551/97, S. 33.

3 Ähnlich RegTP, Mitteilung Nr. 184/1998, ABl. RegTP 1998, S. 2008 (2011, 2012); LG Landshut, Urt. v. 02.06.1999 - 2 HK O 552/99 (rechtskräftig), NJWE-WettbR 2000, 105 (106).

Forderungen mit zumutbarem Aufwand nachvollziehen kann[1]. Tiefere Recherchen im jeweiligen Tarifsystem eines Anbieters dürfen ihm dabei nicht abverlangt werden[2]. Aus dieser Forderung ergeben sich bestimmte Anforderungen an den Inhalt eines Standard-Einzelverbindungsnachweises.

Daneben besteht aber auch ein schutzwürdiges Interesse des Verbrauchers daran, daß ihm durch den Einzelverbindungsnachweis eine Kontrolle über die Entstehung der Kosten ermöglicht wird[3]. Kunden sind auch daran interessiert, die Nutzung ihrer Telekommunikationseinrichtungen (etwa im Hinblick auf unbefugte oder übermäßige Nutzung durch Mitnutzer und Dritte) in zumutbarer Weise kontrollieren zu können[4]. Auch dieses Verbraucherinteresse wird durch § 14 TKV geschützt und hat Einfluß auf den Mindestinhalt eines Standard-Einzelverbindungsnachweises. Eine andere Auslegung würde weder dem Gesetzeswortlaut, der neben der Überprüfung ausdrücklich auch die Kontrolle der Entgeltforderung nennt, noch dem Verbraucherschutzzweck der TKV gerecht[5].

Aus diesen zwei gesetzlichen Vorgaben folgt, daß der Inhalt eines Standard-Einzelverbindungsnachweises an den Kriterien der Überprüfbarkeit der Entgeltforderungen sowie der Möglichkeit ihrer Kontrolle zu messen ist[6]. Der Verbraucher muß sowohl die Richtigkeit der Forderungen des Anbieters als auch die Nutzung des Anschlusses anhand des Einzelverbindungsnachweises mit zumutbarem Aufwand nachvollziehen und kontrollieren können[7]. Ein kostenloser Standard-Einzelverbindungsnachweis darf sich nicht dadurch von einem entgeltpflichtigen Komfort-Einzelverbindungsnachweis unterscheiden, daß er schwerer nachvollziehbar oder unübersichtlicher ist[8]. Der Einzelverbindungsnachweis soll schließlich Beweisnöten des Verbrauchers bei Rechnungen abhelfen[9].

---

1 So RegTP, Mitteilung Nr. 184/1998, ABl. RegTP 1998, S. 2008 (2013).

2 Vgl. RegTP, Mitteilung Nr. 184/1998, ABl. RegTP 1998, S. 2008 (2013).

3 So RegTP, Mitteilung Nr. 184/1998, ABl. RegTP 1998, S. 2008 (2010); LG Landshut, Urt. v. 02.06.1999 - 2 HK O 552/99 (rechtskräftig), NJWE-WettbR 2000, 105 (106).

4 Vgl. RegTP, Mitteilung Nr. 184/1998, ABl. RegTP 1998, S. 2008 (2010, 2013); LG Landshut, Urt. v. 02.06.1999 - 2 HK O 552/99 (rechtskräftig), NJWE-WettbR 2000, 105 (106).

5 Vgl. dazu auch LG Landshut, Urt. v. 02.06.1999 - 2 HK O 552/99 (rechtskräftig), NJWE-WettbR 2000, 105 (106).

6 Vgl. RegTP, Mitteilung Nr. 184/1998, ABl. RegTP 1998, S. 2008 (2010, 2013).

7 So RegTP, Mitteilung Nr. 184/1998, ABl. RegTP 1998, S. 2008 (2013).

8 Vgl. dazu die Pressemitteilung der RegTP v. 16.09.1998.

9 So LG Landshut, Urt. v. 02.06.1999 - 2 HK O 552/99 (rechtskräftig), NJWE-WettbR 2000, 105 (106).

b) Die Anspruchsvoraussetzungen

Grundlegende Voraussetzung des Anspruchs auf Erteilung des Einzelverbindungsnachweises ist nach dem Wortlaut des § 14 S. 1 TKV zunächst, daß der Anspruchsverpflichtete Anbieter von Sprachkommunikationsdienstleistungen für die Öffentlichkeit ist. Umstritten ist, ob darüber hinaus auch Mehrwertdienste, Auskunftsdienste und Internet-by-Call vom Begriff der Sprachkommunikationsdienstleistung erfaßt werden (vgl. dazu S. 154 f.)[1].

Der Anspruch des Kunden nach § 14 TKV setzt außerdem ein rechtzeitiges Verlangen nach Erteilung des Einzelverbindungsnachweises voraus. Danach muß der Kunde sein Recht auf jeden Fall vor dem maßgeblichen Abrechnungszeitraum geltend machen. Einzukalkulieren ist aber auch eine für den Anbieter notwendige Umsetzungsfrist.

Der Anspruch auf Erteilung eines Einzelverbindungsnachweises ist jedoch nach § 14 S. 2 TKV ausgeschlossen, wenn nach der besonderen Art der Leistung eine Rechnung üblicherweise nicht erteilt wird. Wird keine Rechnung erstellt, besteht grundsätzlich auch kein Bedürfnis für einen Einzelverbindungsnachweis[2]. Dies ist beispielsweise bei der Inanspruchnahme öffentlicher Telefonstellen oder beim „Abtelefonieren“ von mit einem bestimmten Guthaben ausgestatteten Telefonkarten im Mobilfunkbereich (sog. Prepaid-Cards) der Fall[3].

Der Anspruch des Kunden auf Erteilung des Einzelverbindungsnachweises ist schließlich durch die technischen Möglichkeiten[4] sowie datenschutzrechtliche Vorschriften beschränkt. Als datenschutzrechtliche Regelungen sind bei der Erteilung eines Einzelverbindungsnachweises vor allem § 8 Abs. 1, 2 TDSV zu beachten. Danach setzt die Erteilung eines solchen Nachweises voraus, daß der Kunde erklärt, mögliche Nutzer des Anschlusses über die Bekanntgabe der Verbindungsdaten an den Kunden zu informieren. Ferner darf der Einzelverbindungsnachweis gemäß § 8 Abs. 2 TDSV grundsätzlich keine Verbindungen zu Beratungsstellen ausweisen.

---

1 Vgl. dazu RegTP, Beschl. v. 21.02.2000 - BK 3a-99/032 (nicht bestandskräftig), MMR 2000, 298 (305); Grote, TKV, S. 41; Westphalen/Grote/Pohle, Telefondienstvertrag, S. 71; Leo, K&R 1998, 381 (383).

2 So BeckTKG-Komm/Ehmer Anh § 41 § 14 TKV Rz. 6.

3 Vgl. Geppert/Ruhle/Schuster, Handbuch, Rz. 513; Begr. zum TKV-E, BR-Drucks. 551/97, S. 33.

4 Die Gesetzesregelung ist bzgl. der technischen Möglichkeiten eigentlich überflüssig, denn etwas Unmögliches kann auch von Telekommunikationsanbietern nicht verlangt werden.

c) Der Anspruchsinhalt

§ 14 TKV enthält zum Inhalt des Anspruchs nur wenige, allgemein gehaltene Vorgaben. Danach muß der Einzelverbindungsnachweis - im Rahmen der datenschutzrechtlichen Bestimmungen - die Entgelte so detailliert ausweisen, „daß die Überprüfung und Kontrolle der entstandenen Entgeltforderungen möglich ist". Vorgabe des Gesetzes ist damit nur, daß der Zweck des Einzelverbindungsnachweises für den Inhalt des Anspruchs maßgebend ist. Außerdem regelt § 14 S. 4 TKV, daß die Standardform des Einzelverbindungsnachweises unentgeltlich zu erteilen ist. Der notwendige Mindestinhalt eines Einzelverbindungsnachweises wird ansonsten aber nicht weiter konkretisiert. Nach der Gesetzesbegründung sollte das, was die einzelnen Anbieter als Standardform des Verbindungsnachweises anbieten, der Angebotsgestaltung überlassen bleiben, solange den Anforderungen von § 14 S. 3 TKV genügt wird[1].

Angesichts dieser offenen Regelung fiel die Praxis der Anbieter nach Inkrafttreten der TKV zunächst sehr unterschiedlich aus. Aufgrund verschiedener Kundenbeschwerden[2] führte die Regulierungsbehörde im Jahre 1998 eine Anhörung zur Auslegung der TKV im Bereich des Einzelverbindungsnachweises (§ 14 TKV) durch[3]. Auf dieser Grundlage hat die Regulierungsbehörde einen Katalog von Bedingungen veröffentlicht, die ihrer Auffassung nach als notwendige Angaben eines Standard-Einzelverbindungsnachweises anzusehen sind[4]. Zur Rechtfertigung ihrer im Vergleich zum Gesetzestext sehr detaillierten Vorgaben berief sie sich auf den Kundenschutz und das Kundeninteresse[5].

Die von der Regulierungsbehörde aufgestellten Mindestanforderungen an einen Einzelverbindungsnachweis sind vielfach auf Kritik gestoßen[6]. Hintergrund dieser Kritik ist, daß der Umfang der für einen Standard-Einzelverbindungsnachweis erforderlichen Angaben letztlich vor allem Einfluß darauf hat, ob für bestimmte Informationen ein zusätzliches Entgelt verlangt werden kann oder nicht. In der Praxis wurde die Auffassung der Regulierungsbehörde jedoch in-

1 Vgl. Begr. zum TKV-E, BR-Drucks. 551/97, S. 33.
2 So RegTP, Mitteilung Nr. 84/1998, ABl. RegTP 1998, S. 1368.
3 Vgl. dazu RegTP, Mitteilung Nr. 84/1998, ABl. RegTP 1998, S. 1368; RegTP, Mitteilung Nr. 184/1998, ABl. RegTP 1998, S. 2008.
4 Vgl. RegTP, Mitteilung Nr. 309/1999, ABl. RegTP 1999, S. 2270; RegTP, Mitteilung Nr. 184/1998, ABl. RegTP 1998, S. 2014 f.; siehe dazu auch die Pressemitteilung der RegTP v. 16.09.1998. Diesen Katalog hat die Regulierungsbehörde später erweitert, vgl. RegTP, Mitteilung Nr. 178/2002, ABl. RegTP 2002, S. 527.
5 Vgl. dazu etwa RegTP, Mitteilung Nr. 184/1998, ABl. RegTP 1998, S. 2008 (2011, 2012).
6 Vgl. z.B. BeckTKG-Komm/Ehmer Anh § 41 § 14 TKV Rz. 8, 13, 14.

zwischen gerichtlich bestätigt[1] und hat sich wohl auch faktisch durchgesetzt. Begünstigt wird dies u.a. durch die regelmäßige Veröffentlichung der sog. Positivliste der Regulierungsbehörde zum Einzelverbindungsnachweis. In diese Liste werden auf Antrag solche Unternehmen aufgenommen, die sich an die Vorgaben der Regulierungsbehörde zum Einzelverbindungsnachweis halten. Vor diesem Hintergrund können sich Anbieter von Telekommunikationsdienstleistungen den von der Regulierungsbehörde aufgestellten Anforderungen faktisch kaum entziehen[2].

Im folgenden werden zunächst die einzelnen Merkmale eines solchen Nachweises dargestellt. Anschließend ist darauf einzugehen, ob auch die über andere Anbieter als den Rechnungsersteller zustandegekommenen Verbindungen in den Einzelverbindungsnachweis aufzunehmen sind. Schließlich geht es um die Kostenfreiheit des sog. Standard-Einzelverbindungsnachweises.

aa) Die einzelnen Daten des Einzelverbindungsnachweises

Seit der Bekanntgabe der Auffassung der Regulierungsbehörde zu den Anforderungen an einen Standard-Einzelverbindungsnachweis und der regelmäßigen Veröffentlichung der sog. Positivliste hat sich der folgende Mindestinhalt eines Standard-Einzelverbindungsnachweises faktisch durchgesetzt[3]: Datum, Anschlußnummer des Kunden, Zielrufnummer, eines der Merkmale Tarifeinheit oder Entgelt für das Einzelgespräch, zwei der Merkmale Beginn, Ende und Dauer der Verbindung, feste kostenpflichtige Entgelte und kostenfreie Entgelte.

(1) Datum und Anschlußnummer des Kunden

Zum Mindestinhalt gehört zunächst das Datum des einzelnen Gesprächs[4]. Ändert sich während der Verbindung das Datum, ist der Verbindungsbeginn maßgebend.

---

1 Vgl. zur Unentgeltlichkeit des Standard-Einzelverbindungsnachweises OLG Schleswig, Urt. v. 01.04.1999 - 2 U 22/99 (rechtskräftig), MMR 1999, 736 f.; NJWE-WettbR 2000, 109 f.; LG Flensburg, Urt. v. 08.09.1998 - 2 O 339/98, MMR 1999, 415; VuR 1998, 424 f. Zum notwendigen Inhalt eines Standard-Einzelverbindungsnachweises vgl. LG Landshut, Urt. v. 02.06.1999 - 2 HK O 552/99 (rechtskräftig), NJWE-WettbR 2000, 105 ff.

2 So BeckTKG-Komm/Ehmer Anh § 41 § 14 TKV Rz. 8.

3 Vgl. RegTP, Mitteilung Nr. 309/1999, ABl. RegTP 1999, S. 2270; RegTP, Mitteilung Nr. 184/1998, ABl. RegTP 1998, S. 2008 (2014 f.); siehe dazu auch die Pressemitteilung der RegTP v. 16.09.1998.

4 Vgl. RegTP, Mitteilung Nr. 184/1998, ABl. RegTP 1998, S. 2008 (2009); BeckTKG-Komm/Ehmer Anh § 41 § 14 TKV Rz. 10.

Des weiteren gehört zu den Angaben eines Standard-Einzelverbindungsnachweises die „Anschlußnummer"[1]. Das ist die Telefonnummer des Anschlusses, von dem aus das Gespräch geführt wurde. Als Anschlußnummer ist jedoch nur die dem Kunden vom Anbieter zugeteilte Nummer zu verstehen. Sie umfaßt nicht die vom Kunden intern selbst vergebene (zusätzliche) Nummer der Nebenstelle(n)[2]. Grund hierfür ist, daß die Nebenstellenrufnummern vom Kunden in eigener Verantwortung zugeteilt und verwaltet werden. Die Nummer der Nebenstelle und ihr Ausweis im Einzelverbindungsnachweis sind damit nicht Bestandteil eines (normalen) Vertragsverhältnisses zum Anbieter. Eine Angabe von Daten jedoch, welche über die eigentliche, zwischen dem Anbieter und dem Kunden vertraglich vereinbarte Anschlußnummer hinausgeht, ist nicht notwendiger Bestandteil eines Standard-Einzelverbindungsnachweises[3]. Der Ausweis der Nummer der Nebenstelle kann jedoch aufgrund einer besonderen Vereinbarung zwischen dem Kunden und dem Anbieter angegeben werden, etwa im Rahmen eines Komfort-Einzelverbindungsnachweises[4].

(2) Die Zielrufnummer

In einem Standard-Einzelverbindungsnachweis ist des weiteren die Zielrufnummer jeder Verbindung anzugeben. Dies gilt, soweit technisch möglich, auch für Zielrufnummern im Ausland[5].

Den Umfang der Angabe der Zielrufnummer (vollständig oder um die letzten drei Ziffern verkürzt) bestimmt dabei ausschließlich der Verbraucher. Ausschlaggebend sind allein seine Kontrollbedürfnisse, wie sie sich aus seinem geäußerten Wunsch ergeben[6]. Hat der Verbraucher den vollständigen Ausweis der Zielrufnummer bzw. eine vollständige Speicherung der Zielrufnummer nach § 7 Abs. 4 Nr. 1 TDSV beantragt, ist die Zielrufnummer im Einzelverbindungsnachweis ungekürzt anzugeben[7]. Der Ausweis von gekürzten Zielrufnummern

---

1 Vgl. RegTP, Mitteilung Nr. 184/1998, ABl. RegTP 1998, S. 2008 (2009).
2 Siehe RegTP, Mitteilung Nr. 184/1998, ABl. RegTP 1998, S. 2008 (2009).
3 Vgl. RegTP, Mitteilung Nr. 184/1998, ABl. RegTP 1998, S. 2008 (2009).
4 Vgl. dazu RegTP, Mitteilung Nr. 184/1998, ABl. RegTP 1998, S. 2008 (2009).
5 So LG Landshut, Urt. v. 02.06.1999 - 2 HK O 552/99 (rechtskräftig), NJWE-WettbR 2000, 105 (106 f.).
6 Vgl. dazu RegTP, Mitteilung Nr. 184/1998, ABl. RegTP 1998, S. 2008 (2013). Anders BeckTKG-Komm/Ehmer Anh § 41 § 14 TKV Rz. 13 mit weiteren Einzelheiten.
7 So RegTP, Mitteilung Nr. 184/1998, ABl. RegTP 1998, S. 2008 (2013 f.); LG Landshut, Urt. v. 02.06.1999 - 2 HK O 552/99 (rechtskräftig), NJWE-WettbR 2000, 105 f.

erfolgt dagegen dann, wenn der Kunde von seinem Recht auf eine ungekürzte Speicherung nach der TDSV keinen Gebrauch gemacht hat[1].

(3) Tarifeinheiten oder Entgelt für das Einzelgespräch

Der Standard-Einzelverbindungsnachweis muß schließlich auch für jedes Einzelgespräch entweder die Tarifeinheiten oder das Entgelt für das Gespräch angeben[2]. Wird der Verbindungspreis nicht nach Tarifeinheiten errechnet, ist zwingend das Entgelt für das Einzelgespräch auszuweisen[3].

Auch diese Anforderung an den Standard-Einzelverbindungsnachweis folgt aus den Vorgaben des § 14 S. 3 TKV, wonach der Nachweis die Überprüfung und Kontrolle der Entgeltforderungen ermöglichen muß. Angesichts der komplexen Tarifsysteme der verschiedenen Anbieter von Telekommunikationsdienstleistungen wäre es mit dem Verbraucherschutzgedanken der TKV nicht vereinbar, wenn der Verbraucher sich für die Überprüfung der Entgeltforderungen intensiv und lange mit Tariflisten beschäftigen und umfangreiche Berechnungen vornehmen müßte[4]. In diesem Zusammenhang ist auch zu berücksichtigen, daß die Tarifsysteme häufig geändert werden und der Verbraucher sich diese regelmäßig beschaffen, sich mit ihnen beschäftigen und ggf. - wegen der häufigen Änderungen - mehrere gleichzeitig verwenden müßte. Ein solcher Aufwand stünde jedoch in keinem Verhältnis zu dem Zweck des § 14 TKV, dem Kunden eine rasche Überprüfung und Kontrolle der Entgeltforderungen bei zumutbarem Aufwand zu ermöglichen[5].

(4) Beginn, Ende und Dauer des Anrufs

Schließlich hat der Standard-Einzelverbindungsnachweis zwei der Merkmale Beginn, Ende und Dauer des Anrufs zu enthalten[6]. Aus ihnen läßt sich bei Bedarf mit zumutbarem Aufwand das jeweils dritte Merkmal errechnen. Mit der Angabe von zumindest zwei der drei genannten Aspekte sind die Anforderun-

1 Vgl. dazu die Pressemitteilung der RegTP v. 16.09.1998.

2 Vgl. RegTP, Mitteilung Nr. 184/1998, ABl. RegTP 1998, S. 2008 (2015). Anders BeckTKG-Komm/Ehmer Anh § 41 § 14 TKV Rz. 14 f. mit weiteren Einzelheiten. Die Angabe des Entgelts für jede Verbindung hält Leo, K&R 1998, 381 (384) für erforderlich.

3 Vgl. RegTP, Mitteilung Nr. 184/1998, ABl. RegTP 1998, S. 2008 (2012).

4 Ähnlich auch LG Landshut, Urt. v. 02.06.1999 - 2 HK O 552/99 (rechtskräftig), NJWE-WettbR 2000, 105 (107); RegTP, Mitteilung Nr. 184/1998, ABl. RegTP 1998, S. 2008 (2012).

5 So LG Landshut, Urt. v. 02.06.1999 - 2 HK O 552/99 (rechtskräftig), NJWE-WettbR 2000, 105 (107); RegTP, Mitteilung Nr. 184/1998, ABl. RegTP 1998, S. 2008 (2012).

6 Vgl. RegTP, Mitteilung Nr. 184/1998, ABl. RegTP 1998, S. 2008 (2014).

gen an die Überprüfbarkeit und Kontrollfähigkeit der Entgeltforderungen gewahrt[1].

(5) Feste kostenpflichtige Entgelte und kostenfreie Entgelte

Sofern bei der Einführung neuer Produkte kostenpflichtige Entgelte durch einen festen Betrag (z.B. Mindestumsatz) abgerechnet werden, sind auch diese Entgelte vollständig im Einzelverbindungsnachweis auszuweisen[2].

Kostenfreie Entgelte (beispielsweise im Rahmen von Rabatten) sind ohne ihren Entgeltwert anzugeben[3].

bb) Der Ausweis von Verbindungsdaten anderer Anbieter

Es ist umstritten, ob ein Verbraucher von seinem rechnungserstellenden Netzzugangsanbieter verlangen kann, daß dieser auch diejenigen Gespräche in den Einzelverbindungsnachweis aufnimmt, die der Verbraucher über einen Verbindungsnetzbetreiber geführt hat.

Gegen eine solche (gesetzliche) Verpflichtung wird angeführt, daß nach dem Wortlaut des § 15 Abs. 1 S. 2 TKV nur die einzelnen Anbieter und „zumindest die Gesamthöhe der auf sie entfallenden Entgelte" anzugeben sind. Das Wort „zumindest" würde darauf hindeuten, daß im Normalfall gerade keine Pflicht zur Einzelauflistung bestehe[4]. Nach dieser Ansicht soll sich auch aus § 15 Abs. 1 S. 3 TKV, wonach § 14 TKV unberührt bleibt, nichts anderes ergeben. Diese Regelung würde bedeuten, daß der Einzelverbindungsnachweis gemäß § 14 TKV vom jeweiligen Anbieter von Sprachkommunikationsdienstleistungen für die Öffentlichkeit zu erstellen ist; für Verbindungen eines Verbindungsnetzbetreibers sei er also gerade nicht von einem Teilnehmernetzbetreiber zu erstellen[5].

Gegen eine solche Auslegung läßt sich jedoch zunächst der systematische Zusammenhang und der Sinn der §§ 14, 15 TKV anführen. Nach § 15 TKV ist dem Kunden von seinem Netzzugangsanbieter eine einzige Rechnung über alle Verbindungen zu erteilen. Der Einzelverbindungsnachweis aber ist nach § 14

1 So RegTP, Mitteilung Nr. 184/1998, ABl. RegTP 1998, S. 2008 (2013).
2 So eine weitere (neuere) inhaltliche Anforderung der RegTP, vgl. RegTP, Mitteilung Nr. 178/2002, ABl. RegTP 2002, S. 527.
3 So RegTP, Mitteilung Nr. 178/2002, ABl. RegTP 2002, S. 527.
4 So Gersdorf/Witte, RTkom 2000, 22 (27).
5 So Koenig/Loetz, K&R 2000, 153 (158); Grote, TKV, S. 43; Gersdorf/Witte, RTkom 2000, 22 (27).

S. 1 TKV eine „nach Einzelverbindungen aufgeschlüsselte Rechnung". Verlangt der Kunde seine Erteilung, ist der Einzelverbindungsnachweis integraler Bestandteil der Rechnung nach § 15 TKV[1]. Ein Verbraucher hat deshalb gegenüber seinem rechnungserstellenden Netzzugangsanbieter aus §§ 15 Abs. 1 S. 3, 14 TKV grundsätzlich einen Anspruch auf Erteilung eines Einzelverbindungsnachweises bzgl. aller über seinen Anschluß geführten Verbindungen[2]. Eine andere Erteilung des Nachweises, verbunden mit einer anderen Rechnungserstellung, können nur der Kunde und ein Verbindungsnetzbetreiber nach §§ 15 Abs. 1 S. 1, 14 TKV vereinbaren.

Die Formulierung „zumindest die Gesamthöhe der auf sie entfallenden Entgelte" in § 15 Abs. 1 S. 1 TKV schließlich gilt nur, soweit sich nicht aus § 14 TKV etwas anders ergibt, der Kunde also keinen Einzelverbindungsnachweis verlangt hat. Dies wiederum ergibt sich aus § 15 Abs. 1 S. 3 TKV, wonach § 14 TKV unberührt bleibt. Der Kunde hat insoweit ein Wahlrecht. Er kann entweder von einem bzw. jedem Verbindungsnetzbetreiber nach § 14 TKV einen Einzelverbindungsnachweis bzgl. der Gespräche verlangen, die er über diesen Netzbetreiber geführt hat. Er kann aber auch von seinem Netzzugangsanbieter nach §§ 15, 14 TKV einen Einzelverbindungsnachweis bzgl. aller Verbindungen oder derjenigen, die er über diesen Anbieter geführt hat, fordern[3].

Eine andere Auslegung würde dem Sinn der §§ 14, 15 TKV und dem Kundenschutzgedanken der TKV widersprechen. § 15 TKV berechtigt den Verbraucher zu einer einzigen, übersichtlichen und bequemen Rechnung. Damit soll die Kostenkontrolle erleichtert und die Auswahl von Verbindungsnetzbetreibern im Interesse des Wettbewerbs erleichtert werden. Der Anspruch auf Erteilung eines Einzelverbindungsnachweises nach § 14 TKV dient der Überprüfung und Kontrolle der entstandenen Entgeltforderungen. Beide Vorschriften sollen also dem Interesse des Kunden dienen, § 15 TKV ferner dem Schutz des Wettbewerbs.

Vor diesem Hintergrund würde es eine widersprüchliche Sanktionierung darstellen, den Anspruch des Verbrauchers auf eine einheitliche Rechnung nach § 15 TKV bei Ausübung seines Rechts auf Erteilung des Einzelverbindungs-

---

1 So RegTP, Beschl. v. 21.02.2000 - BK 3a-99/032 (nicht bestandskräftig), MMR 2000, 298 (305).

2 So auch Penning, CR 2002, 22 (26); RegTP, Beschl. v. 21.02.2000 - BK 3a-99/032 (nicht bestandskräftig), MMR 2000, 298 (305); BeckTKG-Komm/Kerkhoff Anh § 41 § 15 TKV Rz. 7; Säcker/Calliess, K&R 1999, 289 (295); Piepenbrock/Müller, Beilage MMR 04/2000, 1 (11); Begr. zum TKV-E, BR-Drucks. 551/97, S. 34.

3 So Piepenbrock/Müller, Beilage MMR 04/2000, 1 (11).

nachweises nach § 14 TKV zu begrenzen. Darüber hinaus macht die einheitliche Rechnungstellung nach § 15 TKV überhaupt nur bei der Inanspruchnahme mehrerer Anbieter Sinn. Müßte sich der Kunde in einem solchen Fall jedoch für einen Einzelverbindungsnachweis an jeden einzelnen Anbieter wenden, würde § 15 TKV zu einem wesentlichen Teil sinnentleert[1].

Die Pflicht zur Erteilung eines vollständigen Einzelverbindungsnachweises ist für den Netzzugangsanbieter im übrigen nach allgemeinen Rechtsgrundsätzen dann ausgeschlossen, wenn ihm diese tatsächlich unmöglich ist. Der Anspruch des Kunden setzt daher voraus, daß die Verbindungsnetzbetreiber dem Netzzugangsanbieter die für den Einzelverbindungsnachweis erforderlichen Daten zur Verfügung stellen[2].

Im Ergebnis ist also festhalten, daß die auf verschiedene Anbieter entfallenden Entgelte nach Einzelverbindungen aufzuschlüsseln sind, wenn der Kunde zuvor für alle Verbindungen einen Einzelverbindungsnachweis verlangt hat[3].

cc) Die Kostenfreiheit

Die Standardform des Einzelverbindungsnachweises ist nach § 14 S. 4 TKV unentgeltlich zur Verfügung zu stellen.

Trotz dieses eindeutigen Wortlauts wurde nach dem Inkrafttreten der TKV die Ansicht vertreten, nur die monatliche Erteilung, nicht hingegen die „Einrichtung“ des Standard-Einzelverbindungsnachweises müsse kostenlos sein[4]. Diese Ansicht ist mit dem Wortlaut sowie dem Sinn und Zweck des § 14 S. 4 TKV jedoch nicht vereinbar. Sinn dieser Vorschrift ist der Schutz des Kunden[5]. Vor diesem Hintergrund und dem ausdrücklichen Wortlaut verbleibt für eine Differenzierung zwischen einmaligen und regelmäßigen Entgelten kein Raum[6].

---

1 So RegTP, Beschl. v. 21.02.2000 - BK 3a-99/032 (nicht bestandskräftig), MMR 2000, 298 (305).

2 Vgl. RegTP, Beschl. v. 21.02.2000 - BK 3a-99/032 (nicht bestandskräftig), MMR 2000, 298 (305).

3 So RegTP, Beschl. v. 21.02.2000 - BK 3a-99/032 (nicht bestandskräftig), MMR 2000, 298 (305); Penning, CR 2002, 22 (26); Piepenbrock/Müller, Beilage MMR 04/2000, 1 (11); Säcker/Calliess, K&R 1999, 289 (295); BeckTKG-Komm/Kerkhoff Anh § 41 § 15 TKV Rz. 7; Begr. zum TKV-E, BR-Drucks. 551/97, S. 34.

4 Vgl. dazu die Ergebnisse der entsprechenden Anhörung der RegTP, Mitteilung Nr. 184/1998, ABl. RegTP 1998, S. 2008 ff.

5 Vgl. OLG Schleswig-Holstein, Urt. v. 01.04.1999 - Az. 2 U 22/99 (rechtskräftig), MMR 1999, 736 (737); CI 1999, 151; LG Flensburg, Urt. v. 08.09.1998 - 2 O 339/98, VuR 1998, 424 (425).

Außerdem ist diese Vorschrift vor dem Hintergrund europarechtlicher Regelungen zu sehen, nach denen der Kunde für die in anderen Wirtschaftsbereichen selbstverständlich aufgeschlüsselte Rechnung auch im Bereich der Telekommunikation kein Entgelt bezahlen soll[1]. Es kann schließlich nicht sein, daß der Kunde für eine - in anderen Wirtschaftsbereichen selbstverständliche - aufgeschlüsselte Rechnung ein Entgelt zahlen soll. Auch vor diesem Hintergrund besteht kein Anlaß für eine Differenzierung zwischen einem regelmäßigen oder einem einmaligen Entgelt für einen Standard-Einzelverbindungsnachweis[2].

Hinsichtlich des Verbots eines regelmäßigen Entgelts wurde teilweise vorgebracht, daß aus Unternehmersicht eine Ausnahme für umsatzstarke Kunden mit vielen Datensätzen und damit großen Datenmengen sinnvoll sei[3]. Schließlich können in einem solchen Fall Zusatzkosten wegen des Versands per Päckchen, der Lieferung durch einen Boten oder aufgrund der Vereinbarung einer anderen Speicherform (z.B. CD-ROM) entstehen[4]. Wortlaut und Sinn des § 14 TKV bieten jedoch keinen Ansatzpunkt für eine Differenzierung nach Datenmengen oder Kosten des Anbieters[5]. Außerdem ist zu bedenken, daß mit einem umsatzstarken Kunden selbstverständlich auch ein wesentlich größerer Umsatz und damit mehr Gewinn erzielt wird. Tatsächlich dürfte es deshalb so sein, daß die prozentualen Kosten für die Einrichtung und den monatlichen Versand gemessen am Umsatz mit zunehmender Datenmenge geringer werden. Die Kosten des Versands eines Päckchens dürften nämlich geringer sein als die entsprechende Datenmenge verteilt auf viele Einzelbriefe.

Vor diesem Hintergrund sind Allgemeine Geschäftsbedingungen, die für die Einrichtung oder monatliche Erstellung eines Standard-Einzelverbindungs-

---

6 So OLG Schleswig-Holstein, Urt. v. 01.04.1999 - Az. 2 U 22/99 (rechtskräftig), MMR 1999, 736 (737); CI 1999, 151; NJWE-WettbR 2000, 109; LG München I, Urt. v. 17.02.2000 - 7 O 11900/99 (rechtskräftig), MMR 2000, 568 (569); RegTP, Mitteilung Nr. 184/1998, ABl. RegTP 1998, S. 2008 (2009); BeckTKG-Komm/Ehmer Anh § 41 § 14 TKV Rz. 9.

1 So OLG Schleswig-Holstein, Urt. v. 01.04.1999 - Az. 2 U 22/99 (rechtskräftig), MMR 1999, 736 (737); NJWE-WettbR 2000, 109 f. unter Verweis auf die Richtlinie 98/10/EG v. 26.02.1998 über die Anwendung des offenen Netzzugangs (ONP) beim Sprachtelefondienst und dem Universaldienst im Telekommunikationsbereich in einem wettbewerbsorientierten Umfeld, ABl. EG L 101, S. 24.

2 So RegTP, Mitteilung Nr. 184/1998, ABl. RegTP 1998, S. 2008 (2009); OLG Schleswig-Holstein, Urt. v. 01.04.1999 - Az. 2 U 22/99 (rechtskräftig), MMR 1999, 736 (737).

3 Vgl. dazu RegTP, Mitteilung Nr. 184/1998, ABl. RegTP 1998, S. 2008.

4 Vgl. RegTP, Mitteilung Nr. 184/1998, ABl. RegTP 1998, S. 2008.

5 Vgl. RegTP, Mitteilung Nr. 184/1998, ABl. RegTP 1998, S. 2008.

nachweises ein Entgelt verlangen, nach § 307 Abs. 1, Abs. 2 Nr. 1 BGB unwirksam[1]. Daneben dürften sie auch nach § 1 Abs. 2 TKV unwirksam sein.

d) Die Abgrenzung zum Komfort-Einzelverbindungsnachweis

Nach der Darstellung dessen, was zu den Merkmalen eines kostenlosen Standard-Einzelverbindungsnachweises gehört, stellt sich die Frage nach dem Inhalt eines (kostenpflichtigen) Komfort-Einzelverbindungsnachweises.

Grundsätzlich unterliegt dessen Inhalt der freien Vereinbarung durch die Vertragsparteien. Das bedeutet, daß er beliebige weitere Angaben enthalten kann, die nicht in einem Standard-Einzelverbindungsnachweis enthalten sein müssen. Als zusätzliche Angaben kommen etwa der jeweilige Tarif sowie Angaben zu Kurzmitteilungen in Betracht. Auch die Angabe der Nummer einer Nebenstelle ist in einem Standard-Einzelverbindungsnachweis nicht erforderlich und kann deshalb in das Angebot eines Komfort-Einzelverbindungsnachweises aufgenommen werden. Das gleiche gilt für die Verbindungsnetzbetreiberkennzahl[2]. Mögliche zusätzliche Angaben könnten auch zu Datenverbindungen erfolgen. Schließlich ist es auch denkbar, sowohl die Einzelgesprächsentgelte als auch die jeweiligen Tarifeinheiten auszuweisen bzw. die Merkmale Beginn, Ende und Dauer einer Verbindung komplett anzugeben.

In diesem Zusammenhang stellt sich die Frage, ob ein Komfort-Einzelverbindungsnachweis quasi als eine Art Mindestinhalt die Merkmale des Standard-Einzelverbindungsnachweises enthalten muß. Im Ergebnis dürfte dies jedoch abzulehnen sein. Der Komfort-Einzelverbindungsnachweis soll ja gerade der Vereinbarung der Parteien unterliegen und damit anderen Zwecken (als der Standard-Einzelverbindungsnachweis) dienen können. Außerdem dürfte es insoweit auch an der Schutzbedürftigkeit des Nutzers fehlen. Dieser hat schließlich (auch) bei Bezug eines (kostenpflichtigen) Komfort-Einzelverbindungsnachweises weiterhin einen Anspruch auf den (kostenlosen) Standard-Einzelverbindungsnachweis. Etwas anderes kann mangels ausdrücklicher gegenteiliger gesetzlicher Regelung, wegen des zwingenden Schutzes nach § 1 Abs. 2 TKV und vor dem Hintergrund des Schutzes der Nutzerinteressen durch § 14 TKV nicht angenommen werden.

---

1 So OLG Schleswig-Holstein, Urt. v. 01.04.1999 - Az. 2 U 22/99 (rechtskräftig), MMR 1999, 736 (737); CI 1999, 151; LG Flensburg, Urt. v. 08.09.1998 - 2 O 339/98, VuR 1998, 424 (425); LG München I, Urt. v. 17.02.2000 - 7 O 11900/99 (rechtskräftig), MMR 2000, 568 (569); CR 2000, 833 (834).

2 Vgl. RegTP, Mitteilung Nr. 184/1998, ABl. RegTP 1998, S. 2008 (2014 f.); siehe dazu auch die Pressemitteilung der RegTP v. 16.09.1998.

Wenn dem Bezieher eines Komfort-Einzelverbindungsnachweises also der Anspruch auf einen Standard-Einzelverbindungsnachweis verbleibt, kann er sich diesen mit den entsprechenden Angaben erteilen lassen. Problematisch kann diese Situation dann werden, wenn der Kunde gerade für einen bestimmten Monat auf einige Informationen eines Standard-Einzelverbindungsnachweises angewiesen war, ihm jedoch nur der (beantragte) Komfort-Einzelverbindungsnachweis ohne diese Angaben erteilt wurde und die rückwirkende Erteilung des Standard-Einzelverbindungsnachweises bzw. der entsprechenden Auskünfte nicht mehr möglich ist.

e) Die Positivliste der Regulierungsbehörde

Die Regulierungsbehörde erstellt und veröffentlicht regelmäßig eine sog. Positivliste zum Einzelverbindungsnachweis. Diese Liste enthält Anbieter von Telekommunikationsdienstleistungen, die sich an die von der Regulierungsbehörde aufgestellten Vorgaben zum Standard-Einzelverbindungsnachweis halten und ihre Aufnahme in die Liste angemeldet haben[1]. Mit der Aufnahme in die Positivliste wird den betreffenden Unternehmen eine Art Gütesiegel für Kundenservice erteilt[2]. Die damit verbundene Anbietertransparenz beim Einzelverbindungsnachweis soll der Verbesserung des Verbraucherschutzes dienen[3].

Zur Aktualisierung der Postitivliste veröffentlicht die Regulierungsbehörde in regelmäßigen Abständen einen Aufruf an Diensteanbieter und Netzbetreiber, sich bei Interesse an einer Aufnahme in die Liste bei ihr zu melden[4]. Die Anbieter beteiligen sich an der Erstellung der Positivliste also auf freiwilliger Basis, weshalb die Liste keinen Anspruch auf Vollständigkeit erhebt[5]. Veröffentlicht wird die Positivliste im Amtsblatt der Regulierungsbehörde und im Internet[6].

1 Vgl. dazu RegTP, Mitteilung Nr. 178/2002, ABl. RegTP 2002, S. 527; RegTP, Mitteilung Nr. 155/2001, ABl. RegTP 2001, S. 745; RegTP, Mitteilung Nr. 309/1999, ABl. RegTP 1999, S. 2270; RegTP, Mitteilung Nr. 159/1999, ABl. RegTP 1999, S. 1259.

2 Vgl. RegTP, Mitteilung Nr. 159/1999, ABl. RegTP 1999, S. 1259.

3 So RegTP, Halbjahresbericht 2000, S. 3; RegTP, Mitteilung Nr. 178/2002, ABl. RegTP 2002, S. 527; RegTP, Mitteilung Nr. 661/2000, ABl. RegTP 2000, S. 3776.

4 So RegTP, Mitteilung Nr. 178/2002, ABl. RegTP 2002, S. 527 zur Aktualisierung der Positivliste im zweiten Quartal 2002.

5 Vgl. RegTP, Mitteilung Nr. 304/2002, ABl. RegTP 2002, S. 964; RegTP, Mitteilung Nr. 159/1999, ABl. RegTP 1999, S. 1259.

6 Vgl. etwa RegTP, Mitteilung Nr. 304/2002, ABl. RegTP 2002, S. 964. Die Liste ist über die Internetseite der Regulierungsbehörde - http://www.regtp.de/ - erhältlich.

Eine Aufnahme in die Positivliste setzt zunächst einen entsprechenden Antrag des einzelnen Anbieters voraus. Außerdem müssen diese in ihren Standard-Einzelverbindungsnachweisen die von der Regulierungsbehörde aufgestellten Vorgaben einhalten und dies durch bestimmte Unterlagen nachweisen. Zu diesen notwendigen Unterlagen gehören Antrags- bzw. Auftragsformulare des Kunden, Auszüge aus den Allgemeinen Geschäftsbedingungen, Preislisten und ein Muster des Standard-Einzelverbindungsnachweises[1]. Unternehmen, die zuvor bereits in der Positivliste waren, müssen den Wunsch nach Aufnahme in die aktualisierte Liste erklären und entweder aktuelle Unterlagen einreichen oder schriftlich erklären, daß die eingereichten Unterlagen für alle Produkte gelten und somit weiterhin gültig sind[2].

Bezüglich der Aufnahme in die Liste ist weiter zu beachten, daß sie grundsätzlich allein aufgrund der eingereichten Nachweise erfolgt. Werden der Regulierungsbehörde jedoch Tatsachen bekannt, die einen Verstoß in der Praxis vermuten lassen, überprüft sie die Erfüllung der Voraussetzungen, gegebenenfalls auch außerhalb der Aktualisierungszyklen der Positivliste[3].

IV. Die Zahlung und ihre Rechtswirkungen

Die Rechtsfolgen der Zahlung eines Verbrauchers sind zu einem großen Teil gesetzlich vorgegeben. Nach § 15 Abs. 1 S. 4 TKV hat eine (Gesamt-)Zahlung auf die Rechnung schuldbefreiende Wirkung. Außerdem gibt § 15 Abs. 2 TKV Anhaltspunkte dazu, welche Rechtsfolgen bei einer Teilzahlung auf die Rechnung eintreten. Gesetzlich nicht geregelt sind dagegen Fragen einer Inkassotätigkeit des Rechnungserstellers gegenüber den anderen auf der Rechnung aufgeführten Anbietern von Telekommunikationsdienstleistungen[4].

Nachfolgend geht es um die folgenden Themen: die schuldbefreiende Wirkung von Zahlungen auf die Rechnung, die Folgen einer Teilzahlung und das Inkasso durch Teilnehmernetzbetreiber.

1. Die schuldbefreiende Wirkung von Zahlungen

Nach § 15 Abs. 1 S. 4 TKV hat die Zahlung des Kunden an den Rechnungsersteller schuldbefreiende Wirkung auch gegenüber den anderen auf der Rech-

1 Vgl. RegTP, Mitteilung Nr. 178/2002, ABl. RegTP 2002, S. 527.
2 Siehe RegTP, Mitteilung Nr. 178/2002, ABl. RegTP 2002, S. 527.
3 Vgl. RegTP, Mitteilung Nr. 178/2002, ABl. RegTP 2002, S. 527.
4 Vgl. Begr. zum TKV-E, BR-Drucks. 551/97, S. 34.

nung aufgeführten Anbietern. Das bedeutet, daß der Verbraucher mit der vollständigen Zahlung an den Rechnungsersteller von seiner Zahlungspflicht bzgl. aller auf der Rechnung aufgeführten Entgeltforderungen frei wird.

Die schuldbefreiende Wirkung betrifft damit auch nur solche Forderungen, die auf der betreffenden Rechnung überhaupt geltend gemacht wurden. Wird die in einem früheren Abrechnungszeitraum entstandene Entgeltforderung eines Anbieters erst auf einer späteren Rechnung geltend gemacht (wie es in der Praxis teilweise geschieht), hat die Zahlung auf die Rechnung aus dem früheren Abrechnungszeitraum grundsätzlich keine befreiende Wirkung hinsichtlich dieser erst später geltend gemachten Entgeltforderung.

2. Die Folgen einer Teilzahlung auf eine Rechnung

Aus § 15 Abs. 2 TKV und dem allgemeinen Zivilrecht ergeben sich die rechtlichen Folgen der Zahlung nur eines Teilbetrages der Gesamtrechnungssumme. § 15 Abs. 2 TKV bestimmt hierzu, daß bei einer nur teilweisen Begleichung der Rechnung durch den Kunden ohne anderweitige Vereinbarung im Zweifel davon auszugehen ist, daß die Zahlung auf die Forderung der einzelnen Anbieter entsprechend ihrem Anteil an der Gesamtforderung erfolgt. Diese Regelung stellt nur eine Vermutungsregel dar und ist bei einer Leistungsbestimmung des Kunden oder einer widersprechenden Vereinbarung nicht anwendbar[1].

Für die Wirkung einer Teilzahlung kommt es deshalb zunächst darauf an, ob der Kunde eine ausdrückliche oder aus den Umständen erkennbare Leistungsbestimmung vorgenommen hat[2]. Diese darf nicht erst nachträglich erfolgen[3]. Hat der Verbraucher dem Rechnungsersteller etwa mitgeteilt, auf welche Teilbeträge der Rechnung er leisten will, ist dieser erkennbare Wille maßgeblich. Zahlt ein Verbraucher exakt den Betrag, den ein bestimmter Anbieter von ihm verlangt, kann auch dies noch als erkennbare Leistungsbestimmung angesehen werden[4].

Ohne Leistungsbestimmung des Kunden ist der Inhalt einer diesbezüglichen Vereinbarung zwischen ihm und dem Rechnungsersteller maßgeblich[5]. Grundsätzlich wird es dabei auch für zulässig gehalten, eine solche Vereinbarung in

1 Vgl. BeckTKG-Komm/Kerkhoff Anh § 41 § 15 TKV Rz. 24.
2 Vgl. BeckTKG-Komm/Kerkhoff Anh § 41 § 15 TKV Rz. 24.
3 So Leo, K&R 1998, 381 (384).
4 So Grote, TKV, S. 43; Leo, K&R 1998, 381 (384).
5 Vgl. BeckTKG-Komm/Kerkhoff Anh § 41 § 15 TKV Rz. 24.

die AGB des Rechnungserstellers aufzunehmen[1]. Da eine solche Klausel gegenüber den anderen auf der Rechnung aufgeführten Anbietern von Telekommunikationsdienstleistungen jedoch als Vertrag zu Lasten Dritter angesehen werden kann, wäre jedenfalls deren Zustimmung zu einer solchen Vereinbarung erforderlich[2]. Unzulässig ist es wegen des verbraucherschützenden Charakters der TKV allerdings, das Leistungsbestimmungsrecht des Kunden von vornherein formularmäßig durch eine abweichende Regelung zu ersetzen und damit auszuschließen[3].

Erst wenn sich weder aus einer Erklärung, den Umständen oder einer Vereinbarung ergibt, auf welche Entgeltforderungen (der verschiedenen Anbieter) der Kunde leisten möchte, kommt es bei einer Teilzahlung auf die Vermutungsregel des § 15 Abs. 2 TKV an. Im übrigen bestimmt § 15 Abs. 1 S. 5 TKV, daß der Rechnungsersteller den anderen Anbietern zur Durchsetzung der Forderungen gegenüber ihren Kunden die erforderlichen Bestands- und Verbindungsdaten übermitteln muß. Im Verhältnis zwischen dem Rechnungsersteller und den anderen Anbietern gibt es insoweit eine Übermittlungspflicht[4]. Die datenschutzrechtliche Regelung hierzu trifft § 7 Abs. 6 TDSV.

3. Das Inkasso durch Teilnehmernetzbetreiber

Für den Wettbewerb auf verschiedenen Telekommunikationsmärkten ist die Inkassotätigkeit eines (marktbeherrschenden) Anbieters für andere Unternehmen ein wichtiger Aspekt. Für Verbindungsnetzbetreiber mit geringen Entgeltforderungen gegenüber den Kunden ist das Inkasso über den Teilnehmernetzbetreiber häufig sogar Voraussetzung einer wirtschaftlichen Tätigkeit; bei einer eigenen Rechnungserstellung gegenüber den Kunden wäre ihre Tätigkeit nicht wirtschaftlich. Nachteilig kann für sie unter den Gesichtspunkten von Kundenbindung und Marketing auf Dauer allerdings der damit fehlende unmittelbare Kontakt zum Kunden sein[5].

Ergänzend ist an dieser Stelle darauf hinzuweisen, daß die Abtretung von Forderungen aus Mobilfunkverträgen an ein Inkassobüro - ohne Weitergabe des Einzelverbindungsnachweises - vor kurzem als zulässig erachtet wurde[6].

---

1 So BeckTKG-Komm/Kerkhoff Anh § 41 § 15 TKV Rz. 24.
2 Vgl. Grote, TKV, S. 76; Leo, K&R 1998, 381 (384).
3 So Leo, K&R 1998, 381 (384).
4 Vgl. Begr. zum TKV-E, BR-Drucks. 551/97, S. 35.
5 Vgl. Geppert/Ruhle/Schuster, Handbuch, Rz. 517.

Nachfolgend geht es zunächst um die grundsätzlich bestehende Möglichkeit, Inkassovereinbarungen zwischen Anbietern zu schließen. Ferner ist auf die Frage einzugehen, ob ein Teilnehmernetzbetreiber zum Inkasso gegenüber anderen Anbietern verpflichtet ist.

a) Vereinbarungen zur Inkassotätigkeit eines Anbieters

Das Telekommunikationsrecht enthält keine ausdrücklichen Regelungen zu Inkassovereinbarungen zwischen Anbietern. § 15 TKV legt nur fest, daß der Kunde gegenüber dem Rechnungsersteller (und anderen Anbietern) das Recht zur befreienden Zahlung hat. Nach der Begründung zur Verordnung wollte der Verordnungsgeber das Inkasso ausdrücklich nicht regeln[1]. Für das Rechtsverhältnis zwischen dem Rechnungsersteller und den anderen Anbietern (insbesondere bzgl. Forderungsabtretungen und Inkasso) trifft diese Vorschrift damit keine Vorgaben[2]. Vielmehr sollten die Einzelheiten der Inkassotätigkeit grundsätzlich der Vereinbarung der Anbieter überlassen sein.

In der Praxis werden dementsprechend zwischen Rechnungserstellern i.S.d. § 15 TKV sowie anderen Anbietern von Telekommunikationsdienstleistungen häufig Inkassovereinbarungen geschlossen. Diese beinhalten Einzelheiten zur Tätigkeit des Rechnungstellers und die Festlegung des dafür zu zahlenden Entgelts.

b) Die Pflicht zum Inkasso

Umstritten ist, inwieweit der Ersteller einer Rechnung nach § 15 TKV verpflichtet ist, das Inkasso für andere Anbieter (Verbindungsnetzbetreiber) zu übernehmen[3]. Unterschiedliche Auffassungen gibt es hierbei über Einzelpflichten wie die Einziehung der gesamten Rechnungssumme im Lastschriftverfahren und die Weiterleitung von Zahlungen durch den Rechnungsersteller an andere Anbieter[4].

---

6 Vgl. LG Frankfurt/Oder, Urt. v. 14.12.2001 - 6 (b) S 76/01 (rechtskräftig; AG Strausberg), MMR 2002, 249 ff.

1 Vgl. Begr. zum TKV-E, BR-Drucks. 551/97, S. 34.

2 Vgl. Begr. zum TKV-E, BR-Drucks. 551/97, S. 34.

3 Vgl. dazu mit weiteren Einzelheiten Penning, CR 2002, 22 (23 f.); RegTP, Beschl. v. 21.02.2000 - BK 3a-99/032 (nicht bestandskräftig), MMR 2000, 298 ff.; Piepenbrock/Müller, Beilage MMR 04/2000, 1 (12 ff., 16 ff.); Koenig/Loetz, K&R 2000, 153 (155 ff.); Gersdorf/Witte, RTkom 2000, 22 (23 ff.); Säcker/Calliess, K&R 1999, 337 ff.; Säcker/Calliess, K&R 1999, 289 ff.; Hefekäuser/Schulz, CR 1998, 403 ff.

4 Vgl. dazu mit weiteren Einzelheiten Penning, CR 2002, 22 (26 ff.); Piepenbrock/Müller, Beilage MMR 04/2000, 1 (13 f.); Säcker/Calliess, K&R 1999, 289 (297); RegTP, Beschl.

Hintergrund dieses Streits war eine Kündigung von Fakturierungs- und Inkassoverträgen durch die Deutsche Telekom AG[1]. Nach der Liberalisierung der Telekommunikationsmärkte hatte sie zunächst mit vielen Call-by-Call-Anbietern entsprechende Vereinbarungen geschlossen. Einen Großteil der darin vereinbarten Leistungen wollte sie jedoch ab dem Jahr 2000 nicht mehr erbringen; sie war nur noch zum Abschluß von Vereinbarungen mit einem geringeren vertraglichen Pflichteninhalt bereit[2].

Im Rahmen eines Mißbrauchsverfahrens nach § 33 TKG verpflichtete die Regulierungsbehörde die Deutschen Telekom AG schließlich dazu, einen großen Teil der bisherigen Fakturierungs- und Inkassoleistungen weiter zu erbringen[3]. Nachdem die Deutsche Telekom AG und ihre Wettbewerber sich jedoch nicht über die Entgelte für die Fakturierung und das Inkasso einigen konnten, riefen sie die Regulierungsbehörde als Schlichter an. Der von ihr vorgelegte Schlichtungsvorschlag wurde im März 2001 von der Deutschen Telekom AG und den meisten ihrer Wettbewerbern akzeptiert[4]. Danach obliegt das Mahnwesen und die Beschwerdebearbeitung hinsichtlich der Forderungen anderer Anbieter, die in der Gesamtrechnung aufgeführt werden, nunmehr diesen und nicht mehr der Deutschen Telekom AG.

V. Einwendungen des Verbrauchers und Beweislast

Bei Zweifeln eines Verbrauchers über die Richtigkeit einer Entgeltforderung kann zunächst eine Nachfrage über die Servicenummer Klarheit bringen. Ist dies nicht der Fall, und erhebt ein Verbraucher Einwendungen gegen die berechneten Verbindungsentgelte, sind für das weitere Verfahren die Vorgaben

---

v. 21.02.2000 - BK 3a-99/032 (nicht bestandskräftig), MMR 2000, 298 (305 ff.); Grote, TKV, S. 43.

1 Vgl. dazu mit weiteren Einzelheiten Penning, CR 2002, 22 (23 f.); RegTP, Beschl. v. 21.02.2000 - BK 3a-99/032 (nicht bestandskräftig), MMR 2000, 298 (299); Piepenbrock/ Müller, Beilage MMR 04/2000, 1 (12 ff., 16 ff.); Hefekäuser, MMR 11/1999, V.

2 Vgl. dazu Penning, CR 2002, 22 (24); RegTP, Beschl. v. 21.02.2000 - BK 3a-99/032 (nicht bestandskräftig), MMR 2000, 298 (299).

3 Vgl. dazu im einzelnen RegTP, Entscheidung v. 14.03.2000 - BK 3a-99/032 (nicht bestandskräftig), MMR 2000, 298 (312); Penning, CR 2002, 22 (28). Vgl. dazu auch RegTP, Beschl. v. 21.02.2000 - BK 3a-99/032 (nicht bestandskräftig), MMR 2000, 298 ff. Die Rechtsauffassung der Regulierungsbehörde wurde im Verfahren des einstweiligen Rechtsschutzes auch weitgehend bestätigt, vgl. dazu OVG Münster, Beschl. v. 20.07.2000 - 13 B 1008/00 (rechtskräftig), MMR 2000, 631 f.; CR 2000, 831 ff.; VG Köln, Beschl. v. 05.07.2000 - 1 L 770/00, MMR 2000, 634 ff.

4 Vgl. dazu mit weiteren Einzelheiten Penning, CR 2002, 22 (28); Pressemitteilungen der RegTP v. 16.03.2001 und v. 01.03.2001.

des § 16 Abs. 1 TKV zu beachten. Für den Nachweis der Höhe der Entgeltforderung enthalten § 16 Abs. 2, 3 TKV eine differenzierte Beweislastverteilung. Ergänzend ergeben sich aus § 17 TKV Maßstäbe zur Festlegung der Forderungshöhe.

1. Die kostenfreie Servicenummer des Anbieters

Zur Klärung von Entgeltforderungen bzw. Informierung über Inhalt und Tarifierung von Diensteanbietern kann der Verbraucher sich zunächst der kostenfreien Servicenummer der Netzbetreiber bedienen[1]. Die Pflicht der Netzbetreiber zur Angabe einer solchen Servicenummer ergibt sich indirekt aus § 15 Abs. 1 S. 2 TKV, wonach der Telekommunikationsdiensteanbieter, der eine Gesamtrechnung nach § 15 TKV erstellt, hierbei auch die kostenfreien Servicenummern derjenigen Anbieter von Netzdienstleistungen angeben muß, deren Forderungen in dieser Rechnung enthalten sind.

2. Das Erheben von Einwendungen

Führte eine Nachfrage beim Anbieter nicht zu Klarheit über die Richtigkeit einer Entgeltforderung, dann kommt für den Verbraucher das Erheben von Einwendungen in Betracht. Richtiger Adressat der Einwendungen ist der Rechnungsersteller, bei in einer Gesamtrechnung aufgeführten Verbindungen anderer Anbieter von Telekommunikationsdienstleistungen dagegen diese.

Hat ein Verbraucher sich für das Erheben von Einwendungen entschieden, sollte dies grundsätzlich schriftlich erfolgen[2]. Der Verbraucher sollte in seinem Brief im einzelnen darlegen, welche Punkte in der Rechnung unklar oder falsch sind. Es ist empfehlenswert, dem Anbieter eine angemessene Frist (z.B. zwei Wochen) für eine schriftliche Antwort zu setzen. Außerdem sollte der Zugang des Einwendungsschreibens beweisbar sein. In der Praxis kommt dafür grundsätzlich nur ein Versand des Schreibens durch Einschreiben mit Rückschein oder der Einwurf des Schreibens direkt beim Anbieter durch einen Zeugen in Betracht.

---

1 Vgl. die Begr. zur Zweiten Verordnung zur Änderung der Telekommunikations-Kundenschutzverordnung, BR-Drucks. 502/02 (Beschluß), S. 1.

2 Bereits eine Nichtzahlung der Rechnung kann jedoch - im Einzelfall - als konkludente Einwendung gegen die Abrechnung anzusehen sein, vgl. OLG Dresden, Urt. v. 25.01.2001 - 9 U 2729/00 (rechtskräftig; LG Leipzig), CR 2002, 34, MMR 2001, 623, DuD 2001, 489.

Was die Zahlung der Rechnung betrifft, so sollte diese wegen der Gefahr einer Sperre grundsätzlich trotz der Einwendung erfolgen. Hierbei sollte jedoch unbedingt - im Einwendungsschreiben und falls möglich auf dem Überweisungsträger selbst - ausdrücklich darauf hingewiesen werden, daß die Zahlung nur unter Vorbehalt - und um eine Sperre des Anschlusses zu verhindern - erfolgt. Bei offenkundigen Fehlern und hohen Fehlbeträgen kann auch versucht werden, eine schriftliche Stundungsvereinbarung mit dem Anbieter zu treffen.

Für die Geltendmachung von Einwendungen besteht keine gesetzliche Frist[1]. Allerdings werden in AGB meist bestimmte Höchstfristen festgesetzt, die i.d.R. auch wirksam sind[2]. Einwendungen sollten deshalb bald nach Rechnungserhalt geltend gemacht werden. Diese Fristen sind außerdem deshalb von Bedeutung, weil Anbieter die Gesprächsdaten nur eine begrenzte Zeit speichern müssen.

Kommt eine Einigung zwischen dem Anbieter und dem Verbraucher nicht zustande, kann vor Beschreiten des Rechtswegs zunächst die Regulierungsbehörde als Schlichter eingeschaltet werden.

3. Das Verfahren bei Einwendungen (§ 16 Abs. 1 TKV)

Hat ein Kunde Einwendungen gegen Entgeltforderungen eines Anbieters erhoben, ist nach § 16 Abs. 1 TKV das Verbindungsaufkommen nach den einzelnen Verbindungsdaten aufzuschlüsseln und eine technische Prüfung durchzuführen.

Diese Verpflichtungen setzen allerdings voraus, daß die Entgeltforderungen für die Erbringung von Telekommunikationsdienstleistungen für die Öffentlichkeit geltend gemacht werden. Außerdem müssen diese „auf den für die Sprachkommunikation für die Öffentlichkeit vorgesehenen Telekommunikationsnetzen" (§ 16 Abs. 1 TKV) erbracht werden. In den Anwendungsbereich dieser Vorschrift fallen damit auch die über das öffentliche Telefonnetz erbrachten Fax-, Daten- und Online-Dienste[3]. Dagegen erfaßt § 16 TKV z.B. nicht solche Datenverbindungen, die über spezielle (Daten-)Netze zustandekommen[4].

Die Pflichten des Anbieters zur Aufschlüsselung und technischen Prüfung bestehen nach dem Sinn der Vorschrift jedoch dann nicht, wenn ihre Erfüllung

---

1 Vgl. Begr. zum TDSV-E, BR-Drucks. 300/00, S. 16.

2 Zu AGB-Regelungen über Fristen für die Geltendmachung von Einwendungen gegen die Rechnung vgl. im einzelnen Westphalen/Grote/Pohle, Telefondienstvertrag, S. 122 ff.

3 So Leo, K&R 1998, 381 (385).

4 Vgl. zu weiteren Einzelheiten bzgl. der vom Anwendungsbereich des § 16 TKV erfaßten Leistungen BeckTKG-Komm/Ehmer Anh § 41 § 16 TKV Rz. 1.

nicht zur Lösung des Konflikts beitragen kann[1], etwa wenn Verbraucher und Anbieter sich über die Anwendung von Preislisten/Tarife oder Rabatte streiten[2].

Im folgenden geht es zunächst um den Kreis der verpflichteten Anbieter. Anschließend ist auf die Anforderungen an die Aufschlüsselung des Verbindungsaufkommens sowie auf die technische Prüfung und Dokumentation einzugehen.

a) Der Kreis der Verpflichteten

Welcher Anbieter zur Aufschlüsselung des Verbindungsaufkommens und zur technischen Prüfung verpflichtet ist, legt das Gesetz nicht fest. Die Gesetzesbegründung scheint diesbezüglich davon auszugehen, daß der Vertragspartner des Kunden - und damit der Verpflichtete - (nur) der Anbieter des Netzzugangs ist[3]. Allerdings stand im Gesetzgebungsverfahren auch noch nicht fest, wie Anbieter von Call-by-Call und Preselection ihre Rechtsbeziehungen zum Kunden gestalten würden[4]. Nach dem Sinn des § 16 TKV obliegen die Pflichten zur Überprüfung und Aufschlüsselung grundsätzlich demjenigen Anbieter, gegen dessen Entgeltforderung(en) der Kunde Einwendungen erhebt[5]. Dies ist auch deshalb sachgerecht, weil grundsätzlich nur dieser Anbieter letztlich über die weitere Geltendmachung und Durchsetzung seiner Forderung entscheidet[6].

Probleme kann es in der Praxis aber hinsichtlich der Durchführung der technischen Prüfung geben, wenn Einwendungen gegen die Entgeltforderungen von Verbindungsnetzbetreibern erhoben werden. Wenn der Anbieter, gegen dessen Entgeltforderungen Einwendungen erhoben werden, die technische Prüfung nicht selbst durchführen kann, muß er ggf. den Netzzugangsanbieter als Erfüllungsgehilfen in Anspruch nehmen[7].

b) Die Aufschlüsselung des Verbindungsaufkommens

Nach § 16 Abs. 1 TKV ist bei Einwendungen das Verbindungsaufkommen nach den einzelnen Verbindungsdaten aufzuschlüsseln. Der Anbieter muß also nähere Angaben zur Nutzung des Netzzugangs machen.

1 So BeckTKG-Komm/Ehmer Anh § 41 § 16 TKV Rz. 2.
2 So BeckTKG-Komm/Ehmer Anh § 41 § 16 TKV Rz. 2.
3 Vgl. Begr. zum TKV-E, BR-Drucks. 551/97, S. 35.
4 So Grote, TKV, S. 47.
5 Vgl. BeckTKG-Komm/Ehmer Anh § 41 § 16 TKV Rz. 3. Vgl. dazu mit weiteren Einzelheiten Grote, TKV, S. 46 f.
6 Vgl. Grote, TKV, S. 47.
7 So Grote, TKV, S. 47. Vgl. auch BeckTKG-Komm/Ehmer Anh § 41 § 16 TKV Rz. 10.

Für den Umfang der Aufschlüsselung legt § 16 Abs. 1 TKV keine Einzelheiten fest. Die datenschutzrechtlichen Grenzen für die Erteilung eines Einzelverbindungsnachweises sind aber in jedem Fall zu beachten. Beispielsweise dürfen auch bei einer Aufschlüsselung nach § 16 Abs. 1 TKV grundsätzlich die Verbindungen zu Beratungsstellen nicht angegeben werden[1].

Lag vor der Einwendungserhebung kein Auftrag zur Erstellung eines Einzelverbindungsnachweises vor, dürfen in der Aufschlüsselung nach § 8 Abs. 1 S. 5 TDSV i.V.m. § 7 Abs. 3 S. 3 TDSV nur die nach dem Versand der Rechnung gespeicherten Daten angegeben werden. Die Zielnummern sind danach nur um die letzten drei Ziffern gekürzt wiederzugeben[2]. Dies gilt sogar dann, wenn der Kunde früher gemäß § 7 Abs. 4 TDSV ausdrücklich die vollständige Speicherung der Verbindungsdaten verlangt hatte[3]. Diese Einschränkung für den Inhalt der Aufschlüsselung ergibt sich aus einer systematischen Auslegung des Gesetzes. Im Gegensatz zu § 6 Abs. 7 TDSV a.F. verweist § 8 Abs. 1 S. 5 TDSV nicht mehr ausdrücklich und direkt auf die vollständige Speicherung der Daten[4].

Nach § 16 Abs. 1 TKV ist bei der Aufschlüsselung ausdrücklich der Schutz der Mitnutzer zu wahren. Die Umsetzung dieser Regelung wird jedoch gesetzlich nicht geregelt. Der Mitnutzer wird zunächst tatsächlich durch die gekürzte Angabe der Zielnummern geschützt. Darüber hinaus dürften nach dem Sinn der Vorschrift aber auch die Erfordernisse des § 8 Abs. 1 S. 2 - 4 TDSV zu beachten sein[5]. Danach muß der Anschlußinhaber gegenüber dem Anbieter erklären, daß er (gegenwärtige und künftige) Mitnutzer des Anschlusses über die Auskunftserteilung informiert hat bzw. informieren wird.

c) Technische Prüfung und Dokumentation

Nach § 16 Abs. 1 TKV ist bei Einwendungen des Kunden eine technische Prüfung des Netzes durchzuführen und zu dokumentieren. Sie soll Fehler im Netz oder bei der Abrechnung aufdecken[6]. Zum Umfang der Prüfung trifft § 16 Abs. 1 TKV keine Regelung. Er hängt grundsätzlich von den Umständen des Einzelfalls ab[7]. Zu berücksichtigen sein können etwa die folgenden Aspekte:

---

1 Vgl. BeckTKG-Komm/Ehmer Anh § 41 § 16 TKV Rz. 5.
2 Vgl. Begr. zum TDSV-E, BR-Drucks. 300/00, S. 17.
3 So Koenig/Neumann, K&R 2000, 417 (423).
4 Vgl. Koenig/Neumann, K&R 2000, 417 (423).
5 So BeckTKG-Komm/Ehmer Anh § 41 § 16 TKV Rz. 3 f.
6 Vgl. Westphalen/Grote/Pohle, Telefondienstvertrag, S. 64.
7 Vgl. dazu Westphalen/Grote/Pohle, Telefondienstvertrag, S. 64; Grote, TKV, S. 47 f.

der Installationsort der Endeinrichtung, bisherige Vorkommnisse im Vertragsverhältnis und bei Rechnungen, das Verhältnis zwischen der Höhe der streitigen Verbindungsentgelte und den Kosten der verschiedenen technisch möglichen Prüfungen[1].

Die Dokumentation[2] über die technische Prüfung ist dem Kunden nach § 16 Abs. 1 TKV auf Verlangen vorzulegen. Damit soll Transparenz hergestellt und einem Mißtrauen des Kunden gegenüber dem Anbieter entgegengewirkt werden[3]. Unklar ist, ob die Dokumentation dem Kunden auch überlassen werden muß. Die Vorlage von Unterlagen beinhaltet sinngemäß weder notwendig ihre Überlassung, noch schließt sie sie zwingend aus. Als wichtiger Anhaltspunkt für die Auslegung dieser Vorschrift ist deshalb auf die Gesetzesbegründung zu § 16 TKV zurückzugreifen. Diese führt hierzu aus: „Zum Nachweis streitiger Entgeltforderungen hat der Anbieter (...) deren Dokumentation dem Kunden auf Verlangen vorzulegen. (...) Soweit die Dokumentation Fehler im Netz oder bei der Abrechnung erkennen läßt, wird durch die Überlassung der Unterlagen auch die Beweissituation des Kunden verbessert."[4] Vor dem Hintergrund dieses eindeutigen Wortlauts der Gesetzesbegründung („Überlassung") und dem daraus ersichtlichen Sinn der Vorschrift ist § 16 Abs. 1 TKV so auszulegen, daß der Anbieter dem Kunden die Dokumentation (bzw. eine Kopie) auf Verlangen auch überlassen muß[5].

4. Der Nachweis der Entgeltforderung

Möchte ein Anbieter trotz erhobener Einwendungen[6] Entgeltforderungen aus einem Vertragsverhältnis geltend machen, ist er zunächst für einen wirksamen Vertragsschluß darlegungs- und beweispflichtig. Den Vertragsschluß kann er z.B. durch eine Vertragsurkunde oder durch Indizien wie den Ausgleich einzelner Rechnungen durch den Verbraucher beweisen[7].

---

1 Vgl. Grote, TKV, S. 47 f.; Westphalen/Grote/Pohle, Telefondienstvertrag, S. 64.

2 Zum Inhalt der Dokumentation vgl. mit weiteren Einzelheiten BeckTKG-Komm/Ehmer Anh § 41 § 16 TKV Rz. 9.

3 Vgl. Begr. zum TKV-E, BR-Drucks. 551/97, S. 35.

4 Begr. zum TKV-E, BR-Drucks. 551/97, S. 35.

5 So wohl auch BeckTKG-Komm/Ehmer Anh § 41 § 16 TKV Rz. 10. Anders Grote, TKV, S. 48.

6 Bereits die Nichtzahlung einer Rechnung kann - im Einzelfall - als konkludente Einwendung gegen die Abrechnung anzusehen sein, vgl. OLG Dresden, Urt. v. 25.01.2001 - 9 U 2729/00 (rechtskräftig; LG Leipzig), CR 2002, 34, MMR 2001, 623, DuD 2001, 489.

7 So Gnielinski, MMR 2000, 602 (603).

Im übrigen hat grundsätzlich der Anbieter als derjenige, der die Leistungen erbringt und dafür eine Rechnung stellt, die Erbringung der Leistungen, die Richtigkeit der Rechnung und ihren Zugang beim Kunden nachzuweisen[1]. Dies kann im Bereich der Telekommunikation allerdings aus verschiedenen Gründen schwierig sein. Beispielsweise kann ein Kunde die sofortige Löschung der Verbindungsdaten mit Versand der Rechnung verlangen. In einem solchen Fall ist dem Anbieter der Nachweis der Entgeltforderungen erschwert bzw. unmöglich. Auf der anderen Seite können Manipulationen an Telefonleitungen erfolgen, die von einem Kunden nicht zu verantworten sind.

Vor dem Hintergrund solcher Schwierigkeiten im Bereich der Telekommunikation verteilen § 16 Abs. 2, 3 TKV die Beweislast nach den Verantwortungsbereichen der Vertragspartner[2]. Falls die Höhe der in Rechnung gestellten Entgeltforderung falsch ist und sich ihre richtige Höhe nicht mehr feststellen läßt, gibt § 17 TKV Maßstäbe zur Festlegung der Forderungshöhe vor.

a) Die Beweislastverteilung (§ 16 Abs. 2, 3 TKV)

Bei der Beweislastverteilung ist zwischen dem Nachweis der Erbringung der Einzelverbindungen einerseits sowie dem Nachweis der einwandfreien technischen Erbringung und richtigen Berechnung andererseits zu unterscheiden.

aa) Der Nachweis der Einzelverbindungen

Nach § 16 Abs. 2 TKV muß grundsätzlich der Anbieter den Nachweis über die Einzelverbindungen führen. Besondere Bedeutung hat dabei die Aufstellung der geführten Einzelverbindungen. Die Speicherung der Verbindungsdaten kann im Einzelfall aber aus bestimmten Gründen nicht möglich oder zulässig sein. Für einige solcher Konstellationen regelt deshalb § 16 Abs. 2 TKV, daß der Anbieter dann nicht zum Nachweis der Einzelverbindungen verpflichtet ist.

Den Anbieter trifft danach keine Pflicht zum Nachweis der Einzelverbindungen, wenn die Speicherung der Daten aus technischen Gründen nicht möglich ist. Dies gilt allerdings nur, wenn der Kunde bereits vor der Rechnungserteilung auf diese Beschränkung der Möglichkeiten des Anschlusses hingewiesen wurde. Der Hinweis auf die beschränkten Möglichkeiten des Anschlusses muß in drucktechnisch deutlich gestalteter Form erfolgen. Dies kann z.B. durch Ver-

1 So OLG Dresden, Urt. v. 25.01.2001 - 9 U 2729/00 (rechtskräftig; LG Leipzig), CR 2002, 34, MMR 2001, 623, DuD 2001, 489.

2 Vgl. Westphalen/Grote/Pohle, Telefondienstvertrag, S. 65; BeckTKG-Komm/Ehmer Anh § 41 § 16 TKV Rz. 15.

wendung einer anderen Farbe, einer größeren Schrift oder durch Fettdruck geschehen[1].

Die Nachweispflicht des Anbieters kann schließlich auch dann entfallen, wenn er die Daten entsprechend den Bestimmungen der TDSV gelöscht bzw. nicht gespeichert hat[2]. Nach § 7 Abs. 3 S. 1 u. 2 TDSV sind für die Entgeltberechnung nicht erforderliche Daten bereits nach Beendigung einer Verbindung unverzüglich zu ermitteln und zu löschen. Die anderen Verbindungsdaten dürfen nach § 7 Abs. 3 S. 3 TDSV zu Beweiszwecken höchstens sechs Monate nach Versendung der Rechnung gespeichert werden. Dies hat gemäß § 7 Abs. 3 S. 3 TDSV unter Kürzung der Zielrufnummern um die letzten drei Ziffern zu geschehen. Die Frist wird nur dann verlängert, wenn ein Kunde gegen die Entgelthöhe Einwendungen erhoben hat; in einem solchen Fall dürfen die Daten gemäß § 7 Abs. 3 S. 3 TDSV bis zur abschließenden Klärung der Einwendungen gespeichert werden.

Wenn aus den genannten Gründen eine Löschung der Verbindungsdaten erfolgen muß, ist der Anbieter - jedenfalls nach Ablauf der gesetzlichen Höchstspeicherungsfrist - nicht zu ihrem Nachweis verpflichtet[3]. Etwas anderes gilt nach § 16 Abs. 2 S. 1 TKV dann, wenn der Anbieter den Kunden in der Rechnung nicht auf die nach den gesetzlichen Bestimmungen geltenden Fristen für die Löschung gespeicherter Verbindungsdaten hingewiesen hat. Dieser Hinweis muß in drucktechnisch deutlich gestalteter Form erfolgen (siehe oben).

Eine Umkehr der Beweislast zu Lasten des Verbrauchers kann auch dann erfolgen, wenn der Anbieter die Verbindungsdaten auf Verlangen des Kunden gemäß § 7 Abs. 4 S. 1 Nr. 2 TDSV mit Versendung der Rechnung vollständig gelöscht hat. In einem solchen Fall darf der Anbieter überhaupt keine Speicherung der Daten zu Beweiszwecken vornehmen. Mit seinem Wunsch nach vollständiger Datenlöschung macht der Kunde es dem Anbieter unmöglich, die Entgeltforderungen mit einer Verbindungsaufstellung nachzuweisen. Die Beweislastumkehr zu Lasten des Kunden tritt aber auch in einem solchen Fall nur dann ein, wenn der Anbieter den Kunden gemäß § 16 Abs. 2 S. 1 TKV in der Rechnung auf die nach den gesetzlichen Bestimmungen geltenden Fristen für die Löschung gespeicherter Verbindungsdaten hingewiesen hat (siehe oben).

1 Vgl. Leo, K&R 1998, 381 (385); BeckTKG-Komm/Ehmer Anh § 41 § 16 TKV Rz. 12.

2 Vgl. Begr. zum TKV-E, BR-Drucks. 551/97, S. 35.

3 Dies gilt allerdings nur, wenn die Rechnung dem Kunden auch zugegangen ist und der Anbieter dies im Streitfall auch beweisen kann, vgl. OLG Dresden, Urt. v. 25.01.2001 - 9 U 2729/00 (rechtskräftig; LG Leipzig), CR 2002, 34, MMR 2001, 623, DuD 2001, 489.

Die Informationspflicht nach § 16 Abs. 2 TKV erfaßt jedoch ihrem Wortlaut nach die Fälle nicht, in denen der Kunde bereits *vor* dem Erhalt einer Rechnung (z.B. bei Vertragsschluß) die vollständige Löschung der Daten mit Versand der Rechnung verlangt hat. In diesen Konstellationen würde nach dem Gesetzeswortlaut eine Umkehr der Beweislast eintreten, ohne daß der Verbraucher zuvor von dieser Konsequenz Kenntnis erhalten hätte. Da die Hinweispflichten des § 16 Abs. 2 TKV den Kunden gerade vor solchen Folgen schützen sollen, dürfte für diese Fälle von einer Gesetzeslücke auszugehen sein, die durch ergänzende, systematische Auslegung zu schließen ist. Danach setzt die Beweislastumkehr in solchen Fällen voraus, daß der Anbieter bei Vertragsschluß ausdrücklich und in drucktechnisch gestalteter Weise auf diesen Rechtsnachteil hingewiesen hat[1].

bb) Die mangelfreie technische Erbringung

Nach § 16 Abs. 3 TKV hat der Anbieter die einwandfreie technische Erbringung der Leistung bis zu der Schnittstelle nachzuweisen, an der dem Kunden der allgemeine Netzzugang bereitgestellt wird. Insoweit hat er auch die richtige Berechnung nachzuweisen. Was im Streitfall als geeigneter Nachweis anzusehen ist, regelt § 16 Abs. 3 TKV nicht und unterliegt der freien Beweiswürdigung des Gerichts[2].

Werden bei der technischen Prüfung Mängel gefunden, wird die unrichtige Ermittlung der Verbindungsentgelte des Anbieters nach § 16 Abs. 3 S. 2 TKV vermutet. Die gesetzliche Vermutung setzt allerdings voraus, daß die Mängel die beanstandete Entgeltermittlung überhaupt beeinflußt haben können. Im übrigen ist die Vermutung der unrichtigen Entgeltermittlung widerlegbar. Das bedeutet, daß dem Anbieter der Nachweis offensteht, daß die Verbindungsentgelte trotz der Mängel richtig ermittelt wurden.

Werden bei der technischen Überprüfung dagegen keine Fehler gefunden, greifen Gerichte häufig auf den gewohnheitsrechtlich anerkannten sog. Anscheinsbeweis[3] zurück. Viele Gerichte gehen davon aus, daß eine (frühere) Aufzeich-

---

1 Ähnlich im einzelnen LG Memmingen, Urt. v. 27.06.2001 - 1 S 297/01 (rechtskräftig; AG Neu-Ulm), MMR 2002, 403, CR 2002, 268 f.; LG Ulm, Urt. v. 27.01.1999 - 1 S 244/98 (rechtskräftig), MMR 1999, 495; CI 1999, 200; gegen eine solche Hinweispflicht: Struck, MMR 2001, 507 (510 f.); Bornhofen, K&R 1999, 500 (503). Vgl. dazu auch OLG Köln, Urt. v. 18.06.1999 - 20 U 222/98 (rechtskräftig), MMR 1999, 735 (736).

2 Vgl. mit weiteren Einzelheiten Grote, TKV, S. 48.

3 Vgl. dazu mit weiteren Einzelheiten Reimann, DuD 2001, 27 ff.; Westphalen/Grote/Pohle, Telefondienstvertrag, S. 65 m.w.N.; Allgaier, RDV 2000, 53 ff. u. RDV 2000, 158 f.

nung von abrechnungsrelevanten Verbindungsdaten der Deutschen Telekom AG richtig ist, wenn eine (spätere) technische Vollprüfung des betroffenen Anschlusses keinen Hinweis auf einen Fehler zuläßt[1]. Dieser Schluß ist allerdings keinesfalls zwingend. Für den Kunden ist es jedoch regelmäßig nicht möglich, den Anscheinsbeweis zu erschüttern. Dazu muß er die ernsthafte und nicht nur theoretische Möglichkeit eines anderen Verlaufs in seinem Einzelfall nachweisen[2]. Hinsichtlich anderer Anbieter wird der Anscheinsbeweis jedenfalls überwiegend abgelehnt[3].

cc) Die weitere Verteilung der Beweislast

In zwei Fällen darf der Anbieter nach § 16 Abs. 3 S. 3 TKV bestimmte Verbindungsentgelte nicht vom Kunden fordern[4].

Dies ist zunächst dann der Fall, wenn der Netzzugang in nicht vom Kunden zu vertretendem Umfang genutzt wurde, etwa bei einem Einbruch[5]. Den Nachweis für das Nichtvertretenmüssen muß der Kunde erbringen[6]. Wegen der Obhutspflicht des Kunden für den Netzzugang reicht dabei der Nachweis nicht aus, daß er selbst den Netzzugang nicht genutzt hat[7]. Auch die Nutzung des Anschlusses durch Dritte in der Risikosphäre und dem Einflußbereich des Kunden sind von diesem zu vertreten[8].

Der Anbieter darf Verbindungsentgelte schließlich auch dann nicht vom Kunden fordern, wenn die Höhe der Verbindungsentgelte nach objektiven Anhaltspunkten auf Manipulationen Dritter an öffentlichen Telekommunikationsnetzen zurückzuführen sein kann. Die Manipulationen müssen dafür nicht bewiesen sein; ausreichend ist das Vorliegen von Tatsachen, die eine solche Annahme

---

1 So z.B. OLG Düsseldorf, Urt. v. 17.12.1997 - 5 U 39/97, ArchPT 1998, 52 (53); vgl. auch m.w.N. Allgaier, RDV 2000, 53. Zum Anscheinsbeweis im Mobilfunkbereich vgl. dagegen LG Ulm, Urt. v. 27.01.1999 - 1 S 244/98 (rechtskräftig), CI 1999, 200.

2 Vgl. Reimann, DuD 2001, 27.

3 Vgl. dazu m.w.N. Reimann, DuD 2001, 27 (28).

4 Zur Kritik an dieser Verlagerung des Haftungsrisikos auf den Anbieter vgl. mit weiteren Einzelheiten BeckTKG-Komm/Ehmer Anh § 41 § 16 TKV Rz. 17.

5 Zu den - hohen - Anforderungen an Sicherungseinrichtungen des Kunde vgl. mit weiteren Einzelheiten BeckTKG-Komm/Ehmer Anh § 41 § 16 TKV Rz. 18.

6 Vgl. Begr. zum TKV-E, BR-Drucks. 551/97, S. 36.

7 Vgl. Grote, TKV, S. 51 m.w.N.

8 Vgl. Westphalen/Grote/Pohle, Telefondienstvertrag, S. 59; Imping, CR 1999, 425 (428). Zu AGB-Regelungen bezüglich der Entgeltzahlungspflicht des Kunden bei unbefugter Nutzung des Anschlusses durch einen Dritten vgl. mit weiteren Einzelheiten Westphalen/Grote/Pohle, Telefondienstvertrag, S. 116 ff.

rechtfertigen[1]. Darlegungspflichtig hinsichtlich dieser Tatsachen ist der Kunde, der sich auf solche Manipulationen beruft[2].

Das Leistungsverweigerungsrecht des Kunden erstreckt sich in diesen Fällen nur auf den Umfang der nicht zu vertretenden bzw. durch die Manipulation verursachten Nutzung[3]. Kann dieser Umfang nicht ermittelt werden, ist eine Schätzung gemäß § 17 TKV durchzuführen. Im übrigen bleibt dem Kunden gemäß § 17 S. 7 TKV stets der Nachweis vorbehalten, daß der Netzzugang in dem entsprechenden Abrechnungszeitraum überhaupt nicht benutzt wurde[4].

b) Die Entgeltermittlung bei unklarer Forderungshöhe (§ 17 TKV)

Wenn eine Entgeltforderung des Anbieters unrichtig ist, kommt es für die Zahlungspflicht des Kunden darauf an, ob die richtige Höhe der Forderung noch berechnet werden kann. Ist dies zweifelsfrei möglich, dann ist sie zu bezahlen.

Kann jedoch die richtige Höhe der Forderung nicht berechnet werden, ist nach § 17 TKV eine Schätzung vorzunehmen. Dabei handelt es sich um eine Durchschnittsberechnung angelehnt an § 287 ZPO, nach der bei unklarer Beweislage sowohl die Interessen der Anbieter als auch der Kunden gleichermaßen berücksichtigt werden sollen[5]. Die Durchschnittsberechnung ist auch dann vorzunehmen, wenn objektiv erhebliche Zweifel bestehen, ob der allgemeine Netzzugang in einer dem Kunden zurechenbaren Weise in Anspruch genommen wurde[6]. Beurteilungsmaßstab für die Zweifelhaftigkeit ist die objektive Sicht eines sog. verständigen Dritten, also weder die Sicht des Anbieters noch diejenige des Kunden[7].

Für die Schätzung der Forderungshöhe ist nach § 17 TKV grundsätzlich der Durchschnitt der Entgeltforderungen der vergangenen Abrechnungszeiträume maßgeblich. Im Regelfall wird bei der Durchschnittsberechnung die durch-

---

1 Vgl. Westphalen/Grote/Pohle, Telefondienstvertrag, S. 65 f.; Begr. zum TKV-E, BR-Drucks. 551/97, S. 36.

2 Vgl. BeckTKG-Komm/Ehmer Anh § 41 § 16 TKV Rz. 19.

3 So jedenfalls für die nicht zu vertretende Nutzung die Begr. zum TKV-E, BR-Drucks. 551/97, S. 36.

4 Dies stellt aber im Grunde keinen Fall der unklaren Beweislage dar, vgl. Begr. zum TKV-E, BR-Drucks. 551/97, S. 37. Auch in einer solchen Konstellation besteht jedoch die Pflicht zur Zahlung der nutzungsunabhängigen Entgelte (Grundgebühr etc.), vgl. BeckTKG-Komm/Ehmer Anh § 41 § 17 TKV Rz. 9.

5 Vgl. Begr. zum TKV-E, BR-Drucks. 551/97, S. 36 f. Zum Verhältnis von § 17 TKV zu § 287 ZPO vgl. BeckTKG-Komm/Ehmer Anh § 41 § 17 TKV Rz. 2, 7.

6 Vgl. dazu im einzelnen BeckTKG-Komm/Ehmer Anh § 41 § 17 TKV Rz. 11 ff.

7 Vgl. Begr. zum TKV-E, BR-Drucks. 551/97, S. 37.

schnittliche Entgeltforderung aus den unbeanstandet gebliebenen zurückliegenden sechs Abrechnungszeiträumen ermittelt. Ist die Zeit der Überlassung des allgemeinen Netzzugangs durch den Anbieter allerdings kürzer als sechs Abrechnungszeiträume, dann ist nach § 17 S. 3 TKV die Anzahl der vorhandenen Abrechnungszeiträume zugrundezulegen. Im übrigen kommt es bei der Durchschnittsberechnung nur auf die nutzungsabhängigen Entgeltforderungen an; die Fixkosten (Grundgebühren) sind unabhängig davon nach den zum maßgeblichen Zeitpunkt geltenden Tarifen zu zahlen[1].

Von dieser Durchschnittsberechnung ist nach § 17 S. 4 TKV dann abzuweichen, wenn man dadurch den tatsächlichen Verhältnissen näher kommt[2]. Dies kann dann angebracht sein, wenn die Rechnung z.B. saisonbedingt jedes Jahr einige Monate höher oder niedriger ausfällt. In solchen Fällen sind bei der Berechnung des Durchschnitts ausnahmsweise nicht die unmittelbar zurückliegenden, sondern entsprechend andere Zeiträume zur Durchschnittsberechnung heranzuziehen.

Hat der Kunde auf die betreffende(n) Rechnung(en) zunächst ein höheres Entgelt als den nach § 17 TKV ermittelten Durchschnittsbetrag gezahlt, ist der überzahlte Betrag gemäß § 17 S. 6 TKV vom Anbieter zu erstatten.

VI. Die Sperre durch den Anbieter (§ 19 TKV)

Regelungen zur Möglichkeit einer Sperre bei Zahlungsverzug oder aus anderen Gründen enthält § 19 TKV. Diese Vorschrift stellt eine vorrangige Spezialregelung gegenüber den allgemeinen zivilrechtlichen Vorschriften zu Zurückbehaltungs- und Leistungsverweigerungsrechten dar[3]. Als Sperre i.S.d. § 19 TKV ist das Unterbinden der Inanspruchnahme von allgemeinen Zugängen zu festen öffentlichen Netzen oder von Sprachtelefondienst anzusehen. Sie kann alle oder auch nur einen Teil der Leistungen umfassen sowie nur für abgehende oder aber für alle Anrufe gelten. Welcher Anbieter im Einzelfall die Inanspruchnahme welcher Leistungen nach § 19 TKV verhindern darf, ist anhand der in dem jeweiligen Schuldverhältnis vereinbarten Leistungen zu entscheiden[4].

1 So BeckTKG-Komm/Ehmer Anh § 41 § 17 TKV Rz. 6.

2 Vgl. Begr. zum TKV-E, BR-Drucks. 551/97, S. 37. Zur Problematik der Ermittlung und Berücksichtigung der tatsächlichen Verhältnisse vgl. BeckTKG-Komm/Ehmer Anh § 41 § 17 TKV Rz. 8.

3 Vgl. dazu Grote, TKV, S. 57; Begr. zum TKV-E, BR-Drucks. 551/97, S. 38.

4 Vgl. mit weiteren Einzelheiten Westphalen/Grote/Pohle, Telefondienstvertrag, S. 57.

Das Recht zur Sperre nach § 19 TKV haben jedoch nur bestimmte Anbieter von Telekommunikationsdienstleistungen. Zu diesen Berechtigten zählen die Anbieter allgemeiner Zugänge zu festen öffentlichen Telekommunikationsnetzen sowie die Anbieter von Sprachtelefondienst. Hierzu gehören z.B. auch die Anbieter von Call-by-Call[1]. Dagegen sind Anbieter von Mobilfunk vom Anwendungsbereich des § 19 TKV ausgeschlossen, da das Mobilfunknetz kein Festnetz darstellt und entsprechende Angebote nicht unter den Begriff des Sprachtelefondienstes i.S.d. TKG und der TKV fallen[2]. Für sie gelten deshalb die allgemeinen Vorschriften des BGB, insbesondere das Zurückbehaltungsrecht gemäß § 273 Abs. 1 BGB[3].

Die Anwendbarkeit von § 19 TKV setzt schließlich noch voraus, daß bereits ein Schuldverhältnis zwischen Kunde und Anbieter besteht[4]. Ist dies der Fall, sind die Anforderungen des § 19 TKV zwingend einzuhalten und können gemäß § 1 Abs. 2 TKV nicht vertraglich ausgeschlossen werden. Wenn jedoch noch kein Schuldverhältnis besteht, muß z.B. ein Anbieter von Call-by-Call sich nicht an die Anforderungen des § 19 TKV halten[5]. Ein reiner Verbindungsnetzbetreiber etwa kann Kunden von der Nutzung seiner Leistungen ausschließen, indem er eine Sperre einrichtet, die Anrufe bestimmter Anschlüsse nicht durchläßt[6].

Gesetzlich geregelt sind zwei verschiedene Möglichkeiten einer Sperre: die angedrohte Sperre mit Wartefrist sowie die sofortige Sperre ohne Androhung. Diese beiden Sperrmöglichkeiten unterscheiden sich in ihren Voraussetzungen und den gesetzlichen Anforderungen an ihre Umsetzung.

1. Die angedrohte Sperre mit Wartefrist

Nach § 19 Abs. 1 Nr. 1 TKV ist eine Sperre grundsätzlich zulässig, wenn der Kunde mit Zahlungsverpflichtungen von mindestens EUR 75,00 in Verzug ist und eine etwaige geleistete Sicherheit verbraucht ist. Das Vorliegen des Ver-

1 Vgl. Grote, TKV, S. 57.
2 Vgl. Westphalen/Grote/Pohle, Telefondienstvertrag, S. 57. Kritisch BeckTKG-Komm/ Kerkhoff Anh § 41 § 19 TKV Rz. 2; Grosskopf/Taubert, CR 1998, 603 (608 f.).
3 Siehe dazu Grosskopf/Taubert, CR 1998, 603 (608 f.).
4 Vgl. Westphalen/Grote/Pohle, Telefondienstvertrag, S. 56.
5 Vgl. dazu Westphalen/Grote/Pohle, Telefondienstvertrag, S. 56 f.
6 Vgl. Grote, BB 1998, 1117 (1119).

zugs richtet sich nach §§ 286, 287 BGB[1]. Der Anbieter ist nicht dazu verpflichtet, vor der Sperre eine Sicherheit nachzufordern[2].

Voraussetzung für einen Zahlungsrückstand im Sinne dieser Vorschrift ist allerdings, daß dieser aus demselben rechtlichen Verhältnis herrührt[3]. Dafür ist grundsätzlich notwendig, daß die Vertragspartner identisch sind und ein innerlich zusammenhängendes, einheitliches Lebensverhältnis vorliegt[4]. Dies ist etwa dann der Fall, wenn ein Kunde Altschulden aus einem Wohnungsanschluß in demselben Versorgungsgebiet hat und der Anschluß in der neuen Wohnung gesperrt werden soll[5]. Dagegen ist der Anbieter des Telefonanschlusses z.B. dann nicht zur Sperre berechtigt, wenn der Kunde nur gegenüber einem anderen Anbieter von Sprachtelefondienst in Zahlungsverzug ist[6].

Die angedrohte Sperre darf nach § 19 Abs. 2 S. 1 TKV frühestens zwei Wochen nach schriftlicher Androhung erfolgen. Als Beginn der Zweiwochenfrist dürfte der Zeitpunkt anzusehen sein, zu dem eine Kenntnisnahmemöglichkeit durch den Kunden besteht[7]. Die Androhung muß nicht der Schriftform des § 126 BGB genügen; erforderlich und ausreichend ist eine drucktechnische Ausfertigung[8]. Sie kann nach § 19 Abs. 2 S. 2 TKV auch mit einer Mahnung verbunden werden. Der Kunde muß in der Androhung außerdem auf die Möglichkeit des Rechtsschutzes vor den Gerichten hingewiesen werden.

Eine Sperre aufgrund eines Zahlungsverzugs gemäß § 19 Abs. 1 Nr. 1 TKV hat jedoch nach § 19 Abs. 4 TKV unter bestimmten Umständen zu unterbleiben. Hierfür erforderlich ist zunächst, daß gegen die Rechnung begründete Einwendungen erhoben wurden. Dabei setzt eine begründete Einwendung i.S.d. § 19 Abs. 4 TKV wegen des Kundenschutzgedankens der TKV nicht notwendig voraus, daß die vom Kunden erhobene Einwendung tatsächlich materiell begründet und inhaltlich zutreffend ist[9]. Vielmehr ist ausreichend, wenn der Kundenvortrag hinreichend substantiiert ist, der Kunde also detailliert Stellung be-

---

1 Vgl. dazu im einzelnen Westphalen/Grote/Pohle, Telefondienstvertrag, S. 125 f.
2 So BeckTKG-Komm/Kerkhoff Anh § 41 § 19 TKV Rz. 6.
3 Vgl. Grote, TKV, S. 57 f. m.w.N.; Grote, BB 1998, 1117 (1119).
4 Vgl. dazu m.w.N. Westphalen/Grote/Pohle, Telefondienstvertrag, S. 57 f.
5 So für den Bereich der Energieversorgung BGH, Urt. v. 03.07.1991 - VIII ZR 190/90 (OLG Hamburg, LG Hamburg), NJW 1991, 2645 (2646) m.w.N.; Grote, TKV, S. 57 f.
6 Vgl. Westphalen/Grote/Pohle, Telefondienstvertrag, S. 58.
7 Vgl. dazu im einzelnen BeckTKG-Komm/Kerkhoff Anh § 41 § 19 TKV Rz. 26.
8 Vgl. Begr. zum TKV-E, BR-Drucks. 551/97, S. 38.
9 So BeckTKG-Komm/Kerkhoff Anh § 41 § 19 TKV Rz. 33. Ähnlich Leo, K&R 1998, 381 (387).

zieht und die Rechnungshöhe nicht nur pauschal bestreitet[1]. Weitere Voraussetzung für das Verbot einer Sperre ist, daß für den streitigen Abrechnungszeitraum der Durchschnittsbetrag der vorherigen Abrechnungszeiträume gemäß § 17 TKV bezahlt oder eine Stundungsvereinbarung getroffen worden ist. Der Anbieter ist dabei nicht zur Vereinbarung einer Stundung verpflichtet[2].

Auch wenn ein Kunde dauernd mit einem Betrag von weniger als EUR 75,00 in Verzug ist, darf keine Sperre nach § 19 Abs. 1 Nr. 1 TKV erfolgen. Allerdings ist darauf hinzuweisen, daß ein Anbieter nicht zur Fortführung des Vertragsverhältnisses verpflichtet ist, wenn sein Vertragspartner wiederholt Vertragspflichten verletzt[3].

2. Die sofortige Sperre

Ein Anbieter ist nach § 19 Abs. 1 Nr. 2, Abs. 2 S. 3 Nr. 1 - 3 TKV in drei bestimmten Situationen zur fristlosen Sperre berechtigt.

Die Sperre ist zunächst dann zulässig, wenn der Kunde Veranlassung zu einer fristlosen Kündigung des Vertragsverhältnisses gegeben hat (vgl. dazu S. 197). Alternativ besteht die Zulässigkeit einer fristlosen Sperre auch bei einer drohenden Gefährdung der Einrichtungen des Anbieters, insbesondere des Netzes, durch Rückwirkungen von Endeinrichtungen bzw. einer drohenden Gefährdung der öffentlichen Sicherheit[4].

Schließlich kann eine sofortige Sperre auch dann zulässig sein, wenn das Entgeltaufkommen in sehr hohem Maße ansteigt. In der Praxis ist dies wohl der am häufigsten vorkommende Sachverhalt für eine sofortige Sperre[5]. Für die Beurteilung des sprunghaften Anstiegs sind die bisherigen Telefoniergewohnheiten eines Kunden sowie Erfahrungswerte des Anbieters maßgebend[6].

Zusätzlich müssen bei einem sehr hohen Anstieg des Entgeltaufkommens Tatsachen die Annahme rechtfertigen, daß der Kunde bei einer späteren Durchführung der Sperre Entgelte für in der Zwischenzeit erbrachte Leistungen nicht, nicht vollständig oder nicht rechtzeitig entrichtet und geleistete Sicherheiten

1 So Westphalen/Grote/Pohle, Telefondienstvertrag, S. 127; BeckTKG-Komm/Kerkhoff Anh § 41 § 19 TKV Rz. 33.
2 Vgl. Begr. zum TKV-E, BR-Drucks. 551/97, S. 39.
3 Vgl. Grote, TKV, S. 57 m.w.N.
4 Siehe dazu im einzelnen BeckTKG-Komm/Kerkhoff Anh § 41 § 19 TKV Rz. 10 ff.
5 Vgl. Westphalen/Grote/Pohle, Telefondienstvertrag, S. 59.
6 Vgl. BeckTKG-Komm/Kerkhoff Anh § 41 § 19 TKV Rz. 16.

verbraucht sind. Es besteht dabei grundsätzlich keine Pflicht des Anbieters, vor Verhängung einer Sperre zunächst Sicherheiten anzufordern[1].

Als Tatsache, die eine solche Annahme rechtfertigt, kommt insbesondere der Fall in Betracht, daß der Kunde schon häufiger Entgelte nicht (vollständig oder rechtzeitig) entrichtet hat[2]. In einem solchen Fall liegt die Vermutung nahe, daß der Kunde erst recht die sprunghaft gestiegenen Entgelte nicht zahlen wird[3]. Als weiterer Anhaltspunkt kann der vom Kunden geäußerte Verdacht herangezogen werden, irgend jemand telefoniere gegen seinen Willen (innerhalb od. außerhalb seiner Wohnung) „auf seine Kosten"[4]. In solchen Situationen gebietet entweder das Interesse des Kunden oder das Interesse des Anbieters eine sofortige Sperre[5]. Das Interesse des Kunden ist betroffen, wenn er die Nutzung durch Dritte zu vertreten hat, sie also seiner Risikosphäre zuzuordnen ist und er deshalb zur Zahlung verpflichtet ist[6]. In anderen Fällen ist es dagegen im Interesse des Anbieters, sich vor der unentgeltlichen Inanspruchnahme von Leistungen zu schützen[7].

3. Die Beschränkung und Aufhebung von Sperren

Jede Sperre muß grundsätzlich verhältnismäßig sein. Dies ergibt sich für den Fall der sofortigen Sperre wegen eines sprunghaften Anstiegs des Entgeltaufkommens bereits aus § 19 Abs. 2 Nr. 3 TKV. Bei dieser sind die Höhe der Gesprächskosten und die Konsequenzen einer Sperre für den Verbraucher zu berücksichtigen[8]. Für die anderen Fälle einer Sperre folgt das Erfordernis der Verhältnismäßigkeit aus dem Grundsatz von Treu und Glauben (ggf. in Verbindung mit den Zurückbehaltungsrechten)[9].

Auch vor diesem Hintergrund sind Sperren nach § 19 Abs. 3 TKV im Rahmen der technischen Möglichkeiten auf den betroffenen Dienst zu beschränken. Beispielsweise berechtigt das Vorliegen eines Grundes zur Sperre für Online-Dienstleistungen grundsätzlich nicht zu einer Sperrung des allgemeinen Netz-

1 Vgl. Begr. zum TKV-E, BR-Drucks. 551/97, S. 38.
2 Vgl. Westphalen/Grote/Pohle, Telefondienstvertrag, S. 59.
3 So Westphalen/Grote/Pohle, Telefondienstvertrag, S. 59.
4 Vgl. dazu Westphalen/Grote/Pohle, Telefondienstvertrag, S. 59.
5 So Westphalen/Grote/Pohle, Telefondienstvertrag, S. 59.
6 So BeckTKG-Komm/Kerkhoff Anh § 41 § 19 TKV Rz. 17.
7 Vgl. Westphalen/Grote/Pohle, Telefondienstvertrag, S. 59.
8 So BeckTKG-Komm/Kerkhoff Anh § 41 § 19 TKV Rz. 20.
9 Vgl. dazu Westphalen/Grote/Pohle, Telefondienstvertrag, S. 60.

zugangs[1]. Da der Begriff des „Dienstes“ gesetzlich nicht definiert ist, dürfte es letztlich darauf ankommen, welche technischen Möglichkeiten für den Umfang einer Sperre bestehen und welche zur Wahrung der Interessen des Anbieters ausreichen[2].

Eine Sperre ist im übrigen unverzüglich aufzuheben, wenn die Gründe für ihre Durchführung entfallen sind. Unverzüglich bedeutet nach § 121 BGB „ohne schuldhaftes Zögern“. Ein Grund für eine Aufhebung der Sperre liegt etwa dann vor, wenn der Zahlungsrückstand nicht mehr besteht oder jedenfalls den Betrag von EUR 75,00 unterschreitet.

Schließlich darf nach § 19 Abs. 3 S. 2 TKV eine Vollsperrung des allgemeinen Netzzugangs erst nach Durchführung einer mindestens einwöchigen Abgangssperre erfolgen. In dieser Zeit kann der betroffene Kunde zumindest noch angerufen werden.

1 So BeckTKG-Komm/Kerkhoff Anh § 41 § 19 TKV Rz. 28.
2 Ähnlich auch Westphalen/Grote/Pohle, Telefondienstvertrag, S. 60.

D. Die Vertragsbeendigung

Grundsätzlich sind verschiedene Arten der Vertragsbeendigung möglich. In Betracht kommen insbesondere die Kündigung und der Ablauf eines befristeten Vertrages. In der Praxis werden auf dem Gebiet der Telekommunikation zwischen Anbietern und Verbrauchern meist unbefristete Verträge oder Verträge nur über eine einzelne Telekommunikationsdienstleistung geschlossen. Dementsprechend ist die Kündigung auch die häufigste Form der Vertragsbeendigung. Für den Ausspruch einer Kündigung und deren Zugang beim Vertragspartner ist der Kündigende darlegungs- und beweispflichtig.

Im folgenden geht es um verschiedene, im Bereich der Telekommunikation besonders wichtige Aspekte der Kündigung: die Möglichkeit einer Weiterleitung der Kündigung gemäß § 13 Abs. 5 TKV, das Sonderkündigungsrecht nach § 9 Abs. 2 TKV, das allgemeine Kündigungsrecht aus wichtigem Grund sowie vertragliche Kündigungsbestimmungen.

I. Die Weiterleitung der Kündigung (§ 13 Abs. 5 TKV)

Eine besondere Regelung für Kündigungen auf dem Gebiet der Telekommunikation enthält § 13 Abs. 5 TKV. Danach kann die Kündigung des bisherigen Vertrages grundsätzlich durch den neuen Anbieter entgegengenommen und dem alten Anbieter übermittelt werden. Voraussetzung ist nur, daß der Kunde den Anbieter seines allgemeinen Netzzugangs zu einem öffentlichen Telekommunikationsnetz wechselt.

Diese Regelung soll den Wechsel zu einem anderen Anbieter eines allgemeinen Netzzugangs erleichtern[1]. § 13 Abs. 5 TKV befreit allerdings nicht von dem Erfordernis der Schriftform, wenn diese in den Allgemeinen Geschäftsbedingungen eines Anbieters für die Kündigung vorgesehen ist[2]. Schließlich regelt § 13 Abs. 5 TKV die Frage des Wirksamwerdens einer solchermaßen weitergeleiteten Kündigung nicht. Insofern ist davon auszugehen, daß es bei der allgemeinen zivilrechtlichen Regel bleibt, daß hierfür der Zugang der Kündigung beim Vertragspartner und damit beim früheren Anbieter maßgeblich ist[3]. Leitet der

1 Vgl. Bruhn, Sicherstellung, S. 391; Geppert/Ruhle/Schuster, Handbuch, Rz. 487. Zu weiteren Gründen vgl. Grote, BB 1998, 1117 (1119); Begr. zum TKV-E, BR-Drucks. 551/97, S. 33.

2 Vgl. Grote, TKV, S. 35.

3 So auch Geppert/Ruhle/Schuster, Handbuch, Rz. 487.

neue Anbieter die Kündigung nicht sofort weiter, kann deshalb ein Schadensersatzanspruch des Kunden gegen ihn in Betracht kommen[1].

II. Das Sonderkündigungsrecht nach § 9 Abs. 2 TKV

§ 9 Abs. 2 TKV enthält ein besonderes, telekommunikationsspezifisches Kündigungsrecht für den Fall des Unterschreitens von Mindeststandards. Danach kann ein Verbraucher gegenüber seinem Anbieter von Telekommunikationsdienstleistungen ein Recht zu einer fristlosen Kündigung haben, wenn die Leistungen des Anbieters nicht dem Mindestkatalog der Telekommunikations-Universaldienstleistungsverordnung entsprechen und der Vertragspartner den Kunden bei Vertragsschluß nicht schriftlich auf diese Tatsache hingewiesen hat. Der Hinweis muß nur gedruckt sein, nicht jedoch der Schriftform nach § 126 BGB genügen[2]. Außerdem dürfte wegen der Warnfunktion und der gesetzlichen Hinweispflicht (vgl. auch § 1 Abs. 2 TKV) ein Hinweis in den AGB nicht ausreichend sein.

Wurde ein Verbraucher dagegen bei Vertragsschluß auf die Unterschreitung der in der TUDLV festgelegten Mindeststandards hingewiesen, dann wird er vom Gesetz als nicht schutzwürdig angesehen. Mit dieser Regelung soll ein Billigtelefondienst ermöglicht werden, bei dem zugunsten eines für den Verbraucher günstigeren Preises auf bestimmte, beim Universaldienst erforderliche Qualitätsmerkmale verzichtet wird[3]. Der Kunde muß aber hiermit einverstanden sein.

III. Das Kündigungsrecht aus wichtigem Grund

Bei Dauerschuldverhältnissen kann das Kündigungsrecht aus wichtigem Grund nicht vertraglich ausgeschlossen werden, insbesondere nicht durch Allgemeine Geschäftsbedingungen[4]. Ein Dauerschuldverhältnis liegt zumeist bei einem Vertrag zwischen einem Verbraucher und seinem Netzzugangsanbieter vor, nicht hingegen bei der Vertragsbeziehung zwischen einem Verbraucher und einem Anbieter von offenem Call-by-Call.

---

1 Vgl. BeckTKG-Komm/Piepenbrock Anh § 41 § 13 TKV Rz. 8; Geppert/Ruhle/Schuster, Handbuch, Rz. 487.

2 Vgl. Begr. zum TKV-E, BR-Drucks. 551/97, S. 30.

3 Vgl. Begr. zum TKV-E, BR-Drucks. 551/97, S. 30; Geppert/Ruhle/Schuster, Handbuch, Rz. 625.

4 Vgl. Palandt-ErgBd/Heinrichs § 314 Rz. 3; AnwKom-BGB/Krebs § 314 Rz. 28.

Das Kündigungsrecht aus wichtigem Grund (vgl. dazu §§ 314, 626 BGB)[1] setzt voraus, daß dem kündigenden Teil unter Berücksichtigung aller Umstände des Einzelfalls und unter Abwägung der beiderseitigen Interessen die Fortsetzung des Vertragsverhältnisses bis zur vereinbarten Beendigung oder bis zum Ablauf einer Kündigungsfrist nicht zugemutet werden kann[2]. Es kann - je nach den Umständen des Einzelfalls - für den Anbieter oder für den Verbraucher bestehen. Beide sind nicht zur Fortführung des Vertragsverhältnisses verpflichtet, wenn der Vertragspartner z.B. wiederholt Vertragspflichten verletzt[3]. Hierbei kann allerdings eine vorherige Abmahnung erforderlich sein, vgl. § 314 Abs. 2 BGB.

Als Beispiel hierfür ist der Fall zu nennen, daß ein Verbraucher wiederholt mit Zahlungen im Verzug ist. In einem solchen Fall kommt grundsätzlich eine fristlose Kündigung des Anbieters aus wichtigem Grund in Betracht[4]. Sehr umstritten ist, ob dies auch dann gilt, wenn der andauernde Zahlungsrückstand geringer als EUR 75,00 ist[5]. Dann wäre der Anbieter nach § 19 TKV nicht einmal bei einer entsprechenden Androhung zu einer Sperre berechtigt. Wegen der insoweit vorrangigen Wertung des § 19 TKV und dem Kundenschutzgedanken der TKV dürfte das Kündigungsrecht in einem solchen Fall trotz verbleibender Bedenken abzulehnen sein.

Umstritten ist auch, ob der Verlust oder die Funktionsunfähigkeit eines Mobiltelefons einen wichtigen Kündigungsgrund darstellen oder die Geschäftsgrundlage entfallen lassen[6]. Maßgeblich hierfür ist u.a., ob der Netzkartenvertrag und der Kaufvertrag über das Mobiltelefon als rechtlich selbständige, voneinander

1 Vgl. dazu mit weiteren Einzelheiten und m.w.N. Palandt-ErgBd/Heinrichs § 314 Rz. 1 ff.

2 Vgl. dazu Palandt-ErgBd/Heinrichs § 314 Rz. 7 ff.; Fischer/Galster, MMR 2002, 71 f.

3 So bei Pflichtverletzungen des Verbrauchers Grote, TKV, S. 57 m.w.N. Zu einem Kündigungsrecht des Verbrauchers bei Pflichtverletzungen des Anbieters vgl. AG Frankfurt (Oder), Urt. v. 14.07.2000 - 2.2 C 307/00 (rechtskräftig), NJW-RR 2001, 276 (277).

4 Vgl. Westphalen/Grote/Pohle, Telefondienstvertrag, S. 58; Bornhofen, K&R 1999, 500 (504).

5 Das Recht zur außerordentlichen Kündigung bei einem Zahlungsrückstand von EUR 76,69 (DM 150,00) bejaht wohl Grote, TKV, S. 57. Es wird verneint von: BeckTKG-Komm/Kerkhoff Anh § 41 § 19 TKV Rz. 8; Bornhofen, K&R 1999, 500 (504 f.); Hahn, MMR 1999, 586 (591); Imping, CR 1999, 425 (428).

6 Fristloses Kündigungsrecht für den Netzkartenvertrag bei Wandelung des Kaufvertrags über das Mobiltelefon: AG Düsseldorf, Urt. v. 15.06.2000 - 34 C 3564/00 (rechtskräftig), NJW-RR 2001, 275 (276). Kein Kündigungsgrund bei Verlust des Mobiltelefons: AG Düsseldorf, Urt. v. 12.11.1999 - 235 C 8761/99 (rechtskräftig), MMR 2000, 177 (178), CI 2000, 188. Anders AG Osnabrück, Urt. v. 14.04.1997 - 14 C 40/97 (rechtskräftig), MMR 1998, 620. Wegfall der Geschäftsgrundlage für Netzkartenvertrag bei funktionsunfähigem Mobiltelefon: AG Staufen, Urt. v. 14.12.1998 - 2 C 193/98 (rechtskräftig), CI 2000, 25.

unabhängige Rechtsgeschäfte oder als rechtliche Einheit angesehen werden[1]. Ein einheitliches Rechtsgeschäft liegt dann vor, wenn zwei eigentlich selbständige Vereinbarungen nach dem Willen der Vertragsparteien miteinander „stehen und fallen" sollen[2]. Es ist z.B. dann anzunehmen, wenn beide Verträge gemeinsam beworben werden und die Rechtsgeschäfte zumindest einseitig bedingt sind (kein Kaufvertrag über ein günstiges da subventioniertes Mobiltelefon ohne Netzkartenvertrag)[3]. Bei einem Verlust des Mobiltelefons kann auch eine Abgrenzung der Risikosphären eine Rolle spielen[4].

Teilweise Versorgungslücken in einem Mobilfunknetz sollen den Kunden nicht zur außerordentlichen Kündigung eines Vertrages über die Erbringung von Mobilfunkdienstleistungen berechtigen[5].

IV. Vertragliche Bestimmungen zur Kündigung

Für Dauerschuldverhältnisse werden meist auch vertraglich Regelungen zur Kündigung vereinbart. Diese betreffen insbesondere Mindestvertragslaufzeiten und die Dauer der Kündigungsfrist. Bei speziellen Tarifen sind längere Kündigungsfristen oder Mindestvertragslaufzeiten üblich. Für Mobilfunkverträge wird eine Mindestvertragslaufzeit von maximal zwei Jahren für zulässig gehalten[6]. Üblich sind auch die Vereinbarung der Schriftform für die Kündigung oder die Konkretisierung von wichtigen Gründen für eine fristlose Kündigung.

Vertragliche Bestimmungen zur Kündigung sind allerdings nur dann wirksam, wenn sie die Vertragsfreiheit nicht unverhältnismäßig einschränken und nicht gegen gesetzliche Bestimmungen (z.B. TKV) verstoßen. Die fristlose Kündigung aus wichtigem Grund (§ 314 BGB, § 626 BGB) und die gesetzlichen Kündigungsrechte nach der TKV können in keinem Fall abbedungen werden.

---

1 Getrennte Rechtsgeschäfte: AG Düsseldorf, Urt. v. 12.11.1999 - 235 C 8761/99 (rechtskräftig), MMR 2000, 177 (178), CI 2000, 188. Rechtliche Einheit: AG Düsseldorf, Urt. v. 15.06.2000 - 34 C 3564/00 (rechtskräftig), NJW-RR 2001, 275 (276); AG Staufen, Urt. v. 14.12.1998 - 2 C 193/98 (rechtskräftig), CI 2000, 25.

2 Vgl. BGH, Urt. v. 30.04.1976 - V ZR 143/74, NJW 1976, 1931 (1932).

3 So AG Düsseldorf, Urt. v. 15.06.2000 - 34 C 3564/00 (rechtskräftig), NJW-RR 2001, 275 (276).

4 Vgl. dazu AG Düsseldorf, Urt. v. 12.11.1999 - 235 C 8761/99 (rechtskräftig), MMR 2000, 177 (178).

5 So das AG Nordhorn, Urt. v. 21.12.2000 - 3 C 1419/00 (rechtskräftig), MMR 2001, 407 f.

6 So Fuchs, in: Spindler (Hrsg.), Telekommunikations-Anbieter, Teil IV Rz. 130 ff. m.w.N.; ähnlich Hahn, MMR 1999, 251 (255) bei einer Subventionierung des Mobiltelefons.

E. Datenschutz und Fernmeldegeheimnis

Weitere aus Verbrauchersicht wichtige Pflichten für Anbieter von Telekommunikationsdienstleistungen sind die Beachtung des Datenschutzes und des Fernmeldegeheimnisses. Das Fernmeldegeheimnis gehört nicht unmittelbar zum Datenschutzrecht; es enthält aber gleichfalls Geheimhaltungspflichten und hat einen engen Bezug zur Telekommunikation[1].

Im folgenden geht es zunächst um das Fernmeldegeheimnis und anschließend um den Datenschutz.

I. Der Schutz des Fernmeldegeheimnisses (§ 85 TKG)

Eine sehr wesentliche Pflicht von Anbietern ist die Wahrung des Fernmeldegeheimnisses nach § 85 TKG. Diese Vorschrift ist zunächst eine einfachgesetzliche Konkretisierung des durch Art. 10 GG geschützten Fernmeldegeheimnisses. Die Wahrung des Fernmeldegeheimnisses ist gemäß § 2 Abs. 1 Nr. 1 TKG aber auch eines der Regulierungsziele des TKG. Hintergrund dessen ist, daß die Entwicklung der Telekommunikationstechnik die Möglichkeit einer Verletzung der Rechte und der Privatsphäre der Nutzer erheblich vergrößert hat[2].

Nachfolgend geht es um diese Aspekte des Fernmeldegeheimnisses: Schutzbereich, Kreis der Verpflichteten, einzelne Pflichten, Sanktionen und Überwachung der Telekommunikation. Ergänzend ist auf §§ 86, 87 TKG hinzuweisen, die weitere Bestimmungen zum Schutz des Fernmeldegeheimnisses enthalten[3].

1. Der Schutzbereich des Fernmeldegeheimnisses

Dem Fernmeldegeheimnis unterliegen nach § 85 Abs. 1 TKG sowohl der Inhalt der Telekommunikation als auch ihre näheren Umstände[4]. Dabei ist der räumliche Schutzbereich des Fernmeldegeheimnisses i.S.d. Art. 10 GG nicht auf das Inland beschränkt, sondern kann auch dann eingreifen, wenn eine im Ausland

---

1 Vgl. Koch, Internet-Recht, S. 365. Zum Fernmeldegeheimnis bei dienstlicher Telekommunikation vgl. mit weiteren Einzelheiten Bizer, DuD 2001, 618 f.

2 Vgl. Geppert/Ruhle/Schuster, Handbuch, Rz. 735.

3 Vgl. dazu mit weiteren Einzelheiten Königshofen, RTkom 1999, 138 (139 f.); Geppert/Ruhle/Schuster, Handbuch, Rz. 750 ff.

4 Vgl. dazu mit weiteren Einzelheiten Begr. zum TKG-E, BT-Drucks. 13/3609, S. 53.

stattfindende Telekommunikation durch die Erfassung und Auswertung im Inland mit inländischem staatlichem Handeln verknüpft ist[1].

Der Inhalt der Telekommunikation umfaßt die kommunizierten Inhalte[2] eines beliebigen technischen Vorganges, der unter die Definition der Telekommunikation gemäß § 3 Nr. 16 TKG fällt[3]. Jede durch Telekommunikation verarbeitete und verbreitete individuelle Nachricht ist damit durch das Fernmeldegeheimnis geschützt[4].

Die näheren Umstände der Telekommunikation sind die Umstände, unter denen die individuelle Nachrichtenübermittlung stattfindet. Dazu gehört vor allem die Tatsache, ob jemand an einem Telekommunikationsvorgang beteiligt ist oder nicht (vgl. § 85 Abs. 1 S. 1 TKG). Geschützt sind ferner die Verbindungsdaten, also wer mit wem, wie lange, wann, wohin und von wo auf welche Weise kommuniziert[5]. Im übrigen stellt § 85 Abs. 1 S. 2 TKG klar, daß auch die näheren Umstände erfolgloser Verbindungsversuche unter das Fernmeldegeheimnis fallen.

Geschützt werden durch das Fernmeldegeheimnis natürliche Personen, juristische Personen (AG, GmbH) sowie Personengesellschaften, die unter ihrer Firma eigene Rechte erwerben und Verbindlichkeiten eingehen können (OHG, KG)[6].

2. Der Kreis der Verpflichteten

Verpflichtet zur Wahrung des Fernmeldegeheimnisses ist in erster Linie der Staat. Nach § 85 Abs. 2 TKG ist ferner zur Wahrung des Fernmeldegeheimnisses verpflichtet, wer geschäftsmäßig Telekommunikationsdienste erbringt oder daran mitwirkt.

Das geschäftsmäßige Erbringen von Telekommunikationsdienstleistungen setzt nach § 3 Nr. 5 TKG lediglich das nachhaltige Angebot von Telekommunikation für Dritte[7] voraus; im Gegensatz zur Gewerbsmäßigkeit ist Gewinnerzielungs-

1 Vgl. BVerfG, Urt. v. 14.07.1999 - 1 BvR 2226/94, 2420/95, 2437/95, CR 2001, 29.
2 Vgl. dazu Koch, Internet-Recht, S. 365; Begr. zum TKG-E, BT-Drucks. 13/3609, S. 53.
3 Vgl. zum Begriff der Telekommunikation Windthorst, Universaldienst, S. 83 ff. und zur systematischen Auslegung des Begriffs Windthorst, Universaldienst, S. 404 f.
4 Vgl. Geppert/Ruhle/Schuster, Handbuch, Rz. 741.
5 Vgl. BeckTKG-Komm/Büchner § 85 Rz. 3; Geppert/Ruhle/Schuster, Handbuch, Rz. 742.
6 Vgl. Geppert/Ruhle/Schuster, Handbuch, Rz. 740; BeckTKG-Komm/Büchner § 85 Rz. 3.
7 Vgl. dazu mit weiteren Einzelheiten BeckTKG-Komm/Büchner § 85 Rz. 4.

absicht nicht erforderlich[1]. Für das Merkmal der Nachhaltigkeit genügt ein auf Dauer angelegtes, nicht nur für den Einzelfall erfolgendes Angebot[2].

Prinzipiell sind Anbieter von Dienstleistungen auf dem Gebiet der Telekommunikation tätig, wenn sie für ihre Kunden die technische Seite der Übertragung von Nachrichten aller Art übernehmen. Hierzu gehören beispielsweise Nebenstellenanlagen in Hotels, Krankenhäusern und Gaststätten[3], aber auch die Dienste von Internet-Providern und die Internet-Telefonie (obwohl diese keinen Sprachtelefondienst darstellt)[4]. Auch im Rahmen von geschlossenen Benutzergruppen und Nebenstellenanlagen in Betrieben und Behörden ist das Fernmeldegeheimnis zu wahren[5]. Nicht unter das Fernmeldegeheimnis fallen dagegen zumeist Haustelefonanlagen und hauseigene Sprechanlagen[6]. Grund hierfür ist, daß bei diesen regelmäßig der drittbezogene Dienstcharakter fehlt[7].

Die Alternative des Mitwirkens bedeutet, daß auch Mitarbeiter und Erfüllungs-/Verrichtungsgehilfen unter die Geheimhaltungspflicht fallen[8]. Erfaßt werden also alle an der relevanten Nachrichtenverarbeitung Beteiligten[9]. Danach unterliegen z.B. auch Internet-Provider der Geheimhaltungspflicht, wenn sie Internet-Telefonie anbieten[10].

Gemäß § 85 Abs. 2 S. 2 TKG besteht die Pflicht zur Wahrung des Fernmeldegeheimnisses auch nach dem Ende der Tätigkeit fort, durch die sie begründet worden ist. Sie besteht demzufolge zeitlich unbegrenzt[11].

---

1 Vgl. dazu BeckTKG-Komm/Büchner § 85 Rz. 4; Königshofen, RDV 1997, 97 (98); Begr. zum TKG-E, BT-Drucks. 13/3609, S. 53.

2 Vgl. dazu Königshofen, RTkom 1999, 138 (139); BeckTKG-Komm/Büchner § 85 Rz. 4; Geppert/Ruhle/Schuster, Handbuch, Rz. 739; Wuermeling/Felixberger, CR 1997, 230 (231); Begr. zum TKG-E, BT-Drucks. 13/3609, S. 53.

3 Vgl. Königshofen, RTkom 1999, 138 (139).

4 So zur Internet-Telefonie auch Schick, NJW-CoR 1998, 486 (488); Göckel, K&R 1998, 250 (254); Koch, Internet-Recht, S. 547.

5 Vgl. Königshofen, RTkom 1999, 138 (139); Geppert/Ruhle/Schuster, Handbuch, Rz. 739.

6 Vgl. dazu m.w.N. Königshofen, RTkom 1999, 138 (139); Begr. zum TKG-E, BT-Drucks. 13/3609, S. 53.

7 Siehe Königshofen, DuD 2001, 85 (86).

8 Vgl. BeckTKG-Komm/Büchner § 85 Rz. 4.

9 Vgl. Geppert/Ruhle/Schuster, Handbuch, Rz. 739; BeckTKG-Komm/Büchner § 85 Rz. 4.

10 Siehe BeckTKG-Komm/Büchner § 85 Rz. 4.

11 Vgl. BeckTKG-Komm/Büchner § 85 Rz. 4.

3. Einzelne Pflichten

Aus der Pflicht zur Wahrung des Fernmeldegeheimnisses ergeben sich verschiedene Einzelpflichten[1].

So ist es den zur Wahrung des Fernmeldegeheimnisses Verpflichteten gemäß § 85 Abs. 3 TKG untersagt, sich oder anderen über das für die geschäftsmäßige Erbringung der Telekommunikationsdienste erforderliche Maß hinaus Kenntnis vom Inhalt oder den näheren Umständen der Telekommunikation zu verschaffen. Es darf also kein Abhören von Kommunikationsvorgängen oder Erfassen von Verbindungsdaten stattfinden, das nicht zur ordnungsgemäßen geschäftsmäßigen Erledigung der Dienstleistungen erforderlich ist[2]. Zu letzterem gehören insbesondere die Abrechnung (Gebührenermittlung und –zuordnung), die Störungsbeseitigung und die Sicherstellung eines geregelten Kommunikationsablaufs (einschließlich der Feststellung mißbräuchlichen Verhaltens)[3].

Erworbene Kenntnisse über Tatsachen, die dem Fernmeldegeheimnis unterliegen, dürfen gemäß § 85 Abs. 3 S. 2 TKG nur für die geschäftsmäßige Erbringung der Telekommunikationsdienste verwendet werden, also innerhalb der gesetzlich vorgegebenen Zweckbestimmung[4]. Eine anderweitige Verwendung dieser Kenntnisse - einschließlich der Weitergabe an andere - ist nur in bestimmten Fällen zulässig. Voraussetzung dafür ist, daß das TKG oder eine andere gesetzliche Vorschrift die andere Verwendung vorsieht und sich dabei ausdrücklich auf Telekommunikationsvorgänge bezieht. Solche Gesetze sind etwa §§ 100a, 100b StPO und das Gesetz zur Beschränkung des Brief-, Post- und Fernmeldegeheimnisses (Gesetz zu Art. 10 GG). Ferner hat gemäß § 85 Abs. 3 S. 4 TKG die Pflicht zur Anzeige schwerer Verbrechen nach § 138 StGB Vorrang vor dem Fernmeldegeheimnis.

Betreiber von Telekommunikationsanlagen, die dem geschäftsmäßigen Erbringen von Telekommunikationsdiensten dienen, haben außerdem gemäß § 87 TKG angemessene technische Vorkehrungen oder sonstige Maßnahmen zum

---

1 Zur notwendigen Aufklärung der Beschäftigten in einem Betrieb vgl. mit weiteren Einzelheiten Königshofen, RTkom 1999, 138 (140).

2 Vgl. BeckTKG-Komm/Büchner § 85 Rz. 6.

3 Vgl. Geppert/Ruhle/Schuster, Handbuch, Rz. 743.

4 Vgl. dazu mit weiteren Einzelheiten BeckTKG-Komm/Büchner § 85 Rz. 7. Beispielsweise ist die Abtretung der Forderung eines Anbieters gegen seinen Kunden an ein Inkassounternehmen nur zulässig, wenn das Inkassounternehmen hierbei keinen Einzelverbindungsnachweis und keine Kenntnis über die Verbindungsdaten erhält, vgl. LG Frankfurt/Oder, Urt. v. 14.12.2001 - 6 (b) S 76/01 (rechtskräftig; AG Strausberg), MMR 2002, 249 ff.

Schutz des Fernmeldegeheimnisses und personenbezogener Daten zu treffen[1]. Außerdem haben lizenzpflichtige Betreiber von Telekommunikationsanlagen einen Sicherheitsbeauftragten zu ernennen sowie ein Sicherheitskonzept zu erstellen[2]. Letzteres muß nach § 87 Abs. 2 TKG bestimmten Anforderungen genügen.

Für den Fall, daß ein Diensteanbieter einen Dritten mit dem Einzug des Entgelts für die Erbringung der Dienste beauftragt, hat er den Dritten nach § 7 Abs. 1 S. 3 TDSV vertraglich zur Wahrung des Fernmeldegeheimnisses zu verpflichten.

4. Sanktionen

Die Verletzung des Fernmeldegeheimnisses kann nach § 206 StGB mit einer Freiheitsstrafe bis zu fünf Jahren oder mit einer Geldstrafe geahndet werden. Als weitere Sanktionsmöglichkeit ist der Widerruf einer Lizenz gemäß § 15 Nr. 1 TKG möglich, wenn ein Lizenznehmer gegen das Fernmeldegeheimnis verstößt.

Des weiteren kann eine Verletzung des Fernmeldegeheimnisses Schadensersatz- und Unterlassungsansprüche gemäß § 40 TKG oder § 823 Abs. 2 BGB auslösen. Die Regelungen in § 85 Abs. 2 und 3 TKG stellen insoweit eine den Schutz des Nutzers bezweckende Norm dar[3]. Außerdem kann ein Anspruch aus § 823 Abs. 1 BGB wegen der Verletzung des allgemeinen Persönlichkeitsrechts in Betracht kommen[4]. In schweren Fällen ist auch an einen Schmerzensgeldanspruch zu denken.

5. Die Überwachung der Telekommunikation

Eine gesetzliche Einschränkung des Fernmeldegeheimnisses erfolgt durch die Möglichkeit des Staates zur Überwachung der Telekommunikation[5]. Ermächtigungsgrundlagen für die Überwachung der Telekommunikation sind z.B. §§ 100a, 100b StPO (Überwachung durch Strafverfolgungsbehörden)[6], das Gesetz zu Art. 10 GG (Überwachung durch Verfassungsschutz und BND) und

1 Vgl. dazu BeckTKG-Komm/Ehmer § 87 Rz. 11 ff.; Königshofen, RDV 1997, 97 (99).
2 Vgl. dazu etwa Königshofen, RTkom 1999, 138 (140).
3 Vgl. BeckTKG-Komm/Büchner § 85 Rz. 23.
4 Vgl. BeckTKG-Komm/Büchner § 85 Rz. 23.
5 Zur Kritik an der zunehmenden Überwachung vgl. etwa Hermeler, MMR 10/1999, V f.
6 Vgl. dazu mit weiteren Einzelheiten Bizer, DuD 2002, 216 (217 ff.).

§§ 39 ff. Außenwirtschaftsgesetz (AWG)[1]. Die Ermächtigungsgrundlagen regeln, unter welchen Voraussetzungen eine Überwachung der Telekommunikation stattfinden darf und wer hierzu beizutragen hat[2].

Wie diese Überwachung dann im einzelnen technisch zu gestalten ist, regelt die Telekommunikations-Überwachungsverordnung (TKÜV)[3]. Sie konkretisiert u.a. die einzelnen Pflichten derjenigen, die zur Ermöglichung der Überwachung beitragen sollen[4]. Zu diesen Verpflichteten gehören insbesondere auch Anbieter von Telekommunikationsdienstleistungen.

Rechtmäßigkeit und Erfolg sowohl der Vorschriften als auch der Praxis der Telekommunikationsüberwachung werden zunehmend angezweifelt[5]. Die Bedenken richten sich vor allem gegen die Rechtmäßigkeit der Ermächtigungsgrundlagen, gegen die steigende Zahl von Überwachungsmaßnahmen, gegen die Verhältnismäßigkeit und mangelnde Erfolgskontrolle der Überwachung[6], gegen die unzureichende Klärung der Tatsachenlage[7] sowie gegen die Verfassungsgemäßheit des § 88 Abs. 1 TKG[8]. Nach der zuletzt genannten Vorschrift haben die Betreiber der Telekommunikationsanlagen die Kosten der technischen Einrichtungen zur Umsetzung von gesetzlich vorgesehenen Maßnahmen zur Überwachung der Telekommunikation selbst zu tragen.

---

1 Zu den Ermächtigungsgrundlagen vgl. mit weiteren Einzelheiten Eckhardt, DuD 2002, 197 ff.; Bizer, DuD 2002, 216 ff.; Wollweber, NJW 2002, 1554 ff.; Eckhardt, CR 2001, 670 (671 ff.); Reimann, DuD 2001, 601 f. Vgl. dazu auch BGH, Beschl. v. 21.02.2001 - 2 BGs 42/01, NJW 2001, 1587 f.

2 Zum problematischen Verhältnis der Ermächtigungsgrundlagen zu den Vorschriften der TDSV und des TDDSG vgl. mit weiteren Einzelheiten Eckhardt, DuD 2002, 197 (200 f.).

3 Verordnung über die technische und organisatorische Umsetzung von Maßnahmen zur Überwachung der Telekommunikation (Telekommunikations-Überwachungsverordnung-TKÜV) v. 22.01.2002, BGBl. I 2002, S. 458 ff., zuletzt geändert durch die Erste Verordnung zur Änderung der Telekommunikations-Überwachungsverordnung v. 16.08.2002, BGBl. I 2002, S. 3317 ff. Zur TKÜV vgl. mit weiteren Einzelheiten Pernice, DuD 2002, 207 ff.; Eckhardt, CR 2001, 670 (674 ff.).

4 Vgl. dazu im einzelnen Pernice, DuD 2002, 207 (209 f.); Bizer, DuD 2002, 429; Bizer, DuD 2002, 237.

5 Vgl. dazu etwa Koenig/Koch/Braun, K&R 2002, 289 (290, 293 ff.); Pernice, DuD 2002, 207 (210 f.); Schenke, MMR 2002, 8 ff.; Eckhardt, CR 2001, 670 (674 ff.); Reimann, DuD 2001, 601 (602 f.); Hermeler, MMR 10/1999, V f.

6 Vgl. dazu mit weiteren Einzelheiten Pernice, DuD 2002, 207 (211); Bizer, DuD 2002, 216 (217 ff., 219 f.).

7 Vgl. dazu mit weiteren Einzelheiten Bizer, DuD 2002, 216 (217 ff.).

8 Vgl. dazu im einzelnen Koenig/Koch/Braun, K&R 2002, 289 (294 f.); Pernice, DuD 2002, 207 (210); Eckhardt, CR 2001, 670 (674 f.).

II. Der Datenschutz (§ 89 TKG)

Die datenschutzrechtlichen Rahmenbedingungen für den Bereich der Telekommunikation sind in § 89 TKG[1], in der Telekommunikations-Datenschutzverordnung (TDSV)[2] sowie ergänzend[3] im Bundesdatenschutzgesetz (BDSG) enthalten[4]. Aus dem BDSG können sich vor allem weitere Rechte des Betroffenen[5] ergeben, beispielsweise Auskunfts-, Berichtigungs- oder Löschungsansprüche[6]. Einzelne Datenschutzregelungen befinden sich schließlich auch in der TKV, etwa in § 14 S. 3, § 15 Abs. 1 S. 5, § 16 Abs. 1 TKV. Schließlich kann bei einer gleichzeitigen Erbringung von Telekommunikationsdienstleistungen und Telediensten auch das Gesetz über den Datenschutz bei Telediensten (TDDSG) zu beachten sein[7].

Der vorsätzliche oder fahrlässige Verstoß gegen bestimmte Datenschutzbestimmungen stellt nach § 17 TDSV eine Ordnungswidrigkeit i.S.d. § 96 Abs. 1 Nr. 9 TKG dar und kann mit einer Geldbuße bis zu EUR 500.000,00 geahndet werden (§ 96 Abs. 2, 1 TKG)[8]. Grund für diese Regelung ist die Erfahrung, daß die Einhaltung von Datenschutzvorgaben ohne Bußgeldbewehrung nicht aus-

---

1 § 89 TKG ist Ermächtigungsgrundlage für die TDSV und trifft auch inhaltliche Vorgaben.

2 Telekommunikations-Datenschutzverordnung (TDSV) v. 18.12.2000, BGBl. I 2000, S. 1740. Sie löste die Telekommunikationsdienstunternehmen-Datenschutzverordnung (TDSV) v. 12.07.1996 (BGBl. I 1996, S. 982) ab, die noch aufgrund § 10 Abs. 1 PTRegG (Gesetz über die Regulierung der Telekommunikation und des Postwesens vom 14. September 1994, BGBl. I 1994, S. 2371) erlassen worden war. Zu den Novellierungsgründen vgl. Koenig/Neumann, K&R 2000, 417 f. mit weiteren Einzelheiten.

3 Vgl. mit weiteren Einzelheiten BeckTKG-Komm/Büchner § 89 Rz. 14 f.; Königshofen, RTkom 1999, 138 (141). Für geschlossene Benutzerkreise öffentlicher Stellen der Länder gilt die TDSV gemäß § 1 Abs. 2 S. 2 TDSV mit der Maßgabe, daß an die Stelle des BDSG die jeweiligen Landesdatenschutzgesetze treten.

4 Vgl. zum Thema Telekommunikation und Datenschutz die folgende Literatur: Hülsmann/ Mörs/Schaar, DuD 2001, 196 ff.; Königshofen, DuD 2001, 85 ff.; Koenig/ Röder, CR 2000, 668 ff.; Koenig/Neumann, K&R 2000, 417 ff.; BeckTKG-Komm/ Büchner § 89 Rz. 16 ff.; Büllesbach (Hrsg.), Datenschutz im Telekommunikationsrecht; Geppert/Ruhle/ Schuster, Handbuch, Rz. 756 ff.; Schaar, DuD 1997, 17 ff.; Wuermeling/ Felixberger, CR 1997, 230 ff.; Königshofen, RDV 1997, 97 ff. Zum Datenschutz innerhalb von Unternehmen vgl. im einzelnen Gola, RDV 2002, 116 ff.; Duhr u.a., DuD 2002, 5 ff.; Rieß, DuD 2001, 672 ff.; Rieß, DuD 2001, 740 ff.; Königshofen, DuD 2001, 85 ff.

5 Vgl. dazu Königshofen, RDV 1997, 97 (101).

6 Vgl. mit weiteren Einzelheiten BeckTKG-Komm/Büchner § 89 Rz. 15.

7 Vgl. dazu Schaar, DuD 2002, 4; Lapp, ITRB 2002, 62 (65 f.); Schmitz, DuD 2001, 395 ff.

8 Geschäftsmäßige Anbieter von Telekommunikationsdiensten unterliegen außerdem gemäß § 91 Abs. 4 TKG der Kontrolle durch den Bundesbeauftragten für den Datenschutz entsprechend den §§ 21, 24 – 26 Abs. 1 bis 4 BDSG.

reichend gewährleistet ist[1]. Des weiteren kann nach § 15 Nr. 1 TKG bei einem Verstoß gegen Datenschutzvorschriften die Lizenz widerrufen werden.

Im folgenden sind verschiedene Aspekte zum Datenschutz näher darzustellen: der Schutzumfang, die verpflichteten Anbieter, die Grundsätze der Datenverarbeitung, verschiedene einzelne Regelungen zur Datenverarbeitung sowie die Offenbarung und Weitergabe von Daten.

1. Der Schutzumfang (§§ 1, 2 TDSV)

Die TDSV regelt gemäß § 1 Abs. 1 TDSV den Schutz personenbezogener Daten der an der Telekommunikation Beteiligten bei der Erhebung, Verarbeitung und Nutzung dieser Daten durch Unternehmen und Personen, die geschäftsmäßig Telekommunikationsdienste erbringen oder an deren Erbringung mitwirken. Dabei ist unter dem Erheben von Daten ihr Beschaffen zu verstehen, das Verarbeiten umfaßt das Speichern, Verändern, Übermitteln, Sperren oder Löschen der Daten und das Nutzen von Daten ist jedes Verwenden mit Ausnahme der Verarbeitung[2].

Der durch die Datenschutzbestimmungen geschützte Personenkreis wird nach § 1 Abs. 1 S. 1 TDSV durch den Ausdruck „der an der Telekommunikation Beteiligten“ festgelegt. Dieser Begriff ist in § 2 Nr. 1 TDSV legaldefiniert. Danach handelt es sich hierbei zunächst um die Vertragspartner (Kunden) bei Verträgen über Telekommunikationsdienste mit einem Diensteanbieter. Letzterer ist nach § 2 Nr. 2 TDSV jemand, der ganz oder teilweise geschäftsmäßig Telekommunikationsdienste erbringt. Zum geschützten Personenkreis gehören nach § 2 Nr. 1 b) TDSV des weiteren solche Personen, welche die von einem Diensteanbieter angebotenen Telekommunikationsdienste nutzen, ohne Kunde zu sein.

Geschützte Daten sind nur personenbezogene Daten, d.h. Einzelangaben über persönliche oder sachliche Verhältnisse einer bestimmten oder bestimmbaren natürlichen Person (Betroffener), vgl. § 3 Abs. 1 BDSG. Bei personenbezogenen Daten wird zwischen Verbindungsdaten und Bestandsdaten unterschieden.

Bestandsdaten werden in § 2 Nr. 3 TDSV als solche personenbezogene Daten eines an der Telekommunikation Beteiligten definiert, die erhoben werden, um ein Vertragsverhältnis über Telekommunikationsdienste (einschließlich dessen inhaltlicher Ausgestaltung) mit dem Diensteanbieter zu begründen oder zu än-

---

1 Vgl. Begr. zum TDSV-E, BR-Drucks. 300/00, S. 20.

2 Vgl. BeckTKG-Komm/Büchner § 89 Rz. 18 ff.

dern. Zu diesen Daten gehören etwa der Name und die Anschrift des Kunden, die Art des vertraglich vereinbarten Dienstes sowie die dem Kunden zum Gebrauch überlassenen Einrichtungen[1].

Dagegen sind Verbindungsdaten nach § 2 Nr. 4 TDSV als solche personenbezogene Daten eines an der Telekommunikation Beteiligten definiert, die bei der Bereitstellung und Erbringung von Telekommunikationsdiensten erhoben werden. Hierzu zählen z.B. die Rufnummer der Gesprächsteilnehmer, das Datum, die Uhrzeit und die Dauer der Verbindung, ferner die Art der beanspruchten Telekommunikationsdienstleistung[2].

2. Die verpflichteten Anbieter (§ 1 Abs. 1 TDSV)

Nach § 1 Abs. 1 TDSV sind zur Einhaltung der Datenschutzbestimmungen nur solche Unternehmen verpflichtet, die geschäftsmäßig Telekommunikationsdienste erbringen oder an der Erbringung solcher Dienste mitwirken. Nicht erforderlich ist das Erbringen der Telekommunikationsdienstleistungen „für die Öffentlichkeit", also das Angebot an beliebige natürliche oder juristische Personen (vgl. § 3 Nr. 19 TKG). Deshalb fallen auch Anbieter für geschlossene Benutzergruppen in den Anwendungsbereich der TDSV[3].

Die Geschäftsmäßigkeit setzt allerdings voraus, daß das Angebot an Dritte gerichtet ist. Dies wird etwa dann angenommen, wenn eine über den internen, durch Identität der Interessen zwischen Erbringer und Nutzer gekennzeichneten Bereich hinausgehende Telekommunikationserbringung vorliegt[4]. Die Frage nach diesem Drittbezug ist insbesondere dann schwierig, wenn es um private Arbeitgeber geht, die betriebsinterne Telekommunikationsanlagen betreiben[5]. Gleiches gilt für öffentliche Stellen mit behördeninternen Telekommunikationsanlagen. In solchen Situationen ist der Drittbezug jedoch nur dann zu verneinen, wenn die Nutzung der Anlagen zu privaten Zwecken entweder unmöglich oder jedenfalls nicht erlaubt ist[6]. Zu bejahen ist der Drittbezug hingegen

1 Vgl. BeckTKG-Komm/Büchner § 89 Rz. 24.
2 Vgl. BeckTKG-Komm/Büchner § 89 Rz. 25.
3 Vgl. Begr. zum TDSV-E, BR-Drucks. 300/00, S. 13.
4 So Koenig/Neumann, K&R 2000, 417 (419).
5 Vgl. dazu im einzelnen Königshofen, DuD 2001, 85 (86); Wuermeling/Felixberger, CR 1997, 230 (231); Koenig/Neumann, K&R 2000, 417 (419).
6 So Koenig/Neumann, K&R 2000, 417 (419) m.w.N.; BeckTKG-Komm/Büchner § 89 Rz. 16; Wuermeling/Felixberger, CR 1997, 230 (232).

vor allem dann, wenn die Inanspruchnahme der Telekommunikation gegenüber ihrem Bereitsteller auf grundrechtliche Schutzansprüche gestützt werden kann[1].

Wenn Telekommunikationsanbieter ihre Leistungen danach ganz oder teilweise geschäftsmäßig erbringen, werden sie im Anwendungsbereich der TDSV gemäß § 2 Nr. 2 TDSV als Diensteanbieter bezeichnet. Diensteanbieter in diesem Sinne sind z.B. Betriebe, Behörden, Hotels und Krankenhäuser, soweit sie Betriebsangehörigen oder Dritten die private Nutzung von Nebenstellenanlagen ermöglichen[2]. Wie beim Fernmeldegeheimnis sind zumeist auch Anbieter von Internet-Dienstleistungen zur Einhaltung dieser Datenschutzvorschriften verpflichtet[3].

Der Kreis der zum Datenschutz verpflichteten Telekommunikationsanbieter ist also grundsätzlich sehr weit gefaßt und wird nur für einzelne Regelungen aus Verhältnismäßigkeitsgründen eingeschränkt[4]. Beispielsweise müssen Anbieter von geschlossenen Benutzergruppen nach § 11 Abs. 1 S. 4 TDSV nicht die Unterdrückung der Rufnummernanzeige ermöglichen.

3. Die Grundsätze der Datenverarbeitung (§ 3 TDSV)

Die Grundsätze der Datenverarbeitung sind in § 3 TDSV geregelt. Einen besonderen Stellenwert haben dabei die Prinzipien der Verhältnismäßigkeit und Zweckbindung[5]. Diensteanbieter haben sich gemäß § 3 Abs. 4 TDSV explizit an dem Ziel der Datenvermeidung und Datensparsamkeit auszurichten[6].

An dieser Stelle geht es um die folgenden Aspekte der Datenverarbeitung: die Grundsätze der Datenvermeidung und der Zweckbindung, die Einwilligung des Betroffenen und die Koppelungsverbote nach § 3 Abs. 2 TDSV.

a) Datenvermeidung und Zweckbindung

Diensteanbieter dürfen gemäß § 3 Abs. 1 TDSV personenbezogene Daten für Telekommunikationszwecke nur erheben, verarbeiten oder nutzen, wenn eine Rechtsvorschrift dies erlaubt oder der Beteiligte wirksam eingewilligt hat. Sy-

---

1 So mit weiteren Einzelheiten und Nachweisen Koenig/Neumann, K&R 2000, 417 (419).
2 Vgl. BeckTKG-Komm/Büchner § 89 Rz. 16.
3 In den Geltungsbereich von § 89 TKG fallen z.B. auch die Anbieter von E-Mail-Diensten, vgl. RegTP, Mitteilung Nr. 11/2001, ABl. RegTP 2001, S. 45.
4 Vgl. Begr. zum TDSV-E, BR-Drucks. 300/00, S. 13.
5 Vgl. Königshofen, RTkom 1999, 138 (141); Begr. zum TDSV-E, BR-Drucks. 300/00, S. 14.
6 Vgl. dazu Duhr u.a., DuD 2002, 5 (11).

stematisch ist diese Regelung als grundsätzliches Verbot der Datenerhebung, verarbeitung und –nutzung einzuordnen[1], das nur unter bestimmten Voraussetzungen aufgehoben wird.

Auch die Zulässigkeit der weiteren Verarbeitung oder Nutzung bereits - im Zusammenhang mit der Erbringung von Telekommunikationsdiensten - erhobener Daten wird beschränkt, § 3 Abs. 3 TDSV. Ihre Verarbeitung oder Nutzung für andere Zwecke setzt voraus, daß eine Rechtsvorschrift diese Verwendung ausdrücklich vorsieht oder der Beteiligte eingewilligt hat. Insoweit gilt ein besonders enger Zweckbindungsgrundsatz[2]. Dieses Prinzip ist auch technisch-organisatorisch umzusetzen, indem die Daten von Telekommunikationskunden von anderen Kundendaten getrennt werden[3].

b) Die Einwilligung des Kunden

Die Anforderungen an die Einwilligung eines Verbrauchers sind im BDSG und - für die elektronische Einwilligung - in § 4 TDSV geregelt. Daß sich die Anforderungen für das Vorliegen einer wirksamen schriftlichen Einwilligung aus dem BDSG ergeben, folgt aus der in § 3 Abs. 1 u. 3 TDSV verwendeten Formulierung „nach dem Bundesdatenschutzgesetz oder den Vorschriften dieser Verordnung eingewilligt hat“; § 4 TDSV regelt nur die Anforderungen an die elektronische Einwilligung[4].

Nach dem BDSG muß die Einwilligung auf einer freien Entscheidung des Betroffenen beruhen sowie ausdrücklich und in der Regel schriftlich erfolgen (§ 4a Abs. 1 BDSG)[5]. Ein Verzicht auf die Schriftform ist nur dann zulässig, wenn wegen besonderer Umstände eine andere Form angemessen ist (§ 4a Abs. 1 S. 3 BDSG)[6]. Falls die Einwilligung zusammen mit anderen Erklärungen schriftlich erteilt werden soll, ist sie besonders hervorzuheben (§ 4a Abs. 1 S. 4 BDSG).

Darüber hinaus ist der Betroffene nach dem BDSG in jedem Fall auf den vorgesehenen Zweck der Erhebung, Verarbeitung oder Nutzung hinzuweisen (§ 4a Abs. 1 S. 2 BDSG). Soweit nach den Umständen des Einzelfalls erforderlich oder auf sein Verlangen hin ist der Betroffene ferner auf die Folgen der Ver-

---

1 So Königshofen, DuD 2001, 85 (87).
2 Vgl. Königshofen, RTkom 1999, 138 (141).
3 Vgl. dazu Königshofen, DuD 2001, 85 (87); Königshofen, RTkom 1999, 138 (141).
4 Vgl. dazu auch die Begr. zum TDSV-E, BR-Drucks. 300/00, S. 14.
5 Vgl. dazu mit weiteren Einzelheiten Duhr u.a., DuD 2002, 5 (13).
6 Vgl. Begr. zum TDSV-E, BR-Drucks. 300/00, S. 14.

weigerung der Einwilligung hinzuweisen (§ 4a Abs. 1 S. 2 BDSG). Falls besondere Arten[1] personenbezogener Daten erhoben, verarbeitet oder genutzt werden sollen, muß sich die Einwilligung in Zukunft ausdrücklich auch auf diese beziehen (§ 4a Abs. 3 BDSG).

Alternativ kann eine Einwilligung nach § 4 TDSV elektronisch erklärt werden, wenn der Diensteanbieter die vier folgenden Aspekte sicherstellt. Die Einwilligung muß auf einer eindeutigen und bewußten Handlung des Beteiligten beruhen; sie ist zu protokollieren. Außerdem muß der Inhalt der Einwilligung jederzeit von dem Beteiligten abgerufen werden können. Schließlich muß der Diensteanbieter noch sicherstellen, daß innerhalb eines Zeitraums von mindestens einer Woche ab Zugang der Erklärung eine Rücknahme der Einwilligung möglich ist.

Das Recht des Beteiligten, die Einwilligung jederzeit mit Wirkung für die Zukunft zu widerrufen, bleibt nach § 4 S. 2 TDSV unberührt.

c) Die Koppelungsverbote (§ 3 Abs. 2 TDSV)

§ 3 Abs. 2 TDSV enthält verschiedene Koppelungsverbote. Nach § 3 Abs. 2 S. 1 TDSV darf die Erbringung von Telekommunikationsdiensten nicht von der Angabe solcher personenbezogener Daten abhängig gemacht werden, die für die Erbringung dieser Dienste nicht erforderlich sind. Damit ist es z.B. unzulässig, einen Vertragsschluß über einen Telefonanschluß von der Angabe des Einkommens eines Verbrauchers abhängig zu machen. Gleichfalls nicht zulässig dürfte eine solche Koppelung an die Angabe des Berufes sein, wenn der Verbraucher keine erweiterte Auskunftserteilung gemäß § 13 Abs. 2 TDSV wünscht. Erforderlich zur Erbringung der Dienste können nach § 3 Abs. 2 S. 3 TDSV allerdings auch Angaben sein, die mit einem Telekommunikationsdienst in sachlichem Zusammenhang stehen.

Des weiteren darf die Erbringung von Telekommunikationsdienstleistungen nach § 3 Abs. 2 S. 2 TDSV nicht von einer Einwilligung des Beteiligten in die Verarbeitung oder Nutzung der Daten für andere Zwecke abhängig gemacht werden. Dem Kunden muß insoweit die freie Entscheidung belassen werden, ob er seine Daten auch für andere Zwecke zur Verfügung stellen möchte[2]. Damit wäre es z.B. unzulässig, den Kunden in AGB oder mit allgemeinen Infor-

---

1 Dazu gehören nach § 3 Abs. 9 BDSG Angaben über die rassische und ethnische Herkunft, politische Meinungen, religiöse oder philosophische Überzeugungen, Gesundheit, Sexualleben und Gewerkschaftszugehörigkeit.

2 Vgl. Königshofen, RTkom 1999, 138 (142).

mationen auf einem Auftragsformblatt lediglich darauf hinzuweisen, daß seine Daten auch von anderen Geschäftsbereichen oder von (verbundenen) Unternehmen genutzt werden[1]. Für den Verbraucher muß die Freiwilligkeit der Einwilligung klar erkennbar sein[2].

4. Einzelne Regelungen zur Datenverarbeitung

Einzelheiten zur zulässigen Verarbeitung von Bestands- und Verbindungsdaten sind in §§ 5, 6 TDSV geregelt. Für besondere Konstellationen bei der Datenverarbeitung sind darüber hinaus Spezialvorschriften zu beachten. Dies gilt für die Bereiche Entgeltermittlung und Abrechnung, den Einzelverbindungsnachweis, Kundenkarten, Störungen und Mißbrauch von Telekommunikationsdiensten sowie die Zwischenspeicherung bei Nachrichtenübermittlungssystemen.

a) Die Grundsätze bei Bestandsdaten (§ 5 TDSV)

Die Erhebung, Verarbeitung und Nutzung von Bestandsdaten ist nur zulässig, soweit dies zur Begründung, inhaltlichen Ausgestaltung oder Beendigung eines Vertragsverhältnisses erforderlich ist. Hinsichtlich der Zulässigkeit der Datenverarbeitung und ihrer Dauer ist zwischen der Nutzung der Bestandsdaten für die unmittelbare Ausführung des Vertragsverhältnisses und ihrer Nutzung für andere Zwecke zu unterscheiden.

aa) Die Nutzung für das Vertragsverhältnis zum Kunden

Im Zusammenhang mit dem Begründen oder Ändern des Vertragsverhältnisses sowie dem Erbringen von Telekommunikationsdiensten kann der Diensteanbieter nach § 5 Abs. 4 TDSV auch die Vorlage eines amtlichen Ausweises verlangen. Voraussetzung hierfür ist, daß die Vorlage zur Überprüfung der Angaben des Kunden erforderlich ist. Dann darf der Diensteanbieter auch eine Kopie des Ausweises anfertigen. Er muß diese jedoch unverzüglich nach Feststellung der für den Vertragsabschluß erforderlichen Angaben des Kunden vernichten (vgl. § 5 Abs. 4 S. 3 TDSV)[3].

Letztlich sind Bestandsdaten gemäß § 5 Abs. 3 TDSV grundsätzlich mit Ablauf des auf die Beendigung des Vertragsverhältnisses folgenden Kalenderjahres zu

1 So Königshofen, RTkom 1999, 138 (142).
2 So Königshofen, RTkom 1999, 138 (142).
3 Die Aufbewahrung personenbezogener Daten soll damit auf das erforderliche Maß begrenzt werden, vgl. Begr. zum TDSV-E, BR-Drucks. 300/00, S. 15.

löschen. Nach § 5 Abs. 3 S. 2 TDSV bleibt dabei jedoch § 35 Abs. 3 BDSG (Sperrung von Daten) unberührt. Demnach kann in bestimmten Fällen an die Stelle einer Löschung von Daten ihre Sperrung treten. Dies ist z.B. der Fall, wenn einer Löschung steuer- und handelsrechtliche Aufbewahrungsfristen entgegenstehen[1].

bb) Die Nutzung für andere Zwecke

Diensteanbieter untereinander dürfen im Rahmen ihrer Vertragsverhältnisse die Bestandsdaten der Kunden beider Anbieter erheben, verarbeiten und nutzen, soweit dies zur Erfüllung des Vertrages zwischen den beiden Diensteanbietern erforderlich ist (§ 5 Abs. 1 S. 2 TDSV).

Im übrigen darf ein Diensteanbieter nach § 5 Abs. 2 TDSV die Bestandsdaten seiner Kunden und der Kunden seiner Diensteanbieter nur unter bestimmten Voraussetzungen für weitere Zwecke verarbeiten und nutzen. Dies setzt voraus, daß die Verarbeitung oder Nutzung für diese Zwecke erforderlich ist und der Kunde eingewilligt hat. Als Zwecke kommen hierbei nur die Beratung der Kunden, die Werbung und die Marktforschung in Betracht.

b) Die Grundsätze bei Verbindungsdaten (§ 6 TDSV)

Nach § 6 Abs. 1 TDSV darf ein Diensteanbieter bestimmte Verbindungsdaten erheben, verarbeiten und nutzen, soweit dies für die in der TDSV genannten Zwecke erforderlich ist.

Zu diesen Verbindungsdaten gehören der vom Kunden in Anspruch genommene Telekommunikationsdienst sowie Beginn und Ende der jeweiligen Verbindung nach Datum und Uhrzeit. Bei Entgelten, die von den übermittelten Datenmengen abhängen, dürfen auch Verbindungsdaten über die übermittelten Datenmengen erhoben, verarbeitet und genutzt werden. Gleichfalls zu diesen Verbindungsdaten gehören die Nummer oder Kennung des anrufenden und angerufenen Anschlusses oder der Endeinrichtung, personenbezogene Berechtigungskennungen, bei mobilen Anschlüssen die Standortkennung, die Endpunkte von festgeschalteten Verbindungen sowie ihr Beginn und ihr Ende nach Datum und Uhrzeit. Des weiteren dürfen unter den oben genannten Voraussetzungen sonstige Verbindungsdaten gespeichert werden, soweit sie zum Aufbau und zur Aufrechterhaltung sowie zur Entgeltabrechnung notwendig sind.

1 Vgl. Begr. zum TDSV-E, BR-Drucks. 300/00, S. 15.

Auch bezüglich der Verbindungsdaten ist zwischen ihrer Nutzung für die unmittelbare Ausführung des Vertragsverhältnisses und ihrer Nutzung zu anderen Zwecken zu unterscheiden.

aa) Die Nutzung für das Vertragsverhältnis

Die Dauer der zulässigen Nutzung von gespeicherten Verbindungsdaten ist begrenzt. Nach § 6 Abs. 2 TDSV dürfen sie über das Ende der Verbindung hinaus nur verarbeitet oder genutzt werden, soweit sie zum Aufbau weiterer Verbindungen oder für die in §§ 7 - 10 TDSV genannten Zwecke erforderlich sind. In Betracht kommt hierbei vor allem die Entgeltermittlung und –abrechnung nach § 7 TDSV. Ansonsten sind die Verbindungsdaten vom Diensteanbieter unverzüglich, spätestens am Tag nach Beendigung der Vermittlung, zu löschen[1].

In diesem Zusammenhang ist zu beachten, daß statt der Löschung der Daten immer auch eine Anonymisierung möglich ist, da diese die Daten dem persönlichen Datenschutz entzieht[2]: Sind keine persönlichen Daten mehr gespeichert, unterliegen sie auch nicht mehr dem personenbezogenen Datenschutz.

bb) Die Nutzung für andere Zwecke

Diensteanbieter dürfen nach § 6 Abs. 3 S. 1 TDSV Verbindungsdaten unter Umständen auch zur bedarfsgerechten Gestaltung von Telekommunikationsdiensten verarbeiten und nutzen. In einem solchen Fall ist jedoch die Einwilligung des Angerufenen bzw. Anrufenden erforderlich (§ 6 Abs. 3 S. 1, 3 TDSV). Bei einer solchen Verwendung von Verbindungsdaten zu anderen Zwecken ist aber zu beachten, daß es um die personenbezogenen Daten von mindestens zwei Gesprächsteilnehmern geht. Deshalb sind die Daten des jeweils anderen Gesprächspartners gemäß § 6 Abs. 3 S. 2, 4 TDSV unverzüglich zu anonymisieren.

Eine Auswertung der Daten ohne jede Anonymisierung ist zulässig, wenn alle Beteiligten ausdrücklich in diese Datenauswertung einwilligen[3].

---

1 Zur Kritik hieran vgl. Koenig/Neumann, K&R 2000, 417 (421).

2 Vgl. Begr. zum TDSV-E, BR-Drucks. 300/00, S. 15 f.; Koenig/Neumann, K&R 2000, 417 (420).

3 Vgl. Begr. zum TDSV-E, BR-Drucks. 300/00, S. 16.

c) Entgeltermittlung und Abrechnung (§ 7 TDSV)

Spezielle Regelungen für die Zulässigkeit der Datenverarbeitung bestehen zunächst für die Entgeltermittlung und Abrechnung. Dabei bilden § 7 Abs. 1, 2 TDSV die Rechtsgrundlage für das Erheben und Verarbeiten von Bestands- und Verbindungsdaten zur Ermittlung und zum Nachweis des Entgelts für die in Anspruch genommenen Telekommunikationsdienste[1].

Zu beachten sind in diesem Zusammenhang aber auch die Bestimmungen zur Speicherung und vor allem Übermittlung von Daten an andere Diensteanbieter in § 7 Abs. 1, 5 TDSV. Bei einer solchen Weitergabe der Daten an Dritte zur Forderungseinziehung ist der Dritte vertraglich zur Wahrung bestimmter Schutzvorschriften zu verpflichten. Zu diesen Vorschriften gehören das Fernmeldegeheimnis gemäß § 85 TKG sowie die §§ 3, 5, 6, 7, 8 u. 9 TDSV. Zur Weitergabe von Daten an Dritte enthalten § 7 Abs. 1, 6 TDSV auch Regelungen bezüglich des Forderungseinzugs durch einen Dritten und einen Forderungseinzug durch den Diensteanbieter.

Im folgenden geht es zunächst um den Umfang der personenbezogenen Daten, die zur Entgeltermittlung und Abrechnung der Entgelte nach § 7 Abs. 2 TDSV zulässigerweise erhoben und verarbeitet werden dürfen. Anschließend werden Einzelheiten zur Speicherung und Löschung der Daten nach § 7 Abs. 3, 4 TDSV dargestellt.

aa) Der Umfang der Daten

§ 7 Abs. 2 TDSV erweitert den Katalog der Verbindungsdaten, die von einem Diensteanbieter erhoben und verarbeitet werden dürfen. Voraussetzung hierfür ist, daß die Erhebung und Verarbeitung der Daten zur ordnungsgemäßen Ermittlung und Abrechnung der Entgelte für Telekommunikationsdienste und zum Nachweis der Richtigkeit derselben erfolgt.

Zu diesen weiteren personenbezogenen Daten gehören etwa die Anschrift des Kunden oder Rechnungsempfängers, die Art des Anschlusses, die Zahl der im Abrechnungszeitraum einer planmäßigen Entgeltabrechnung insgesamt aufgekommenen Entgelteinheiten, die übermittelten Datenmengen, das insgesamt zu entrichtende Entgelt und sonstige für die Entgeltabrechnung erhebliche Umstände. Zu diesen sonstigen für die Entgeltabrechnung erheblichen Umständen können Vorschußzahlungen, Zahlungen mit Buchungsdatum, Zahlungsrück-

1 Vgl. Begr. zum TDSV-E, BR-Drucks. 300/00, S. 16.

stände, Mahnungen, durchgeführte und aufgehobene Anschlußsperren, eingereichte und bearbeitete Reklamationen, beantragte und genehmigte Stundungen, Ratenzahlungen und Sicherheitsleistungen gehören.

Diese Regelung hat z.B. zur Folge, daß ein Diensteanbieter die Erstellung des Einzelverbindungsnachweises grundsätzlich auch einem Inkassounternehmen überlassen kann[1].

bb) Die Speicherung und Löschung von Daten

Ein Diensteanbieter ist nach § 7 Abs. 3 TDSV dazu verpflichtet, nach Beendigung der Verbindung aus den Verbindungsdaten nach § 6 Abs. 1 Nr. 1 - 3 u. 5 TDSV unverzüglich die für die Berechnung des Entgelts erforderlichen Daten zu ermitteln. Hierzu nicht erforderliche Daten sind unverzüglich zu löschen.

Die anderen Verbindungsdaten dürfen zu Beweiszwecken für die Richtigkeit der berechneten Entgelte grundsätzlich höchstens sechs Monate gespeichert werden. Die Frist beginnt dabei mit der Versendung der betreffenden Rechnung (§ 7 Abs. 3 S. 3 TDSV). Zu beachten ist in diesem Zusammenhang jedoch, daß die Frist zur zulässigen Speicherung unter bestimmten Umständen auch länger dauern kann. Wenn der Kunde vor Ablauf der Frist Einwendungen gegen die Höhe der in Rechnung gestellten Verbindungsentgelte erhoben hat, dürfen die Verbindungsdaten bis zur abschließenden Klärung der Einwendungen gespeichert werden (§ 7 Abs. 3 S. 4 TDSV). Dabei sieht das Gesetz keine Höchstfrist für das entsprechende Hinausschieben der Löschung vor[2].

Was die Art der Speicherung der Verbindungsdaten nach Beendigung der Verbindung betrifft, ist bei der Speicherung die Zielnummer gemäß § 7 Abs. 3 S. 3 TDSV grundsätzlich um die letzten drei Ziffern zu kürzen.

Die normale Speicherungsart bzw. -höchstdauer gilt jedoch nicht, wenn ein Kunde nach § 7 Abs. 4 TDSV etwas anderes verlangt hat.

Dies ist zum einen der Fall, wenn der Kunde gemäß § 7 Abs. 4 Nr. 2 TDSV die vollständige Löschung der Verbindungsdaten mit Versand der Rechnung verlangt hat. Diese Pflicht trifft nach dem Gesetzeswortlaut ausdrücklich (nur) den rechnungstellenden Diensteanbieter. Das genannte Verlangen des Kunden kann sowohl gegenüber dem (rechnungstellenden) Teilnehmernetzbetreiber als auch gegenüber dem (rechnungstellenden) Verbindungsnetzbetreiber erklärt

1 Vgl. Koenig/Neumann, K&R 2000, 417 (421).
2 Vgl. Begr. zum TDSV-E, BR-Drucks. 300/00, S. 16.

werden[1]. Ein nichtrechnungstellender Verbindungsnetzbetreiber kann den Löschungswunsch des Kunden dagegen nicht erfüllen, zumal er den Kunden meist auch nicht kennt. In diesem Zusammenhang ist darauf hinzuweisen, daß mit dieser Löschung der Verbindungsdaten gemäß § 16 Abs. 2 TKV eine Umkehr der Beweislast zu Lasten des Kunden eintritt. Allerdings ist der Kunde nach § 16 Abs. 2 TKV hierauf ausdrücklich hinzuweisen.

Zum anderen ist die Kürzung der Zielrufnummer um die letzten drei Ziffern dann nicht vorzunehmen, wenn der Kunde gemäß § 7 Abs. 4 Nr. 1 TDSV die vollständige Speicherung der Zielrufnummern verlangt hat. Der Kunde kann die vollständige Speicherung jedoch dann nicht verlangen, wenn er zur vollständigen oder teilweisen Übernahme der Entgelte für bei seinem Anschluß ankommende Verbindungen verpflichtet ist. Damit soll der Datenschutz der Anrufer sichergestellt werden, indem deren Daten nicht in die Rechnung des Angerufenen aufgenommen werden.

Das Recht des Kunden zur vollständigen Speicherung oder zur vollständigen Löschung der Verbindungsdaten besteht nicht gegenüber Diensteanbietern, die als Anbieter geschlossener Benutzergruppen ihre Dienste nur ihren Teilnehmern anbieten, vgl. § 7 Abs. 4 S. 3 TDSV.

d) Der Einzelverbindungsnachweis (§ 8 TDSV)

Falls ein Kunde eines Anbieters von Telekommunikationsdienstleistungen nach § 14 TKV einen Einzelverbindungsnachweis erhält, hat er auch Zugang zu Verbindungsdaten anderer Nutzer, sofern diese über den Anschluß des Kunden telefonierten. Dann kann also der Rechnungsempfänger in einem Privathaushalt oder ein Arbeitgeber in einem Betrieb Informationen bekommen, welche die (Mit-)Nutzer des Anschlusses freiwillig vielleicht nicht offenbart hätten.

Aus diesem Grund ergänzen § 8 Abs. 1 u. 2 TDSV die Regelungen zum Einzelverbindungsnachweis nach der TKV um datenschutzrechtliche Bestimmungen. Hierbei ist zunächst das Erfordernis der Informierung anderer Nutzer über die Erteilung eines Einzelverbindungsnachweises an den Rechnungsempfänger zu nennen. Außerdem dürfen Verbindungen zu Beratungsstellen nicht in einen Einzelverbindungsnachweis aufgenommen werden.

1 Vgl. Begr. zum TDSV-E, BR-Drucks. 300/00, S. 16.

aa) Die Informierung anderer Nutzer

Nach § 8 Abs. 1 S. 1 TDSV ist für die Erteilung eines Einzelverbindungsnachweises zunächst das schriftliche Verlangen des Kunden nach einer solchen aufgeschlüsselten Rechnung vor dem maßgeblichen Abrechnungszeitraum erforderlich. Weitere Voraussetzung ist die schriftliche Erklärung des Kunden, mögliche Nutzer seines Anschlusses über die Bekanntgabe der Verbindungsdaten an ihn zu informieren (§ 8 Abs. 1 S. 2, 3 TDSV).

Bei einem Anschluß in einem Haushalt muß die Erklärung dahin gehen, daß alle zum Haushalt gehörenden Nutzer des Anschlusses über die Bekanntgabe informiert wurden und alle künftigen Mitbenutzer unverzüglich entsprechend informiert werden. Dagegen muß der Kunde bei einem Anschluß in Betrieben und Behörden erklären, daß die Mitarbeiter über die Bekanntgabe informiert sind und künftige Mitarbeiter unverzüglich informiert werden. In diesem Fall muß der Kunde überdies erklären, daß der Betriebsrat bzw. die Personalvertretung entsprechend den gesetzlichen Vorschriften beteiligt worden ist oder eine solche Beteiligung nicht erforderlich ist, § 8 Abs. 1 S. 3 TDSV. Dies gilt entsprechend auch für öffentlich-rechtliche Religionsgesellschaften.

Sowohl die Regelung für den Privathaushalt als auch die Regelung etwa für Betriebe haben den Schwachpunkt, daß die bloße Erklärung des Rechnungsempfängers die tatsächliche Informierung nicht sicherstellt und auch keine Sanktionierung für den Fall eines Verstoßes vorgesehen ist.

bb) Verbindungen zu Beratungsstellen

Nach § 8 Abs. 2 TDSV darf ein Einzelverbindungsnachweis Verbindungen zu Beratungsstellen grundsätzlich nicht erkennen zu lassen. Diese Vorschrift soll die Vertraulichkeit solcher Anrufe wahren[1]. Hierzu verpflichtet sind Anbieter von Telekommunikationsdienstleistungen, die geschäftsmäßig handeln (vgl. § 1 Abs. 1 TDSV) und nicht als Anbieter für geschlossene Benutzergruppen ihre Dienste nur ihren Teilnehmern anbieten (vgl. § 8 Abs. 2 S. 7 TDSV).

Die maßgeblichen Verbindungen sind solche zu Anschlüssen von Personen, Behörden und Organisationen in bestimmten sozialen oder kirchlichen Bereichen, wenn diese grundsätzlich anonym bleibenden Anrufern ganz oder überwiegend telefonische Beratung in seelischen oder sozialen Notlagen anbieten

---

1 Vgl. Begr. zum TDSV-E, BR-Drucks. 300/00, S. 17.

und die selbst oder deren Mitarbeiter insoweit besonderen Verschwiegenheitsverpflichtungen unterliegen. Zu diesen Beratungsstellen gehören gemäß § 8 Abs. 2 S. 3 TDSV neben den in § 203 Abs. 1 Nr. 4 u. 4a StGB genannten Personengruppen auch die Telefonseelsorge und die Gesundheitsberatung. Dabei dürfte es nach dem Sinn dieser Vorschrift unschädlich sein, wenn eine Organisation neben der anonymen telefonischen Beratung auch schwerpunktmäßig in persönlichen Gesprächen Beratungen vornimmt[1].

Das Verbot der Aufnahme solcher Verbindungen in den Einzelverbindungsnachweis setzt jedoch voraus, daß die Regulierungsbehörde die betreffenden Beratungsstellen in eine spezielle Liste aufgenommen hat. Die Aufnahme in die Liste setzt einen entsprechenden Antrag bei der Regulierungsbehörde voraus. Dabei muß die oben angeführte Aufgabenbestimmung durch Bescheinigung einer Behörde oder Körperschaft, Anstalt oder Stiftung des öffentlichen Rechts nachgewiesen werden[2]. Die Aufnahme in die Liste erfolgt dann allein aufgrund der formalen Voraussetzungen (Antrag und Nachweis); die Regulierungsbehörde hat also keinen eigenen Ermessensspielraum[3].

Nach § 8 Abs. 2 S. 5 TDSV wird die Liste dieser Beratungsstellen für die verpflichteten Anbieter zum Abruf im automatisierten Verfahren bereitgestellt. Ihren Inhalt muß ein verpflichteter Anbieter nach § 8 Abs. 2 S. 6 TDSV quartalsweise abfragen und Änderungen unverzüglich in seinen Abrechnungsverfahren anwenden[4]. Die Bündelung und formalisierte Weitergabe der Daten soll sowohl die Beratungsstellen als auch die Diensteanbieter entlasten[5].

Parallel zu dieser Liste, die von Anbietern regelmäßig abgefragt werden muß, erstellt und veröffentlicht die Regulierungsbehörde eine zweite Liste[6]. Diese besteht aus denjenigen registrierten Beratungsstellen der Ursprungsliste, die einer Veröffentlichung zugestimmt haben. Die Veröffentlichung soll die Allgemeinheit, vor allem aber Beratungssuchende, über Beratungsstellen informieren, bei denen der Anrufende anonym bleibt.

1 Vgl. dazu im einzelnen Koenig/Neumann, K&R 2000, 417 (422).

2 Vgl. dazu RegTP, Vfg. 23/2001, ABl. RegTP 2001, S. 645; Mitteilung Nr. 13/2001, ABl. RegTP 2001, S. 45.

3 Vgl. Koenig/Neumann, K&R 2000, 417 (422).

4 Dagegen mußten nach der alten TDSV die Beratungsstellen bei jedem Aussteller von Einzelverbindungsnachweisen einen Antrag stellen, vgl. dazu RegTP, Mitteilung-Nr. 411/1999, ABl. RegTP 1999, S. 2772 f.; RegTP, Mitteilung Nr. 126/1999, ABl. RegTP 1999, S. 1125 f. Zur neuen Regelung siehe RegTP, Vfg. 23/2001, ABl. RegTP 2001, S. 645 f.

5 Vgl. Koenig/Neumann, K&R 2000, 417 (422).

6 Vgl. RegTP, Mitteilung Nr. 13/2001, ABl. RegTP 2001, S. 45 f.

e) Kundenkarten (§ 8 Abs. 3 TDSV)

Auch bei der Verwendung von Kundenkarten bestehen im Hinblick auf die Erteilung eines Einzelverbindungsnachweises besondere Regelungen für die Erhebung, Verarbeitung und Nutzung von Daten. Kundenkarten sind gemäß § 2 Nr. 5 TDSV Karten, mit deren Hilfe Telekommunikationsverbindungen hergestellt und personenbezogene Daten erhoben werden können.

Bei der Verwendung einer solchen Kundenkarte muß auch auf der Karte ein deutlicher Hinweis auf die mögliche Mitteilung der gespeicherten Verbindungsdaten in Form eines Einzelverbindungsnachweises ersichtlich sein. Diese Vorgabe kann auch dadurch erfüllt werden, daß der vorgeschriebene Hinweis etwa aufgrund einer entsprechenden Technik auf dem Display erscheint und sich insoweit aus der Karte ergibt[1].

Diese Pflicht zur Anbringung eines Hinweises auf der Karte gilt allerdings nicht, wenn er aus technischen Gründen nicht möglich oder für den Kartenemittenten unzumutbar ist. In diesen Fällen muß der Kunde stattdessen eine Erklärung gemäß § 8 Abs. 1 S. 2 oder 3 TDSV abgegeben haben. Das bedeutet, daß der Kunde erklärt haben muß, daß mögliche Mitnutzer über die Aushändigung eines Einzelverbindungsnachweises an ihn informiert wurden bzw. ggf. unverzüglich informiert werden.

Im übrigen darf bei einer Verwendung von Kundenkarten von einem Diensteanbieter im Rahmen der Verbindungsdaten nach § 6 Abs. 1 Nr. 1 TDSV auch die Kartennummer erhoben, verarbeitet und genutzt werden.

f) Störungen und Mißbrauch (§ 9 TDSV)

Bei Störungen von Telekommunikationsanlagen und Mißbrauch von Telekommunikationsdiensten hat ein Diensteanbieter nach § 9 TDSV eine erweiterte Befugnis zur Erhebung, Verarbeitung und Nutzung von Daten.

Nach § 9 Abs. 1 Nr. 1 TDSV darf der Diensteanbieter zum Erkennen, Eingrenzen und Beseitigen von Störungen und Fehlern an Telekommunikationsanlagen die Bestandsdaten und Verbindungsdaten der Beteiligten erheben, verarbeiten und nutzen. Dies setzt jedoch voraus, daß dies im Einzelfall erforderlich ist. Des weiteren darf ein Diensteanbieter nach § 9 Abs. 1 Nr. 2 TDSV Bestands- und Verbindungsdaten erheben, verarbeiten und nutzen, die zum Aufdecken sowie Unterbinden von Leistungserschleichungen und sonstigen rechtswidrigen

---

1 Vgl. Begr. zum TDSV-E, BR-Drucks. 300/00, S. 17.

Inanspruchnahmen der Telekommunikationsnetze und –dienste erforderlich sind[1]. Voraussetzung hierfür ist neben der Erforderlichkeit im Einzelfall, daß schriftlich zu dokumentierende tatsächliche Anhaltspunkte für die Leistungserschleichung etc. vorliegen.

Zum Zweck der Aufdeckung und Unterbindung von Leistungserschleichungen sowie sonstigen rechtswidrigen Inanspruchnahmen von Telekommunikationsnetzen und –diensten hat der Diensteanbieter gemäß § 9 Abs. 2 TDSV weitere Möglichkeiten. Nach § 9 Abs. 2 S. 1 TDSV darf er die dazu erhobenen Verbindungsdaten in der Weise verarbeiten und nutzen, daß aus dem Gesamtbestand aller Verbindungsdaten, die nicht älter als sechs Monate sind, die Daten derjenigen Verbindungen des Netzes ermittelt werden, für die tatsächliche Anhaltspunkte den genannten Verdacht begründen. Über die Einführung und Änderung eines Verfahrens nach § 9 Abs. 2 S. 1 TDSV sind die Regulierungsbehörde und der Bundesbeauftragte für den Datenschutz gemäß § 9 Abs. 3 TDSV unverzüglich in Kenntnis zu setzen[2].

Der Diensteanbieter darf insbesondere aus den gemäß § 9 Abs. 1 Nr. 2 TDSV erhobenen Verbindungsdaten und den Bestandsdaten seiner Kunden einen Gesamtdatenbestand bilden, der in pseudonymisierter Form Aufschluß über die von den einzelnen Kunden erzielten Umsätze gibt und unter Zugrundelegung geeigneter Mißbrauchskriterien das Auffinden solcher Verbindungen des Netzes ermöglicht, bei denen der Verdacht einer Leistungserschleichung besteht (§ 9 Abs. 2 S. 2 TDSV). Die Daten anderer Verbindungen sind nach § 9 Abs. 2 S. 3 TDSV unverzüglich zu löschen.

g) Die Zwischenspeicherung (§ 16 TDSV)

Wenn für die Durchführung von Diensten eine Zwischenspeicherung erforderlich ist, dürfen Diensteanbieter gemäß § 16 TDSV Nachrichteninhalte von Kunden nur unter bestimmten Voraussetzungen verarbeiten. Diese Vorschrift enthält datenschutzrechtliche Mindestanforderungen für das Betreiben von Nachrichtenübermittlungssystemen mit Zwischenspeicherung[3].

Zu den Nachrichteninhalten, die gespeichert werden dürfen, zählen insbesondere Sprach-,Ton-, Text- und Grafikmitteilungen von Kunden. Was die Zulässigkeit der Verarbeitung der o.g. Dienste betrifft, so dürfen die Nachrichteninhalte

1 Vgl. dazu auch § 9 Abs. 4 TDSV.
2 Demgegenüber war nach § 7 Abs. 3 S. 2 TDSV a.F. auch der Betroffene zu unterrichten, sobald dies ohne Gefährdung des mit der Maßnahme verfolgten Zwecks möglich war.
3 Vgl. Begr. zum TDSV-E, BR-Drucks. 300/00, S. 20.

nur im Rahmen eines hierauf gerichteten Diensteangebots verarbeitet werden. Für die Verarbeitung bestehen im übrigen die folgenden fünf Voraussetzung:

Erstens darf die Verarbeitung ausschließlich in Telekommunikationsanlagen des zwischenspeichernden Diensteanbieters erfolgen. Dies kann der ursprüngliche Diensteanbieter oder ein anderer Diensteanbieter sein, der nur zwischenspeichert[1]. Eine Ausnahme besteht dann, wenn die Nachrichteninhalte im Auftrag des Kunden oder durch Eingabe des Kunden in Telekommunikationsanlagen anderer Diensteanbieter weitergeleitet werden.

Zweitens setzt die Zulässigkeit dieser Verarbeitung voraus, daß ausschließlich der Kunde durch seine Eingabe Inhalt, Umfang und Art der Verarbeitung bestimmt. Außerdem ist erforderlich, daß nur der Kunde bestimmt, wer Nachrichteninhalte eingeben und darauf zugreifen darf, wer also Zugriffsberechtigter ist.

Viertens darf der Diensteanbieter entsprechende Daten nur verarbeiten, um dem Kunden mitteilen, daß der Empfänger auf die Nachricht zugegriffen hat. Schlußendlich darf der Diensteanbieter Nachrichteninhalte nur entsprechend dem mit dem Kunden geschlossenen Vertrag löschen.

Zum Schutz der Daten trifft den Diensteanbieter nach § 16 Abs. 2 TDSV überdies die Pflicht zur Ergreifung bestimmter Schutzvorkehrungen. Danach hat er die erforderlichen technischen und organisatorischen Maßnahmen zu treffen, um Fehlübermittlungen[2] und das unbefugte Offenbaren von Nachrichteninhalten außerhalb seines Unternehmens oder an Dritte auszuschließen. Der Begriff der Erforderlichkeit gilt dabei - wie stets - nur eingeschränkt. Nach § 16 Abs. 2 S. 2 TDSV sind Maßnahmen ausdrücklich nur dann erforderlich, wenn ihr Aufwand in einem angemessenen Verhältnis zu dem angestrebten Schutzzweck steht. Die Maßnahmen sind dem jeweiligen Stand der Technik anzupassen, soweit es im Hinblick auf den angestrebten Schutzzweck erforderlich ist.

5. Die Offenbarung und Weitergabe von Daten

Die Offenbarung und Weitergabe von Daten unterliegt gesetzlichen Beschränkungen. Sie ist verboten, sofern sie nicht gesetzlich zugelassen ist oder der Betroffene entsprechend den gesetzlichen Bestimmungen wirksam eingewilligt hat. Es ist zwischen der Mitteilung der Daten an Nutzer und ihrer Weitergabe an andere Stellen (z.B. Diensteanbieter) zu unterscheiden.

---

1 Vgl. Begr. zum TDSV-E, BR-Drucks. 300/00, S. 20.

2 Die Verwendung des Wortes „Fehlerübermittlungen“ in § 16 Abs. 2 S. 1 TDSV dürfte ein Versehen darstellen.

a) Die Mitteilung von Daten an Nutzer

Eine Weitergabe von Daten durch Diensteanbieter an (andere) Nutzer findet vor allem durch die Herausgabe von Kundenverzeichnissen (Telefonbüchern) und die allgemeine Auskunftserteilung statt. Eine Offenbarung und Weitergabe von Daten stellt aber auch die Auskunftserteilung über ankommende Anrufe nach § 10 TDSV bei bedrohenden oder belästigenden Anrufen dar, ebenso die Übermittlung der Rufnummer nach § 11 TDSV. Diese Arten der Preisgabe von Daten an Nutzer werden im folgenden näher dargestellt.

Weitere Beispiele für die Offenbarung und Weitergabe von Daten an Nutzer sind die an anderer Stelle behandelte Erteilung eines Einzelverbindungsnachweises gemäß § 14 TKV und die Mitteilung der Verbindungsdaten eines Anschlusses bei Einwendungen gegen die Höhe der Verbindungsentgelte gemäß § 8 Abs. 1 S. 5 - 7 TDSV. Ergänzend ist darauf hinzuweisen, daß sich Auskunftsrechte eines Nutzers aus dem BDSG ergeben können, vgl. § 19 BDSG und § 34 BDSG.

aa) Die Herausgabe von Kundenverzeichnissen (§ 13 TDSV)

Nach § 13 Abs. 1 TDSV darf ein Diensteanbieter öffentliche Verzeichnisse seiner Kunden in Form von Druckwerken oder elektronischen Verzeichnissen erstellen und herausgeben. Spiegelbildlich dazu regelt § 13 Abs. 2 TDSV, in welchem Umfang Kunden Einfluß auf ihre Aufnahme in solche Verzeichnisse (und deren Inhalt) nehmen können.

Danach setzt eine Eintragung in öffentliche gedruckte oder elektronische Verzeichnisse zunächst einen entsprechenden Antrag des Kunden voraus. Wenn dieser vorliegt, können die Kunden - entsprechend ihrem Antrag - mit ihrem Namen, ihrer Anschrift und gegebenenfalls zusätzlichen Angaben wie Beruf, Branche und Art des Anschlusses eingetragen werden. Auf Verlangen eines Kunden dürfen auch Mitbenutzer eingetragen werden, wenn diese damit einverstanden sind, § 13 Abs. 2 S. 4 TDSV.

Der Kunde kann auch Abweichungen von dieser Standardeintragungsmöglichkeit verlangen. Er kann im einzelnen bestimmen, welche Angaben in den Verzeichnissen veröffentlicht werden sollen. Außerdem kann er festlegen, daß die Eintragung nur in gedruckten oder nur in elektronischen Verzeichnissen erfolgen darf. Alternativ kann ein Kunde auch verlangen, daß eine Eintragung ganz zu unterbleiben hat. Die Eintragungen sind nach § 13 Abs. 2 S. 3 TDSV gesondert zu kennzeichnen. Insgesamt sind - je nach Festlegung des Kunden - unterschiedliche Eintragungen in gedruckten oder elektronischen Verzeichnissen möglich.

bb) Die Telefonauskunft (§ 14 TDSV)

Die Zulässigkeit der sog. Telefonauskunft wird in § 14 TDSV geregelt. Dabei ist die Telefonauskunft in § 14 Abs. 1 S. 1 TDSV als im Einzelfall erteilte Auskunft über in öffentlichen Kundenverzeichnissen enthaltene Rufnummern definiert.

Ein Diensteanbieter darf nach § 14 Abs. 1 S. 1 TDSV unter bestimmten Voraussetzungen grundsätzlich selbst oder durch Dritte telefonische Auskunft über Rufnummern erteilen. Die Zulässigkeit einer Übertragung der Auskunftserteilung an Dritte setzt voraus, daß der Diensteanbieter den Dritten verpflichtet, die Daten nur zu Zwecken der Auskunft zu erteilen und zu verarbeiten und die gesetzlich geregelten Beschränkungen einer telefonischen, gedruckten oder elektronischen Auskunftserteilung (§§ 13 Abs. 2, 14 Abs. 2, 3 TDSV) zu beachten.

In jedem Fall ist nach § 14 Abs. 4 TDSV eine Auskunftserteilung über den Namen und andere Daten eines Kunden unzulässig, wenn nur dessen Rufnummer bekannt ist.

Hinsichtlich der Voraussetzungen und der Zulässigkeit einer Auskunftserteilung kann zwischen der Auskunft nur über eine Teilnehmerrufnummer und einer sog. erweiterten Auskunft unterschieden werden.

(1) Die Auskunftserteilung über eine Rufnummer

Zu den Voraussetzungen einer zulässigen Auskunftserteilung über eine Rufnummer gehört zunächst, daß der Kunde in angemessener Weise über sein Widerspruchsrecht bzgl. einer Weitergabe informiert worden ist. Dieser Hinweis muß klar und deutlich erfolgen.

Des weiteren darf die Weitergabe der Rufnummer nur erfolgen, wenn der Kunde von seinem Widerspruchsrecht keinen Gebrauch gemacht hat. Hat der Kunde der Auskunft widersprochen, ist der Widerspruch unverzüglich in den Verzeichnissen des Diensteanbieters zu vermerken.

Ein solcher Widerspruch ist auch von anderen Diensteanbietern zu beachten, sobald diese in zumutbarer Weise Kenntnis über den Vermerk des Widerspruchs in den Verzeichnissen des Diensteanbieters erlangen konnten. Angesichts der hohen und steigenden Zahl öffentlicher Kundenverzeichnisse entspricht dies dem Grundsatz der Verhältnismäßigkeit[1]. Die Kenntnis anderer Diensteanbieter kann spätestens zu dem Zeitpunkt angenommen werden, in dem der Widerspruch in dem jährlich erscheinenden, alle Teilnehmerinformationen erfassenden Verzeichnis der Deutschen Telekom AG vermerkt ist[2].

Es muß allerdings nicht in jedem Fall eine Widerspruchsfrist festgelegt werden, da beispielsweise Geschäftskunden daran interessiert sein können, sofort in die Telefonauskunft aufgenommen zu werden[3]. Andere Kunden sollen aber die Möglichkeit haben, eine Widerspruchsfrist zu beantragen[4].

(2) Die erweiterte Auskunft

Die sog. erweiterte Auskunft umfaßt neben der Rufnummer grundsätzlich auch den Namen, die Anschrift und zusätzliche Angaben wie Beruf, Branche und Art des Anschlusses (vgl. § 14 Abs. 2 S. 2 TDSV i.V.m. § 13 Abs. 2 S. 1 TDSV). Voraussetzung einer erweiterten Auskunft ist, daß der betreffende Kunde mit einer solchen weitergehenden Auskunftserteilung einverstanden ist. In diesem Fall ist das Einverständnis mit der erweiterten Auskunft unverzüglich in den Verzeichnissen des Diensteanbieters zu vermerken.

Der Inhalt der erweiterten Auskunft darf allerdings nur solche Daten umfassen, die nach § 13 Abs. 2 TDSV veröffentlicht wurden, also in gedruckte oder elektronische Verzeichnisse aufgenommen worden sind.

cc) Übermittlung / Unterdrückung der Rufnummer (§ 11 TDSV)

Eine weitere Form der Offenbarung und Weitergabe von Daten stellt die Übermittlung der Rufnummer gemäß § 11 TDSV dar. Dabei kann der Angerufene vor Annahme des Gesprächs bereits auf dem Display seines Telefons die Nummer (aufgrund vorheriger Zuordnung ggf. auch den Namen) des Anrufers erkennen.

An der Übermittlung der Rufnummer haben Diensteanbieter grundsätzlich ein Interesse, da sie ein weiteres Dienstmerkmal darstellt. Aus Datenschutzgründen kann aber im Einzelfall eine Unterdrückung der Übermittlung von Rufnummern erforderlich sein. Der für den Datenschutz wichtigste Aspekt der technischen Möglichkeit einer Rufnummernübermittlung ist deshalb der, daß ein

1 Vgl. Begr. zum TDSV-E, BR-Drucks. 300/00, S. 20.
2 Vgl. Begr. zum TDSV-E, BR-Drucks. 300/00, S. 20.
3 Vgl. Begr. zum TDSV-E, BR-Drucks. 300/00, S. 20.
4 Vgl. Begr. zum TDSV-E, BR-Drucks. 300/00, S. 20.

Teilnehmer die Übermittlung seiner Rufnummer ganz oder im Einzelfall unterdrücken können muß. Aus diesem Grund enthält § 11 TDSV vor allem verschiedene Regelungen zur Möglichkeit der Unterdrückung der Rufnummernübermittlung. Da die Anzeige der Rufnummer des anderen Gesprächsteilnehmers sowohl beim Angerufenen als auch beim Anrufenden möglich ist, gibt es entsprechend zwei Konstellationen einer Unterdrückung von Rufnummern.

Im folgenden geht es um verschiedene Aspekte der Übermittlung einer Rufnummer und ihrer Unterdrückung. Zunächst wird die Unterdrückung der Rufnummer durch den Anrufenden sowie durch den Angerufenen dargestellt. Anschließend geht es um den generellen Ausschluß einer Übermittlung sowie die generelle Sicherstellung der Übermittlung der Rufnummer in bestimmten Fällen.

(1) Die Unterdrückung der Nummer des Anrufenden

Wenn ein Diensteanbieter die Anzeige der Nummer des Anrufenden anbietet, hat er nach § 11 Abs. 1 TDSV für den Anrufenden auch ihre Unterdrückung zu ermöglichen. Der Anbieter muß diesen Dienst jedoch nur insoweit anbieten, als dies technisch möglich ist. Außerdem besteht die Pflicht nach § 11 Abs. 1 S. 4 TDSV nicht, wenn der Diensteanbieter als Anbieter für geschlossene Benutzergruppen die Dienste nur seinen Teilnehmern anbietet.

Die Unterdrückung der Nummernanzeige muß dauernd oder für jeden einzelnen Anruf auf einfache Weise und unentgeltlich möglich sein. Dies gilt auch für Anrufe ins Ausland sowie für aus dem Ausland kommende Anrufe, soweit sie den Anrufer oder Angerufenen im Inland betreffen, vgl. § 11 Abs. 5 TDSV.

In diesem Zusammenhang ist zu erwähnen, daß der Angerufene gemäß § 11 Abs. 1 S. 2 TDSV einen eingehenden Anruf abweisen können muß, wenn bei diesem die Nummernanzeige durch den Anrufenden unterdrückt wurde. Auch diese Pflicht des Diensteanbieters setzt voraus, daß der Dienst technisch möglich ist und es sich nicht nur um einen Anbieter für geschlossene Benutzergruppen handelt. Ferner gilt sie auch für Anrufe ins Ausland und für aus dem Ausland kommende Anrufe, soweit sie den Anrufer oder Angerufenen im Inland betreffen. Die Abweisung des Anrufs muß ebenfalls auf einfache Weise und unentgeltlich möglich sein.

Wenn ein Kunde seinen Anschluß nicht ins Kundenverzeichnis (§ 13 Abs. 2 TDSV) eintragen läßt, hat nach § 11 Abs. 3 TDSV die Anzeige seiner Telefonnummer bei dem angerufenen Anschluß grundsätzlich zu unterbleiben. Etwas anderes gilt nur dann, wenn der Kunde die Übermittlung seiner Rufnummer ausdrücklich wünscht.

(2) Die Unterdrückung der Nummer des Angerufenen

Wenn ein Diensteanbieter die Anzeige der Nummer des Angerufenen ermöglicht, muß er gemäß § 11 Abs. 4 TDSV auch die Unterdrückung der Anzeige durch den Angerufenen ermöglichen. Da der Anrufer grundsätzlich die Nummer des (von ihm) Angerufenen kennt, dürfte diese Unterdrückungsmöglichkeit vor allem in den Fällen der Anrufweiterleitung (z.B. von einer Geschäfts- an eine Privatnummer) und der Weitervermittlung bei Nebenstellen von Bedeutung sein[1].

Auch dieser Dienst ist nur anzubieten, soweit dies technisch möglich ist. Die Verpflichtung besteht dann nicht, wenn der Diensteanbieter als Anbieter für geschlossene Benutzergruppen die Dienste nur seinen Teilnehmern anbietet. Die Pflicht besteht auch bei Anrufen in das Ausland und für aus dem Ausland kommende Anrufe, soweit sie den Anrufer oder Angerufenen im Inland betreffen. Im übrigen muß der Angerufene in diesen Fällen die Anzeige seiner Nummer beim Anrufenden auf einfache Weise und unentgeltlich unterdrücken können.

(3) Der generelle Ausschluß einer Übermittlung

Nach § 11 Abs. 2 TDSV muß ein Diensteanbieter auch Anschlüsse bereitstellen, bei welchen eine Übermittlung der Rufnummer des anrufenden Anschlusses generell ausgeschlossen ist. Sinn dieser Regelung ist es, die Anonymität von Anrufen zu bestimmten Anschlüssen, z.B. zu Beratungsstellen, sicherzustellen. Die Bereitstellungspflicht des Diensteanbieters setzt einen Antrag des Kunden voraus, der einen solchen speziellen Anschluß haben möchte. Die Bereitstellung muß unentgeltlich erfolgen.

Ein solcher Anschluß ist auf Antrag des Kunden außerdem im öffentlichen Kundenverzeichnis seines Diensteanbieters entsprechend zu kennzeichnen. Damit können mögliche Anrufer über die Anonymität von Anrufen zu diesen Anschlüssen (etwa Beratungsstellen) informiert werden.

Nach einer solchen Kennzeichnung im Kundenverzeichnis darf die Übermittlung der Rufnummer auch nicht sofort wieder ermöglicht werden. Vielmehr ist dies gemäß § 11 Abs. 2 S. 3 TDSV erst dann wieder zulässig, wenn der An-

---

1 Vgl. Koenig/Neumann, K&R 2000, 417 (423); BeckTKG-Komm/Piepenbrock Anh § 41 § 13 TKV Rz. 5.

schluß in der aktualisierten Fassung des Kundenverzeichnisses nicht mehr gekennzeichnet ist. Diese Bestimmung dient dem Schutz eines Anrufenden, der sich auf die bisher bestehende Anonymität eines Anrufes z.B. zu einer Beratungsstelle verlassen können soll.

(4) Die generelle Übermittlung an Notrufstellen

Für einen wichtigen Fall besteht eine - stets vorrangige - Pflicht zur Sicherstellung der dauerhaften Übermittlung von Rufnummern. Nach § 11 Abs. 6 TDSV haben Diensteanbieter bei Notrufstellen zu gewährleisten, daß die Anzeige der Rufnummer des Anrufenden (in der Notrufstelle) weder im Einzelfall noch dauernd ausgeschlossen wird. Voraussetzung hierfür ist, daß es sich um eine Einrichtung handelt, die Notrufe unter den Nummern 110, 112 oder 124124 beantwortet oder bearbeitet. Außerdem setzt die Verpflichtung voraus, daß es sich bei dem Diensteanbieter nicht lediglich um einen Anbieter nur für geschlossene Benutzergruppen handelt.

dd) Belästigungs- oder Drohanrufe (§ 10 TDSV)

Unter bestimmten, sehr engen Voraussetzungen hat ein Diensteanbieter einem Kunden nach § 10 Abs. 1 TDSV Auskunft über ankommende Anrufe bedrohender oder belästigender Art zu erteilen. Diese Vorschrift bezweckt den Schutz von Kunden vor bedrohenden oder belästigenden Anrufen[1]. Die Verpflichtung trifft gemäß § 10 Abs. 1 S. 4 TDSV nur solche Diensteanbieter, die nicht nur als Anbieter für geschlossene Benutzergruppen ihre Dienste nur ihren Teilnehmern anbieten. Das gesamte Verfahren ist schriftlich zu dokumentieren. Im übrigen ist zu beachten, daß das Erschleichen einer solchen Fangschaltungsüberwachung durch den Antragsteller gemäß § 43 Abs. 2 Nr. 4 BDSG strafbar ist.

Nachfolgend geht es zunächst um die Voraussetzungen und den Umfang einer Auskunftserteilung nach § 10 TDSV, anschließend um die Frage einer Information des betroffenen Anschlußinhabers.

---

1 Vgl. Begr. zum TDSV-E, BR-Drucks. 300/00, S. 18. Zu Einzelheiten über die in AGB erfolgende Auferlegung der Pflicht, bedrohende und belästigende Anrufe zu unterlassen, vgl. Westphalen/Grote/Pohle, Telefondienstvertrag, S. 112.

(1) Die Voraussetzungen einer Auskunftserteilung

Die Auskunftserteilung setzt gemäß § 10 Abs. 1 S. 1 TDSV einen schriftlichen Antrag auf Auskunftserteilung voraus. Der Kunde muß schlüssig vortragen, daß er bedrohende oder belästigende Anrufe erhält. Hierbei sind die Verbindungen gemäß § 10 Abs. 2 S. 1 TDSV nach Datum, Uhrzeit oder anderen geeigneten Kriterien einzugrenzen. Alternativ reicht es aus, wenn ein Mißbrauch der Überwachungsmöglichkeit auf andere Weise ausgeschlossen werden kann.

(2) Der Umfang der Auskunftserteilung

Die Auskunftserteilung unterliegt bestimmten gesetzlich geregelten Grenzen. Zunächst betrifft sie nur Anrufe, die nach dem Antrag stattfinden, § 10 Abs. 1 S. 2 TDSV. Rückwirkende Fangschaltungen sind dagegen wegen ihrer Kostenintensität ausgenommen und sollen auf schwerwiegende Fälle beschränkt werden, in denen der Kunde staatliche Ermittlungsbehörden einschalten kann[1].

Inhaltlich umfaßt die Auskunft grundsätzlich die Daten, die der Diensteanbieter zum Zweck der Auskunftserteilung gemäß § 10 TDSV erheben und speichern darf. Zu diesen Daten gehören nach § 10 Abs. 1 S. 3 TDSV die Nummern, Namen und Anschriften der Inhaber der Anschlüsse sowie Datum und Uhrzeit des Beginns der Verbindungen und der Verbindungsversuche.

In bestimmten Fällen darf der Diensteanbieter jedoch nur den Namen und die Anschrift des Anschlußinhabers der ankommenden Verbindung an den betroffenen Kunden weitergeben. Dies ist gemäß § 10 Abs. 2 S. 2 TDSV dann der Fall, wenn der Inhaber des bekanntzugebenden Anschlusses nicht in einem öffentlichen Kundenverzeichnis nach § 13 TDSV eingetragen ist. In einem solchen Fall soll ein Mißbrauch der Fangschaltung durch den Angerufenen vermieden werden[2]. Trotz des mißverständlichen Gesetzeswortlauts ist aber auch dann die Weitergabe von Datum und Uhrzeit des Beginns der Verbindung zulässig. Dies folgt u.a. aus dem Sinn und Zweck der Regelung, die eine Identifizierung der belästigenden Verbindung ermöglichen soll[3].

Die Auskunft des Diensteanbieters ist im übrigen netzübergreifend zu erteilen. In diesem Fall sind die an der Verbindung mitwirkenden anderen Diensteanbieter nach § 10 Abs. 3 TDSV zur Mitwirkung verpflichtet. Das bedeutet, daß sie

1 Vgl. Begr. zum TDSV-E, BR-Drucks. 300/00, S. 18.
2 Vgl. Begr. zum TDSV-E, BR-Drucks. 300/00, S. 18.
3 Vgl. dazu mit weiteren Einzelheiten Koenig/Neumann, K&R 2000, 417 (423).

dem Diensteanbieter des bedrohten oder belästigten Kunden die erforderlichen Auskünfte zu erteilen haben, sofern sie über diese Daten verfügen.

(3) Die Information des betroffenen Anschlußinhabers

Falls eine Auskunftserteilung erfolgte, ist nach § 10 Abs. 4 TDSV grundsätzlich der Inhaber des Anschlusses, von dem der Anruf ausging, über die Auskunftserteilung zu informieren. Von dieser Information kann jedoch unter bestimmten Voraussetzungen abgesehen werden. Hierfür muß der Antragsteller schlüssig und schriftlich vorgetragen haben, daß ihm aus einer solchen Mitteilung wesentliche Nachteile entstehen können. Außerdem müssen diese Nachteile bei Abwägung mit den schutzwürdigen Interessen des Anrufers als wesentlich schwerwiegender erscheinen. Der betroffenen Anschlußinhaber ist nach § 10 Abs. 4 S. 3 TDSV jedoch in jedem Fall über die Auskunftserteilung zu unterrichten, wenn er auf andere Weise Kenntnis von dieser erlangt hat.

b) Die Weitergabe an andere Diensteanbieter und ähnliche Stellen

Die Weitergabe personenbezogener Daten durch Diensteanbieter an andere Diensteanbieter oder ähnliche Stellen ist nach der TDSV in verschiedenen Fällen zu bestimmten Zwecken oder mit Einwilligung des an der Telekommunikation Beteiligten zulässig. Dabei ist zwischen der in verschiedenen Vorschriften geregelten Übermittlung an andere Diensteanbieter, an Dritte sowie der Übermittlung speziell an ausländische Stellen zu unterscheiden.

aa) Die Übermittlung an andere Diensteanbieter

Die Weitergabe von Daten an andere Diensteanbieter zu Abrechnungszwecken ist insbesondere in § 7 Abs. 1 S. 1 TDSV und § 7 Abs. 5 TDSV geregelt. Nach § 7 Abs. 1 S. 1 TDSV ist nur die Übermittlung und Nutzung der in § 6 Abs. 1 TDSV aufgeführten Verbindungsdaten zulässig. Voraussetzung hierfür ist, daß die Weitergabe von einem Diensteanbieter an einen anderen Diensteanbieter erfolgt. Außerdem müssen die betreffenden Daten zur Ermittlung des Entgelts und zur Abrechnung mit den Kunden des Diensteanbieters benötigt werden.

Nach § 7 Abs. 5 TDSV hingegen darf der Diensteanbieter (auch) die Daten gemäß § 7 Abs. 2 TDSV speichern und übermitteln, wenn dies für die Abrechnung eines Diensteanbieters mit einem anderen Diensteanbieter oder mit dessen Kunden sowie anderer Diensteanbieter mit ihren Kunden erforderlich ist.

bb) Die Übermittlung an Dritte

Eine Übermittlung von Bestandsdaten an Dritte darf nach § 5 Abs. 1 S. 3 TDSV nur mit Einwilligung des an der Telekommunikation Beteiligten erfolgen, wenn sie nicht schon aufgrund der TDSV oder eines anderen Gesetzes zulässig ist. Auch die Übermittlung von Verbindungsdaten ist nur in den durch das Gesetz zugelassenen Fällen zulässig.

Die Weitergabe von Bestands- und Verbindungsdaten an Dritte ist insbesondere zu Zwecken des Forderungseinzugs nach § 7 Abs. 1 S. 2 TDSV zulässig. Danach ist eine Weitergabe u.U. zulässig, wenn ein Diensteanbieter mit einem Dritten einen Vertrag über den Einzug des Entgelts durch den Dritten abgeschlossen hat. In diesem Fall darf der Diensteanbieter nach § 7 Abs. 1 S. 2 TDSV dem Dritten die in § 7 Abs. 2 TDSV aufgeführten Daten übermitteln[1]. Voraussetzung hierfür ist stets, daß die Übermittlung für den Einzug des Entgelts und die Erstellung einer detaillierten Rechnung erforderlich ist.

Bei einer solchen Weitergabe von Daten an Dritte ist dieser nach § 7 Abs. 1 S. 3 TDSV vertraglich zur Wahrung bestimmter Schutzvorschriften zu verpflichten. Zu diesen Vorschriften gehört vor allem das Fernmeldegeheimnis gemäß § 85 TKG. Außerdem zählen dazu die §§ 3, 5, 6, 7, 8 und 9 TDSV, also die für das Inkasso relevanten Vorschriften über die Verarbeitung von Bestands- und Verbindungsdaten. Die ausdrückliche vertragliche Verpflichtung ist erforderlich, weil strafgesetzliche oder allgemeine vertragliche Regelungen über Haftung und Vertraulichkeit nicht ausreichen[2].

Außerdem kann eine Weitergabe von Bestands- und Verbindungsdaten nach § 7 Abs. 6 TDSV zulässig sein, wenn der Diensteanbieter mit der Rechnung Entgelte für den Dritten einzieht. Hintergrund dieser Regelung ist, daß es Kunden in Zukunft möglich sein soll, Waren und Dienstleistungen Dritter über die Telefonrechnung zu bezahlen[3]. Soweit der Dritte daraufhin zur Durchsetzung seiner Forderungen im Einzelfall auf die Daten des Diensteanbieters angewiesen ist, kann dieser sie ihm nach § 7 Abs. 6 TDSV übermitteln. Voraussetzung einer zulässigen Übermittlung in einem solchen Fall ist, daß der Diensteanbieter mit der Rechnung Entgelte für solche Leistungen des Dritten einzieht, die dieser im Zusammenhang mit der Erbringung von Telekommunikationsdien-

1 Diese gesetzliche Regelung begründet allerdings kein eigenständiges Recht des Diensteanbieters, die Forderung an das Inkassounternehmen abzutreten, vgl. Begr. zum TDSV-E, BR-Drucks. 300/00, S. 16.

2 Vgl. Begr. zum TDSV-E, BR-Drucks. 300/00, S. 16.

3 Vgl. Begr. zum TDSV-E, BR-Drucks. 300/00, S. 17.

sten erbracht hat. Außerdem muß die Übermittlung der Bestands- und Verbindungsdaten - ihrem Umfang nach - im Einzelfall für die Durchsetzung von Forderungen des Dritten gegenüber seinem Kunden erforderlich sein.

cc) Die Übermittlung an ausländische Stellen

Die Zulässigkeit einer Übermittlung personenbezogener Daten an ausländische Stellen ist für den Bereich der Telekommunikation in § 3 Abs. 6 TDSV geregelt. Danach ist die Weitergabe personenbezogener Daten durch Diensteanbieter an ausländische Stellen nur unter zwei Voraussetzungen erlaubt.

Erstens setzt die Zulässigkeit der Datenübermittlung nach § 3 Abs. 6 TDSV voraus, daß sie zu einem der in § 3 Abs. 6 TDSV aufgeführten Zwecke erforderlich ist. Zu diesen Zwecken gehören die Erbringung von Telekommunikationsdiensten, die Erstellung oder Versendung von Rechnungen oder die Mißbrauchsbekämpfung i.S.d. § 9 Abs. 1 Nr. 2 TDSV[1]. Mit dieser Vorschrift sollen zugleich die Bedürfnisse der Diensteanbieter (kostengünstige Rechnungserstellung und Versendung im Ausland) berücksichtigt und der Schutz der Daten der Nutzer sichergestellt werden[2].

Zweitens darf die Übermittlung an ausländische Stellen nur „nach Maßgabe des BDSG“ erfolgen. Die Übermittlung muß also allen Anforderungen, die das BDSG für eine solche Datenweitergabe ins Ausland vorsieht, genügen. Die Übermittlung personenbezogener Daten ins Ausland wird sowohl für den öffentlichen als auch für den nicht öffentlichen Bereich in §§ 4b, 4c BDSG geregelt. Danach sind die Anforderungen davon abhängig, in welche Länder oder an welche Institutionen die Übermittlung stattfinden soll[3].

Nach § 4b BDSG ist die Übermittlung in eine erste Ländergruppe, u.a. bestehend aus den Mitgliedsstaaten der Europäischen Union, grundsätzlich zulässig und damit privilegiert[4].

Dagegen ist die Übermittlung an Stellen in anderen Ländern unzulässig, soweit der Betroffene ein schutzwürdiges Interesse an dem Ausschluß der Übermittlung hat. Dieses besteht insbesondere dann, wenn bei der jeweiligen ausländi-

---

1 Zu Bedenken hinsichtlich der Vereinbarkeit dieser Regelung mit europarechtlichen Vorgaben vgl. Koenig/Neumann, K&R 2000, 417 (420).
2 Vgl. Begr. zum TDSV-E, BR-Drucks. 300/00, S. 14.
3 Eine Ausnahme besteht jedoch dann, wenn der Betroffene seine Einwilligung gegeben hat.
4 Vgl. Begr. zum BDSG-Entwurf v. 13.10.2000, BT-Drucks. 14/4329, S. 34.

schen Stelle ein angemessenes Datenschutzniveau nicht gewährleistet ist (vgl. § 4b Abs. 2 S. 2 BDSG)[1].

Die Angemessenheit des Schutzniveaus wird gemäß § 4b Abs. 3 BDSG unter Berücksichtigung aller Umstände beurteilt, die bei einer Datenübermittlung oder einer Kategorie von Datenübermittlungen von Bedeutung sind. Dazu gehören die Art der Daten, die Zweckbestimmung, die Dauer der geplanten Verarbeitung, das Herkunfts- und das Endbestimmungsland, die für den betreffenden Empfänger geltenden Rechtsnormen sowie die für ihn geltenden Standesregeln und Sicherheitsmaßnahmen.

1 Zum Datentransfer in Nicht-EU-Länder und zu „Safe Harbor“ vgl. im einzelnen Räther/Seitz, MMR 2002, 425 ff.; Büllesbach/Höss-Löw, DuD 2001, 135 ff.; Leingang, CR 2000, 637 f.; Reimer, DuD 2000, 493; Heil, DuD 2000, 444 f.; Singer, MMR 10/1999, VI f.; U.S. Department of Commerce, DuD 2000, 480 f.; Klug, RDV 2000, 212 ff.

F. Konfliktlösung und Sanktionen

Im Vorfeld sowie bei Eintritt von Streitigkeiten zwischen einem Verbraucher und einem Anbieter von Telekommunikationsdienstleistungen stellt sich die Frage nach den Möglichkeiten zur Durchsetzung von Verbraucherinteressen.

Hierzu sind die folgenden Aspekte darzustellen: die vorsorgliche Beweissicherung, die Sanktionierung von Verstößen eines Anbieters als Ordnungswidrigkeit oder Straftat, die Haftung des Anbieters und Ansprüche eines Verbrauchers, die Einschaltung der Regulierungsbehörde (z.B. Verbraucherservice, Schlichtung), die Rechtsschutzmöglichkeiten eines Verbrauchers sowie die Klagemöglichkeiten von Verbraucherschutzverbänden.

I. Die vorsorgliche Beweissicherung

Ein Verbraucher sollte stets schon im Vorfeld von Konflikten mit einem Anbieter von Telekommunikationsdienstleistungen Maßnahmen zur vorsorglichen Beweissicherung ergreifen. Hierzu gehört vor allem, Schriftstücke (insbesondere Verträge) stets im Original aufzubewahren. Außerdem sollte der Inhalt mündlicher Gespräche und Telefonate mit dem Namen und der Position des Gesprächspartners schriftlich dokumentiert werden. In problematischen Situationen und bei einem wichtigen Anlaß sollten Zeugen hinzugezogen werden.

Falls bei der Abgabe von Erklärungen eine Einhaltung von Fristen erforderlich ist und dem Verbraucher ansonsten negative Konsequenzen drohen, sollte der Zugang beweisbar sein. Dies kann durch Hinzuziehen eines Zeugen bei Einwurf direkt in den Briefkasten des Empfängers oder durch Versenden eines Briefes per Rückschein-Einschreiben geschehen.

Individuelle Vertragsabreden sollte sich ein Verbraucher stets schriftlich bestätigen lassen. Hintergrund dafür ist, daß nach § 305b BGB individuelle Vertragsabreden Vorrang vor den AGB des Vertragspartners haben. Der Verbraucher ist jedoch für das Vorliegen solcher Individualabreden beweispflichtig.

II. Die Sanktionierung von Verstößen

Verstöße gegen Vorschriften des Telekommunikationsrechts können eine Ordnungswidrigkeit und im Einzelfall auch eine Straftat darstellen. Als Straftatbestand kommt vor allem die Verletzung des Fernmeldegeheimnisses nach § 206 StGB in Betracht.

1. Die Ordnungswidrigkeit (§ 96 TKG)

Vorsätzliche oder fahrlässige Verstöße gegen verschiedene, im einzelnen aufgezählte Pflichten aus dem TKG stellen gemäß § 96 TKG Ordnungswidrigkeiten dar. Sie können nach § 96 Abs. 2 TKG mit einer Geldbuße - bis zu einer Höhe von EUR 500.000,00 - geahndet werden. Dies gilt z.B. für einen Verstoß gegen die Lizenzierungspflicht, vgl. § 96 Abs. 1 Nr. 3, Abs. 2 TKG.

Das gesetzlich angedrohte Höchstmaß der Geldbuße hat Einfluß auf die Dauer der Verjährung, vgl. dazu § 31 Abs. 2 OWiG. Sie beginnt nach § 31 Abs. 3 OWiG grundsätzlich, sobald die betreffende Handlung beendet ist. Zuständig für die Verfolgung und Ahndung von Ordnungswidrigkeiten im Bereich der Telekommunikation ist nach § 96 Abs. 2 S. 2 TKG die Regulierungsbehörde für Telekommunikation und Post[1].

2. Die Verletzung des Fernmeldegeheimnisses (§ 206 StGB)

Die Verletzung des Fernmeldegeheimnisses kann gemäß § 206 StGB mit Freiheitsstrafe oder Geldstrafe geahndet werden. Dem Fernmeldegeheimnis unterliegen nach § 206 Abs. 5 S. 2 StGB der Inhalt der Telekommunikation und ihre näheren Umstände. Zu diesen Umständen gehört auch die Tatsache, ob jemand an einem Telekommunikationsvorgang beteiligt ist oder war.

Dieser Straftatbestand kann vor allem durch Inhaber und Beschäftigte solcher Unternehmen verwirklicht werden, die Telekommunikationsdienste erbringen oder ein solches Unternehmen beaufsichtigen. Strafbar kann sich aber auch ein außerhalb eines solchen Unternehmens tätiger Amtsträger machen, wenn er durch einen Eingriff in das Fernmeldegeheimnis diesem unterliegende Tatsachen erfährt und unbefugt weitergibt. Dagegen fallen private Dritte nicht in den Geltungsbereich des § 206 StGB.

Die Verjährungsfrist für die Verletzung des Fernmeldegeheimnisses beträgt fünf Jahre (§ 78 Abs. 3 Nr. 4 StGB). Nach § 78a StGB beginnt die Verjährung, sobald die Tat beendet ist. Tritt jedoch ein zum Tatbestand gehörender Erfolg erst später ein, so beginnt die Verjährung mit diesem Zeitpunkt.

1 Zum Ordnungswidrigkeitenverfahren vgl. §§ 35 ff., 66, 67 ff. OWiG. Siehe dazu auch mit weiteren Einzelheiten Geppert/Ruhle/Schuster, Handbuch, Rz. 861 ff.

III. Haftung des Anbieters und Ansprüche des Verbrauchers

Bei Pflichtverletzungen von Telekommunikationsanbietern kommen Schadensersatzansprüche eines Verbrauchers in Betracht. Daneben können im Einzelfall aber auch weitere Ansprüche bestehen. Hierzu gehört z.B. die Situation, daß ein Nutzer an seinen Anbieter von Telekommunikationsdienstleistungen ein höheres als das von der Regulierungsbehörde genehmigte Entgelt gezahlt hat. In diesem Fall besteht ein Rückerstattungsanspruch aus ungerechtfertigter Bereicherung[1].

Im folgenden geht es zunächst um die mit einer Haftung von Anbietern korrespondierenden Ansprüche des Verbrauchers. Diese können sich aus § 40 TKG oder den allgemeinen Vorschriften des Zivilrechts ergeben. Des weiteren ist der Inhalt eines Schadensersatzanspruches kurz darzustellen. Dabei geht es im einzelnen um den ersatzfähigen Schaden sowie die gesetzlichen Haftungsbeschränkungen nach § 7 Abs. 2 TKV. Abschließend ist auf die Verteilung der Beweislast sowie die Verjährung einzugehen.

1. Die Ansprüche eines Verbrauchers

Im Bereich der Telekommunikation können sich Ansprüche eines Verbrauchers vorrangig aus § 40 TKG, daneben aber auch aus den allgemeinen zivilrechtlichen Vorschriften ergeben.

a) Die Ansprüche aus § 40 TKG

Nach § 40 TKG sind Anbieter von Telekommunikationsdienstleistungen für die Öffentlichkeit einem Nutzer unter bestimmten Umständen zum Schadensersatz bzw. zur Unterlassung verpflichtet.

Umstritten ist dabei, ob § 40 TKG unmittelbar anspruchsbegründende Qualität zukommt, oder ob diese Norm nur klarstellenden Charakter hat[2]. Nach der Gesetzesbegründung sollte mit dieser Bestimmung die Rechtsstellung des Telekommunikationsnutzers verbessert werden[3]. Darüber hinaus sollen sich Anbieter in den in § 40 TKG genannten Fällen „unmittelbar gegenüber dem Nutzer

1 Vgl. Geppert/Ruhle/Schuster, Handbuch, Rz. 451.
2 Vgl. dazu im einzelnen BeckTKG-Komm/Büchner § 40 Rz. 1; Westphalen/Grote/Pohle, Telefondienstvertrag, S. 76; Geppert/Ruhle/Schuster, Handbuch, Rz. 527; Biletzki, VuR 1999, 35 (38).
3 Vgl. Begr. zum TKG-E, BT-Drucks. 13/3609, S. 47.

schadensersatzpflichtig machen"[1]. Dieser Hintergrund und der Wortlaut der Vorschrift sprechen dafür, daß § 40 TKG tatsächlich für den Nutzer eine eigenständige Anspruchsgrundlage darstellen soll.

Im folgenden werden die Voraussetzungen eines Schadensersatzanspruchs aus § 40 S. 1 TKG sowie eines Unterlassungsanspruchs nach § 40 S. 2 TKG dargestellt.

aa) Der Schadensersatzanspruch

Voraussetzung eines Schadensersatzanspruchs nach § 40 S. 1 TKG ist zunächst, daß der Anspruch von einem Nutzer gegenüber einem Anbieter von Telekommunikationsdienstleistungen für die Öffentlichkeit geltend gemacht wird.

Wesentliche Voraussetzung der Haftung ist ferner, daß der Anbieter gegen Vorschriften des TKG oder einer auf dem TKG beruhenden Rechtsverordnung oder gegen eine Lizenzverpflichtung oder Anordnung der Regulierungsbehörde verstoßen hat. Ein solcher Verstoß ist allerdings nur dann für die Haftung beachtlich, wenn die Vorschrift oder die Verpflichtung (bzw. Anordnung) den Schutz des anpruchstellenden Nutzers bezweckt. Das Vorliegen einer solchen nutzerschützenden Bestimmung erfordert, daß die Vorschrift oder Verpflichtung (bzw. Anordnung) zumindest auch dazu dienen soll, den einzelnen betroffenen Nutzer vor der Verletzung eines Rechtsguts zu bewahren[2]. § 40 TKG dient dagegen nicht dem Schutz der Wettbewerber eines Anbieters von Telekommunikationsdienstleistungen[3].

Als nutzerschützend i.S.d. § 40 TKG kommen etwa die Regelungen zu Universaldienstleistungen (TKG, TUDLV) in Betracht, die zumindest auch dem Individualschutz dienen[4]. Darüber hinaus werden aus dem TKG § 13 (Bereitstellung unentgeltlicher Notrufmöglichkeiten), § 35 (Gewährung eines Netzzugangs), § 43 Abs. 5 (Netzbetreiberportabilität), § 43 Abs. 6 (freie Wahl des Verbindungsnetzbetreibers) sowie § 85 Abs. 2, 3 (Wahrung des Fernmeldegeheimnisses) als nutzerschützend angesehen[5].

Nicht dem Schutz des Nutzers dient dagegen z.B. § 12 TKG über das Bereitstellen von Teilnehmerdaten[6]. Auch § 33 TKG wird nicht als nutzerschützend

1 So Begr. zum TKG-E, BT-Drucks. 13/3609, S. 47.
2 Vgl. BeckTKG-Komm/Büchner § 40 Rz. 5.
3 Vgl. BeckTKG-Komm/Büchner § 40 Rz. 4.
4 Vgl. Adler, Universaldienstleistungen, S. 178 f.; BeckTKG-Komm/Büchner § 40 Rz. 5.
5 Vgl. BeckTKG-Komm/Büchner § 40 Rz. 5.
6 Zur Haftung für Datenmißbrauch vgl. BeckTKG-Komm/Büchner § 12 Rz. 27 f.

angesehen; Normzweck ist vielmehr die Herstellung und Erhaltung eines funktionierenden Wettbewerbs im Telekommunikationsbereich; positive Auswirkungen für Nutzer sind insoweit nur eine bloße Reflexwirkung[1]. Inwieweit § 24 TKG drittschützend ist, ist dagegen umstritten[2].

Als nutzerschützende Rechtsnormen kommen schließlich auch Vorschriften der TKV in Betracht. Hier sind als Beispiele zu nennen: § 2 (Nichtdiskriminierung), § 3 (Entbündelung), § 5 (Verbindungspreisberechnung), § 6 Abs. 1 (Zulässigkeit von Leistungseinschränkungen), § 6 Abs. 3 (Informationspflichten bei Leistungseinschränkungen), § 9 (Anspruch auf Universaldienstleistungen), § 12 (Entstörungsdienst), § 14 (Einzelverbindungsnachweis), § 15 (Rechnungserstellung), § 18 (Kundenvorgabe der Entgelthöhe), § 19 (Zulässigkeit einer Sperre), § 20 (Zuteilung einer Rufnummer), § 21 (Aufnahme in Verzeichnisse), § 27 (Veröffentlichung von Kundeninformationen), § 29 (Veröffentlichungsfristen), §§ 32, 33 (Qualitätskennwerte und –berichterstattung) sowie § 36 (Sicherstellung des Universaldienstes).

Als Beispiel für eine nutzerschützende Anordnung der Regulierungsbehörde ist der Widerspruch gegen Allgemeine Geschäftsbedingungen gemäß § 23 TKG zu nennen[3].

Schlußendlich setzt ein Schadensersatzanspruch aus § 40 S. 1 TKG außerdem voraus, daß der Verstoß gegen die nutzerschützende Bestimmung vorsätzlich oder fahrlässig begangen wurde. Hierzu gelten die allgemeinen Regelungen zum Verschulden. Im übrigen setzt der Anspruch voraus, daß dem Kunden durch den Verstoß ein nachweisbarer Schaden entstanden ist (vgl. dazu S. 239)[4].

bb) Der Unterlassungsanspruch

Nach § 40 S. 2 TKG kann ein Anbieter von Telekommunikationsdienstleistungen für die Öffentlichkeit von einem Nutzer auch auf Unterlassung in Anspruch genommen werden. Hierbei muß ein Verstoß gegen eine der in § 40 S. 1 TKG aufgeführten nutzerschützenden Vorschriften oder Verpflichtungen (siehe oben) vorliegen.

---

1 Vgl. BeckTKG-Komm/Büchner § 40 Rz. 6.
2 Vgl. dazu mit weiteren Einzelheiten und Nachweisen BeckTKG-Komm/Schuster/Stürmer § 24 Rz. 75; BeckTKG-Komm/Büchner § 40 Rz. 5. Siehe dazu auch VG Köln, Urteil v. 11.05.2000 - 1 K 4868/97 (rechtskräftig), MMR 2000, 638 (639).
3 Vgl. BeckTKG-Komm/Büchner § 40 Rz. 5.
4 Vgl. Geppert/Ruhle/Schuster, Handbuch, Rz. 528.

§ 40 S. 2 TKG enthält allerdings keine Regelung dazu, ob auch der Unterlassungsanspruch Verschulden (Vorsatz oder Fahrlässigkeit) voraussetzt. Für allgemeine zivilrechtliche Unterlassungsansprüche ist gemäß § 823 Abs. 2 i.V.m. § 1004 BGB kein Verschulden erforderlich. Außerdem wollte der Gesetzgeber mit § 40 TKG die Rechtsstellung des Nutzers verbessern[1]. Es ist auch nicht davon auszugehen, daß der Gesetzgeber für den Unterlassungsanspruch im TKG ohne weiteres das Verschuldensprinzip einführen wollte[2]. Der Unterlassungsanspruch setzt demnach kein Verschulden voraus[3].

Nach dem Wortlaut des § 40 TKG ist der Anspruch auf einen bereits erfolgten Verstoß hin geltend zu machen. Um einen Unterlassungsanspruch gerichtlich geltend machen zu können, muß grundsätzlich eine Wiederholungsgefahr bestehen. Damit ist die Frage zu stellen, ob bei einer konkreten (Erst-)Begehungsgefahr auch ein vorbeugender Unterlassungsanspruch möglich ist. Diese Situation kann sich beispielsweise dann stellen, wenn ein Telekommunikationsanbieter im Begriff ist, persönliche Daten seiner Kunden unter Verstoß gegen die Datenschutzvorschriften der TDSV zu verkaufen. Für solche Fälle muß aus Gründen des effektiven Rechtsschutzes (ebenso wie im Rahmen des § 823 Abs. 2 BGB) auch ein vorbeugender Unterlassungsanspruch bestehen[4]. Zur Abwehr drohender rechtswidriger Verstöße gegen solche Vorschriften oder Verpflichtungen, die dem Schutz eines Nutzers dienen, ist deshalb auch ein vorbeugender Unterlassungsanspruch dieses Nutzers zu bejahen[5].

b) Weitere Ansprüche

Bei Pflichtverletzungen eines Anbieters können neben § 40 TKG auch Schadensersatz- und Unterlassungsansprüche eines betroffenen Verbrauchers aus dem allgemeinen Zivilrecht in Betracht kommen. Wichtige Anspruchsgrundlage für einen Schadensersatzanspruch ist z.B. § 823 Abs. 2 BGB i.V.m. einem Schutzgesetz. Als Schutzgesetz können vor allem nutzerschützende Rechtsvorschriften des Telekommunikationsrechts (s.o.) herangezogen werden. Ob dabei Rechtsverordnungen und verwaltungsgerichtliche Einzelfallregelungen Schutzgesetze i.S.d. § 823 Abs. 2 BGB sind, ist umstritten[6].

---

1 So die Begr. zum TKG-E, BT-Drucks. 13/3609, S. 47.
2 Vgl. BeckTKG-Komm/Büchner § 40 Rz. 1, 7.
3 So auch BeckTKG-Komm/Büchner § 40 Rz. 7.
4 Vgl. BeckTKG-Komm/Büchner § 40 Rz. 11.
5 Vgl. BeckTKG-Komm/Büchner § 40 Rz. 11.
6 Bejahend Palandt/Thomas § 823 Rz. 140. Vgl. dazu mit weiteren Einzelheiten BeckTKG-Komm/Büchner § 40 Rz. 1 m.w.N.

Des weiteren kann ein Schadensersatzanspruch auch aufgrund der §§ 280 ff. BGB bestehen. An einen solchen Anspruch wegen Vertragsverletzung ist z.B. zu denken, wenn der Anbieter eines Verbrauchers dessen persönliche Daten nach § 12 TKG an einen Dritten weitergibt, obwohl er deutliche Anhaltspunkte dafür hat, daß ein Mißbrauch der Daten durch diesen Dritten beabsichtigt ist[1].

Darüber hinaus können Vorschriften über den Verzug oder die Unmöglichkeit sowie - je nach den Umständen - aus dem Miet- und Werkvertragsrecht als Anspruchsgrundlage in Betracht kommen[2].

2. Der Inhalt des Schadensersatzanspruches

Inhalt und Umfang des Schadensersatzanspruchs richten sich grundsätzlich nach den allgemeinen Grundsätzen (§§ 249 ff. BGB). Danach ist zunächst der ersatzfähige Schaden darzustellen. Von besonderer Bedeutung im Telekommunikationsrecht sind aber auch die Haftungsbeschränkungen nach § 7 TKV, die anschließend dargestellt werden sollen.

a) Der ersatzfähige Schaden

Ersatzfähig ist grundsätzlich der durch die schuldhafte Rechtsverletzung entstandene Schaden des Nutzers. Allerdings muß dieser Schaden auch im Schutzbereich der Vorschrift bzw. Verpflichtung liegen, gegen die verstoßen wurde[3]. Das bedeutet, daß nur der Schaden ersetzt werden muß, der durch die nutzerschützende Bestimmung gerade verhindert werden sollte. Grundsätzlich ist gemäß § 249 S. 1 BGB der Zustand herzustellen, der ohne den zum Ersatz verpflichtenden Umstand bestehen würde (Naturalrestitution). Kann der Schadensersatzpflichtige dies nicht, muß er Geldersatz leisten (§ 249 S. 2 BGB). Unter Umständen kann auch ein Anspruch auf Ersatz des immateriellen Schadens (Schmerzensgeld) in Betracht kommen.

Die Ermittlung des Schadens dürfte häufig schwer sein[4]. Ein Beispiel hierfür ist etwa die Verletzung von Datenschutzvorschriften. Selbst wenn eine Schadensschätzung des Gerichts gemäß § 287 ZPO in Betracht kommt, muß der betroffene Nutzer zumindest verwertbare Grundlagen für eine solche Schätzung liefern.

---

1 So auch BeckTKG-Komm/Büchner § 12 Rz. 27.
2 Vgl. Biletzki, VuR 1999, 35 (37 f.); Westphalen/Grote/Pohle, Telefondienstvertrag, S. 76.
3 Vgl. dazu mit weiteren Einzelheiten Palandt/Thomas § 823 Rz. 159.
4 Vgl. BeckTKG-Komm/Büchner § 40 Rz. 9.

b) Die Haftungsbeschränkungen nach § 7 Abs. 2 TKV

Im Bereich der Telekommunikation sind die Vorschriften zur gesetzlichen Haftungsbeschränkung nach § 7 Abs. 2 TKV zu beachten. Ihre Anwendung ist nach § 1 Abs. 2 TKV zwingend; etwaige Abweichungen zu Lasten des Kunden führen zu einer Unwirksamkeit der widersprechenden Vertragsbestimmungen[1].

Die gesetzliche Haftungsbegrenzung soll die kaum abschätzbaren Haftungsrisiken beim Angebot von Telekommunikationsdienstleistungen berücksichtigen[2]. Allerdings ist diese Privilegierung von Telekommunikationsanbietern gegenüber anderen ähnlich risikobehafteten Branchen schwer zu begründen[3].

Die Haftungsbegrenzung gilt gemäß § 7 Abs. 2 S. 1 TKV nur für reine Vermögensschäden. Sie erfaßt damit keine Folgeschäden aus Sach- oder Personenschäden[4]. Bei diesen verbleibt es beim allgemeinen Recht, wonach die Haftung für diese Schäden im Ergebnis praktisch nicht beschränkt werden kann[5]. Die bei Erbringung von Telekommunikationsdienstleistungen eintretenden Schäden dürften allerdings überwiegend Vermögensschäden sein[6]. Ein Beispiel ist, daß wegen Leitungsstörungen wichtige Geschäftsabschlüsse nicht zustandekommen.

Hinsichtlich des Inhalts und Umfangs der Haftungsbeschränkung für Vermögensschäden ist zwischen der Haftung gegenüber einem Verbraucher und der Haftung gegenüber einem anderen Anbieter zu unterscheiden. Da die letztgenannte Haftungsbeschränkung als Rahmenbedingung jedoch Auswirkungen auf die Haftung gegenüber einem Verbraucher haben kann, soll auch sie hier behandelt werden.

aa) Die Haftungsbeschränkung gegenüber Verbrauchern

Anbieter von Telekommunikationsdienstleistungen für die Öffentlichkeit haften für Vermögensschäden gemäß § 7 Abs. 2 S. 1 TKV bis zu einem Betrag

1 Vgl. Geppert/Ruhle/Schuster, Handbuch, Rz. 477.

2 Vgl. dazu im einzelnen Schulz, NJW 1999, 765 (766 f.); Grote, TKV, S. 21; Geppert/Ruhle/Schuster, Handbuch, Rz. 523; Begr. zum TKV-E, BR-Drucks. 551/97, S. 28.

3 Vgl. dazu kritisch BeckTKG-Komm/Büchner § 41 Rz. 19; Schulz, CR 1998, 213 (218).

4 Vgl. BeckTKG-Komm/Büchner § 41 Rz. 19; Grote, BB 1998, 1117 (1120); Begr. zum TKV-E, BR-Drucks. 551/97, S. 28 f.

5 Vgl. dazu mit weiteren Einzelheiten Bornhofen, K&R 1999, 500 (505); Grote, BB 1998, 1117 (1120); Graf von Westphalen, DB 1997, 1805 ff.; Imping, CR 1999, 425 (430).

6 Vgl. Geppert/Ruhle/Schuster, Handbuch, Rz. 522.

von EUR 12.500,00 je Nutzer[1]. In den Anwendungsbereich dieser Vorschrift fallen alle genannten Anbieter unabhängig von ihrer Marktmacht. Je schadensverursachendem Ereignis ist die Haftung des Anbieters gegenüber allen Geschädigten auf insgesamt EUR 10.000.000,00 beschränkt[2], so daß die Quote des einzelnen Nutzers auch unter den Betrag von EUR 12.500,00 fallen kann. Die Haftungsbeschränkung gilt dabei unabhängig vom Rechtsgrund des Schadensersatzanspruchs[3].

§ 7 Abs. 2 TKV regelt die Haftung für Vermögensschäden abschließend[4]. Die Vorschrift läßt es also nicht zu, die Voraussetzungen für die Haftung weiter einzuschränken[5]. Dies ergibt sich auch aus § 1 Abs. 2 TKV[6]. Beispielsweise kann ein Anbieter die Haftung für Vermögensschäden nicht ausschließen, die durch eine leicht fahrlässige Verletzung nicht wesentlicher Vertragspflichten verursacht wurden[7]. Etwas anderes ergibt sich auch nicht aus § 7 Abs. 1 TKV, wonach sich die Schadensersatz- und Unterlassungsansprüche der Kunden nach § 40 TKG und den allgemeinen gesetzlichen Bestimmungen richten. Damit wird u.a. klargestellt, daß vertragliche Haftungsbeschränkungen nicht grundsätzlich ausgeschlossen sind und unter Beachtung gesetzlicher Vorschriften (z.B. derjenigen über Allgemeine Geschäftsbedingungen) möglich bleiben[8]. Für Vermögensschäden jedoch ist § 7 Abs. 2 TKV vorrangiges, zwingendes Recht.

Eine etwaige Haftungsbeschränkung entfällt nach § 7 Abs. 2 S. 7 TKV nur bei vorsätzlichem Handeln.

bb) Die Haftungsbeschränkung gegenüber anderen Anbietern

Gegenüber einem anderen Anbieter von Telekommunikationsdienstleistungen gilt nach § 7 Abs. 2 S. 2 TKV die oben dargestellte gesetzliche Haftungsbegrenzung nicht. Dieser Wegfall der Haftungsbeschränkung setzt lediglich voraus, daß der mögliche Anspruchsteller selbst Telekommunikationsdienstleistungen für die Öffentlichkeit erbringt und damit selbst Anbieter ist. Solche

1 Zur Kritik an der undifferenzierten Haftungsbeschränkung vgl. mit weiteren Einzelheiten Schulz, NJW 1999, 765 (766 f.).
2 Zur Kritik an dieser Regelung vgl. Schulz, NJW 1999, 765 (766), der betont, daß eine solche Haftungsbeschränkung als Allgemeine Geschäftsbedingung nichtig wäre.
3 Vgl. Begr. zum TKV-E, BR-Drucks. 551/97, S. 28.
4 Vgl. dazu mit weiteren Einzelheiten Grote, TKV, S. 19 f.
5 Vgl. Grote, TKV, S. 19 f.
6 Unklar insoweit die Begr. zum TKV-E, BR-Drucks. 551/97, S. 28.
7 So auch Spindler, CR 1999, 626 (628).
8 Vgl. Bruhn, Sicherstellung, S. 390; Riehmer, CR 1998, 273 (279); Begr. zum TKV-E, BR-Drucks. 551/97, S. 28.

Anbieter haben stattdessen grundsätzlich die Möglichkeit, die Haftung für solche Leistungen im Verhältnis zueinander vertraglich der Höhe nach zu beschränken (§ 7 Abs. 2 S. 3 TKV).

Vereinbarungen über eine Haftungsbegrenzung unterliegen jedoch verschiedenen Einschränkungen: So entfällt eine Haftungsbeschränkung nach § 7 Abs. 2 S. 7 TKV bei vorsätzlicher Verursachung eines Schadens. Außerdem dürfen nach § 7 Abs. 2 S. 4 TKV aufgrund der Vereinbarung nicht die Mindesthaftungsbeträge gegenüber den geschädigten Endkunden des anderen Nutzers unterschritten werden. Damit gilt auch im Verhältnis der Anbieter eine Mindesthaftung von EUR 12.500,00 je geschädigtem Endkunden sowie EUR 10.000.000,00 Gesamthöchsthaftung je schadensverursachendem Ereignis[1].

Machen die Anbieter von der Möglichkeit der Haftungsbegrenzung untereinander keinen Gebrauch, richtet sich ihre Haftung nach den allgemeinen Vorschriften. In einem solchen Fall wirkt sich die gesetzliche Haftungsbegrenzung gegenüber Verbrauchern zwischen den Anbietern jedoch auf die Höhe des entstandenen Schadens aus[2]. Ein Anbieter kann von einem anderen Anbieter nur den Ersatz des ihm entstandenen Schadens verlangen, also Ersatz dafür, was er selbst an seine geschädigten Kunden zahlen muß.

Da Anbieter Telekommunikationsdienstleistungen eines anderen Anbieters häufig sowohl für den Eigenbedarf als auch für ihre Kunden beziehen, stellt sich auch diesbezüglich die Frage nach der Haftung für Vermögensschäden. Hinsichtlich der dem Weiterverkauf unterliegenden Leistungen gilt unproblematisch § 7 Abs. 2 S. 2 TKV, also der Wegfall der gesetzlichen Haftungsbegrenzung. Nach dem Wortlaut des § 7 Abs. 2 S. 2 TKV („Dies gilt nicht gegenüber Nutzern, die ihrerseits Telekommunikationsdienstleistungen für die Öffentlichkeit erbringen.") könnte die Haftungsbegrenzung jedoch auch bzgl. der für den Eigenbedarf bezogenen Leistungen entfallen.

Mit dieser Ausnahmeregelung sollte jedoch nur vermieden werden, daß Zwischenhändler in einem größeren Umfang haften als Lieferanten[3]. Bestünde die Haftungsbegrenzung nämlich grundsätzlich auch gegenüber anderen Anbietern, wäre die Haftung eines Lieferanten gegenüber einem Zwischenhändler auf EUR 12.500,00 beschränkt, auch wenn letzterer als Anbieter wiederum jedem seiner Kunden bis EUR 12.500,00 haftet.

---

1 Vgl. Geppert/Ruhle/Schuster, Handbuch, Rz. 522.
2 Vgl. Grote, TKV, S. 20 f.
3 Vgl. Begr. zum TKV-E, BR-Drucks. 551/97, S. 29.

Es wäre aber eine systemwidrige Privilegierung, wenn die Haftung gegenüber einem Anbieter, der Telekommunikationsdienstleistungen zum Eigenbedarf bezieht, grundsätzlich unbegrenzt wäre[1]. Diese Privilegierung eines Anbieters von Telekommunikationsdienstleistungen gegenüber anderen Nutzern ist nicht beabsichtigt[2]. Da der Gesetzeswortlaut insoweit ungenau ist, ist § 7 Abs. 2 S. 2 TKV dahingehend auszulegen, daß die Haftungsbegrenzung nur insoweit gegenüber Nutzern entfällt, soweit diese ihrerseits die Telekommunikationsdienstleistungen für die Öffentlichkeit anderen Nutzern anbieten[3]. Danach entfällt die Haftungsbegrenzung gemäß § 7 Abs. 2 S. 2 TKV nur, soweit der Nutzer diese Leistungen als Anbieter weiterverkauft. Soweit er dagegen die Leistungen selbst nutzt, gilt auch ihm gegenüber die Haftungsbegrenzung gegenüber einem Nutzer nach § 7 Abs. 2 S. 1 TKV.

3. Die Beweislastverteilung

Grundsätzlich obliegt dem Nutzer als Anspruchsteller die Beweislast für die Voraussetzungen des Schadensersatzanspruchs (bzw. Unterlassungsanspruchs) und die Höhe des Schadens. Er muß also den objektiven Verletzungstatbestand, das Verschulden des Anbieters der Telekommunikationsdienstleistungen für die Öffentlichkeit, den Schaden und die Ursächlichkeit beweisen[4]. Dies dürfte im Einzelfall - vor allem bezüglich des Verschuldens - nicht einfach sein.

Derzeit ist jedoch noch unklar, ob - ähnlich wie bei der Produzentenhaftung - teilweise eine Beweislastumkehr in Betracht kommt[5]. Dafür würde sprechen, daß es auch im Bereich der Telekommunikation einem Außenstehenden regelmäßig unmöglich sein dürfte, Verschuldenstatbestände im Organisations- und Geschäftsbereich des Anbieters zu beweisen[6]. Es wird damit letztlich der Rechtsprechung überlassen, aufgrund allgemeiner Prinzipien eine faire Beweislastverteilung vorzunehmen[7].

---

1 Vgl. auch Grote, TKV, S. 21.
2 Vgl. Grote, TKV, S. 21.
3 So Westphalen/Grote/Pohle, Telefondienstvertrag, S. 78 f. Vgl. auch Grote, TKV, S. 21.
4 Vgl. BeckTKG-Komm/Büchner § 40 Rz. 7; Biletzki, VuR 1999, 35 (38).
5 Während die TKV 1995 noch eine Beweislastumkehr zu Lasten der Deutschen Telekom AG vorsah, enthält die TKV 1997 hierzu keine Regelung.
6 Vgl. BeckTKG-Komm/Büchner § 40 Rz. 8.
7 Vgl. BeckTKG-Komm/Büchner § 40 Rz. 8.

4. Die Verjährung (§ 8 TKV, BGB)

Nach § 8 TKV verjähren die vertraglichen Ansprüche der Anbieter von Telekommunikationsdienstleistungen für die Öffentlichkeit und ihrer Kunden in zwei Jahren[1]. Voraussetzung ist, daß die vertraglichen Ansprüche gerade aus der Inanspruchnahme von Telekommunikationsdienstleistungen resultieren. Unklar ist, ob sich der Beginn der Verjährungsfrist nach der Änderung des § 201 BGB durch das Schuldrechtsmodernisierungsgesetz - und bis zu einer Änderung des § 8 S. 2 TKV - nach § 200 BGB richtet. Nach § 200 BGB würde die Verjährungsfrist grundsätzlich mit der Entstehung des Anspruchs beginnen.

Die kurze Verjährungsfrist nach § 8 TKV gilt nur für vertragliche Ansprüche. Nur insoweit ist § 8 TKV lex specialis gegenüber den Regelungen des BGB[2]. Für andere Ansprüche (z.B. solche aus unerlaubter Handlung oder ungerechtfertigter Bereicherung) sind dagegen die Verjährungsvorschriften des BGB maßgeblich[3].

IV. Die Einschaltung der Regulierungsbehörde

Für einen Verbraucher gibt es bei Konflikten mit einem Anbieter von Telekommunikationsdienstleistungen verschiedene Möglichkeiten zur Einschaltung der Regulierungsbehörde. Rechtsverstöße des Anbieters kann ein Verbraucher der Regulierungsbehörde mitteilen und so ein bestimmtes Verwaltungshandeln (Aufsichtsmaßnahmen) anregen. In Betracht kommt dies etwa bei der Nichterbringung von Universaldienstleistungen oder bezüglich der AGB-Kontrolle.

Ansonsten kann als erste Anlaufstelle der Verbraucherservice der Regulierungsbehörde genutzt werden. Bei einer Zugangsbeschränkung bezüglich der Bereitstellung von Übertragungswegen kann darüber hinaus eine Entscheidung der Regulierungsbehörde nach § 34 Abs. 1 TKV in Betracht kommen. Generell kann diese auch bei Streitigkeiten zwischen einem Anbieter und seinem Kunden zur Schlichtung angerufen werden (§ 35 TKV). Auf diese drei Möglichkeiten zur Einschaltung der Regulierungsbehörde ist im folgenden näher einzugehen.

---

1 Zur Kritik an dieser kurzen Verjährungsfrist vgl. BeckAGBG-Komm/Horn § 123 Rz. 129.
2 Insoweit unklar die Begr. zum TKV-E, BR-Drucks. 551/97, S. 29.
3 So auch Grote, TKV, S. 22; Rott/Butters, VuR 1999, 75 (83).

1. Der Verbraucherservice der Regulierungsbehörde

Die Regulierungsbehörde unterhält seit März 1998 einen Verbraucherservice, der Verbraucher u.a. über ihre Rechte im neuen Telekommunikationsmarkt informieren soll. Erreichbar ist dieser Service per Telefon, Internet oder Brief/Fax[1].

Die Regulierungsbehörde erteilt Auskunft über die Regelungen der TKV, die das Vertragsverhältnis des Kunden und seines Anbieters von Telekommunikationsdienstleistungen unmittelbar berühren. In der Praxis geht es dabei am häufigsten um unerwünschte Werbung bzw. Fragen des unlauteren Wettbewerbs, Entgeltforderungen und Vertragsangelegenheiten[2]. Außerdem gibt der Verbraucherservice der Regulierungsbehörde Hinweise und Hilfestellung für alle weiteren auftretenden Fragen auf dem Gebiet der Telekommunikation. Anfragen nach dem günstigsten Anbieter oder zu Tarifvergleichen dürfen jedoch nicht beantwortet werden, weil die Regulierungsbehörde als Wettbewerbsgestalter zur Neutralität verpflichtet ist[3].

2. Das Verfahren bei einer Zugangsbeschränkung (§ 34 Abs. 1 TKV)

Bei bestimmten Einschränkungen von Übertragungswegen hat ein Kunde nach § 34 TKV das Recht, eine Entscheidung der Regulierungsbehörde über die Rechtmäßigkeit der Leistungsbeschränkung einzuholen[4]. Voraussetzung dieses Anrufungsrechts ist, daß ein marktbeherrschender Anbieter von Übertragungswegen die Bereitstellung oder Verfügbarkeit eines Übertragungsweges einschränkt[5]. Falls ein Angebot von Übertragungswegen von einem marktbeherrschenden Anbieter jedoch ganz aufgehoben werden soll, ist § 26 TKV zu beachten (vgl. dazu S. 106).

Nach der Anrufung entscheidet die Regulierungsbehörde über die Berechtigung der Zugangsbeschränkung nach den Vorschriften des TKG und der zum TKG erlassenen Verordnungen. Nach der Beschlußfassung hat sie den Parteien ihre begründete Entscheidung gemäß § 34 Abs. 1 S. 3 TKV innerhalb einer Woche

1 Postanschrift: Regulierungsbehörde für Telekommunikation und Post, Verbraucherservice, Postfach 8001, 53105 Bonn; Email: Verbraucherservice@regtp.de; Tel.: 01805/101000 (bundesweites Infotelefon, Entgelt entsprechend der Preisliste des Ortsnetzanbieters) oder 030/22480 - 500 [Mo - Fr: 9 - 15 Uhr]; Telefax: 030/22480-515.

2 So RegTP, Jahresbericht 2001, S. 2.

3 Vgl. MMR 4/98, XII.

4 Vgl. Begr. zum TKV-E, BR-Drucks. 551/97, S. 51 f.

5 Vgl. dazu BeckTKG-Komm/Büchner § 40 Rz. 7, 8.

bekanntzugeben. Die Regulierungsbehörde veröffentlicht nach § 34 Abs. 3 TKV einmal jährlich in ihrem Amtsblatt eine Übersicht über solche Verfahren.

3. Das Schlichtungsverfahren nach § 35 TKV

Falls ein Verbraucher sich durch einen Anbieter in seinen Rechten aus der TKV verletzt sieht, kann er nach § 35 TKV unter bestimmten Voraussetzungen die Regulierungsbehörde zur Schlichtung anrufen. Für dieses Schlichtungsverfahren hat die Regulierungsbehörde eine Verfahrensordnung veröffentlicht[1]. Nach § 14 dieser Verfahrensordnung sind die Vorschriften der Zivilprozeßordnung (ZPO) ergänzend und entsprechend anzuwenden.

Das Schlichtungsverfahren soll im Interesse beider Parteien zu einer schnellen und kostengünstigen Entscheidung führen[2]. Nach Angaben der Regulierungsbehörde wird ein hoher Prozentsatz der Schlichtungsvorschläge von den Parteien angenommen[3]. Der Erfolg des Schlichtungsverfahrens hängt jedoch wegen der Freiwilligkeit der Teilnahme und mangels bindender Wirkung des Schlichtungsvorschlags ganz vom Einigungswillen der Parteien ab.

Im folgenden geht es zunächst um die Voraussetzungen einer zulässigen Anrufung der Regulierungsbehörde. Anschließend ist auf die Zuständigkeit für das Schlichtungsverfahren und die Verfahrenseinleitung einzugehen. Dargestellt werden auch die Grundsätze des Schlichtungsverfahrens, der Verfahrensablauf und zuletzt die Verfahrensbeendigung.

a) Die Zulässigkeit der Anrufung

Die Anrufung der Regulierungsbehörde als Schlichter ist nur zulässig, wenn ein Endkunde, insbesondere ein Verbraucher, die Verletzung eigener Rechte aus der TKV geltend macht, vgl. § 4 Abs. 1 S. 1 der Verfahrensordnung. In der Praxis geht es dabei häufig um unklare Entgeltforderungen und Beanstandungen in bezug auf Qualität und Service von Telekommunikationsdienstleistungen[4]. Außerdem muß es sich bei dem Vertragspartner des Verbrauchers um einen Anbieter von Zugängen zu einem öffentlichen Telekommunikationsnetz oder von Sprachtelefondienst handeln. Nach § 35 Abs. 4 TKV ist das Schlich-

1 Vgl. dazu RegTP, Mitteilung Nr. 643/2001, ABl. RegTP 2001, S. 3357 ff.
2 Vgl. Begr. zum TKV-E, BR-Drucks. 551/97, S. 53.
3 So RegTP, Jahresbericht 2001, S. 3.
4 Vgl. RegTP, Jahresbericht 2001, S. 3.

tungsverfahren aber auch für (alle) Kunden eines marktbeherrschenden Anbieters von Übertragungswegen offen.

Darüber hinaus darf nach § 4 Abs. 1 der Verfahrensordnung kein Gerichtsverfahren mit demselben Streitgegenstand rechtshängig sein. Dies gilt entsprechend für ein Schlichtungsverfahren bei der Regulierungsbehörde. Ferner setzt die Zulässigkeit der Anrufung voraus, daß vor der Antragstellung ein Einigungsversuch zwischen dem Verbraucher und dem Anbieter stattgefunden hat.

Unzulässig ist die Anrufung hingegen, wenn bei Beantragung des Schlichtungsverfahrens bereits Verjährung eingetreten ist und der Antragsgegner sich auf diese beruft. Im übrigen soll die Schlichtungsstelle nach § 4 Abs. 2 S. 2 der Verfahrensordnung die Schlichtung ablehnen, wenn durch diese die Klärung einer grundsätzlichen Rechtsfrage beeinträchtigt würde.

b) Zuständigkeit und Verfahrenseinleitung

Örtlich und sachlich zuständig für das Schlichtungsverfahren ist nach § 2 Abs. 1 der Verfahrensordnung grundsätzlich die Schlichtungsstelle der Regulierungsbehörde in Bonn. Sie kann aber die örtliche Zuständigkeit eines anderen Standortes der Regulierungsbehörde beschließen. Die Schlichtungsstelle prüft von sich aus ihre sachliche Zuständigkeit. Sie teilt den Parteien ggf. schriftlich und mit Begründung ihre Unzuständigkeit mit. Bei Zuständigkeit einer anderen Stelle innerhalb der Regulierungsbehörde gibt sie das Verfahren an diese ab (vgl. § 2 Abs. 2 der Verfahrensordnung).

Die Schlichtungsstelle entscheidet grundsätzlich in einer Besetzung mit drei Schlichtern, von denen einer Berichterstatter ist. Das Schlichtergremium kann die Entscheidung nach § 3 S. 3 der Verfahrensordnung aber auch auf einen Schlichter übertragen. Als Schlichter kommen nur Bedienstete der Regulierungsbehörde in Betracht. Sie sind nach § 2 Abs. 6 der Verfahrensordnung ausdrücklich zur Verschwiegenheit verpflichtet.

Zur Verfahrenseinleitung ist ein schriftlicher Antrag des Endkunden bei der Regulierungsbehörde erforderlich. Für diesen Antrag ist in § 7 Abs. 2 der Verfahrensordnung ein bestimmter Mindestinhalt vorgeschrieben. Danach sind zunächst der Antragsteller, der Antragsgegner und das Antragsziel zu nennen. Außerdem muß der Verbraucher die Verletzung eigener Rechte vortragen, die ihm aufgrund der TKV zustehen. Den Vortrag muß er mit Tatsachen und Dokumenten ergänzen. Schließlich hat der Antragsteller auch nachzuweisen, daß eine Einigung versucht wurde. Entspricht der Antrag eines Verbrauchers nicht diesen Anforderungen, fordert die Schlichtungsstelle ihn schriftlich auf, innerhalb einer bestimmten, angemessenen Frist den Antrag zu ergänzen. Eine Verlängerung der Frist ist möglich. Erfolgt die Antragsergänzung nicht fristgemäß, gilt der Antrag als zurückgenommen (§ 7 Abs. 4 der Verfahrensordnung).

c) Die Grundsätze des Schlichtungsverfahrens

Parteien des Schlichtungsverfahrens sind gemäß § 5 der Verfahrensordnung der Endkunde bzw. Verbraucher als Antragsteller sowie der Anbieter als Antragsgegner. Sie sind in jedem Fall gleich zu behandeln und gleichermaßen anzuhören. Die Parteien können sich gemäß § 6 Abs. 3 der Verfahrensordnung durch einen Rechtsbeistand (oder einen Vertreter einer nach dem Rechtsberatungsgesetz zugelassenen Verbraucherschutzorganisation) vertreten lassen.

Nach § 12 der Verfahrensordnung trägt jede Partei die ihr entstehenden Kosten selbst; Auslagen werden nicht erstattet. Für das Schlichtungsverfahren werden Kosten erhoben; Einzelheiten hierzu regelt § 41 Abs. 4 TKG.

Die Teilnahme am Schlichtungsverfahren ist freiwillig[1]. Jede Partei kann ihre Beteiligung verweigern und seine Durchführung damit verhindern. Das Verfahren entfaltet nach § 6 Abs. 4 der Verfahrensordnung keine rechtlichen Bindungen für die Parteien; es ergeht also keine bindende Entscheidung der Regulierungsbehörde[2]. Das außergerichtliche Streitschlichtungsverfahren nach § 35 TKV stellt kein Schiedsverfahren mit entsprechender Bindungswirkung für die beteiligten Parteien dar, sondern nur einen Schlichtungsversuch[3].

Im Regelfall wird das Schlichtungsverfahren gemäß § 2 Abs. 3 der Verfahrensordnung schriftlich durchgeführt. Dabei sind jeder Partei die von der anderen Seite eingesandten Stellungnahmen zuzusenden. Außerdem ist ihr eine bestimmte Frist zur Erwiderung einzuräumen. Schriftsätze, Schriftstücke und sonstige Mitteilungen sind deshalb bei der Schlichtungsstelle in doppelter Ausfertigung einzureichen. Im übrigen gelten nach § 13 der Verfahrensordnung Schriftstücke mit dem dritten des auf die Aufgabe zur Post folgenden Werktages als zugestellt. Diese Vermutung ist jedoch widerleglich.

Wenn ausnahmsweise aufgrund eines Beschlusses eine mündliche Verhandlung stattfindet, ist sie im Regelfall öffentlich. Die Privatsphäre des Verbrauchers sowie Betriebs- und Geschäftsgeheimnisse des Anbieters sind dabei nach § 2

1 Vgl. Begr. zum TKV-E, BR-Drucks. 551/97, S. 53.
2 Vgl. Riehmer, CR 1998, 273 (280).
3 Vgl. Kammerlohr, K&R 1998, 90 (95); Begr. zum TKV-E, BR-Drucks. 551/97, S. 52 f.

Abs. 5 der Verfahrensordnung zu wahren. Die Parteien sind von dem Termin zur mündlichen Verhandlung rechtzeitig in Kenntnis zu setzen.

d) Der Verfahrensablauf

Liegt eine zulässige Anrufung der Schlichtungsstelle vor, hört die Schlichtungsstelle die Parteien gemäß § 35 Abs. 2 S. 1 TKV mit dem Ziel einer gütlichen Einigung an. Einzelheiten zum Verfahrensablauf enthalten §§ 8 und 9 der Verfahrensordnung.

Danach sind zunächst dem Antragsgegner die vollständigen Antragsunterlagen zu übermitteln. Außerdem ist er schriftlich aufzufordern, innerhalb von vier Wochen nach Zugang des Schreibens schriftlich zu erwidern. Die Frist kann auf Antrag verlängert werden. Auch an die Erwiderung des Antragsgegners werden bestimmte Anforderungen gestellt. Erforderlich ist eine alle Tatsachen und Dokumente umfassende Darstellung, mit der die Ablehnung des Begehrens des Antragstellers begründet wird. Nach Ablauf der Frist legt die Geschäftsstelle der Schlichtungsstelle den Vorgang dem zuständigen Schlichter vor und es ergeht eine Entscheidung aufgrund der Aktenlage, sofern der Antragsgegner der Kundenbeschwerde nicht abhilft oder diese sich nicht in sonstiger Weise erledigt.

Nach Eingang der Stellungnahme des Antragsgegners wird dem Antragsteller Gelegenheit zu einer Erwiderung gegeben. Die dafür einzuräumende Frist soll nach § 9 Abs. 1 der Verfahrensordnung zwei Wochen nicht überschreiten. Erfolgt eine solche Erwiderung des Antragstellers, ist wiederum dem Antragsgegner Gelegenheit zu einer Stellungnahme zu geben. Auch hierfür soll eine angemessene Frist, maximal zwei Wochen, vorgegeben werden. Alle Fristen zur Erwiderung auf Stellungnahmen der anderen Partei können jedoch auf Antrag verlängert werden. Nach Ablauf der Frist legt die Geschäftsstelle den Vorgang dem zuständigen Schlichter vor und es ergeht eine Entscheidung aufgrund der Aktenlage, sofern der Antragsgegner der Kundenbeschwerde nicht abhilft oder diese sich nicht in sonstiger Weise erledigt.

In geeigneten Fällen, z.B. wenn die Antragserwiderung der Schlichtungsstelle schon vor der Eröffnung des förmlichen Schlichtungsverfahrens vorliegt, kann die Schlichtungsstelle von der Aufforderung zur Stellungnahme absehen und aufgrund der vorliegenden Unterlagen entscheiden.

Nach § 10 Abs. 1 der Verfahrensordnung kann die Schlichtungsstelle, wenn sie eine weitere Aufklärung des Sach- und Streitstand für geboten hält, eine ergänzende Stellungnahme oder Auskunft der Beteiligten einholen. Eine Beweisaufnahme führt sie jedoch nicht durch, es sei denn, der Beweis kann durch die Vorlage von Urkunden angetreten werden.

Ziel des Schlichtungsverfahrens ist nach § 35 Abs. 2 TKV eine gütliche Einigung der Parteien. Hierzu unterbreitet die Schlichtungsstelle nach § 10 Abs. 2 der Verfahrensordnung einen schriftlichen Schlichtungsvorschlag, der kurz und verständlich zu begründen ist. In diesem Vorschlag ist aufzuzeigen, wie der Streit der Beteiligten aufgrund der Rechtslage unter Berücksichtigung von Treu und Glauben angemessen beigelegt werden kann.

Wird der Schlichtungsvorschlag von den Parteien nicht akzeptiert, erscheint aber nach deren Vorbringen eine Einigung als möglich, erfolgt ein weiterer Schlichtungsvorschlag. Für die Annahme des Schlichtungsvorschlags setzt die Schlichtungsstelle eine angemessene Frist. Sie soll grundsätzlich weniger als zwei Wochen betragen, kann jedoch auf Antrag verlängert werden.

e) Der Verfahrensabschluß

Das Verfahren endet gemäß § 35 Abs. 2 S. 2 TKV mit der Feststellung entweder mit der Einigung der Parteien oder ihrer Nichteinigung. Einigen sich die Parteien, insbesondere auf der Grundlage des Schlichtungsvorschlags, wird die Einigung von der Schlichtungsstelle festgestellt und den Parteien schriftlich mitgeteilt.

Falls sich die Parteien dagegen nicht einigen können, endet das Verfahren mit der Feststellung, daß keine Einigung im Rahmen des Schlichtungsverfahrens erzielt werden konnte und die Schlichtung gescheitert ist. Eine solche Feststellung erfolgt auch dann, wenn eine der Parteien trotz nochmaliger Fristsetzung keine Stellungnahme zum Schlichtungsvorschlag abgegeben hat. Den Parteien ist in beiden Fällen das Ende des Verfahrens schriftlich mitzuteilen. Außerdem stellt die Schlichtungsstelle nach § 11 Abs. 3 der Verfahrensordnung auf Antrag eine Bescheinigung über das Scheitern der Schlichtung aus.

Eine Verfahrensbeendigung kann aber auch ohne Einigung oder Feststellung einer Nichteinigung eintreten. Dies ist dann der Fall, wenn der Antragsteller zuvor seinen Antrag zurücknimmt oder der Antragsgegner die Zustimmung zur Durchführung des Schlichtungsverfahrens verweigert. In diesen Situationen wird nach § 11 Abs. 1 der Verfahrensordnung die Schlichtung für gescheitert erklärt. Diese Erklärung der Schlichtungsstelle ist den Parteien schriftlich mitzuteilen. Eine Wiederaufnahme des Verfahrens ist gemäß § 11 Abs. 2 der Verfahrensordnung nicht möglich.

V. Rechtsschutzmöglichkeiten

Im Streitfall richtet sich der Rechtsweg grundsätzlich nach den beteiligten Parteien und der rechtlichen Qualifizierung der Streitigkeit. Bei Konflikten zwischen einem Anbieter und einem Verbraucher kommt grundsätzlich der Zivilrechtsweg, bei Streitigkeiten mit der Regulierungsbehörde zumeist der Verwaltungsrechtsweg in Betracht. Unabhängig vom Rechtsweg ist stets auch die Möglichkeit einstweiligen Rechtsschutzes zu beachten[1].

1. Zivilrechtliche Streitigkeiten

Bei Rechtsstreitigkeiten zwischen einem Anbieter von Telekommunikationsdienstleistungen und seinen privaten Kunden (Verbrauchern) ist der Zivilrechtsweg maßgeblich. Als solche bürgerliche Rechtsstreitigkeiten kommen zunächst die Durchsetzung von Haupt- und Nebenleistungspflichten in Betracht. Beispielsweise kann ein Verbraucher gegenüber einem Anbieter die Bereitstellung des funktionsfähigen Teilnehmeranschlusses, die Aufhebung von Sperren, die Rufnummernportabilität, die Erteilung des Einzelverbindungsnachweises, die Aufnahme in ein Teilnehmerverzeichnis sowie datenschutzrechtliche Ansprüche vor den Zivilgerichten durchsetzen[2]. Des weiteren muß der Verbraucher Schadensersatz- und Unterlassungsansprüche vor den Zivilgerichten geltend machen.

Auch der Anspruch eines Anbieters auf Zahlung der Entgelte ist auf dem Zivilrechtsweg durchzusetzen. Ob dabei die von der Regulierungsbehörde genehmigten Entgelte durch die Zivilgerichte (z.B. anhand von § 315 BGB) überprüft werden können, ist sehr umstritten[3].

---

1 Vgl. dazu im einzelnen Pruggmayer/T. Schmidt, in: Spindler (Hrsg.), Telekommunikations-Anbieter, Teil XI Rz. 161 ff.; Geppert/Ruhle/Schuster, Handbuch, Rz. 866 ff.

2 Vgl. zu den möglichen Streitigkeiten mit weiteren Einzelheiten Pruggmayer/T. Schmidt, in: Spindler (Hrsg.), Telekommunikations-Anbieter, Teil XI Rz. 8 ff.; BeckTKG-Komm/ Geppert § 80 Rz. 16.

3 Vgl. dazu im einzelnen BGH, Urt. v. 02.07.1998 - III ZR 287/97 (OLG München), NJW 1998, 3188 (3192); OLG München, Urt. v. 18.06.1998 - 19 U 5883/97 (rechtskräftig), MMR 1998, 610 (611); CR 1998, 346 (347); Pruggmayer/T. Schmidt, in: Spindler (Hrsg.), Telekommunikations-Anbieter, Teil XI Rz. 164 ff.; Michalski/Bauriedl, CR 1998, 657 ff.; Westphalen/Grote/Pohle, Telefondienstvertrag, S. 51.

Nach § 80 Abs. 3 TKG i.V.m. § 90 Abs. 1, 2 GWB ist vom Gericht bei bürgerlichen Rechtstreitigkeiten, die sich aus dem TKG ergeben, die Regulierungsbehörde in Kenntnis zu setzen[1]. Streitigkeiten, die sich „aus dem TKG ergeben", sind auch solche betreffend die zum TKG erlassenen Rechtsverordnungen[2].

2. Verwaltungsrechtliche Streitigkeiten

Bei den Verfahren vor der Regulierungsbehörde handelt es sich um Verwaltungsverfahren i.S.d. § 9 VwVfG; ein Konflikt bezüglich einer Entscheidung der Regulierungsbehörde stellt eine öffentlich-rechtliche Streitigkeit i.S.d. § 40 Abs. 1 VwGO dar. Bei Streitigkeiten zwischen einem Verbraucher und der Regulierungsbehörde ist deshalb der Verwaltungsrechtsweg nach § 40 Abs. 1 VwGO eröffnet. Die Klageart richtet sich nach dem Streitgegenstand.

Nach § 80 Abs. 1 S. 8 TKG i.V.m. § 73 Abs. 1 S. 1 TKG findet ein verwaltungsgerichtliches Vorverfahren nur gegen solche Entscheidungen der Regulierungsbehörde statt, die nicht durch Beschlußkammern gefaßt werden. Außerdem haben Klagen gegen Entscheidungen der Regulierungsbehörde gemäß § 80 Abs. 2 TKG keine aufschiebende Wirkung, können also sofort vollzogen werden. Die Regulierungsbehörde kann allerdings die Vollziehung eines von ihr erlassenen Verwaltungsaktes aussetzen[3]. Außerdem kann das Gericht im einstweiligen Rechtsschutzverfahren auf Antrag die aufschiebende Wirkung der Klage nach § 80 Abs. 5 VwGO anordnen[4].

VI. Klagemöglichkeiten von Verbraucherschutzverbänden

Nicht selten führen Rechtsverstöße von Unternehmen dazu, daß der einzelne Verbraucher nur gering, die Summe der Verbraucher aber erheblich geschädigt wird. In einer solchen Situation verzichtet der einzelne Verbraucher zumeist auf eine Durchsetzung seiner Rechte, so daß rechtswidrige Praktiken von Unternehmen ohne Folgen bleiben würden. Außerdem kommt es häufig vor, daß Verbraucher Rechtsverstöße von Unternehmen gar nicht erkennen (können).

Unter dem Gesichtspunkt des kollektiven Verbraucherschutzes hat deshalb die Möglichkeit der Durchsetzung von Ansprüchen bzw. der Ahndung von Rechts-

1 Vgl. dazu mit weiteren Einzelheiten BeckTKG-Komm/Geppert § 80 Rz. 15, 17 ff.
2 So Pruggmayer/T. Schmidt, in: Spindler (Hrsg.), Telekommunikations-Anbieter, Teil XI Rz. 128.
3 Vgl. dazu Moritz, RTkom 2000, 102 (121); BeckTKG-Komm/Geppert § 80 Rz. 9 f.
4 Vgl. dazu mit weiteren Einzelheiten BeckTKG-Komm/Geppert § 80 Rz. 11 ff.

verstößen durch Verbraucherschutzverbände eine erhebliche Bedeutung[1]. Der Verbraucher kann sich dann bei Rechtsverstößen von Unternehmen an einen zur Verbandsklage[2] berechtigten Verbraucherschutzverband wenden.

Dabei liegt der Verbandsklage an sich nicht zwingend nur der Verbraucherschutzgedanke zugrunde[3]. Vielmehr sind z.B. auch Verbände zur Förderung gewerblicher Interessen (Industrie-, Handels- und Handwerkskammern) zur Verbandsklage berechtigt. Im folgenden sollen jedoch grundsätzlich nur die Rechtsschutzmöglichkeiten durch das Vorgehen von Verbraucherschutzverbänden kurz dargestellt werden. Für diese gibt es inzwischen grundsätzlich drei Möglichkeiten, Unternehmen auf Unterlassung in Anspruch zu nehmen[4]: bei Verwendung mißbräuchlicher AGB (§ 1 UKlaG[5])[6], bei unlauterem Wettbewerb (§ 13 UWG) sowie allgemein bei Verstößen gegen Verbraucherschutzgesetze (§ 2 UKlaG)[7]. Hierbei sind unter Umständen auch Überschneidungen möglich bzw. Abgrenzungen erforderlich[8].

Alle drei genannten Vorschriften berechtigen einen Verbraucherschutzverband jedoch nur dann zur Verbandsklage, wenn er bestimmte Voraussetzungen erfüllt. Hierzu gehört, daß es sich um eine sog. qualifizierte Einrichtung gemäß §§ 3, 4 UKlaG handelt, die ihre Eintragung in eine Liste solcher qualifizierter Einrichtungen nachweist[9]. Eine solche Eintragung ist für die Klagebefugnis erforderlich und ausreichend[10].

---

1 Zum kollektiven Verbraucherschutz durch UKlaG und UWG im elektronischen Geschäftsverkehr (E-Commerce) vgl. mit weiteren Einzelheiten Ulmer, ITRB 2002, 135 ff.

2 Zur Rechtsnatur der Verbandsklage vgl. mit weiteren Einzelheiten Lakkis, kollektiver Rechtsschutz, S. 105; Begr. zum FernAG-E, BT-Drucks. 14/2658, S. 52.

3 Vgl. Lakkis, kollektiver Rechtsschutz, S. 2.

4 Zur historischen Entwicklung und Zielrichtung dieser Regelungen vgl. Schmidt, NJW 2002, 25 f.; Palandt-ErgBd/Bassenge Einl UKlaG Rz. 1 ff.

5 Gesetz über Unterlassungsklagen bei Verbraucherrechts- und anderen Verstößen.

6 Vgl. dazu etwa OLG Köln, Urt. v. 08.05.1998 - 6 U 149/96 (nicht rechtskräftig), ArchPT 1998, 252 ff.; BGH, Urt. v. 12.07.2000 - XII ZR 159/98, NJW-RR 2001, 485 ff. (Teilaufhebung und Zurückverweisung).

7 Die im folgenden dargestellten Grundsätze beruhen vor allem auf der Umsetzung verschiedener EG-Richtlinien in nationales Recht, vgl. vor allem die Richtlinie 98/27/EG v. 19.05.1998 über Unterlassungsklagen zum Schutz der Verbraucherinteressen, ABl. EG L 166, S. 51.

8 Vgl. dazu Schmidt, NJW 2002, 25 (27); Härting, Fernabsatzgesetz, Einl. Rz. 127, 128.

9 Zu den Voraussetzungen einer Eintragung vgl. im einzelnen Palandt-ErgBd/Bassenge § 4 UKlaG Rz. 4 ff.

10 Vgl. dazu mit weiteren Einzelheiten Palandt-ErgBd/Bassenge § 3 UKlaG Rz. 4 f.; Schmidt-Räntsch, VuR 2000, 427 (434).

Diese Listen werden vom Bundesverwaltungsamt und von der Kommission der Europäischen Gemeinschaften geführt. Das Bundesverwaltungsamt leitet seine Liste der Europäischen Kommission gemäß § 4 Abs. 1 S. 2 UKlaG jährlich zu und veröffentlicht sie im Bundesanzeiger. Die Aufnahme in die Liste des Bundesverwaltungsamtes erfolgt gemäß § 4 Abs. 2 UKlaG auf Antrag, wenn bestimmte Anforderungen erfüllt sind[1]. Erforderlich ist zunächst das Bestehen eines rechtsfähigen Verbandes. Ferner muß es zu dessen satzungsmäßigen Aufgaben gehören, die Interessen der Verbraucher durch Aufklärung und Beratung wahrzunehmen. Schließlich ist erforderlich, daß der Verband als Mitglieder entweder in diesem Bereich tätige Verbände oder mindestens 75 natürliche Personen hat. Falls Verbraucherzentralen und andere Verbraucherverbände mit öffentlichen Mitteln gefördert werden, wird nach § 4 Abs. 2 S. 2 UKlaG unwiderleglich vermutet, daß diese Voraussetzungen erfüllt sind.

Wurde ein Verband eines anderen EU-Mitgliedstaates als qualifizierte Einrichtung in die Liste der EU-Kommission eingetragen, dann ist dieser bei grenzüberschreitenden Sachverhalten auch in Deutschland anspruchsberechtigt und klagebefugt[2].

1. Die Verwendung mißbräuchlicher AGB (§ 1 UKlaG)

Nach § 1 UKlaG kann jemand auf Unterlassung in Anspruch genommen werden, der Allgemeine Geschäftsbedingungen verwendet, die nach §§ 307 - 309 BGB[3] unwirksam sind. Wer diese Allgemeinen Geschäftsbedingungen für den rechtsgeschäftlichen Verkehr empfiehlt, kann nicht nur auf Unterlassen, sondern zusätzlich auch auf Widerruf in Anspruch genommen werden. Der Anspruch richtet sich in beiden Fällen gegen die von der Verwendung bzw. Empfehlung unwirksamer Klauseln ausgehenden Störung des Rechtsverkehrs[4].

---

1 Zu Streitigkeiten über das Vorliegen dieser Voraussetzungen vgl. im übrigen auch § 4 Abs. 4, Abs. 2 S. 4 UKlaG. Zum Eintragungsverfahren vgl. mit weiteren Einzelheiten Palandt-ErgBd/Bassenge § 4 UKlaG Rz. 8; Härting, Fernabsatzgesetz, Einl. Rz. 145 f.; Begr. zum FernAG-E, BT-Drucks. 14/2658, S. 51 f.

2 So Begr. zum FernAG-E, BT-Drucks. 14/2658, S. 51, 54. Vgl. dazu m.w.N. Palandt-ErgBd/Bassenge § 3 UKlaG Rz. 5.

3 Klauseln, die nicht in den Anwendungsbereich der §§ 305 ff. BGB fallen (vgl. dazu § 310 BGB), können nicht Gegenstand einer Klage nach § 1 UKlaG sein, vgl. Palandt-ErgBd/Bassenge § 1 UKlaG Rz. 1. Siehe dazu auch § 15 UKlaG.

4 Vgl. Palandt-ErgBd/Bassenge § 1 UKlaG Rz. 1.

Der Unterlassungsanspruch[1] kann nach § 3 Abs. 1 S. 1 Nr. 1 UKlaG auch von sog. qualifizierten Einrichtungen (Verbraucherschutzverbände) geltend gemacht werden. Ausgeschlossen ist der Anspruch von solchen Einrichtungen nach § 3 Abs. 2 UKlaG dann, wenn die AGB nur gegenüber einem Unternehmer verwendet werden. Ebenso ist der Anspruch auf Widerruf gegenüber einem Empfehler ausgeschlossen, wenn er die AGB zur ausschließlichen Verwendung zwischen Unternehmern empfiehlt.

Ungeschriebene materielle Anspruchsvoraussetzung ist eine ernsthafte Wiederholungsgefahr bzw. ernsthaft drohende erstmalige Verwendung/Empfehlung[2].

Zur Sicherung der Unterlassungsansprüche nach § 1 UKlaG ist - genauso wie bei der Klage nach § 13 UWG - der Erlaß einer einstweiligen Verfügung möglich, § 5 UKlaG i.V.m. § 25 UWG. Die Ansprüche verjähren nach §§ 194, 195 BGB[3].

2. Unlauterer Wettbewerb (§ 13 UWG)

Nach § 1 UWG kann jemand, der zu Wettbewerbszwecken sittenwidrige Handlungen im geschäftlichen Verkehr vornimmt, auf Unterlassung und Schadensersatz in Anspruch genommen werden. Diese Generalklausel wird in den folgenden Vorschriften des UWG für bestimmte Teilbereiche gewerblichen Handelns konkretisiert. Der Unterlassungsanspruch ist nach § 13 Abs. 4 UWG auch dann gegen den Inhaber des Betriebs begründet, wenn die Zuwiderhandlung in dem Betrieb von einem Angestellten oder Beauftragten begangen wurde.

Viele der möglichen Verstöße gegen das UWG können nach § 13 Abs. 2 UWG auch von Wettbewerbern und bestimmten Verbänden gerichtlich geltend gemacht werden. Dabei kann sich diese Klage inhaltlich aber nur auf Unterlassung richten. Nach § 13 Abs. 2 Nr. 3 UWG können auch sog. qualifizierte Einrichtungen (Verbraucherschutzverbände) klagen. Soweit sie dabei nur einen Verstoß gegen die Generalklausel des § 1 UWG rügen, muß der Anspruch eine Handlung betreffen, durch die wesentliche Belange der Verbraucher berührt werden. Ein konkreter Verbraucherschaden ist nicht nötig; Verbraucherinteressen dürfen jedoch nicht bloß am Rande betroffen sein[4].

---

1 Es handelt sich um einen den Anspruchsberechtigten im öffentlichen Interesse zugewiesenen materiell-rechtlichen Anspruch, vgl. Palandt-ErgBd/Bassenge § 1 UKlaG Rz. 3, 10.

2 Vgl. dazu mit weiteren Einzelheiten Palandt-ErgBd/Bassenge § 1 UKlaG Rz. 6, 11.

3 Vgl. dazu im einzelnen Palandt-ErgBd/Bassenge § 1 UKlaG Rz. 16.

4 Vgl. Köhler/Piper UWG § 13 Rz. 35.

Nach § 13 Abs. 5 UWG ist eine Geltendmachung des Unterlassungsanspruchs jedoch dann ausgeschlossen, wenn sie unter Berücksichtigung der gesamten Umstände mißbräuchlich ist. Dies ist vor allem dann der Fall, wenn die Geltendmachung vorwiegend dazu dient, gegen den Zuwiderhandelnden einen Anspruch auf Ersatz von Aufwendungen oder Kosten der Rechtsverfolgung entstehen zu lassen.

Nach § 25 UWG ist zur Sicherung der Unterlassungsansprüche auch der Erlaß einer einstweiligen Verfügung möglich, ohne daß die Voraussetzungen nach §§ 935, 940 ZPO vorliegen müssen.

Der Unterlassungsanspruch verjährt gemäß § 21 Abs. 1 UWG in sechs Monaten von dem Zeitpunkt an, in dem der Anspruchsberechtigte von der Handlung und von der Person des Verpflichteten Kenntnis erhält. Ohne Rücksicht auf diese Kenntnis verjährt der Anspruch in jedem Fall in drei Jahren von der Begehung der Handlung an.

3. Verstöße gegen Verbraucherschutzgesetze (§ 2 UKlaG)

Nach § 2 UKlaG kann jemand im Interesse des Verbraucherschutzes auf Unterlassung in Anspruch genommen werden, der Verbraucherschutzgesetzen zuwiderhandelt. Der Anspruch[1] steht gemäß § 3 Abs. 1 S. 1 Nr. 1 UKlaG auch qualifizierten Einrichtungen (Verbraucherschutzverbänden) zu. Er ist nach § 2 Abs. 1 S. 2 UKlaG auch dann gegen den Inhaber des Betriebs begründet, wenn die Zuwiderhandlung in dem Betrieb von einem Angestellten oder Beauftragten begangen wurde.

Dieser Unterlassungsanspruch gilt nicht für Zuwiderhandlungen, die in der Verwendung oder der Empfehlung von mißbräuchlichen AGB bestehen. Für diese Fälle ist der Unterlassungsanspruch nach § 1 UKlaG spezieller und damit maßgebend[2]. Mit einer Klage gemäß § 2 UKlaG kann also nur gegen andere unzulässige Geschäftspraktiken[3] vorgegangen werden[4].

Zu den Verbraucherschutzgesetzen i.S.d. § 2 Abs. 1 UKlaG gehören nach § 2 Abs. 2 UKlaG insbesondere die Vorschriften des BGB, die für Verbrauchsgü-

1 Es handelt sich um einen den Anspruchsberechtigten im öffentlichen Interesse zugewiesenen materiell-rechtlichen Anspruch, vgl. Palandt-ErgBd/Bassenge § 2 UKlaG Rz. 3.

2 Vgl. Palandt-ErgBd/Bassenge § 2 UKlaG Rz. 2. Zu diesem Konkurrenzverhältnis vgl. mit weiteren Einzelheiten Schmidt, NJW 2002, 25 (27).

3 Zur Problematik dieses Begriffs vgl. Schmidt, NJW 2002, 25 (26 f.).

4 Vgl. Härting, Fernabsatzgesetz, Einl. Rz. 126.

terkäufe, Haustürgeschäfte, Fernabsatzverträge und Verbraucherdarlehensverträge zwischen einem Unternehmer und einem Verbraucher gelten. Diese Aufzählung ist jedoch nicht abschließend. Vielmehr sind Verbraucherschutzgesetze nach § 2 UKlaG auch andere Vorschriften, die dem Schutz der Verbraucher dienen[1]. Dafür ist erforderlich, daß der Verbraucherschutz Hauptzweck und nicht nur bloße Nebenfolge einer Regelung ist[2]. Ausreichend hierfür ist, daß der Verbraucherschutz ein Normziel - auch neben weiteren - ist[3]. Beispielsweise sollen auch Datenschutzvorschriften den Verbraucher schützen[4]. Dem Schutz von Verbrauchern dienen aber auch viele Vorschriften etwa der TKV.

Der Unterlassungsanspruch setzt weiter voraus, daß der Verstoß gegen das Verbraucherschutzgesetz die Kollektivinteressen der Verbraucher berührt[5]. Dazu muß er seinem Gewicht und seiner Bedeutung nach über den Einzelfall hinausreichen und eine generelle Klärung geboten erscheinen lassen[6]. Nicht entscheidend ist dagegen die Anzahl der Gesetzesverstöße[7]. Ferner ist auch für den Anspruch nach § 2 UKlaG eine Wiederholungsgefahr erforderlich bzw. eine ernsthaft drohende erstmalige Zuwiderhandlung bereits ausreichend[8].

Die Geltendmachung des Unterlassungsanspruchs nach § 2 UKlaG ist ausgeschlossen, wenn sie unter Berücksichtigung der gesamten Umstände mißbräuchlich ist[9]. Dies ist gemäß § 2 Abs. 3 UKlaG vor allem dann der Fall, wenn sie vorwiegend dazu dient, gegen den Zuwiderhandelnden einen Anspruch auf Ersatz von Aufwendungen oder Kosten der Rechtsverfolgung entstehen zu lassen. Im übrigen ist auch zur Sicherung der Unterlassungsansprüche nach § 2 UKlaG der Erlaß einer einstweiligen Verfügung möglich, vgl. § 5 UKlaG i.V.m. § 25 UWG.

---

1 Vgl. dazu die Beispiele in Palandt-ErgBd/Bassenge § 2 UKlaG Rz. 11 ff.

2 Vgl. dazu Palandt-ErgBd/Bassenge § 2 UKlaG Rz. 5; Härting, Fernabsatzgesetz, Einl. Rz. 131; Begr. zum FernAG-E, BT-Drucks. 14/2658, S. 53; Schmidt-Räntsch, VuR 2000, 427 (434).

3 Vgl. dazu Begr. zum FernAG-E, BT-Drucks. 14/2658, S. 53; Schmidt-Räntsch, VuR 2000, 427 (434).

4 Vgl. Härting, Fernabsatzgesetz, Einl. Rz. 133.

5 So Schmidt-Räntsch, VuR 2000, 427 (434); Begr. zum FernAG-E, BT-Drucks. 14/2658, S. 53; Beschlußempfehlung und Bericht des Rechtsausschusses zum FernAG-E, BT-Drucks. 14/3195, S. 35.

6 So Palandt-ErgBd/Bassenge § 2 UKlaG Rz. 6; Schmidt-Räntsch, VuR 2000, 427 (434); Begr. zum FernAG-E, BT-Drucks. 14/2658, S. 53.

7 Vgl. Beschlußempfehlung und Bericht des Rechtsausschusses zum FernAG-E, BT-Drucks. 14/3195, S. 35; Schmidt-Räntsch, VuR 2000, 427 (434).

8 Vgl. Palandt-ErgBd/Bassenge § 2 UKlaG Rz. 7.

9 Vgl. dazu mit weiteren Einzelheiten Palandt-ErgBd/Bassenge § 2 UKlaG Rz. 18 f.

Zusammenfassung

Viele Einzelheiten der Rechtsbeziehung zwischen einem Verbraucher und einem Anbieter von Telekommunikationsdienstleistungen sind durch Gesetze zwingend vorgegeben. Als Rechtsgrundlagen sind dabei vor allem diejenigen des Telekommunikationsrechts (TKV, TKG u.a.), aber auch weitere Vorschriften des Privatrechts und des öffentlichen Rechts zu nennen. Wesentliche Bereiche des Verbraucherschutzes in der Telekommunikation sind der Vertragsschluß, die Regulierung der Leistungen, der Komplex Entgeltforderung und Abrechnung, die Vertragsbeendigung, Fernmeldegeheimnis und Datenschutz sowie Konfliktlösung und Sanktionen.

Bei einem Vertragsschluß muß ein Anbieter zunächst verschiedene Informationspflichten aus der TKV, der TDSV und dem Bürgerlichen Recht beachten. Ferner ist unter Umständen auf die Besonderheiten bezüglich der Einbeziehung und Änderung Allgemeiner Geschäftsbedingungen Rücksicht zu nehmen. Die Regulierung der Leistungen schließlich ist im Bereich der Telekommunikation sehr umfassend. So bestehen detaillierte Regelungen zur Zugangsgewährung und zum allgemeinen Netzzugang, zur Zuteilung von Teilnehmerrufnummern und zur Möglichkeit der freien Wahl des Verbindungsnetzbetreibers, zu öffentlichen Teilnehmerverzeichnissen und Auskunftsdiensten, Leistungsstörungen sowie zum Universaldienst.

In bezug auf die Entgeltforderung sind die Vorschriften zur Entgeltregulierung zu beachten. Wichtig kann aber auch die Sicherstellung des Entgeltlimits sein. Zahlreiche Vorgaben bestehen schließlich auch für die Abrechnung der Forderungen, insbesondere den Einzelverbindungsnachweis. Eine spezielle Regelung besteht auch für die Rechtswirkung von Zahlungen der Verbraucher. Erhebliche praktische Bedeutung für Streitigkeiten über die Höhe der Entgeltforderung haben auch die Vorgaben zu Einwendungen des Verbrauchers, zur Beweislast und zur Zulässigkeit einer Sperre.

Aus dem Komplex der Vertragsbeendigung sind vor allem die Weiterleitung der Kündigung und das Sonderkündigungsrecht bei Unterschreitung von Mindeststandards.

Durch das Fernmeldegeheimnis und den Datenschutz schließlich wird die Privatsphäre von Verbrauchern geschützt. Aus dem Bereich des Datenschutzes ist dabei vor allem der besonders enge Zweckbindungsgrundsatz bei der Datenverarbeitung, die Spezialvorschriften zum Einzelverbindungsnachweis und die Zulässigkeit einer Weitergabe von Daten zu beachten. Im Bereich der Konfliktlösung und der Sanktionierung sind bezüglich der Haftung von Anbietern insbesondere die Haftungsbeschränkungen nach der TKV von Bedeutung. Zur Geltendmachung seiner Rechte kann ein Verbraucher neben Gerichten auch die Regulierungsbehörde einschalten. Wichtig ist zudem die Möglichkeit des kollektiven Rechtsschutzes durch Klagen von Verbraucherschutzverbänden.

Trotz einiger Verbesserungs- und Korrekturmöglichkeiten, z.B. bezüglich der technischen Umsetzung der Sicherstellung eines Entgeltlimits sowie der Sanktionierung von Rechtsverstößen sind die Regelungen zum Verbraucherschutz in der Telekommunikation insgesamt als umfassend und überwiegend konsequent zu beurteilen.

Stichwortverzeichnis

Peter Lang · Europäischer Verlag der Wissenschaften

Matthias Röhl

Die Regulierung der Zusammenschaltung

Voraussetzungen und Rechtsfolgen der Zusammenschaltungsanordnung nach §§ 35, 36, 37 Telekommunikationsgesetz durch die Regulierungsbehörde für Telekommunikation und Post

Frankfurt/M., Berlin, Bern, Bruxelles, New York, Oxford, Wien, 2002.
XVI, 281 S.
Dresdner Schriften zum Öffentlichen Recht. Herausgegeben von Jochen Rozek. Bd. 1
ISBN 3-631-39601-5 · br. € 45.50* / US-$ 39.95 / £ 28.–

Wie reagiert das deutsche Verwaltungsrecht auf die immense Aufgabe der Marktöffnung in der Telekommunikation? Wie verändert dabei das Europarecht die Handlungsformen des deutschen Verwaltungsrechts? Kann die hergebrachte Dogmatik diesen Innovationsschub meistern? Das vorliegende Buch sucht nach Antworten auf diese Fragen. Es beleuchtet dafür detailliert Voraussetzungen, Durchsetzung und Rechtsfolgen des Anspruchs auf Zusammenschaltung nach deutschem Telekommunikationsrecht. Besonderes Augenmerk gilt dabei der Entscheidungspraxis der deutschen Regulierungsbehörde und der Verwaltungsgerichte. Wie die Arbeit zeigt, tut sich die Praxis schwer, die vom Telekommunikationsgesetz vorgesehene enge, arbeitsteilige Verzahnung von öffentlichem und privatem Recht und die weitreichenden Gestaltungsbefugnisse des Regulierers ohne Abstriche umzusetzen.

Aus dem Inhalt: Europäische Wurzeln der deutschen Zusammenschaltungsregeln · Wirtschaftliche und technische Grundlagen der Zusammenschaltung · Voraussetzungen, Durchsetzung und Rechtsfolgen des Anspruchs auf Zusammenschaltung · Rechtsfragen bei Zusammenschaltungsanordnungen · Regulierung als Chiffre für neue Handlungsformen des Verwaltungsrechts · Dogmatische Analyse der Zusammenschaltungsentscheidungen von Regulierungsbehörde und Verwaltungsgerichten

Frankfurt/M · Berlin · Bern · Bruxelles · New York · Oxford · Wien
Auslieferung: Verlag Peter Lang AG
Moosstr. 1, CH-2542 Pieterlen
Telefax 00 41 (0) 32 / 376 17 27

*inklusive der in Deutschland gültigen Mehrwertsteuer
Preisänderungen vorbehalten

Homepage http://www.peterlang.de

FSC
www.fsc.org
MIX
Papier | Fördert gute Waldnutzung
FSC® C083411

Kolibri 360 GmbH
Ferdinand-Jühlke-Straße 7
99095 Erfurt, Deutschland
produktsicherheit@kolibri360.de

Druck:
CPI Druckdienstleistungen GmbH
im Auftrag der
Kolibri 360 GmbH
Ferdinand-Jühlke-Str. 7
99095 Erfurt